동양고전총서 16

지혜의 샘

동양고전총서 16

文 子

지혜의 샘

『문자』를 펴내며

『문자』번역에 착수한지 어느덧 3년 이상의 세월이 흘러갔다. 그리고 이제 드디어 출간을 앞두고 있다. 나의 이름을 걸고 이 책이 세상으로 나가려고 하는 이 시점, 내 마음에는 뿌듯함과 기쁨보다는 부끄러움과 겸연쩍음이 앞서는 것은 어째서인가.

최상의 번역은 무엇일까? 아마 번역서를 읽으면서도 번역서라는 의식을 하지 않을 수 있는 책일 것이다. 내가 번역한 『문자』가 과연 그런 책이 될 수 있을까? 감히 바라볼 수 없는 일이다. 단지 내가 바라는 것은 '오역이 적다'라는 말 정도……

새삼 번역의 어려움을 느낀다. 그동안 영어나 중국어로 된 책은 여러 권 번역한 적은 있지만, 한문 원전 번역서는 처음이다. 더구나 『문자』는 그 흔한 영어 번역본이나 심지어 중국어(백화) 번역본조차도 찾아보기 힘든 고전이라 막히는 부분은 달리 참고할 길도 없었다. (영역본이 있다는 말은 들었으나 아직 만나 보지 못하였다.) 그저 『문자』와 관련이 많은 『회남자』에서 유사한 문장들을 찾아보는 것 외에는.

　나로서는 최선을 다했노라고 다시 한 번 자기 위안과 자기 최면을 걸어 보지만 여전히 두렵고 떨리는 마음은 어쩔 수 없다. 그저 강호제현(江湖諸賢)으로부터 돌아올 날카로운 꾸짖음만 엎드려 기다릴 뿐이다.

2002년 4월 19일
봄내골에서

『문자』 차례

해 제(解題)

　『문자』1라는 책은 일반인들에게 매우 낯설게 느껴질 수 있다. 일반인들뿐만 아니라 동양철학을 연구하는 전공자들에게도 이 책은 어느 정도 생소할 수 있다. 중국 고대 문헌들의 일반적인 작명법에 따른다면 『문자』는 문자에 의해 쓰여진 책으로 볼 수 있을 것인데, 문자는 중국 선진(先秦)시대의 전설적인 존재로 세상에 별로 알려지지 않은 인물이기 때문이다. 전설에 의하면 문자는 노자의 직계 제자라고 한다. 그러나 역사상 문자의 실존 여부는 그리 명확치 않다. 그리고 철학 사상으로도 문자라는 인물은 뚜렷이 드러나고 있지 않다. 다만 왕충의 『논형』(論衡)에서 문자에 관한 다음과 같은

---

1. 원전은 1957년에 출판된 『정통도장』 속에 들어 있는 『통현진경』(通玄眞經) 십이권본(十二卷本)을 저본으로 하였으며, 주석서로는 이정생의 『문자요전』(文子要詮: 上海, 復旦大學出版社, 1988)을 많이 참고하였다. 『문자요전』은 서영부(徐靈府)의 『통현진경주』(通玄眞經注) 십이권(十二卷), 주변(朱弁)의 『통현진경주』(通玄眞經注) 칠권(七卷), 두도견(杜道堅)의 『통현진경찬의』(通玄眞經纘義) 십이권(十二卷), 유월(兪樾)의 『유루잡찬독문자』(兪樓雜纂讀文子), 손성연(孫星衍)의 『문자당집』(文子堂集), 왕응린(王應麟)의 『곤학기문』(困學記聞), 왕념손(王念孫)의 『독서잡지』(讀書雜志) 등을 참고하고 있다.

짧은 언급을 찾아 볼 수 있다. "노자와 문자는 하늘과 땅과 같은 관계다."[2] 여기서 우리는 왕충이 문자를 노자의 제자로 간주하고, 그 관계도 공자와 안연 사이와 같은 상호 친밀한 스승과 제자의 관계로 믿었다는 것을 알 수 있다.

1. 『문자』는 위서(僞書)인가

『문자』가 어떤 책인지를 알고자 한다면 우선 이 책이 위서(僞書)인지 아닌지부터 가려야 할 것이다. 『문자』가 오늘날까지 사람들의 관심을 받지 못하였던 결정적인 이유 중의 하나는 과거에 학자들이 이 책을 위서로 간주하였기 때문이다. 많은 사람들이 현존하는 『문자』를 후대의 어떤 사람이 고대에 존재했던 『문자』라는 책명에 의탁하여 만들어낸 책에 불과하다는 생각을 하였다. 일부 학자들은 『문자』를 위진시대 이후에 만들어진 위작이라고 주장하기도 하였다.

이와 같은 위서 논쟁의 발단은 반고(班固)로부터 시작된다. 반고는 『한서』(漢書) 「예문지」(藝文志)에서 도가류에 '『문자』 9편'을 수록하면서 다음과 같은 주를 달고 있다. "노자의 제자다. 공자와 동시대 사람인데, 주(周)의 평왕(平王)을 언급하고 있다. 아마도 문자에 가탁한 것 같다."[3] 일찍이 당(唐)나라의 유종원(柳宗元)도 『변문자』(辯文子)에서 다음과 같이 말하였다. "그 뜻은 노자에 근본하고 있으나, 그 책을 살펴보면 대개 잡박하다. 그 책의 내용은 혼란

---

2. 『논형』 「자연」(自然), "老子文子, 似天地者也."
3. 『한서』 「예문지」. "老子弟子. 與孔子並時, 而稱周平王. 似依託者也."

스러워 일관된 주제를 찾아보기 힘들고, 다른 책들을 표절하여 합한 것이 많다."4

이후 사람들은 반고 및 유종원의 말을 그대로 받아들여『문자』는 후대에 만들어진 위서로 의심하게 되었으며, 얼마전까지만 해도『문자』는 일반적으로 '위서'로 간주되었다. 그리고 송대의 황진(黃震), 청대의 도방기(陶方琦), 그리고 근대의 양계초(梁啓超), 장태담(章太淡), 요진종(姚振宗) 등의 학자들이 앞다퉈『문자』가 위서라는 사실을 여러 방면으로 증명하고 나섰다.

이들이『문자』를 위서로 간주하는 주요 이유는 대체로 다음 세 가지로 정리해 볼 수 있다. 첫째, 문자는 노자의 제자이며 공자와 동시대 사람인데,『문자』에서 그가 주(周)의 평왕과 묻고 답하는 것으로 서술되고 있다는 점이다. 주평왕은 공자보다 거의 백 년 이전의 왕이다. 따라서 공자와 동시대의 사람인 문자가 어떻게 주 평왕과 문답을 할 수 있느냐 하는 것이다.

둘째는『문자』와『회남자』사이의 문제다.『회남자』는 한초 회남왕 유안(劉安)에 의해 집단 저술된 책이다. 그런데 이『회남자』와『문자』는 상호 유사한 혹은 동일한 문장과 구절들을 매우 많이 공유하고 있다. 따라서 둘 중 어느 한 쪽이 다른 한 쪽을 상당 부분 베꼈다고 볼 수 있다. 문제는 어느 쪽이 베꼈느냐 하는 것이다.『문자』를 위서로 주장하는 입장에서는 당연히『문자』가『회남자』를 베꼈다는 관점을 견지한다.

셋째, 내용상의 문제다.『문자』의 내용을 보면 유가·법가 등 여러

4.『柳宗元集』, "其旨意本老子, 然考其書, 盖駁書也. 其書渾而類者少, 竊取他書以合之者多."

사상들이 잡다하게 섞여 있다. 따라서 이 책은 노자의 제자로 알려진 문자가 저술한 도가서로 보기에는 문제가 많다는 것이다. 이처럼 대부분의 학자들은 『문자』를 위서로 간주하였다.

그러나 유일하게 한 사람만이 여기에 반대하였으니 그는 손성연(孫星衍)이다. 손성연은 반고가 『한서』 「예문지」에서 언급한 '주평왕'은 반고의 오해라고 주장하였다. 그 근거로 『문자』 본문에서는 단지 '평왕'(平王)으로 언급되고 있을 뿐 '주평왕'(周平王)이라는 말은 존재하지 않는다는 점을 지적하였다. 그리고 이때의 '평왕'은 주평왕이 아니라 초평왕(楚平王)을 지칭하는 것이라고 본다. 그는 논증하여 말하길, "문자는 노자를 스승으로 모셨으니, 혹 초나라로 여행을 하였을 것이다. 따라서 초의 평왕과 동시대인 것은 이상하게 여길 필요가 없다." 또한 『문자』와 『회남자』의 관계, 즉 어느 것이 어느 것을 베꼈느냐에 대해서는 당연히 『회남자』가 『문자』를 베낀 것으로 간주한다. 그 증거로 그는 두 책에 나타나는 비슷한 구절들을 열거하면서 상호 자구(字句)상의 증감(增減) 현상들을 분석하여, 『회남자』가 『문자』를 잘못 베낌으로써 의미가 원활하지 않게 된 사례들을 제시하고 있다.

그러면 이 두 가지 의견 중 어느 것이 타당한가? 결론적으로 말하자면 현재는 소수 의견이었던 손성연의 주장이 옳았던 것으로 판명되고 있다. 그 이유로 우선 여러 역사서(史書)에 『문자』라는 책명이 분명히 기록되어 있다는 점을 들 수 있다.

유향(劉向)의 『칠략』(七略)에 『문자』 9편'으로 기록되어 있고, 『수서』(隋書) 「경적지」(經籍志), 『구당서』(舊唐書) 「경적지」(經籍志) 그리고 『신당서』(新唐書) 「예문지」(藝文志)에 모두 '문자』 12

편'이 기록되어 있다. 또한 북위(北魏)의 이지(李暹)는『문자』주(文子注)를 지었고, 당나라의 서영부(徐靈府)는『문자』에 주를 달아 천자께 헌상하였으며, 『문선』(文選)의 이선(李善)의 주(注)에서도『문자』를 인용하고 있다. 이렇게 볼 때, 늦어도 한대로부터 수당에 이르기까지『문자』가 확실하게 존재하고 있었다는 사실을 알 수 있다. 그런데 가장 결정적인 증거는 최근에 땅 속으로부터 나왔다. 1973년 중국 하북성(河北省) 정현(定縣) 40호 한나라시대의 묘에서 일부 죽간본『문자』가 출토되었다. 40호 한묘에서는『논어』『유가자언』(儒家者言) 등의 선진 고적들이 발굴되었는데, 그 가운데에『문자』죽간본도 일부 발견된 것이다. 그리고 중요한 것은 죽간의 일부 구절들이 현존『문자』의 내용과 일치한다는 사실이다. 40호 한묘의 주인은 서한시대의 제후 왕이였던 중산왕(中山王)인 것으로 간주된다. 따라서『문자』는 늦어도 서한 이전에 분명히 존재하고 있었던 고전이라는 점을 의심할 수 없게 되었다. 따라서 지금까지『문자』에 따라 다니던 '위서'라는 딱지도 자연스럽게 떨어질 수밖에 없다.

2. 『문자』는 어느 시대, 누구의 작품인가

이렇게 하여『문자』가 위서일 것이라는 의심은 걷어졌다. 그러면『문자』는 어느 시대 그리고 누구의 작품일까? 여기에 대해서는 신빙성 있는 자료가 거의 없기 때문에 그 누구도 단정적으로 설명하고 있지는 못하다. 그럼에도 불구하고 학자들은 각자의 판단에 근거하여 나름대로의 의견들을 제시하고 있다. 그 의견들은 대체로 다음

세 가지로 나누어 볼 수 있다.

첫째, 『문자』는 노자의 제자이자 공자와 동시대 인물인 문자가 직접 지은 저작이라는 의견이다. 공자는 B.C. 5세기 경에 생존했으며 주로 춘추말에 활동하였다. 따라서 이 의견에 따른다면 『문자』의 성립 시대는 빠르게는 전국 초기 늦어도 전국 중기로 추정할 수 있는 셈이다. 이 의견의 대표자는 이정생(李定生)이다. 그는 『문자요전』(文子要詮)에서, 『문자』는 선진의 문헌이며 『한서』 「예문지」에서 언급된 노자의 제자인 문자가 저술한 바로 그 문헌이라고 단정하고 있다. 그리하여 『문자』는 이후 직하도가, 『순자』 『한비자』의 법가 계열, 그리고 『황제사경』 『여씨춘추』 『회남자』 등의 황로학에 광범위하게 영향을 미친 매우 중요한 문헌으로 판단한다. 한편 『문자』의 내용이 『노자』와 모순되는 부분, 즉 인의예법(仁義禮法)에 대해 『노자』에서는 부정적으로 기술하고 있음에 비해 『문자』에서는 긍정적으로 수용하고 있는 점에 대해서는, 그것이 바로 『문자』가 『노자』와 구별되는 『문자』 고유의 특색이 될 수 있다고 주장한다.

둘째는 전국말로 보는 견해다. 이 견해의 대표자는 웅철기(熊鐵基)이다. 그는 『중국노학사』(中國老學史)에서 현행본의 『문자』가 『한서』 「예문지」에 실린 그 『문자』인 것은 맞으나, 그것이 노자의 직계 제자인 문자의 저술로 보는 것은 의심스럽다고 말한다. 그리고 『여씨춘추』와 『회남자』가 모두 『문자』를 인용하고 있다는 점, 그리고 『문자』의 내용이 황로학의 특성을 그대로 내포하고 있다는 점을 들어, 『문자』의 저작 연대를 황로신도가(黃老新道家)가 형성되는 전국말로 판단하며, 황로학의 중요 문헌으로 간주한다.

셋째는 한초로 보는 견해다. 이 견해의 대표자는 장대년(張岱年)

이다. 장대년은 우선 『문자』에 나타나는 여러 문장들이 『장자』『맹자』『순자』 그리고 『여씨춘추』 등에서 취해온 것이라는 점을 논증함으로써 『문자』는 빠르게 잡아도 『여씨춘추』 이후, 즉 전국말 이후의 작품으로 일단 판정한다. 한편 그는 『문자』「도원」(道原)에 나오는 "사람은 태어나면서 고요한 것이 자연적인 본성이다"[人生而靜, 天之性也]의 구절이 『회남자』『예기』에도 출현한다는 사실을 근거로, 『문자』는 『회남자』와 『예기』의 성립 이전으로 잡는다. 『예기』는 한 무제(武帝) 초기에 성립되었고, 『회남자』는 경제(景帝)와 무제(武帝) 사이에 성립되었으므로, 『문자』의 저작 연대는 경제 이후로 내려가지 않는다고 본다. 그리고 『문자』「상례」(上禮)에 나오는 "세상이 장차 성명을 상실하려고 할 때 ……"[世之將喪性命……]라는 구절이 한초 천하를 통일하고 백성들과 더불어 휴식하는 정책을 시행하는 상황을 묘사한 것으로 판단한다. 따라서 『문자』는 확실히 '문경지치'(文景之治)의 시대에 지어진 것으로 추정한다.

이상의 견해들 중 우선 이정생의 주장은 객관적 증거가 부족하다. 이정생은 그의 주장을 뒷받침할 수 있는 설득력 있는 객관적 논증들을 제시하고 있지 못하기 때문이다. 그는 단지 40호 한묘에서 『문자』 죽간본이 출토된 사실만 강조하고 있을 뿐이다. 그리고 웅철기와 장대년의 주장들은 사실상 상호 거의 근접한 주장들이다. 단 양자 사이의 분기점은 『문자』가 『여씨춘추』에 영향을 주었다고 볼 것이냐, 아니면 『여씨춘추』에서 『문자』가 일부 내용을 취해 왔다고 볼 것이냐 하는 것이다. 현재로서는 양자 모두 이 점을 밝힐 결정적인 증거는 지니고 있지 못하다. 따라서 『문자』의 성립 연대를 명확히 못박아 말하기는 곤란하다. 다만 작품의 내용과 사상 경향을 통해 볼 때 전국말에서 한초 사이에 존재한 황로학 계열의 작품으로 보는 것이 가장 유력하다. 우선 『문자』에서 진시황 시절의 가혹한 정치를 비판하는 듯한 표현들을 자주 찾아 볼 수 있다.

예컨대, 「상인」(上仁)에는 "일이 번잡하면 다스리기 어렵고, 법이 가혹하면 실행하기 힘들다"라는 말이 있고, 「정성」(精誠)에서는 "무릇 물이 탁하면 물고기가 물 밖으로 입을 뻐끔거리고, 정치가 가혹하면 백성들이 난리를 일으킨다"라는 표현을 찾아 볼 수 있다. 그리고 황로학적 성격이라고 할 수 있는, 도가 사상을 중심으로 유가·법가·음양가·묵가 등의 제가 사상들을 종합적으로 수용하고 있는 특성을 찾아 볼 수 있다. 더욱이 『문자』에는 『회남자』와 매우 유사한 구절들이 많기 때문에 시간상으로 『회남자』와 가까운 시대의 작품일 가능성이 높다.5 따라서 『문자』는 빠르게는 전국말 진제국의 멸망 이후, 늦어도 『회남자』가 쓰여지기 이전의 한초 작품으로 보는 것이 타당할 것이다.

3. 『문자』의 주요 사상 및 내용은 무엇인가

『문자』를 읽어가다 보면 가장 먼저 논의되고 있는 주제의 다양성에 놀라게 된다. 『문자』에는 매우 다양한 주제들에 관한 광범위한

---

5. 물론 시간상 상호 멀리 떨어져 있어도 그 내용을 어느 정도 인용하거나 베낄 수 있다. 그러나 『문자』와 『회남자』는 단순히 몇몇 구절을 인용하는 차원이 아니라, 문장 자체를 거의 그대로 베낀 경우가 헤아릴 수 없을 정도로 많다. 이처럼 많은 부분을 베꼈다는 것은 양자가 매우 가까운 시기에 쓰여졌다는 증거가 될 수 있다.

논의가 이루어지고 있기 때문이다. 거기에는 무위론(無爲論), 인성론(人性論), 인의예악론(仁義禮樂論), 신화론(神化論), 천인상감론(天人相感論), 위민사상(爲民思想), 기화우주론(氣化宇宙論), 법사상(法思想), 시변론(時變論), 병법사상(兵法思想), 인재등용론(人材登用論), 본말론(本末論), 양생론(養生論) 등 다양한 이론과 주제들이 나타나고 있다. 또한『문자』에는 다양한 사상적 요소들이 포함되어 있다. 도가·유가를 양대 기둥으로 삼고, 여기에 법가·음양가·병가·묵가 등의 기타 사상적 요소들로 서까래·지붕·벽 등을 꾸미고 있다.

　이렇게 주제가 다양하고 내용이 풍부하다 보니 혹자는『문자』를 '잡박하다'고 까지 표현하기도 한 것이다. 사실 어떻게 보면『문자』는 일정한 주제 의식 없이 이것저것 여러 가지 논제와 논의들을 되는 대로 모아 놓은 것에 불과하다는 느낌이 들기도 한다. 이른바 '잡서'(雜書)의 냄새가 풍긴다. 그러나 이들을 좀더 깊이 분석 관찰해 보면, 아무렇게나 늘어져 있는 것 같은 이들 다양한 주제와 내용들이 궁극적으로는 하나의 목표를 지향하고 있다는 사실을 깨닫게 된다. 말하자면 무질서 속에 질서를 형성하고 있다고나 할까. 그리고 그 목표는 당시의 황로학 문헌들이 그러했듯이 '천하 경영'에 있으며 '제왕학'(帝王學)의 확립에 있다. 그러므로『문자』의 성격은 '제왕지서'(帝王之書) 혹은 정치철학서로 규정될 수 있다. 때문에 이 책에서 행해지는 강론의 주 대상은 천하 통일을 지향하고 천하 경영을 꿈꾸는, 혹은 최고의 이상 국가를 지향하는 통치자가 된다. 그리고 '천하 경영'이라는 뚜렷한 목적을 향해『문자』는 다양한 이론과 사상들을 하나로 엮어내고 있다. 천하를 경영하기 위해서는 어느 부분에만 치우치지 않는 넓은 안목과 경륜이 필요하기 때문이다. 이들 중 우리는 특히 다음 몇몇 사상 혹은 사상적 성향들을 주목할 필요가 있다.

첫째는 '무위'에 대한 새로운 견해다. 무위는 도가철학의 핵심이다. 『문자』 역시 노자의 제자인 문자가 저술한 것으로 표방하고 있기에 전편의 사상적 핵심은 '무위'에 있다고 볼 수 있다. 그런데 노자의 무위가 '고요함'〔靜〕을 위주로 하는 정태적(靜態的) 무위였다고 한다면, 『문자』에서 제시되고 있는 '무위'는 '움직임'〔動〕을 위주로 하는 동태적(動態的) 무위라고 할 수 있다. 그러므로 『문자』에서는 무위에 대해 다음과 같이 정의한다. "이른바 무위란 끌어당겨도 오지 않고 밀어내어도 가지 않고, 일이 급박해도 반응하지 않고 감응하는 것이 있어도 움직이지 않고, 굳게 응체되어 흐르지 않고 똘똘 뭉쳐져 펴지지 않는 것을 말하지 않는다. 무위란 개인의 사사로운 생각이 공적인 길에 끼여들지 않고, 개인적 욕망으로 인해 바른 도리가 왜곡되지 않으며, 이치에 따라 일을 행하고, 객관적 바탕에 근거하여 공을 세우며, 자연스러운 형세를 밀고 나아가고, 기교가 허용되지 않으며, 일이 이루어져도 스스로 자랑하지 않고, 공이 이루어져도 명예를 소유하지 않는 것을 말한다. 가령 물에서 배를 사용하고 사막에서 가죽신을 신으며 진흙탕에서 썰매를 이용하고 산에서 등산화를 사용하며 여름에 도랑을 파고 겨울에 비탈을 만들며 높은 곳에 근거하여 산을 쌓고 낮은 곳에 근거하여 못을 파는 것, 이것들은 내가 말하는 인위가 아니다."[6] 요컨대, 어떤 행위이든 그

---

6. 이상은 『문자』 「자연」(自然)에 나오는 내용인데, 『회남자』 「수무훈」(修務訓)에도 그대로 실려 있다.

것이 자연적 이치나 객관적 상황에 합당하다면 모두 무위로 간주될 수 있다는 주장이다. '무위'에 대한 이 같은 전향적인 규정은 우선 이전에 단지 소극적 행위로만 인식되어 왔던 무위를 보다 적극적으로 해석하고자 하는 차원으로 이해할 수 있다. 또한 이것은 기존의 노자 사상을 '천하 통일'이라는 당시의 시대적 상황과 부합할 수 있도록 새롭게 개조하는 노력의 일환으로 볼 수도 있다. 어쨌든 『문자』는 도가철학의 핵심인 '무위' 개념에 대한 새로운 해석을 시도하고 있으며, 그리고 이러한 해석은 당시에 유행한 황로학이 지니는 대표적 특징이 된다.

둘째는 인의예악 및 법에 대한 긍정적 태도다. 인의예악 및 법은 각각 유가 및 법가의 주요 사상적 요소들이다. 그러나 『노자』나 『장자』에서 이것들은 인간의 소박하고 순수한 심성을 왜곡시키는 주범으로 몰려 주로 부정적으로 기술되고 있다. 『문자』에서도 이러한 관점은 부분적으로 계승되기도 한다. 그러나 전반적으로 보면 『문자』에서 인의예악 및 법은 국가 경영에 필수적으로 갖추어야 할 중요한 요소들로 인식되고 있다. 우선 인의예악에 대해서는 다음과 같이 말한다. "덕(德)을 닦으면 아랫사람들이 따르고, 인(仁)을 닦으면 아랫사람들이 다투지 않으며, 의(義)를 닦으면 아랫사람들이 고르고 바르게 되고, 예(禮)를 닦으면 아랫사람들이 윗사람을 존중하고 공경하게 된다. 이 네 가지가 이미 닦이면 국가는 안정된다."(「道德」) 또한 법에 대해서는 다음과 같이 말한다. "무릇 법은 천하의 표준이며 군주의 준칙이다. 법을 공포하는 것은 법을 지키지 않는 사람을 법에 따라 처리하기 위한 것이다. 그러므로 법이 정해진 이후에는 법을 지키는 사람은 상을 주고, 법을 지키지 않는 사람은 벌을 준다. 상을 줄 때는 비록 존귀한 사람도 그 상을 가볍게 하지 않고, 벌을 줄 때는 비천한 사람도 그 형벌을 무겁게 하지 않는다."(「上義」) 즉 법을 통해 통치의 기준이 마련되며 또한 통치의 공정성이 확보될 수 있다는 것이다. 그리고 이들 유가적 요소와 법가적 요소는 상호 보완 작용을 하는 것으로 파악되기도 한다. 그러므로 "법이 생겨난 것은 의를 보충하기 위해서이다. 그런데 법만 중시하고 의를 버린다면, 이것은 관과 신발을 귀하게 여기면서 머리와 발을 잊는 것과 같다"(「上義」)라고 말한다. 때문에 "예의를 알지 못하면 법을 바르게 할 수 없고, ……예의를 알지 못하면 법을 행할 수 없다"(「上禮」)고까지 말하기도 한다. 이처럼 『문자』에서 인의예악이나 법은 원시도가에서처럼 단순히 인간을 왜곡하고 억압하는 것들로 인식되는 것이 아니라, 천하 경영에서 반드시 필요한 수단과 제도 장치들로 인식된다.

셋째는 천인감응론(天人感應論)의 사상적 단초다. 일반적으로 천인감응론 혹은 천인상감론(天人相感論)은 동중서(董仲舒) 사상의 주요 특성인 것으로 알려지고 있다. 그러나 이 사상은 비록 동중서에 이르러 크게 활성화되었을는지는 몰라도 결코 동중서의 독창적 사유는 아니다. 동중서 이전에 이미 전국말부터 이것에 관한 사상적 단초들이 여기 저기서 나타나고 있기 때문이다. 그 대표적인 것이 바로 『문자』 『여씨춘추』 『회남자』 등이다. 이들 문헌을 종합적으로 검토해 볼 때 동중서의 천인상감론은 사실 이전 시대에 유행한 사상들을 종합한 것에 지나지 않는다는 점을 확인하게 될 것이다.

『문자』는 우선 자연계와 인간계가 상호 소통하는 관계임을 밝히고 있다. 그러므로 다음과 같이 말한다. "하늘과 인간은 서로 통한다. 그러므로 나라가 망하려고 하면 자연 현상(天文)이 변하고, 세상이 어지러우면 불길한 무지개가 나타난다. 만물은 서로 연결되어 있고 정기는 상호 영향을 미친다."(「精誠」) 이처럼 자연과 인간이 소통할 수 있는 근거는 우주 만물이 모두 기를 바탕으로 형성되었다고 보기 때문이다. 즉 "음양이 만물을 만들어낼 때 만물은 모두 '일기'(一氣)를 타고 생겨난다"(「下德」)고 본다. 때문에 "천지 사이는 한 사람의 몸이며, 천지 사방의 안은 한 사람의 형체"(「下德」)로 간주되는 것이다. 그 결과 "윗사람과 아랫사람 사이에 서로 마음이 떠나면 기는 솟구쳐 오르고, 군주와 신하가 불화하면 곡식이 익지 않는다"(「下德」)고 한다. 그것은 "내면에 정성(精誠)이 형성되면 하늘에서 기가 움직이게 되기"(「精誠」) 때문이다. 요컨대 자연과 인간은 상호 유기적인 관계 속에 놓여 있기 때문에 어느 한 쪽의 변화는 필연적으로 다른 쪽의 변화를 야기 시킬 수밖에 없다는 논리이다.7 『문자』에서 천인상감론이 차지하는 비중은 그리 크지는 않지만 이후의 사상가들에게 미친 영향을 적지 않다. 특히 『회남자』는 『문자』에서 제시된 내용들을 그대로 수용하면서 이것을 바탕으로 더욱더 치밀하고 정교하게 발전시키고 있다.

한편, 이상의 사상과 내용들은 모두 노자의 입을 통해 기술되고 있다는 특징을 지닌다. 『문자』의 대부분의 단락은 "노자가 말하였다"〔老子曰〕로 시작하고 있기 때문이다. 그리고 본문 중에서도 『노자』의 구절들을 빈번히 인용하고 있다. 이러한 사실은 무엇을 의미하는가? 여기서 우리는 『문자』가 기본적으로 노자 사상을 바탕으로

---

7. 『문자』의 이러한 천인상감론은 현대 과학이론에서 제기되는 '홀리즘' (holism)이나 '가이아 이론'(the theory of Gaia) 등과 유사한 측면이 있다.

삼고 있다는 점을 눈치챌 수 있다. 이 점은 문자가 노자의 제자라는 전설에서도 충분히 유추해낼 수 있다.

결국 『문자』는 노자를 중심으로 하는 도가 사상을 기본 축으로 삼고, 여기에 유가·법가·묵가·음양가의 사상들을 선별적으로 수용하고 있다고 볼 수 있다. 이 사실은 『문자』에서 찾아 볼 수 있는 선진 문헌들의 인용 횟수에서도 확인할 수 있다. 정원명(丁原明)의 『문자』 분석에 따르면 『노자』의 인용 횟수가 약 106회로 가장 많고, 그 다음이 『장자』로 약 96회가 된다. 그 외에 『관자』 약 45회, 『순자』 약 28회, 『황제사경』(黃帝四經) 약 24회, 『한비자』 약 23회, 『맹자』 약 17회, 『여씨춘추』 약 16회, 『묵자』 약 10회, 『역전』(易傳) 약 5회, 『상군서』(商君書) 약 3회, 『갈관자』(鶡冠子) 약 3회 등이 된다.[8] 그리고 이러한 모습, 즉 도가를 중심으로 제가를 종합하는 형태는 바로 황로학의 주요 특징이기도 하다.

4. 철학 사상 『문자』의 지위

앞에서 언급했듯이 『문자』는 철학사에서 지금까지 별로 주목을 받지 못하였다. 그 이유는 무엇보다도 『문자』가 위서일 가능성이 많다는 점 때문이었을 것이다. 그러나 최근에 이것의 죽간본 일부가 고대 묘에서 발굴됨으로써 그 진위 문제가 해결되었고, 따라서 그것의 철학사적 가치에 대해서도 점차 관심을 보이고 있다.

---

8. 정원명, 『황로학논강』(黃老學論綱), 215~216쪽.

『문자』의 철학사적 가치는 첫째, 이 책이 하나의『노자』해설서로 간주될 수 있다는 점이다.『문자』의 표현 방식은 주로 노자의 입을 빌려서 노자의 발언을 듣는 형식을 띠고 있다. 또한『문자』전편 곳곳에서『노자』의 주요 문장들을 인용하면서 그것의 의미를 나름대로 풀이 설명하고 있다. 따라서『문자』는 일종의 '『노자』의소(義疏)', 즉『노자』의 의미를 풀어 설명한 책으로 볼 수 있다.

『한비자』의「유로」(喩老),「해로」(解老)와 시간적 선후 관계를 명확히 따져 볼 수는 없지만, 어쨌든『문자』는『한비자』와 더불어『노자』를 풀이하고 설명한 초기 해설서로 분류시킬 수 있다. 그리고 이것이 효시가 되어 서한말에 이르면 엄준(嚴遵)의『노자지귀』(老子指歸)와 같은 보다 본격적이고 체계적인『노자』해설서가 출현하게 된다.

『문자』가 지니는 또 하나의 철학사적 의미는 이것이 황로학의 대표적 문헌 중의 하나가 된다는 사실이다. 현재 황로학의 정체성에 관해서는 여러 가지 부문에서 아직 논란이 많이 진행되고 있지만, 한 가지 분명한 점은 황로학은 노자철학, 즉 노학(老學)에서 출발하고 있다는 사실이다. 따라서 노학과 황로학은 뿌리와 가지의 관계로 바라볼 수 있다. 그러나 가지가 뿌리로부터 연원하지만 현상적으로는 뿌리와 다른 모습으로 나타나는 것처럼, 황로학은 비록 노학을 바탕으로 하고 있으나 노학과는 또 다른 모습으로 나타나고 있다. 그 대표적인 것이 '무위'에 대한 해석 및 유가와 법가 등 여러 학파들에 대한 태도다. 따라서 노학과 황로학의 상호 관계에서 우리가 주목할 점은 첫째, 노학의 어떤 부분이 황로학으로 발전되었느냐 하는 것, 둘째는 노학과 황로학 사이의 차별성은 어디로부터 출발하는가 등이다. 『문자』는 바로 문제가 되는 노학에서 황로학으로의 발전 과정을 잘 설명해 주고 있다. 왜냐하면 『문자』는 노자의 입을 빌려서 『노자』 사상을 풀이하면서 또한 『노자』와는 다른 사상적 성향을 발전시키고 있기 때문이다. 따라서 『문자』는 노학과 황로학 간에 존재하는 유사성과 상이성에 대한 중요한 연구 자료가 될 수 있다. 그리고 나아가 황로학의 성격과 그 특징을 밝히는 데 대한 적지 않은 기여를 할 수 있을 것이다.

끝으로 『문자』는 『노자』 원문의 고증학적 자료를 제시하고 있다. 『문자』에서 우리는 수많은 『노자』 인용구들을 찾아 볼 수 있다. 그들은 현행 왕필본의 원문과 일치하는 경우도 있지만 상이한 경우들도 많다. 따라서 우리는 『문자』의 『노자』 구절들을 통해 전국말 한초에 존재했던 『노자』의 또 다른 판본의 형태를 어느 정도 그려 볼 수 있다. 이것은 시기적으로 최근에 발견된 백서 『노자』와 거의 비슷한 시기, 혹은 조금 이른 시기의 『노자』 판본의 일부 형태를 제공하는 셈이다. 이렇게 볼 때 『문자』에 나타난 『노자』본은 상당히 고본에 속하며, 따라서 이것을 통해 고본 『노자』의 원형을 어느 정도 추측해 볼 수 있을 것이다.

I. 본원인 도[道原]¹

노자가 말하였다.

두루뭉수리하게 이루어진 어떤 것²이 있으니, 그것은 천지보다 앞서 생겨났다.³ 그것은 오직 형상[象]만 있고 형체[形]가 없으니,⁴ 그윽하고 어둑하며 적막하고 고요하여 그것의 소리를 들을 수

---

1. 이 편에서는 주로 우주 만물의 본원인 도의 본질 및 성격에 관해 서술하고 있다. 이처럼 도의 본질 및 성격에 관해 전적으로 서술하고 있는 경우는 『문자』외의 다른 고대 문헌들에서도 나타나고 있다. 가령 『황제사경』(黃帝四經)의 제일 마지막 편명도 「도원」(道原)이며, 『회남자』에 이르러서는 글자의 순서가 도치되어 「원도훈」(原道訓)이라는 이름으로 나타난다. 그리고 이들 세 문헌은 모두 상호 유사한 성격을 지니고 있으며, 크게는 '황로학'이라는 범주로 묶어 볼 수 있다.
2. 이것은 구체적으로 '도'를 지칭한다. 도를 "두루뭉수리하다"고 표현하는 것은 도는 구체적 형태나 모습이 없는, 따라서 구체적으로 구별하거나 인식할 수 없는 그 어떤 것이기 때문이다.
3. 여기서 "생겨났다"[生]로 표현하고 있으나, 사실상은 '존재했다'로 이해하는 것이 보다 타당할 것이다. 도는 생성이나 소멸과 같은 사물 현상들에 의해 제한되지 않기 때문이다.
4. 여기서 보듯이 도는 비록 구체적 모습은 없으나 어떤 '형상'[象]으로 드러나는 것으로 이해된다. 이처럼 도를 '象'과 연결시켜 보는 사유는 『노자』를 직접적으로 계승하고 있는 측면으로 볼 수 있다. 즉 『노자』 21장에서, "도라는 것은 오직 황홀할 뿐이다. 황홀하네 홀황하네, 그 가운데 형상이

없다. 나는 그것을 억지로 이름하여 도(道)라고 한다.5

무릇 도란 그 높이는 한계가 없고 그 깊이는 측량할 수 없으며, 천지를 감싸 안고 무형(無形)6을 부여한다. 그것은 마치 쉼 없이 솟아나는 샘물처럼, 아무리 퍼내도 마르지 않고 휘저어 흐려 놓아도 다시 서서히 맑아지며, 끝없이 만물에게 베풀며 밤낮 없이 흐른다.7 그것은 말아 넣으면8 한 주먹도 되지 않는다. 그러나 그것은 작은

　　있네"〔道之爲物, 惟恍惟惚, 惚兮恍兮, 其中有象〕라고 표현하고 있기 때문이다. 한편 이와 관련하여『노자』에서 '象'은 간혹 도의 또 다른 표현으로 언급되기도 한다. 즉 35장의 "큰 형상을 잡고 있으면 천하가 찾아간다"〔執大象, 天下往〕및 41장의 "큰 형상은 형체가 없다"〔大象無形〕가 그것이다.

5. 이상은 현행 왕필본(王弼本)『노자』25장의 앞 단락과 유사하다. 그러나 원문 상으로는 '有物混成, 先天地生'까지만 동일하고 그 이하의 구절은 다르게 표현되고 있다. 즉 왕필본에서는 "寂兮寥兮, 獨立不改, 周行而不殆, 可以爲天下母, 吾不知其名, 字之曰道, 强爲之名曰大"로 되어 있으나,『문자』에서는 "惟象無形, 窈窈冥冥, 寂寥淡漠, 不聞其聲, 吾强爲之名, 字之曰道"로 되어 있다. 이처럼『문자』가 인용한 노자의 말은 왕필본『노자』와 많은 차이가 있다. 그러나 현재로서는 그 원인이 양자가 서로 다른『노자』판본을 근거로 하였기 때문인지, 아니면『문자』의 작자가 임의로『노자』를 개조하였기 때문인지 알 수가 없다. 만약『문자』의 작자가 임의로『노자』를 개조한 것이 아니라고 한다면,『문자』에 나타나는『노자』원문들은 여러 고본(古本)『노자』들 중 또 하나의 판본 형태로 볼 수 있을 것이다.
6. 아직 구체적 사물로 형상화되기 이전으로 아직 구체적 형태가 드러나지 않은 그 무엇을 말한다. 한초의 기론적 사유에 입각한다면 여기서의 '무형'은, 기운 덩어리가 혼연히 뒤섞여 있는 태초의 상태를 의미하는 것으로 볼 수도 있다. 그러나『문자』에서 전편에서 '무형'은 때로는 '도' 혹은 '도'와 유사한 의미로 사용되기도 하고, 또 때로는 문자 그대로 단지 '형태가 없는 것'을 의미하기도 한다. 따라서『문자』에서 '무형'을 어느 하나의 개념으로 규정한다는 것은 쉽지 않다.
7. 공간상으로나 시간상으로 한계가 없는 도의 속성을 표현하고 있다.
8. 원문은 '表之'로 되어 있다. 유월(兪樾)에 의하면 '表'는 '衰'자의 오자이며, '衰'의 옛날 음은 '卷'과 같다고 한다. 따라서 여기서 '表'는 '卷'으로 해석한다.『회남자』「원도훈」(原道訓)에도 "卷之不盈于一握"으로 되어 있다.

듯하면서도 넓게 펼쳐지고, 어두운 듯하면서도 밝으며, 부드러운 듯하면서도 강하고, 음을 머금고 양을 뱉으며, 해·달·별을 빛나게 한다. 산은 이것에 의해 높아지고, 연못은 이것에 의해 깊어지며, 짐승은 이것에 의해 달리고, 새는 이것에 의해 날며, 기린은 이것에 의해 노닐고, 봉황은 이것에 의해 노닐며, 별자리는 이것에 의해 운행된다.9 도는 자신을 없앰으로써 보존되고, 스스로를 낮춤으로써 존귀해지며, 물러남으로써 앞서게 된다.10

옛날에 복희·신농·황제의 삼황(三皇)11은 도의 줄기〔統〕12를 얻어 천하의 한 가운데에 섰으니, 그들의 정신〔神〕은 조화자〔化〕13와

---

9. 이것과 유사한 구절을 우리는 『노자』 39장에서 찾아 볼 수 있다. "옛날에 하나를 얻은 것들이 있었네. 하늘은 하나를 얻음으로써 맑아졌고, 땅은 하나를 얻음으로써 안정되었으며, 귀신은 하나를 얻음으로써 신령스러워졌고, 계곡은 하나를 얻음으로써 가득 찼으며, 만물은 하나를 얻음으로써 생겨났고, 왕은 하나를 얻음으로써 천하의 우두머리가 되었네."〔昔之得一者. 天得一以淸, 地得一以寧, 神得一以靈, 谷得一以盈, 萬物得一以生, 侯王得一以爲天下貞.〕 따라서 『문자』의 이 문장은 『노자』 39장을 응용 발휘하고 있음을 알 수 있다. 단 사물 현상의 궁극적 본원이 『노자』에서는 '하나'〔一〕로 표현되고 있으나 『문자』에서는 직접적으로 '도'로 표현되고 있다는 차이가 있다.
10. 이와 유사한 말을 『노자』 7장에서 찾아 볼 수 있다. "성인은 자신을 뒤로 함으로써 앞서게 되고, 자신을 도외시함으로써 보존되네."〔聖人後其身而身先, 外其身而身存.〕 '죽고자 하면 산다'〔死則生〕는 역설의 논리를 말하고 있다.
11. 중국 고대 전설상의 위대한 통치자들을 말한다. 『회남자』에서는 '이황'(二皇)으로 되어 있다.
12. 『회남자』 「원도훈」에는 '자루'〔柄〕로 되어 있다.
13. '도'의 또 다른 표현이다. 만물을 생성 변화시킨다는 의미에서 '조화자'〔化〕로 표현된다. 이 말은 『장자』 「대종사」(大宗師)에서 취해 온 용어로 볼 수 있다. "지금 어쩌다 사람의 형체를 받고서, '사람이 될 뿐이다. 사람이 될 뿐이다'라고 말한다. 그러면 조화자는 반드시 상서롭지 않은 인간이라고 생각할 것이다."〔今一犯人之形, 而曰: 人耳人耳, 夫造化者必以爲不祥之人.〕

함께 노닐면서 이로써 천하를 편안케 하였다. 그러므로 하늘은 잘 운행되고 땅은 잘 다져질 수 있었다. 그들 삼황은 구르는 바퀴처럼 쉼 없이 돌고 흐르는 물처럼 멈추지 않으면서 만물과 처음과 끝을 같이 하였고, 바람과 같이 일어나고 구름과 같이 피어오르며 우레와 같이 울리고 비와 같이 내리면서 끝없이 만물에 따라 반응하였으며, 자신을 잘 갈고 닦아 다시 순박한 상태[樸]로 돌아갔다.14 그리하여 무위로 행하니 나고 죽는 자연의 이치에 딱 들어맞았고, 무위로 말하니 자연의 덕에 저절로 통하였다.15 그들은 담담히 즐길 뿐 자신을 내세우지 않고 만물과 조화를 이루었으니, 사물들은 각각 다르나 모두 각자의 삶에 편안하였다. 또한 그들은 음양을 조화시켰고 사계절을 때에 맞게 하였으며 오행을 조절하였다. 그 결과 초목은 윤택하게 자랐고 쇠와 돌은 빛났으며, 짐승들은 크게 자랐고 털은 기름기가 흘렀으며, 새의 알은 부화되지 않는 일이 없었고 임신한 짐승은 낙태되는 일이 없었으며, 아버지는 자식을 잃는 근심이 없었고 형은 동생을 곡하는 슬픔이 없었으며, 어린아이는 고아

---

14. 『장자』「산목」(山木)에도, "갈고 닦아 순박한 상태로 돌아간다"[旣雕旣琢, 復歸於朴]라는 구절이 있다.

15. 『장자』「천지」(天地)에서는 다음과 같이 되어 있다. "무위로 행하는 것을 '자연스러움'[天]이라 하고, 무위로 말하는 것을 덕(德)이라고 한다."[无爲爲之之謂天, 无爲言之之謂德.] 따라서 『문자』의 이 구절은 『장자』에서 취해와 응용한 것으로 보인다. 한편 『회남자』「원도훈」(原道訓)에서는 "무위로 행하니 도에 합치하고, 무위로 말하니 덕에 통한다"[无爲爲之而合于道, 无爲言之而通乎德]로 되어 있어, 『문자』와는 일부 차이가 보인다. 이 점과 관련하여 고관광(顧觀光)은 『문자』의 "无爲爲之而合乎生死" 구절은 잘 해석이 되지 않는다고 보고, 『회남자』에 근거하여 "无爲爲之而合于道"로 고칠 것을 주장한다. 그러나 『문자』의 원문 그대로 읽어도 의미상 별 무리가 없다.

가 되지 않았고 부인은 과부가 되지 않았으며, 불길한 무지개가 나타나지 않았고 도적이 횡행하지 않았다. 이것들은 모두 복희·신농·황제가 덕을 머금은 결과이다.

자연의 변함 없는 도[16]는 만물을 생성하지만 소유하지 않고 변화를 이루어 주지만 주재하지 않는다.[17] 따라서 만물은 도에 의해 생겨나지만 아무도 도를 고맙게 여기지 않고, 도에 의해 죽지만 아무도 도를 원망할 줄 모른다. 이 같은 도는 아무리 쌓아도 늘어나지 않고 아무리 덜어내도 줄어들지 않는다.

> 홀황하네 황홀하네, 형상을 알 수 없네
> 황홀하네 홀황하네, 써도 없어지지 않네
> 그윽하네 어둑하네, 무형으로 변화에 응하네
> 깊네 두루 통하네, 헛되이 움직이지 않네
> 강함과 부드러움에 따라 말았다 폈다 하네
> 음양과 더불어 오르락내리락 하네.[18]

---

16. 원문은 '天常之道'로 되어 있다. 그러나 『정통도장』(正統道藏)의 「통현진경찬의」(通玄眞經纘義) 및 『사부총간』(四部叢刊)에는 '大常之道'로 되어 있고, 『정통도장』「통현진경」(通玄眞經) 칠권본(七卷本)에는 '天之道'로 되어 있다. 한편 유월(兪樾)은 『독문자』(讀文子)에서 "'天常' 이 두 글자는 의미가 없다. 天은 마땅히 '太'가 되어야 하는 것이니 글자상의 오류이며, '常'은 마땅히 '上'이 되어야 하니 발음상의 오류다. 『회남자』「원도훈」에는 '太上之道'로 되어 있다"라고 주장하고 있다. 그러나 원문 그대로 이해해도 의미가 통하므로 일단 그대로 두고 해석한다.
17. 『노자』 10장 및 51장에 나오는, "낳아 주어도 소유하지 않고, 행하여도 자랑하지 않으며, 길러주어도 주재하지 않는다"[生而不有, 爲而不恃, 長而不宰]에서 취해와 응용하고 있다.
18. 이상의 내용은 대부분 『회남자』「원도훈」에서 찾아 볼 수 있다.

老子曰: 有物混成, 先天地生. 惟象無形, 窈窈冥冥, 寂寥淡漠, 不聞其聲. 吾强爲之名, 字之曰道. 夫道者, 高不可極, 深不可測, 苞裹天地, 稟受無形, 原流泏泏, 沖而不盈, 濁以靜之徐淸. 施之無窮, 無所朝夕, 表[卷]19之不盈一握, 約而能張, 幽而能明, 柔而能剛, 含陰吐陽, 而章三光. 山以之高, 淵以之深, 獸以之走, 鳥以之飛, 麟以之游, 鳳以之翔, 星曆以之行. 以亡取存, 以卑取尊, 以退取先. 古者三皇, 得道之統, 立於中央, 神與化游, 以撫四方. 是故能天運地滯, 輪轉而無廢, 水流而不止, 與物終始. 風興雲蒸, 雷聲雨降, 竝應無窮. 已彫已琢, 還復於樸. 無爲爲之而合乎生死, 無爲言之而通乎德, 恬愉無矜, 而得乎和. 有萬不同, 而便乎生. 和陰陽, 節四時, 調五行. 潤乎草木, 浸乎金石, 禽獸碩大, 毫毛潤澤, 鳥卵不敗, 獸胎不殰, 父無喪子之憂, 兄無哭弟之哀, 童子不孤, 婦人不孀, 虹蜺不見, 盜賊不行, 含德之所致也. 天常之道, 生物而不有, 成化而不宰, 萬物恃之而生, 莫之知德, 恃之而死, 莫之能怨. 收藏畜積而不加富, 布施稟受而不益貧. 忽兮怳兮, 不可爲象兮. 怳兮忽兮, 用不詘兮. 窈兮冥兮, 應化無形兮. 遂兮通兮, 不虛動兮. 與剛柔卷舒兮, 與陰陽俛仰兮.

노자가 말하였다.

19. 원문은 '표'(表)로 되어 있으나 '권'(卷)으로 고친다. 서영부(徐靈府)의 주에도 '권'(卷)으로 되어 있고, 『회남자』에도 '권'(卷)으로 되어 있다. 『회남자』에서는 이 구절 앞에 이 구절과 대구가 되는 "舒之帲於六合"이 추가되어 있으며, 그 결과 '舒之'와 '卷之'가 앞뒤로 상호 호응을 이룬다.

대장부20는 담담히 아무런 생각이 없고 고요히21 아무런 사려가 없다. 하늘로 덮개를 삼고 땅으로 수레를 삼으며 사계절로 말을 삼고 음양으로 마부를 삼아, 길 없는 길을 달리고 게으르지 않은 게으름에서 노닐다 문 없는 문으로 나간다. 하늘로 덮개를 삼으니 덮지 못하는 것이 없고, 땅으로 수레를 삼으니 싣지 못하는 것이 없으며, 사계절로 말을 삼으니 부리지 못하는 것이 없고, 음양으로 말을 몰게 하니 갖추어지지 않는 것이 없다.22 그러므로 빨리 달려도 흔들리지 않고 멀리 나가도 피곤하지 않다. 이처럼 사지를 움직이지 않고 총명을 훼손하지 않고도 널리 천하를 비추어 볼 수 있는 것은, 도의 요체를 잡고서 '무궁한 땅'을 바라보기 때문이다. 그러므로 천하의 일은 억지로 행할 수 없는 것이니, 저절로 그러한 이치〔自然〕에 근거하여 밀고 나아갈 뿐이다. 또한 만물이 변화하는 이치는 일일이 다 찾아 낼 수는 없는 것이니, 단지 그 핵심을 잡아서 근본으로 돌아갈 뿐이다. 그러므로 성인은 안으로 근본〔根〕을 닦을 뿐 밖으로 말단〔末〕을 꾸미지 않으며, 정신을 닦고 감관의 작용을 멈추

---

20. 뜻이 높은 사람 혹은 도에 뜻을 둔 사람을 지칭한다. 서영부(徐靈府)는 "도를 체득할 수 있는 사람"으로 주를 달고 있다. 이 '대장부'(大丈夫)라는 용어는 도가의 문헌에서는 흔치 않은 용어다. 『노자』에서는 유일하게 38장에서 한 번 출현한다. "대장부는 그 두터운 곳에 처하지 그 얇은 곳에 거처하지 않는다."〔大丈夫處其厚, 不居其薄.〕 그러나 『장자』에서는 전혀 찾아 볼 수 없다.
21. 원문은 '담'(惔)으로 되어 있으나 『정통도장』(正統道藏)의 『通玄眞經纘義』본에 근거하여 '담'(澹)으로 고쳐 해석한다. 『회남자』 「원도훈」(原道訓)에도 '담'(澹)으로 되어 있다.
22. '하늘' '땅' '사계절' '음양'은 모두 자연계를 구성하는 존재들이고 현상들이다. 자연계는 모두 그 누가 주재하거나 개입하지 않아도 '저절로 그러한 이치'에 따라 온갖 사물들이 저절로 생겨나고 자라난다. 그러므로 "갖추어지지 않는 것이 없다"고 말하는 것이다.

게 한다. 때문에 성인은 고요히 무위하여도 하지 못하는 것이 없고, 다스리지 않아도 다스려지지 않는 것이 없다. 이른바 '무위'(無爲)란 미리 사물에 앞서서 행위하지 않는 것을 말하며, '다스리지 않는다'[無治]는 것은 자연의 상태를 억지로 바꾸지 않는 것을 말한다.23 다스리지 않아도 다스려지지 않는 것이 없는 것은, 사물들의 상호 그러함(즉 자연스러운 이치)에 따르기 때문이다.24

老子曰: 大丈夫恬然無思, 惔然無慮. 以天爲蓋, 以地爲車, 以四時爲馬, 以陰陽爲御, 行乎無路, 游乎無怠, 出乎無門. 以天爲蓋則無所不覆也, 以地爲車則無所不載也, 四時爲馬則無所不使也, 陰陽御之則無所不備也. 是故疾而不搖, 遠而不勞. 四支不動, 聰明不損, 而照見天下者, 執道之要, 觀無窮之地也. 故天下之事不可爲也, 因其自然而推之. 萬物之變不可救也, 秉其要而歸之. 是以聖人內修其本, 而不外飾其末, 厲其精神, 偃其知見. 故漠然無爲而無不爲也, 無治而無不治也. 所謂無爲者, 不先物爲也, 無治者, 不易自然也, 無不治者, 因物之相然也.

---

23. 이 구절은 '무위'에 대한 기존의 관념을 벗어난 새로운 해석이 될 수 있다. 즉『문자』의 저자와 같은 황로학자들은 이전의 원시도가와 달리 '무위'를 보다 능동적이고 적극적인 의미로 해석하고 있다. 노자의 무위는 '자연무위'(自然無爲)로 규정할 수 있고, 장자의 경우는 '소요무위'(逍遙無爲)로 규정할 수 있다. 이러한 노장의 무위관은 사실상 소극적이고 수동적이라는 이미지를 벗어나기 힘들다. 반면에 전국말기 혹은 한초라는 시대적 상황 속에서 다시의 시히 현시 문제에 기으 관시을 보였던 황로학자들은 이전의 소극적 무위관에서 탈피하여 보다 적극적인 형태로 '무위'를 재해석하고자 하였다. '무위'에 대한 이러한 새로운 해석은『회남자』에 그대로 계승되고 있다.
24. 이상의 내용은 대부분『회남자』「원도훈」에서 찾아 볼 수 있다.

노자가 말하였다.

도를 잡고서 백성들을 다스리는 사람은, 일이 오면 그것에 따르고 사물이 움직이면 그것에 말미암을 뿐이다. 그러므로 그는 만물의 변화에 응하지 않는 것이 없고 온갖 일의 변화에 짝하지 않는 것이 없다. 그러므로 도는 허무(虛無)하고 평이(平易)하며 청정(清靜)하고 유약(柔弱)하며 순수소박(純粹素樸)하니, 이 다섯 가지는 도의 형상(形象)이다. '허무'는 도의 거처요,25 '평이'는 도의 바탕이요, '청정'은 도의 거울이요, '유약'은 도의 쓰임이다.26 돌아감〔反〕은 도의 불변하는 법칙이며,27 부드러움〔柔〕은 도의 견고함이고 약함〔弱〕은 도의 강함이며,28 순수 소박함은 도의 근간이다. 허(虛)는 내면에 실린 것이 없는 것이며, 평(平)은 마음에 쌓인 것이 없는 것이다. 기호와 욕구가 실리지 않은 것이 허(虛)의 지극함이고, 좋아하고 미워하는 것이 없는 것이 평(平)의 지극함이며, 한결 같아

---

25. '허무'(虛無)는 마음에 간직하는 바가 없는 것을 말한다. 『관자』 「심술」 (心術)에서는 다음과 같이 말하고 있다. "허(虛)란 간직하는 바가 없는 것이다. 그러므로 지식을 버리면 어떻게 구할 것이며, 간직하지 않으면 어떻게 베풀겠는가?"〔虛者無藏也. 故曰去知則奚率求矣, 無藏則奚設矣?〕 또한 『한비자』 「양권」(揚權)에서도 다음과 같이 말한다. "즐거워함을 버리고 악을 버려, 마음을 텅 비움으로써 도의 거처를 삼는다."〔去喜去惡, 虛心以爲道舍.〕

26. 『노자』 40장에, "돌아가는 것은 도의 움직임이고, 유약함은 도의 쓰임이다"〔反者, 道之動, 弱者, 道之用〕라는 말이 있다.

27. 『노자』 25장에서 도의 성질에 관해 다음과 같이 말한다. "나는 그것의 이름을 알지 못하나 그냥 '도'라 부르고 억지로 이름하여 '큼'〔大〕이라고 한다. 크면 가고, 가면 멀어지고, 멀어지면 돌아온다."〔吾不知其名, 字之曰道, 强爲之名曰大, 大曰逝, 逝曰遠, 遠曰反.〕 이처럼 '도'에는 반(反)의 성질이 있다.

28. 이 말은 『노자』 78장의, "약함이 강함을 이기고, 부드러움이 견고함을 이긴다"〔弱之勝强, 柔之勝剛〕를 달리 표현한 말이다.

변하지 않는 것이 정(靜)의 지극함이고, 사물과 섞이지 않는 것이 수(粹)의 지극함이며, 근심하지도 즐거워하지도 않는 것이 덕(德)의 지극함이다.

무릇 지인(至人)29의 다스림은, 귀 밝음과 눈 밝음을 버리고 화려한 문식을 없애며, 도에 의거하여 기교를 폐지하고 백성과 더불어 공평함으로 나아간다. 그는 지키는 바를 간략히 하고 구하는 바를 적게 하며, 유혹을 버리고 탐욕30을 제거하며 사려를 덜어낸다. 지키는 바를 간략하게 하면 명찰해지고, 구하는 바를 적게 하면 쉽게 얻을 수 있다. 그러므로 '안'[內]으로써 '밖'[外]을 제어하면 뭇일들이 폐하여지지 않으니, 안을 얻을 수 있으면 밖은 쉽게 다스릴수 있다.31 그러므로 안을 얻으면 오장이 안정되고 마음이 평온해지며 힘줄과 뼈가 강해지고 눈과 귀가 밝아진다. 큰 도는 매우 평이한 것이니 내게서 멀지 않다. 따라서 멀리서 도를 구하려던 사람은 멀리 나갔다가 결국 다시 돌아오게 된다.32

---

29. '지인'(至人)은 도가의 이상적 인격자를 지칭하는 말들 중의 하나이다. 도가의 이상적 인격은 '성인'(聖人) '지인'(至人) '신인'(神人) '진인'(眞人) 등으로 표현되는데, 지인은 특히 『장자』에서 자주 쓰인다. 『장자』 「천하」에서는 지인을 다음과 같이 규정하고 있다. "참됨에서 벗어나지 않은 자를 지인이라고 한다."〔不離于眞, 謂之至人.〕여기서 '지인'은 현실 정치에 종사하는 이상적인 통치자를 가리킨다.
30. 원문은 '귀욕'(貴欲)으로 되어 있어 의미가 통하지 않는다. 『회남자』 「원도훈」(原道訓)에는 '기욕'(嗜欲)으로 되어 있다. 『회남자』 근거하여 '기욕'(嗜欲)으로 고쳐 해석한다.
31. 여기서 말하는 '안'과 '밖'은 다중적인 의미를 지닌다. 개인 차원에서는 '마음'과 '형체'를 의미할 수 있고, 국가 차원에서는 '군주'와 '신하'(또는 백성)를 의미할 수 있다. 또한 『회남자』에서 고유(高誘)는 각각 '마음'[心]과 욕망[情欲]으로 풀이하기도 한다.
32. 이상의 내용은 대부분 『회남자』 「원도훈」에서 찾아 볼 수 있다.

老子曰: 執道以御民者, 事來而循之, 物動而因之, 萬物之
化無不應也, 百事之變無不耦也. 故道者, 虛無·平易·淸靜·柔
弱·純粹素樸, 此五者, 道之形象也. 虛無者道之舍也, 平易者
道之素也, 淸靜者道之鑒也, 柔弱者道之用也. 反者道之常也,
柔者道之剛也, 弱者道之强也. 純粹素樸者道之幹也. 虛者中
無載也, 平者心無累也. 嗜欲不載, 虛之至也, 無所好憎, 平之
至也, 一而不變, 靜之至也, 不與物雜, 粹之至也, 不憂不樂,
德之至也. 夫至人之治也, 棄其聰明, 滅其文章, 依道廢智, 與
民同出乎公. 約其所守, 寡其所求, 去其誘慕, 除其貴欲, 損其
思慮. 約其所守卽察, 寡其所求卽得. 故以中制外, 百事不廢,
中能得之則外能牧之. 中之得也, 五藏寧, 思慮平, 筋骨勁强,
耳目聰明. 大道坦坦, 去身不遠, 求之遠者, 往而復返.

노자가 말하였다.

성인(聖人)이냐 아니냐 하는 것은, 남을 다스리는 데 있지 않고
자신을 다스리는 데 있다. 존귀함〔貴〕은 세력이나 지위에 있지 않
고 스스로 만족함〔自得〕에 있으니, 스스로 만족하면 천하가 나를
얻고자 한다. 즐거움〔樂〕은 부귀에 있지 않고 마음의 평화에 있으
니, 나를 중시하고 천하를 가볍게 여길 줄 알면 도에 가깝다. 그러
므로, '텅빔〔虛〕에 이르기를 지극히 하고, 고요함〔靜〕 지키기를 돈
독히 하라. 만물이 무성하게 일어나는 자리에서 나는 그 돌아가는
곳을 보네'33라고 말하는 것이다. 무릇 도는 만물을 만들어내나 시

33. 이 구절은 현행 왕필본『노자』16장의 첫 구절에 나타난다. 이 구절은 의

종 형체가 보이지 않고, 적막하게 움직이지 않으나 혼명(混冥)34에 크게 통하며, 매우 광대하여 밖이 없으나 또한 매우 미소하여 안이 없고,35 한계지울 수 있는 경계가 없으나 유(有)와 무(無)를 생성하는 총칭36이다. 진인은 이 도를 체득하여 허무·평이·청정·유약·

미상으로는 왕필본과 별 차이가 없으나 원문 상에는 다소 차이가 있다. 왕필본은 "致虛極, 守靜篤, 萬物竝作, 吾以觀復"로 되어 있는데 반해, 『문자』에는 "至虛極也, 守靜篤也, 萬物竝作, 吾以觀其復"으로 되어 있다. 『문자』의 이 구절은 오히려 백서(帛書) 『노자』의 "至虛極也, 守靜篤也, 萬物竝作, 吾以觀其復也"에 보다 가깝다.

사물이 무성하게 자라날 때 사람들은 단지 그 화려하게 드러나는 현상만 바라본다. 그러나 허정함을 체득한 사람은 그 화려한 현상 배후에 놓인 사물의 본질, 즉 그것이 궁극적으로 돌아가게 될 자리[根]를 인식하게 된다. 화려하고 무성하게 자라나는 초목들도 그 본원은 '뿌리'이며, 가을·겨울이 되어 꽃과 줄기가 모두 시들고 죽게 되면 남는 것은 단지 '뿌리' 뿐이다. 그리고 이 '뿌리'의 본질은 텅빔[虛]이요 고요함[靜]이다. 그러므로 『노자』는 "뿌리로 돌아가면 고요하다"[歸根曰靜]고 말하는 것이다.

34. 『장자』「천지」(天地)에서는 '혼명'에 대해 다음과 같이 말하고 있다. "명 (命)을 다하고 정(情)을 다하면, 천지가 녹아 내리고 만물이 사라져 만물 이 그 본래의 실정을 회복한다. 이것을 혼명(混冥)이라고 한다."[致命盡 情, 天地樂而萬事銷亡, 萬物復情, 此之謂混冥.] 따라서 혼명(混冥)은 만 물이 형성되기 이전의 최초 상태, 혹은 존재의 본원을 의미한다고 하겠다. 이것은 『회남자』에서 언급되는 '태소'(太昭)와도 유사한 의미를 지닌다. 『회남자』「천문훈」(天文訓)에는 '태소'에 대해 다음과 같이 말한다. "천지 가 아직 형성되지 않았을 때는 질박 투박하여 무성한 무형의 상태였다. 그 러므로 '태소'라고 한다."[天墜未形, 馮馮翼翼, 洞洞灟灟, 故曰太昭.]

35. 『장자』「천하」(天下)에도 이것과 유사한 말이 있다. "지극히 커서 밖이 없 는 것을 대일(大一)이라 하고, 지극히 작아 안이 없는 것을 소일(小一)이 라고 한다."[至大无外, 謂之大一, .至小无內, 謂之小一.]

36. 도가 유(有)와 무(無)의 총칭이라는 것은 노자 연구자들이 자주 언급하는 주장이다. 그리고 이 주장은 『노자』 1장의 다음 구절에서 이끌어 낼 수 있다. "무는 만물의 시작을 이름하고, 유는 만물의 어미를 이름한다. …… 두 가지는 동일한 곳에서 나왔으나 명칭을 달리한다."[無, 名天地之始; 有, 名萬物之母, ……此兩者, 同出而異名.]

순수소박하며, 때문에 사물과 섞이지 않고 천지의 도를 얻는 경지에 이른다. 그러므로 진인이라고 한다. 진인은 자신을 중시하고 천하를 가볍게 여기며, 자신을 다스리는 것을 귀하게 여기고 남을 다스리는 것을 천하게 여기며, 외물[物]에 의해 마음의 평화가 어지럽혀지지 않고 욕심에 의해 감정이 흩뜨려지지 않으며,37 자신의 이름을 숨긴다. 그는 도가 있으면 숨고 도가 없으면 드러나며, 무위(無爲)를 행하고 무사(無事)를 일삼고 알지 못함[不知]을 알며,38 천도(天道)를 품고 천심(天心)을 안으며, 음양의 기운을 호흡하고, 묵은 숨을 내뱉고 새 숨을 들여 마신다. 그리하여 그는 음과 더불어 닫고 양과 더불어 열며, 강유(剛柔)와 함께 말고 펴며, 음양과 더불어 오르내리며, 하늘과 마음을 같이 하고 도와 몸을 같이 하며, 즐거워하는 바도 없고 괴로워하는 바도 없으며, 기뻐하는 것도 없고 노여워하는 것도 없다. 그 결과 진인은 만물과 현묘하게 합치되어〔玄同〕39 시비를 다투지 않는다. 무릇 심한 추위나 더위 혹은 습함

---

37. 『회남자』「원도훈」에서는 다음과 같이 말한다. "성인은 외물에 의해 부림받지 않고, 욕망에 의해 마음의 평화를 어지럽히지 않는다."〔聖人不以身役物, 不以欲滑和.〕

38. 이 구절에 대해 서영부(徐靈府)는 다음과 같이 주를 달고 있다. "행하여도 자랑하지 않고, 일을 하여도 뻐기지 않으며, 알아도 드러내지 않는다."〔爲而不恃, 事而不矜, 知而不耀.〕『노자』71장에서도, "알지 못한다는 것을 아는 것이 으뜸이고, 알지 못하면서도 아는 체 하는 것이 병이다"〔知不知, 上; 不知知, 病〕라고 하였다.

39. '현동'(玄同)이라는 말은 본래 『노자』56장에서 나오는 말이다. "감관을 막아 버리고 욕망의 문을 닫아 버리며, 날카로움을 무디게 하고 엉클어진 것을 풀어버리며, 드러나는 빛을 감추고 세상과 하나가 되는 것, 이것을 현동(玄同)이라 한다."〔塞其兌, 閉其門, 挫其銳, 解其分, 和其光, 同其塵, 是謂玄同.〕한편 『회남자』「설산훈」(說山訓)에서는 다음과 같이 말한다. "아름다움도 구하지 않고 또한 추함도 구하지 않으면 아름다움도 추함도

이나 건조함에 몸이 상한 사람은 형체가 소진되어도 정신은 생생하며,40 정신이 즐거움이나 노여움 혹은 마음의 근심에 의해 상한 사람은 정신이 소진되어도 형체는 남아 있게 된다.41 그러므로 진인은 마음 씀에 있어서 생명(즉 육신)을 유지하고42 정신을 편안케 하여, 이들 육신과 정신이 상호 의지하여 시종을 함께 하게 한다. 때문에 진인은 잠들면 꿈꾸지 않고 깨어 있으면 근심이 없다.43

老子曰: 聖人忘乎治人, 而在乎自理. 貴忘乎勢位, 而在乎自得, 自得卽天下得我矣. 樂忘乎富貴, 而在乎和, 知大己而小天下, 幾于道矣. 故曰, "至虛極也, 守靜篤也. 萬物竝作, 吾以觀其復." 夫道者, 陶冶萬物, 終始無形, 寂然不動, 大通混冥, 深閎廣大不可爲外, 折毫剖芒不可爲內, 無環堵之宇, 而

없게 될 것이다. 이것을 일러 현동(玄同)이라 한다."〔不求美, 又不求醜, 則無美無醜矣, 是謂玄同.〕『문자』에서의 '현동'은 만물과의 무차별적 관계를 의미하므로『노자』가 말하는 '현동'에 보다 가깝다.

40. 원문은 '두'(杜)로 되어 있다. 유월(兪樾)은 그의『독문자』(讀文子)에서 '두'(杜)는 '장'(壯)의 오자라고 주장하였다.『회남자』「숙진훈」(俶眞訓)에도 '장'(壯)으로 되어 있다. 따라서 유월의 설에 근거하여 '두'(杜)를 '장'(壯)으로 고쳐 해석한다.

41. 정신과 형체가 조화를 이루지 못하는, 즉 형신(形神)의 부조화에 따르는 반자연적인 현상에 대해 말하고 있다.

42. 원문은 '복성'(復性)으로 되어 있다.『사부총간』(四部叢刊)본에 근거하여 '장성'(杖性)으로 고쳐 해석한다. 이때 '성'(性)은 '생'(生)으로 풀이한다.

43. 이 구절은『장자』「대종사」(大宗師)의 "옛날 진인은 잠들면 꿈꾸지 않고 깨어 있으면 근심이 없다"〔古之眞人, 其寢不夢, 其覺無憂〕에서 취해 왔다. 꿈이나 근심은 우리의 마음에 욕망이 끼여들 때 나타나게 마련이다. 따라서 진인은 항상 자연과 합치되는 삶을 살기 때문에 잠을 잘 때는 꿈을 꾸지 않고 깨어 있을 때는 근심이 없다는 것이다.
이상의 내용은『회남자』「원도훈」 및 「숙진훈」에서 찾아 볼 수 있다.

生有無之總名也. 眞人體之, 以虛無·平易·淸靜·柔弱·純粹素
樸, 不與物雜, 至德44天地之道, 故謂之眞人. 眞人者, 知大己
而小天下, 貴治身而賤治人, 不以物滑和, 不以欲亂情, 隱其名
姓, 有道則隱, 無道則見, 爲無爲, 事無事, 知不知也, 懷天道,
包天心, 噓吸陰陽, 吐故納新, 與陰俱閉, 與陽俱開, 與剛柔卷
舒, 與陰陽俯仰, 與天同心, 與道同體, 無所樂, 無所苦, 無所
喜, 無所怒, 萬物玄同, 無非無是. 夫形傷乎寒暑燥濕之虐者,
形究而神杜, 神傷于喜怒思慮之患者, 神盡而形有餘. 故眞人
用心, 復性依神, 相扶而得終始. 是以其寢不夢, 覺而不憂.

공자가 도를 물었다. 노자가 대답했다.

그대의 형체를 바르게 하고 그대의 시선을 하나로 집중한다면 하
늘의 화기(和氣)가 이르게 될 것이네. 그대의 지각을 거머쥐고 그
대의 태도를 전일하게 하면, 신(神)이 와서 머무를 것이고 덕(德)
이 그대에게 깃들 것이며 도(道)가 그대의 거처가 될 것이네. 무심
히 보라, 마치 갓 태어난 송아지처럼. 그리고 기교를 구하지 말
게.45 형체는 마른나무처럼 하고 마음은 식은 재처럼 하라. 알찬 지

---

44. 여기서 '덕'(德)은 '득'(得)의 의미다. 고대에 '덕'(德)과 '득'(得)은 상호 통
용되었다.
45. 이상은 『장자』 「지북유」(知北遊)의 다음과 같은 구절에 근거하고 있다.
"설결이 피의에게 도를 물었다. 피의가 대답했다. '그대의 형체를 바르게
하고 그대의 시선을 하나로 집중한다면 하늘의 화기(和氣)가 이르게 될
것이네. 그대의 지각을 거머쥐고 그대의 태도를 전일하게 하면, 신(神)이
와서 머무를 것이고 덕이 그대의 아름다움이 될 것이며 도가 그대의 거처
가 될 것이네. 무심히 바라 보라, 마치 갓 태어난 송아지처럼. 그리고 기

식을 참되게 할 뿐 기교로 스스로를 자랑하지 말라. 마음을 넓디넓게 하여, 도모할 마음이 없게 하라.46 '사방에 널리 통달하면서도 알지 못하는 것처럼 할 수 있는가?'47

孔子問道. 老子曰: 正汝形, 一汝視, 天和將至. 攝汝知, 正汝度, 神將來舍, 德將爲汝容, 道將爲汝居. 瞳兮, 若新生之犢, 而無求其故, 形若枯木, 心若死灰, 眞其實知, 而不以曲故自持. 恢恢, 無心可謀. 明白四達, 能無知乎?

교를 구하지 말라!'[齧缺問道乎被衣, 被衣曰: 若正汝形, 一汝視, 天和將至; 攝汝知, 一汝度, 神將來舍, 德將爲汝美, 道將爲汝居, 汝瞳焉如新生之犢而无求其故!] 이 구절은『회남자』「도응훈」(道應訓)에서도 거의 그대로 인용되고 있다.

46. 이 구절 또한『장자』「지북유」의 다음과 같은 문장에서 인용하고 있다. "형체는 마치 마른나무나 뼈와 같고, 마음은 마치 식은 재와 같네. 그 알찬 지식을 참되게 할 뿐 기교로 스스로를 뽐내지 않네. 흐릿흐릿 어둑어둑하니, 무심하여 더불어 말해볼 수도 없네."[形若槁骸, 心若死灰, 眞其實知, 不以故自持. 媒媒晦晦, 无心而不可與謀.)" 이 말은 앞서 기술된 피의의 말을 들으면서 설결이 그대로 잠에 빠져들자, 피의가 설결을 칭찬하면서 하는 말이다. 그러나『문자』에서는 도를 묻는 공자에게 노자가 계속 일깨워 주는 말로 쓰이고 있으며,『장자』의 "媒媒晦晦, 无心而不可與謀" 문구가 "恢恢, 無心可謀"로 변형 혹은 잘못 인용되고 있다.『회남자』에도 "墨墨恢恢, 無心可與謀"로 되어 있어『문자』와 유사하다.

47. 이 말은 왕필본『노자』10장에 근거하고 있으나 일부 글자가 다르다. 즉 왕필본에는 "사방에 널리 통달하면서 무위할 수 있는가?"[明白四達, 能無爲乎]로 되어 있다. 참고로, 백서『노자』에는 "사방에 널리 통달하면서 아는 체 하지 않을 수 있는가?"[明白四達能, 毌以知乎]로 되어 있어 오히려『문자』와 가깝다. 하상공본이나 기타 고본도『문자』와 동일한 형태로 되어 있다.
이상의 내용은 대부분『회남자』「도응훈」에서 찾아 볼 수 있다.

노자가 말하였다.

무릇 삶을 영위하는 자는 변화에 응해 움직여야 한다. 변화는 때
〔時〕에서 생기며, 때를 아는 사람은 고정된 행위가 없다. 그러므로
'말할 수 있는 도는 참된 도가 아니고, 이름할 수 있는 이름은 참된
이름이 아니다.'48 글이란 말이 낳은 것이고 말은 지식에서 나온다.
그러나 지식인은 참으로 알지 못하니, 말과 지식은 참된 도가 아니
기 때문이다. 때문에 이름할 수 있는 이름은 글로 저장할만한 것이
못된다.49 '많이 들어서 지식이 많아지면 자주 막히게 되니, 마음을
텅 비우는 것만 못하다.'50 '학문을 끊으면 근심이 없으며',51 '성인

---

48. 『노자』1장의, "말할 수 있는 도는 참된 도가 아니고, 이름할 수 있는 이름
   은 참된 이름이 아니다"〔道可道, 非常道, 名可名, 非常名〕를 그대로 인용
   하고 있다.

49. '이름'이라는 것은 언제든지 변할 수 있는 것이다. 그러나 '글'이라는 것은
   한 번 쓰여지면 고정된다. 따라서 가변적인 '이름'은 '글'에 저장할 수 없다.

50. 『노자』5장에서 나오는 구절이다. 현재 이 구절은 『문자』원문에서 "多聞
   數窮, 不如守中"으로 되어 있으나, 왕필본에는 "多言數窮, 不如守中"으로
   되어 있다. 백서 『노자』에도 '多聞'으로 되어 있다. '多聞'과 '多言'은 의미
   상 약간의 차이가 존재한다. 즉 전자는 '많이 들음으로써 지식이 많아지는
   것'을 의미하며, 후자는 '말을 많이 한다'는 것을 의미한다. 따라서 전자는
   지식이 많아짐으로써 나타나는 폐해를 지적하기 위한 것이고, 후자는 말
   을 많이 함으로써 초래되는 폐단을 일깨우기 위한 것이다. 그러나 노자
   사상에 비추어 볼 때 전자 즉 '多聞'이 보다 적합한 것 같다. 왜냐하면 다
   음 구절에서 "학문을 끊으면 근심이 없다"고 말하고 있으며, 그리고 노자
   는 항상 인간이 '지'(知)에 치중하는 태도를 경계하고 있기 때문이다.

51. 왕필본 『노자』20장의 첫머리에 나타난다. "학문을 끊으면 근심이 없네.
   '예'와 '아니오', 그 차이가 얼마나 되나? 아름다움과 추함, 그 차이가 얼
   마나 되나?……"〔絶學無憂. 唯之與阿, 相去幾何. 善之與惡, 相去若何
   ……〕 그러나 이 구절의 위치에 대해서는 과거에 논란이 많았다. 무엇보
   다도 "絶學無憂"와, 뒤에 이어지는 "唯之與阿, 相去幾何. ……"가 의미상
   잘 연결되지 않기 때문이다. 그런데 최근에 발굴된 곽점본(郭店本) 『노
   자』에서는 문제의 "絶學無憂"가, 현행본 48장 "학문에 힘쓰면 날로 더해

〔聖〕을 끊고 지식을 버리면 백성의 이익이 백 배가 된다.'52

　사람은 태어날 때부터 고요한 것이니, 이것은 자연적인 본성이다. 그러나 사물에 접촉하면서 고요했던 본성이 흔들리게 되니, 본성에 욕망이 생기기 때문이다. 사물이 이르면 반응하게 되니, 지각이 작용하기 때문이다. 지각과 사물이 접촉하면 좋아하고 싫어하는 마음이 생기게 된다. 좋아하고 싫어하는 마음이 형성되고 지각이 밖으로 치달리면, 본래의 자신으로 돌아갈 수 없고 그러면 자연적인 본성〔天理〕은 사라지게 된다.53

지나, 도에 힘쓰면 날로 덜어지네. ……천하를 취하기에 부족하네"〔爲學日益, 爲道日損. ……不足以取天下〕의 바로 뒤에 위치하고 있다. 즉 곽점본에 근거하면 '絶學無憂'는 본래 "爲學日益, 爲道日損. ……"과 연계되는 문장이었던 것이다. 그 결과 '絶學無憂'의 '學'은 바로 '爲學日益'의 '學'을 지시하는 것이 되어, 전후 맥락의 의미가 순조롭게 연결될 수 있다.

52. 현행본『노자』19장의 첫 구절에 나타난다. "성인을 끊고 지식을 버리면 백성의 이익이 백 배가 되고, 인을 끊고 의를 버리면 백성들이 효성과 자애를 회복하게 되며, 기교를 끊고 이익을 버리면 도적이 없게 되네. ……"〔絶聖棄智, 民利百倍, 絶仁棄義, 民復孝慈, 絶巧棄利, 盜賊無有 ……〕 이 구절 역시 과거에 논란이 많았다. 『노자』에서 '성인'(聖人)은 일반적으로 긍정적 존재, 즉 인간 세상의 이상적 인격 내지는 통치자로 그려지고 있는데, 이 곳에서만 유독 부정적으로 묘사되고 있기 때문이다. 이 문제 역시 현재는 곽점본을 통해 해결되고 있다. 곽점본에는 "絶智棄辯, 民利百倍"의 형태로 되어 있기 때문이다. 곽점본에 근거하면 이 구절의 의미는, "지식을 끊고 말 잘하는 것을 버리면, 백성의 이익이 백 배가 된다"가 된다.

53. 이상의 내용은『예기』「악기」(樂記)에도 실려 있는데, 일부 문장 형태와 내용이 약간 다르다. "사람은 태어날 때 고요하니 자연적인 본성이다. 사물에 접촉하면서 움직이니 본성에 욕망이 생겼기 때문이다. 사물이 이르면 지각이 작용하며, 지각이 작용한 이후에 좋아하고 싫어하는 마음이 형성된다. 좋아하고 싫어하는 마음을 안에서 조절하지 못하고 지각 작용이 밖으로 이끌리게 되면, 본래 자기로 돌아올 수 없게 되며 이에 따라 선천적 본성이 사라지게 된다."〔人生而靜, 天之性也. 感於物而動, 性之欲也. 物至知知, 然後好惡形焉, 好惡無節於內, 知誘於外, 不能反躬, 天理滅矣.〕

그러므로 성인은 인위〔人〕로 자연〔天〕을 바꾸지 않으며,54 밖으로는 사물과 더불어 변화하나 안으로는 자기 본질〔情〕을 잃지 않는다. 그러므로 도에 통한 자는 청정함으로 돌아가고, 사물의 이치를 궁구한 자는 무위하게 된다. 담박함으로 지혜를 기르고 적막함으로 정신에 합치하여 문 없는 문으로 나아가라. 자연을 따르는 자는 도와 더불어 노닐고 인간을 쫓는 자는 세속과 교유한다. 그러므로 성인은 인간의 일로 자연을 어지럽히지 않고 욕심으로 본성을 흩뜨리지 않으니, 도모하지 않아도 합당하고 말하지 않아도 신뢰받으며 사려하지 않아도 얻고 억지로 행하지 않아도 이룬다. '때문에 성인은 위에 있어도 백성들이 무겁다 하지 않고, 앞에 머물러도 사람들이 해롭다 하지 않으며',55 천하 사람들이 귀의하고 간사한 무리들이 두려워한다. 이것은 '성인이 만물과 다투지 않기 때문이다. 그러므로 아무도 감히 성인과 다투려 하지 않는다.'56

노사광(勞思光)에 의하면 『예기』는, 한대 유생들이 옛날 자료들을 편집하여 만들어낸 책으로 그 속에는 한대 유학자가 지은 글들로 들어 있다고 한다. 그리고 그 중 어느 편들이 선진의 것이고 한대의 것들인지도 판별하기 쉽지 않다고 한다. 따라서 현재로서는 이 글이 『문자』가 『예기』에서 취해 온 것인지, 아니면 『예기』가 『문자』에서 취해 온 것인지 알 수 없다. 『회남자』 「원도훈」에도 이와 동일한 글이 일부 다른 형태로 실려 있다.

54. '인위'와 '자연'에 대해서는 『장자』 「추수」(秋水)에 다음과 같이 설명되고 있다. "소와 말에 네 다리가 있는 것을 자연이라 하고, 말의 머리를 얽어 매고 소의 코를 꿰뚫는 것을 인위라 한다. 그러므로 인위로 자연을 멸해서는 안된다고 한다."〔牛馬四足, 是謂天; 落馬首, 穿牛鼻, 是謂人. 故曰, 无以人滅天.〕

55. 『노자』 66장의, "강과 바다가 뭇 계곡들의 우두머리가 될 수 있는 것은 남들에게 자신을 잘 낮추기 때문이네. ……그러므로 성인이 위에 있어도 백성은 무겁다 하지 않고, 앞에 머물러도 백성들은 해롭다 하지 않네"〔江海所以能爲百谷王者, 以其善下之. ……是以聖人處上而民不重, 處前而民不害〕에서 인용하고 있다.

老子曰: 夫事生者, 應變而動. 變生於時, 知時者, 無常之行. 故道可道, 非常道, 名可名, 非常名. 書者, 言之所生也, 言出於智, 智者不知, 非常道也, 名可名, 非藏書者也. 多聞數窮, 不如守中. 絶學無憂, 絶聖棄智, 民利百倍. 人生而靜, 天之性也, 感物而動, 性之欲也. 物至而應, 智之動也. 智與物接, 而好憎生焉. 好憎成形, 而智于外, 不能反己, 而天理滅矣. 是故聖人, 不以人易天, 外與物化, 而內不失情. 故通于道者, 反于淸靜, 究于物者, 終于無爲. 以恬養智, 以漠合神, 卽乎無門. 循天者, 與道游也, 隨人者, 與俗交也. 故聖人, 不以事滑天, 不以欲亂情, 不謀而當, 不言而信, 不慮而得, 不爲而成. 是以處上而民不重, 居前而人不害, 天下歸之, 奸邪畏之. 以其無爭於萬物也, 故莫敢與之爭.

노자가 말하였다.

무릇 사람이 욕심을 따르면 본성을 잃게 되어 그 행위가 올바르지 못하니, 이 상태로 나라를 다스리면 나라가 어지러워지고 몸을 다스리면 몸이 더러워진다. 그러므로 도를 듣지 못한 사람은 본성을 회복할 길이 없고, 사물에 통달하지 못한 사람은 맑고 고요해질 수 없다. 인간의 본성을 따져 보면 본래 사악하거나 오염된 것이 없

---

56. 『노자』 66장의 마지막 구절, "그러므로 천하 사람들은 즐거이 받들되 싫증내지 않네. 그것은 성인이 (백성들과) 다투지 않기 때문이네. 그러므로 천하에서 아무도 그와 다툴 수 없네"〔是以天下樂推而不厭, 以其不爭, 故天下莫能與之爭〕에 근거하고 있다.
이상의 내용은 대부분 『회남자』 「원도훈」에서 찾아 볼 수 있다.

었다. 그러나 오랫동안 사물과 접촉하다보면 그 본성이 바뀌게 되고, 바뀐 상태에서 그 근본을 망각하면 그 바뀐 것을 마치 자신의 본성인 것처럼 여기게 된다.57 물의 본성은 맑고자 하나 모래와 자갈이 흐리게 하며, 인간의 본성은 평온하고자 하나 욕망이 해친다.58 오직 성인만이 사물로 인한 유혹을 벗어나 자기 본성을 회복할 수 있다. 그러므로 성인은 사물에 의해 지혜가 부림 받지 않고, 욕망에 의해 마음의 조화가 어지럽혀지지 않는다. 성인은 즐거워도 크게 기뻐하지 않고, 근심이 있어도 크게 한탄하지 않는다. 때문에 높은 곳에 있어도 위태롭지 않고 편안해도 나태하지 않다. 성인의 좋은 말과 편리한 계책을 들으면 비록 어리석은 사람도 기뻐할 줄 알며, 성인의 덕과 높은 행위를 드러내면 비록 못난 사람도 사모할 줄 안다. 그러나 성인의 말과 계책을 기뻐하는 사람은 많으나 그것을 사용하는 사람은 드물고, 성인의 덕과 행위를 사모하는 사람은

---

57. 서영부는 다음과 같이 풀이한다. "사람의 본성은 지극히 고요하나, 자기도 모르는 사이 외물에 느끼어져 움직이게 된다. 이것은 욕심이 참된 본성을 해치고 삿됨이 올바른 성정을 가리기 때문이다. 미혹된 자는 이것을 깨닫지 못하고 해쳐지고 가려진 것을 마치 자신의 본성인 것인 양 생각하여 종신토록 바꾸지 않으니 이 얼마나 애통한가!"〔人本性至靜, 不覺感物而動. 是欲之害眞, 邪之蔽正. 惑者不悟, 以爲合如其性, 終身不遷, 何其痛哉!〕

58. 인간의 본성을 물의 본성에 비유하여 설명하고 있다. 이와 유사한 표현은 『여씨춘추』 및 『회남자』에서도 자주 찾아 볼 수 있다. "무릇 물의 본성은 맑으나 흙이 더럽히기에 맑을 수 없고, 인간의 본성은 장수하게 되어 있으나 외물이 어지럽히기 때문에 오래 살 수 없다."〔夫水之性淸, 土者抇之, 故不得淸. 人之性壽, 物者抇之, 故不得壽.〕(『여씨춘추』「本生」) "강물은 맑고자 하나 모래와 자갈이 더럽히고, 인간의 본성은 평온하고자 하나 욕망이 해친다."〔河水欲淸 沙石濊之 人性欲平 嗜欲害之.〕(『회남자』「齊俗訓」) "물의 본성은 참되고 맑으나 흙이 흐리게 하고, 인간의 본성은 편안하고 고요하나 욕망이 어지럽힌다."〔水之性眞淸 而土汨之 人性安靜 而嗜欲亂之.〕(『회남자』「俶眞訓」)

많으나 그것을 실행하는 사람은 적다. 어째서 그런가? 사물에 속박되고 세속에 얽매여 있기 때문이다. 그러므로 '내가 무위하니 백성들이 저절로 교화되고, 내가 일삼는 바가 없으니 백성들이 저절로 부유해지며, 내가 조용한 것을 좋아하니 백성들이 저절로 바르게 되고, 내가 욕심이 없으니 백성들이 저절로 순박해진다'59고 하는 것이다.

청정함[淸靜]은 덕이 지극한 것이고, 부드러움[柔弱]은 도가 작용하는 방식이며, 텅 빈 담백함[虛無恬愉]은 만물의 근본이다. 이 세 가지를 실천하면 무형(無形)과 하나가 된다. 무형이란 하나[一]60를 이르는 것이요, 이 하나를 얻은 사람은 무심하여 천하에 합치된다. 이하나는 은덕을 베풀어도 소진되지 않고, 그것을 사용하여도 수고롭게 여기지 않으며, 보아도 보이지 않고, 들어도 들리지 않는다. 형체 없음[無形]에서 온갖 형체들[有形]이 생겨 나오고, 소리 없음[無聲]에서 온갖 소리들[五音]이 울려 나오며, 맛없음[無味]에서 온갖 맛들[五味]이 형성되고, 색깔 없음[無色]에서 온갖 색들[五色]이 이루어진다. 그러므로 있음[有]은 없음[無]에서 생겨 나오고, 가득 참[實]은 텅빔[虛]에서 생겨 나온다.61 음(音)의 수는 다섯 가지에 지나지 않

---

59. 『노자』 57장에 나오는 말이다. 단, 현행 왕필본과 일부 어순이 다르다. "내가 무위하니 백성들이 저절로 교화되고, 내가 조용한 것을 좋아하니 백성들이 저절로 바르게 되고, 내가 일삼는 바가 없으니 백성들이 저절로 부유해지며, 내가 욕심이 없으니 백성들이 저절로 순박해진다."[我無爲而民自化, 我好靜而民自正, 我無事而民自富, 我無欲而民自樸.]
60. '도'의 또 다른 명칭이다. 도는 만물이 파생되어 나오는 유일한 본원이 되기에 '하나'라 하며, 뭇 사물들의 존재와 작용이 모두 이 도에 말미암기에 '하나'라고 말한다.
61. 형체 없음[無形], 소리 없음[無聲], 맛없음[無味], 색깔 없음[無色] 등은 개별적이고 구체적인 형태로 존재하지 않으나, 오히려 이러한 비개별적

으나 다섯 가지 음을 변화시키면 이루 다 들을 수 없고, 맛의 수는 다섯 가지에 불과하나 다섯 가지 맛을 변화시키면 이루 다 맛볼 수 없으며, 색의 수는 다섯 가지에 불과하나 다섯 가지 색을 변화시키면 이루 다 볼 수 없다. 음에서는 궁(宮)음이 세워지면 온갖 음들이 다 나타나고, 맛에서는 단맛이 세워지면 온갖 맛들이 다 정해지며, 색에서는 흰색이 세워지면 온갖 색들이 다 만들어지고, 도에서는 하나[一]가 세워지면 온갖 사물들이 다 생성된다. 그러므로 하나[一]는, 그 이치는 천하에 두루 펼쳐지고 그 크기는 천지에 가득 찬다. 그것이 온전할 때는 통나무처럼 질박하나 그것이 흩어질 때는 흙탕물처럼 흐릿하다. 그것은 흐렸다가도 서서히 맑아지고 텅 비었다가도 서서히 가득 차며, 큰 바다처럼 넉넉하고 뜬구름처럼 두둥실하다. 그러므로 그것은 없는 듯 하면서도 있고, 사라진 듯하면서도 존재한다.62

존재 방식으로 인해 온갖 개별적 존재들이 그것으로부터 생겨 나오는 바탕이 된다. 예컨대 '형체가 없다'[無形]고 할 때, 그것은 아무런 형상도 없는 '절대적인 무'를 의미하는 것이 아니다. 이 '무형'에는 이미 온갖 종류의 형태들이 잠재해있다고 보아야 하기 때문이다. 단지 무형의 상태에서는 어떠한 고정된 형태도 고집하지 않으므로, 거기서는 그 어떠한 형태도 구체적으로 드러나지 않고 있을 뿐이다. 만약 그것이 그 무엇을 고집한다면, 가령 그것이 네모나 세모와 같은 어떤 구체적인 형태를 고집한다면, 그 순간 그 무형은 더 이상 네모나 세모 외의 다른 형체들을 만들어내지 못할 것이다. 고집하는 바가 있으면 어느 특정한 상태로 머물러 있을 수밖에 없기 때문이다. 그러나 무형은 그 어떤 형태도 고집하거나 주장하지 않기 때문에, 오히려 거기서는 무수하고 다양한 형태들이 생겨날 수가 있다. 그러므로 "있음은 없음에서 생겨나고, 가득 참은 텅 빔에서 나온다"고 말하는 것이다. (졸고, 『회남자의 무위론 연구』, 고려대학교 박사학위논문, 1997, 49쪽 참고.)

62. 이상의 내용은 『회남자』 「제속훈」 및 「원도훈」에서 찾아 볼 수 있다.

老子曰: 夫人從欲失性, 動未嘗正也, 以治國則亂, 以治身則穢. 故不聞道者, 無以反其性, 不通物者, 不能清靜. 原人之性無邪穢, 久湛于物卽易, 易而忘其本卽合於其若性. 水之性欲淸, 沙石穢之, 人之性欲平, 嗜欲害之, 唯聖人能遺物反己. 是故聖人不以智役物, 不以欲滑和, 其爲樂不忻忻, 其於憂不惋惋. 是以高而不危, 安而不傾. 故聽善言便計, 雖愚者知說之, 稱聖德高行, 雖不肖者知慕之. 說之者衆而用之者寡, 慕之者多而行之者少. 所以然者, 擊于物而繫於俗. 故曰, 我無爲而民自化, 我無事而民自富, 我好靜而民自正, 我無欲而民自樸. 淸靜者德之至也, 柔弱者道之用也, 虛無恬愉者萬物之祖也. 三者行, 則淪于無形. 無形者, 一之謂也, 一者, 無心合于天下也. 布德不溉, 用之不勤, 視之不見, 聽之不聞. 無形而有形生焉, 無聲而五音鳴焉, 無味而五味形焉, 無色而五色成焉. 故有生于無, 實生于虛. 音之數不過五, 五音之變不可勝聽也. 味之數不過五, 五味之變不可勝嘗也. 色之數不過五, 五色之變不可勝觀也. 音者宮立而五音形矣, 味者甘立而五味定矣, 色者白立而五色成矣, 道者一立而萬物生矣. 故一之理, 施於四海, 一之嘏, 察于天地. 其全也, 敦兮其若樸. 其散也, 渾兮其若濁. 濁而徐淸, 冲而徐盈, 澹然若大海, 氾兮若浮雲. 若無而有, 若亡而存.

노자가 말하였다.

만물은 모두 '하나의 구멍'〔一孔〕으로 들어가며, 뭇 일들의 근원은 모두 '하나의 문'〔一門〕에서 나온다.63 그러므로 성인은 도수〔度〕를 통일하고 궤도〔軌〕를 따르니, '옛 것'〔故〕을 변화시키지 않고 '상도'〔常〕를 바꾸지 않는다. (그것은 마치 목수가) 수평기에 의거하고 먹줄에 따르는 것과 같아, 굽은 것은 곧은 것에 따르게 하고, 곧은 것은 상도에 따르게 한다.64

무릇 기뻐하거나 노여워하면 도를 해치게 되고, 근심하고 슬퍼하면 덕을 상실하게 되며, 좋아하거나 미워하면 마음에 허물이 있게 되고, 욕망〔嗜欲〕이 강하면 생명에 누가 된다.65 사람이 크게 화내면 음기(陰氣)가 깨뜨려지고, 크게 기뻐하면 양기(陽氣)가 추락하며,66 기가 얇으면 언어장애가 발생하고, 크게 놀라면 미치게 되며,

---

63. 여기서 '하나의 구멍' 및 '하나의 문'은 모두 '도'를 지칭한다. 만물은 궁극적으로 모두 도로 귀의하게 되고, 뭇 일들의 근원은 모두 도로부터 나온다는 점을 말하고 있다.

64. '굽은 것'과 '곧은 것'은, 인간 사회에서 각각 '대중'과 '성인'으로 비유될 수 있다. 일반 대중들은 인간 세상의 최고 인격자인 성인을 본받아 자신들의 '굽은 점'들을 바르게 교정할 수 있다. 그리고 성인은 불변하는 법칙이자 기준인 도를 표준으로 삼아 자기 행위의 궁극적인 준칙으로 삼는다. 『문자소의』(文子疏義)에서 왕리기(王利器)는 원문의 "曲因其直, 直因其常"을 '曲因其常'으로 고쳐 놓았다. 원문 자체로는 의미가 통하지 않고, 『도장』「찬의」(纘義)본 등에서는 '曲因其常'으로 되어 있다는 점들을 근거로 제시한다. 이때 '曲因其常'의 의미는 '그 상도를 곡진히 따른다'가 된다. 그러나 왕리기의 이러한 주장은 서영부의 주를 맹목적으로 따른 결과이며, 『문자』의 본래 뜻을 왜곡할 우려가 있다.

65. 『장자』「각의」(刻意)에는, "슬퍼하거나 즐거워하면 덕을 해치게 되고, 기뻐하거나 노여워하면 도를 벗어나게 되며, 좋아하거나 미워하면 마음을 상실하게 된다"〔悲樂者,德之邪.,喜怒者,道之過.,好惡者,心之失〕로 되어 있다.

66. 사람이 지나치게 화내는 것은 물론 지나치게 기뻐하는 것도 좋지 않은 것으로 인식된다. 인간의 본성은 '고요함'이라고 보는데, 크게 기뻐하거나 크게 슬퍼하는 것 모두 고요한 본성을 해치는 일이 되기 때문이다. 『장자』「재유」(在宥)에도 이와 유사한 발언을 찾아 볼 수 있다. "사람이 크게 기

근심하고 슬퍼하면 마음이 초조해져 마침내 병이 쌓이게 된다. 사람이 이 다섯 가지를 제거할 수 있으면 신명(神明)에 합치된다. 신명에 합치된 자는 내면의 안정을 얻으며, 내면의 안정을 얻으면 오장이 편하고 생각이 평온해지며 눈과 귀가 밝아지고 근골이 강해진다. 그리하여 두루 통달하여 잘못되는 일이 없고, 강하여 손상되는 일이 없다. 또한 크게 지나친 것도 크게 미치지 못한 것도 없게 된다.

'천하에 물보다 더 유약한 것이 없으나',67 물의 도는 다음과 같다. 그것의 넓이는 끝이 없고, 깊이는 측량할 수 없으며, 길이는 무궁한 데까지 미치고, 멀기는 끝없는 곳까지 빠져든다. 그 증가되고 감소되는 것은 한계 지을 수 없으며, 하늘로 올라가면 이슬과 비가 되고 땅으로 내려오면 만물을 윤택케 한다. 따라서 물을 얻지 못하면 만물은 살 수가 없고 뭇 일들도 이루어지지 않는다. 물은 뭇 생물을 크게 감싸나 사사로이 좋아하는 것이 없고, 은혜가 하찮은 미물에까지 미치나 보답을 구하지 않으며, 천하를 넉넉하게 해 주고도 고갈되는 일이 없고, 백성들에게 덕을 베풀어도 소모되지 않으며, 그 운행은 끝이 없고, 그 미소함은 파악할 수 없을 정도다. 또한 물은 때려도 다치지 않고 찔러도 상하지 않으며, 베어도 끊어지지 않고 불살라도 타지 않으며, 부드럽게 흐르는 데도 흩뜨릴 수 없다. 그러나 물은 쇠와 돌을 꿰뚫을 정도로 예리하고, 천하 사람들을 모

뻐하면 양기를 조장하고, 크게 노하면 음기를 조장한다. 음기와 양기가 조장되면 사계절이 제때에 이르지 않고 추위와 더위의 조화가 깨어지며, 결국에는 사람의 형체를 상하게 할 것이다!」〔人大喜邪, 毗於陽. 大怒邪, 毗於陰. 陰陽竝毗, 四時不至, 寒暑之和不成, 其反傷人之形乎!〕

67.『노자』78장에 나오는 말이다. "천하에 물보다 더 약한 것은 없으나, 견고하고 강한 것을 공격하는데 아무도 물을 능가할 수 없다."〔天下莫柔弱於水, 而功堅强者, 莫之能勝.〕

두 빠져 죽게 할 수 있을 정도로 강하며, 남거나 부족한 것은 천하의 이치에 따라 취하거나 보태주고, 만물에게 베푸는 데에 차등이 없으며, 사사로움도 공정함도 없으며, 천지와 크게 하나가 된다. 이 때문에 물은 지극한 덕이 있다고 말한다. 무릇 물이 지극한 덕을 이룰 수 있는 것은 그것이 지닌 유약함과 부드러움 때문이다. 그러므로 '천하에서 가장 부드러운 것이 가장 견고한 것 속으로 파고들며, 있지 않은 것[無有]이 틈새 없는 곳[無間] 사이로 파고든다'68고 말하는 것이다.

무릇 형체 없음[無形]이 사물들의 큰 본원이 되고, 소리 없음[無音]이 소리들의 큰 종주가 된다. 진인(眞人)은 영부(靈府)69에 통달하여 조화자와 짝하며, 마음에 현묘한 덕[玄德]을 잡고 있어 그 교화가 신묘하게 빠르다. 그러므로 '말로 표현할 수 없는 도'70가 위대하다. 아직 호령을 발하지 않았는데도 풍속이 바뀌니 오직 마음으로 행하기 때문이다. 만물은 생겨나는 곳이 있으니 홀로 그 뿌리로 돌아가고, 뭇 일들은 생겨나는 곳이 있으니 홀로 그 문을 지킨다.71 그러므로 무한하고 끝없는 것까지 다 궁구할 수 있으니, 사물

---

68. 『노자』 43장에 나온다.
69. '마음'을 가리킨다. 『장자』 「덕충부」(德充符)에 다음과 같은 말이 나온다. "삶과 죽음, 존재함과 사라짐, ……이것들은 변화하는 사건들에 불과하고 운명의 흐름에 지나지 않는다. ……그러므로 이러한 것들은 내면의 조화를 어지럽힐 수 없고 마음에 끼어 들 수 없다."[死生存亡, ……是事之變, 命之行也. ……故不足以滑和, 不可入於靈府.] 한편 원문 중 '영부'(靈府)에 대해 곽상(郭象)은 "영부라는 것은 정신의 집이다"[靈府者, 精神之宅也]라고 주석하고 있으며, 성현영(成玄英)은 "영부란 정신의 집이니, 이른바 마음이다"[靈府者, 精神之宅也, 所謂心也]라고 설명하고 있다.
70. "도라고 말할 수 있는 도는 참된 도가 아니다"[道可道, 非常道]에 바탕을 둔 말이다.
71. 『장자』 「칙양」(則陽)의 다음과 같은 말에 근거를 두고 있다. "만물은 생겨

을 두루 비추어도 어지럽지 않고 메아리처럼 반향하여도 아무도 알
지 못한다.72

老子曰: 萬物之總, 皆閱一孔, 百事之根, 皆出一門. 故聖人
一度循軌, 不變其故, 不易其常, 放准循繩, 曲因其直, 直因其
常. 夫喜怒者, 道之邪也, 憂悲者, 德之失也, 好憎者心之過
也, 嗜欲者, 生之累也. 人大怒破陰, 大喜墜陽, 薄氣發喑, 驚
怖爲狂, 憂悲焦心, 疾乃成積. 人能除此五者, 卽合于神明. 神
明者, 得之內也. 得其內者, 五藏寧, 思慮平, 耳目聰明, 筋骨
勁强, 疏達而不悖, 堅强而不匱, 無所太過, 無所不逮. 天下莫
柔弱於水, 水爲道也, 廣不可極, 深不可測, 長極無窮, 遠淪無
涯. 息耗減益過於不訾, 上天爲雨露, 下地爲潤澤, 萬物不得
不生, 百事不得不成, 大苞群生而無私好, 澤及蚑蟯而不求報,

나는 곳이 있으나 아무도 그 뿌리를 보지 못하고, 나오는 곳이 있으나 아
무도 그 문을 보지 못한다.〔萬物有乎生而莫見其根, 有乎出而莫見其門.〕
한편 『회남자』 「원도훈」에서는 『문자』의 이 문장이 약간 변형되어 다음과
같이 표현되고 있다. "만물은 생겨나는 곳이 있으니 홀로 그 뿌리를 지킬
줄 알고, 뭇 일들은 나오는 곳이 있으니 홀로 그 문을 지킬 줄 안다."〔萬物
有所生, 而獨知守其根. 百事有所出, 而獨知守其門.〕

72. 이 구절에 대해 서영부는 다음과 같이 주를 달고 있다. "안으로 한 마음을
얻으면 밖으로 뭇 존재들에 통한다. 도는 보일 듯 말 듯하지만 그것에 의
한 교화는 신묘하여 사방에서 사물들이 반응하니 누가 그 끝을 알겠는
가?"〔內得一心, 外通萬有. 潛浮之道, 其化如神, 物應無方, 孰知其極?〕 한
편 『회남자』 「원도훈」에는 약간 다르게 되어 있다. "그러므로 무한하고 끝
없는 것까지 다 궁구할 수 있으니, 사물을 두루 비추어도 어지럽지 않고
메아리처럼 반향하여도 부족하지 않다. 이것을 일러 천해(天解)라고 한
다."〔故窮無窮, 極無極, 照物而不眩, 響應而不乏. 此之謂天解.〕
이상의 내용은 대부분 『회남자』 「원도훈」에서 찾아 볼 수 있다.

富贍天下而不既, 德施百姓而不費, 行不可得而窮極, 微不可
得而把握, 擊之不創, 刺之不傷, 斬之不斷, 灼之不熏, 綽約流
循而不可靡散, 利貫金石, 強淪天下, 有餘不足, 任天下取與,
稟受萬物而無所先後, 無私無公, 與天地洪同, 是謂至德. 夫
水所以能成其至德者, 以其綽約潤滑也. 故曰, 天下之至柔,
馳騁天下之至堅, 無有入於無間. 夫無形者, 物之太祖, 無音
者, 類之大宗. 眞人者, 通於靈府, 與造化爲人, 執玄德於心,
而化馳如神. 是故不道之道, 芒乎大哉. 未發號施令, 而移風
易俗, 其唯心行也. 萬物有所生, 而獨如其根, 百事有所出, 而
獨守其門. 故能窮無窮, 極無極, 照物而不眩, 響應而不知.

노자가 말하였다.

무릇 도를 얻은 사람은 뜻하는 것은 유약하나[73] 일하는 것은 강
하고, 마음은 비었으나 사물에 늘 합당하게 응한다. 뜻하는 것이 유
약한 사람은[74] 부드럽고 연약하며 안정되고 고요하니, '취하지 않
음'에 감추고[75] '능하지 않음'에서 행하며,[76] 고요히 무위하나[77] 움

---

73. 도를 체득한 사람은 자기를 주장하지 않는다. 즉 그에게는 '반드시 무엇이
되겠다' 혹은 '꼭 어떤 일을 해내고야 말겠다'는 식의 강한 주관적 의지가
없다. 그는 단지 주어지는 상황 상황에 적절히 그리고 유연히 대처할 뿐이
다. 때문에 "뜻하는 것이 유약하다"고 말하는 것이다.
74. 『회남자』「원도훈」에는, "이른바 뜻하는 것이 유약하나 일을 행하는 것이
강한 사람은"[所謂志弱而事强者]으로 되어 있다.
75. 남의 것을 함부로 빼앗지 않는다는 의미다. 도를 체득한 군주는 함부로
백성들의 것을 빼앗거나 취하지 않는다. 백성들이 풍족하면 군주 자신도
풍족한 것으로 느끼기 때문이다. 한편 이 구절은 『회남자』에 "감히 행하지
않음에 감춘다"[藏於不敢]로 되어 있다. 여기에 대해 유월(兪樾)은 『문

직이면 마땅한 시기를 놓치지 않는다.

그러므로 '귀한 것은 반드시 천한 것으로 근본을 삼고, 높은 것은 반드시 낮은 것으로 바탕을 삼으며',78 작은 것에 의탁하여 큰 것을 감싸 안고, 안에 힘씀으로써 밖을 제어한다. 이러한 사람은 부드러움을 행하나 매우 강하니, 힘으로는 이기지 못하는 것이 없고 무찌르지 못하는 적이 없다. 또한 이 같은 사람은 변화에 응하고 때를 헤아리기에 아무도 그를 해칠 수 없다. 그러므로 견고해지고자 하는 사람은 반드시 부드러움으로 자신을 지켜야 하고, 강력해지고자 하는 사람은 반드시 유약함으로 자신을 보존해야 한다. 부드러움이 쌓이면 견고해지고 유약한 것이 쌓이면 강해지는 것이니, 그 쌓는 바를 보면 보존될 지 망할 지를 알 수 있다. 강한 사람은 자신보다 약한 사람은 이길 수 있으나, 자신과 비슷한 사람을 만나면 대등한 정도에 지나지 않는다.79 그러나 부드러운 사람은 자신보다 뛰어난 사람도 이길 수 있으니 그 힘을 이루 헤아릴 수 없다. 그러므로 '군대는 강하면 멸망하고 나무는 강하면 부러지며,'80 딱딱한 가죽은

자』에 근거하여, '취'(取)자와 '감'(敢)자의 글자 형태가 서로 유사함으로 인해 『회남자』에서 잘못 베낀 것으로 지적한다.

76. 행위에 있어 겸손한 태도를 말한다. 도를 체득한 사람은 어떤 일을 행할 때, 마치 그 일에 아주 서투른 사람처럼 겸허한 자세로 임한다.

77. 『회남자』「원도훈」에는 "고요히 사려하지 않는다"〔恬然無慮〕로 되어 있다.

78. 『노자』 39장에 근거하고 있다. 단 '필'(必)자가 2개 더 들어 있다.

79. 『문자』「부언」(符言)에서는, "자신보다 약한 사람을 이길 수 있는 사람은, 자신과 비슷한 사람을 만나면 대등한 정도에 지나지 않는다"〔能勝不若己者, 至於若己者而格〕로 되어 있다.

80. 이 구절은 『노자』 76장에서 찾아 볼 수 있다. 그러나 현행본 왕필본에는 "兵强則不勝, 木强則兵"으로 되어 있으나, 『문자』에서는 "兵强卽滅, 木强則折"로 되어 있어 글자상 약간의 차이가 있다. 특히 왕필본에서 '木强則兵'의 '兵'에 대해서는 과거에 논란이 많았던 부분인데, 『문자』에서는 '折'

찢어지고, 이는 혀보다 견고하나 먼저 망가진다.[81] 그러므로 '유약한 것은 삶의 근간이고, 딱딱하고 강한 것은 죽음의 무리이다'[82]라고 하는 것이다. 때문에 남들보다 앞서 주장하는 사람은 곤궁하게 되고, 남들보다 뒤에 움직이는 사람은 매사 순조롭게 된다.

무릇 도를 잡고서 변화와 함께 하면, 앞에 있어도 뒤를 제어할 수 있고 뒤에 있어도 앞을 제어할 수 있다. 어째서인가? 사람들을 제어하는 근본 이치를 잃지 않으면 남들이 나를 제어할 수 없기 때문이다. 이른바 뒤서는 사람은 도수에 맞추고 때에 합치한다. 때의 변화는 잠시도 놓칠 수 없는 것이니, 앞서면 지나치게 되고 뒤서면 미치지 못하기 때문이다. 해와 달은 쉼 없이 돌고 돌아 운행하니, 시간은 사람과 노닥거리지 않는다. 때문에 성인은 한 자 길이의 옥을 귀하게 여기지 않고 오히려 촌음(寸陰)의 시간을 귀하게 여긴다. 시간은 얻기는 어려우나 잃기는 쉽기 때문이다. 그러므로 성인은 때

로 표기되어 있어 이 구절에 대한 명확한 해석이 가능하다. 참고로, 논란의 대상인 '兵'은 백서 『노자』에서는 '恒(갑본) 혹은 '競'(을본)으로 되어 있고, 엄준(嚴遵)의 『노자지귀』(老子指歸)에는 '其'으로 되어 있다.

81. 혀와 이의 이치를 관찰하고 강함과 부드러움의 도를 살필 수 있으니, 강한 것은 먼저 망가지고 부드러운 것은 온전히 보존된다.(서영부의 주) 혀와 이의 비유는 고전에서 자주 찾아 볼 수 있다. 『회남자』 「무칭훈」(繆稱訓)에도 다음과 같은 고사를 소개하고 있다. "노자가 상용(商容)에게서 배웠는데, 혀를 보고서 부드러움을 지켜야 할 줄을 알았다."〔老子學商容 見舌而知守柔矣.〕여기에 대해 허신(許愼)은 또 다음과 같이 주를 달고 있다. "상용은 신선이다. 상용이 혀를 내밀어 노자에게 보였고, 노자는 이것을 보고 부드러운 혀와 단단한 이의 이치를 깨달았다."〔商容, 神人也. 商容吐舌示老子, 老子知舌柔齒剛.〕

82. 『노자』 76장에 근거하고 있다. 단 현행 왕필본과는 일부 차이가 있다. 우선 왕필본의 "堅强者死之徒, 柔弱者生之徒" 양 구절의 순서가 『문자』에서는 도치되어 있다. 다음으로 왕필본의 '生之徒'가 『문자』에는 '生之干也'로 되어 있다는 차이가 눈에 띈다.

에 맞추어 일을 행하고 객관적 상황에 따라서 공을 세우며,83 맑고
깨끗한 도를 지키고 암컷의 절도를 품으며, 상황에 따르고 변화에
응하며, 항상 뒤설 뿐 앞서지 않는다. 때문에 성인은 유약하면서 고
요하고 편안하면서 안정된다. 그러나 큰 것을 공격하고84 견고한
것을 부수는 데 있어서는 아무도 그와 대적할 수 없다.85

老子曰: 夫德86道者, 志弱而事强, 心虛而應當. 志弱者, 柔
毳安靜, 藏於不取, 行於不能, 澹然無爲, 動不失時. 故貴必以
賤爲本, 高必以下爲基. 托小以包大, 在中以制外, 行柔而剛,
力無不勝, 敵無不陵, 應化揆時, 莫能害之. 欲剛者必以柔守
之, 欲强者必以弱保之, 積柔卽剛, 積弱卽强, 觀其所積, 以知
存亡. 强勝不若己者, 至於若己者而格, 柔勝出於己者, 其力
不可量. 故兵强卽滅, 木强卽折, 革强而裂, 齒堅於舌而先斃.
故柔弱者生之幹也, 堅强者死之徒. 先唱者, 窮之路, 後動者,
達之原. 夫執道以耦變, 先亦制後, 後亦制先. 何卽? 不失所
以制人, 人亦不能制也. 所謂後者, 調其數而合其時, 時之變
則間不容息. 先之則太過, 後之則不及. 日廻月周, 時不與人

---

83. "때에 맞추어 일을 행한다"〔隨時而擧事〕와 "객관적 상황에 따라서 공을 세
   운다"〔因資而立功〕는 모두 인간의 적극적인 행위를 지시한다. 동시에 이
   러한 행위는 황로학에서 무위의 범주에 포함된다. 결국 황로학에서 성인
   은 무위(無爲)하면서 동시에 유위(有爲)하는 적극적 인물로 묘사되고 있
   다. 이처럼 무위와 유위를 융합하는 삶의 형태가 황로학의 주요 특성이
   된다.
84. 원문은 '功大'로 되어 있으나, 『통현진경찬의』(通玄眞經纘義)와 『도장』
   (道藏) 칠권본(七卷本)에 근거하여 '攻大'로 수정 해석한다.
85. 이상의 내용은 대부분 『회남자』「원도훈」에서 찾아 볼 수 있다.
86. '득'(得)자와 통한다.

游. 故聖人不貴尺之璧, 而貴寸之陰, 難得而易失. 故聖人隨
時而擧事, 因資而立功. 守淸道, 拘雌節, 因循而應變, 常後而
不先, 柔弱以靜, 安徐以定, 功大靡堅, 不能與爭也.

노자가 말하였다.

기계에 사로잡히는 마음이 가슴속에 있으면 순수한 본성이 훼손
된다.[87] 정신과 덕이 온전하지 않으면 어찌 멀리 있는 사람들을 포
용할 수 있겠는가! 내면에 남을 해치고자 하는 마음이 없는 사람은
굶주린 호랑이의 꼬리도 잡을 수 있다. 하물며 사람들에 있어서랴!
도를 체득한 자는 한가하여도 궁하지 않으나, 술수에 의존하는 자
는 애써도 공이 없다. 무릇 법을 각박하게 하고 형벌을 엄중하게 하
는 것은 제왕의 일이 아니고, 채찍을 자주 사용하는 것은 멀리 가는
자의 말몰이가 아니다.[88] 좋아하고 미워하는 것이 번다하면 이내
화가 따른다. 그러므로 선왕의 법은 작위하는 것이 아니라 '말미암

---

87. 이 구절은 『장자』 「천지」의 다음 구절에 근거하고 있다. "기계가 있으면
   반드시 기계에 의한 일이 생겨나고, 기계에 의한 일이 있으면 반드시 기계
   에 사로잡히는 마음이 생겨난다. 그런 마음이 가슴에 있게 되면 곧 순수하
   고 깨끗한 본성이 없어지게 되며, ……."〔有機械者, 心有機事, 有機事者,
   必有機心. 機心存於胸中, 則純白不備, …….〕『장자』에서 이 말은, 몸소
   물동이로 물을 길러 밭에 물을 주고 있던 노인에게 편리한 기계를 사용할
   것을 권유하자, 그 노인이 자공에게 하는 말이다. 인간에게 편리함을 추
   구하는 마음이 생기면 생길수록 인간 본유의 순수한 마음이 훼손되게 된
   다는 것이다. 기계문명의 편리함만을 좇는 현대인들이 한 번쯤 되새겨 볼
   만한 말이다.
88. 형벌을 남용하면 백성들이 원망하고, 자주 채찍질하면 말이 피로해진다.
   (서영부의 주)

는 것'89이니, 그의 법과 형벌은 작위하는 것이 아니라 이 '말미암음'의 원리를 지키는 것이다. 그러므로 '말미암으면' 크게 되나 작위하면 보잘 것 없게 되며, '말미암음'의 원리를 지킬 수 있으면 견고해지나 작위하면 실패하게 된다.

무릇 눈과 귀에 의존하여 보고 듣는 사람은 마음을 수고롭게 하여도 밝게 보고 듣지 못하며, 지식과 꾀로 나라를 다스리는 사람은 마음을 힘들게 하여도 공이 없다. 한 사람의 인재에 맡기면 잘 다스리기 어려운 것이니, 한 사람의 능력으로는 자그마한 가정도 다스리기 어렵기 때문이다. 그러나 도리에 순응하고 천지 자연의 이치에 따르면, 천지 사방을 고르게 다스리는 데에도 부족하지 않다. 귀는 비난이나 칭찬에서 잘못되고, 눈은 현란한 색에 어지러워진다. 예(禮)는 풍부해도 사람들로 하여금 사랑을 본받게 할 수 없으나,90 성실한 마음[誠心]은 멀리 있는 사람들까지도 감싸안을 수 있다. 그러므로 뜻[志]보다 더 날카로운 무기가 없으니 막야(莫邪)91는 오히려 그 아래이며, 음양보다 더 큰 도적이 없으니92 포고(枹

---

89. '말미암다'[因]는 황로도가에서 하나의 중요한 개념으로 등장한다. 『관자』에서는 이 '인'(因) 개념에 대해 다음과 같이 규정하고 있다. "인이란, 나를 버리고 사물로 법도를 삼는 것이다."[因也者, 舍己而以物爲法者也.] 황로도가에서는 이같은 '인' 개념을 통해 원시도가의 '무위'를 설명하는 하나의 방편으로 삼는다.

90. 『회남자』, 「제속훈」(齊俗訓)에는 "예는 풍부해도 사랑을 본받게 하기에는 부족하나"[禮豐不足以效愛, 而誠心可以懷遠]로 되어 있다. 의미상으로는 별 차이가 없으나 일부 글자가 다르다. 즉 '단'(亶)이 '풍'(豐)으로, '방'(放)이 '효'(效)로 되어 있다는 차이가 있다. 그러나 이들 글자는 상호 유사한 의미를 지니므로 전체 의미에는 별 차이를 주지 않는다.

91. 고대의 명검을 말한다.

92. 여기서 '음양'은 천지 자연의 변화를 상징한다. 천지 자연의 변화 속에서 현상적으로 존재하는 사물들은 나타났다 사라지곤 한다. 이러한 자연의

鼓)93로는 그것을 막아낼 수 없다. 이른바 큰 도적은 엎드려 있는 시체같이 미동도 않고, 중간 도적은 산에 숨으며, 작은 도적은 백성들 사이에 숨는다. 그러므로 "백성들에게 지식과 능력이 많으면 기이한 물건들이 번다하게 일어나고, 법령이 많아지면 도적이 많아진다"94고 하는 것이니, 저것을 버리고 이것을 취하면95 하늘의 재앙이 일어나지 않는다. "그러므로 지식으로 나라를 다스리는 것은 나라를 해치는 짓이며, 지식으로 나라를 다스리지 않는 것이 나라의 덕이다."96

무릇 무형은 크나 유형은 미세하고, 무형은 많은 것이나 유형은 적은 것이며, 무형은 강하나 유형은 약하고, 무형은 실(實)하나 유형은 허(虛)하다. 유형은 일이 이미 이루어진 것이나 무형은 시작하는 것이다. 일이 이루어진 것이란 이미 만들어진 그릇과 같은 것이고, 시작한다는 것은 아직 그릇이 되기 이전의 통나무와 같은 것이다. 유형이면 소리가 있고, 무형이면 소리가 없다. 그러나 유형은

변화 양상을 도적이 물건을 훔치는 것으로 표현하고 있다.
93. 옛날에 도둑을 경계하여 치던 북이다.
94. 『노자』 57장에서 나오는 말이다. 여기서 '지능'(智能)은 왕필본이나 『노자지귀』 등에서 '기교'(伎巧)로 되어 있고, 부혁본(傅奕本)에서는 '지혜'(知慧)로 되어 있다. 따라서 『문자』에서 '지능'(智能)으로 표기되어 있는 것은 다른 판본들과는 특이한 형태다. 한편 '법령'(法令)은 하상공본(河上公本) 및 백서(帛書) 『노자』에는 '법물'(法物: '좋은 물건'을 의미함)로 되어 있다.
95. '저것을 버리고 이것을 취한다'[彼取去此]는 말은 『노자』 12장에 나오는 말이다. "성인은 배를 위하지 눈을 위하지 않는다. 그러므로 저것을 버리고 이것을 취한다."[聖人爲腹不爲目, 故去彼取此.] 『노자』에서 '저것'과 '이것'은 각각 '눈'과 '배'를 지시한다. 그러나 『문자』에서 이 말의 지시 대상은 불명확하다. 혹 앞서 제시된 '예'와 '성심'을 지시하는 것 같기도 하다.
96. 『노자』 65장에서 나오는 말이다. 단 '덕'(德)이 왕필본에서는 '복'(福)으로 되어 있다.

무형에서 생겨 나오므로 무형은 유형의 시초다. 넓고 두터운 것은 이름이 있으니 이름 있는 것〔有名〕은 귀하고 온전하다. 검소하고 얇은 것은 이름이 없으니 이름 없는 것〔無名〕은 천하고 가볍다. 부유한 자는 이름이 있으니 이름 있는 것은 존귀하고 총애 받는다. 가난한 자는 이름이 없으니 이름 없는 것은 비천하고 욕되다. 수컷은 이름이 있으니 이름 있는 것은 밝게 빛난다. 암컷은 이름이 없으니 이름 없는 것은 숨어 있다. 여유가 있는 자는 이름이 있으니 이름이 있는 자는 높이 받들어진다. 부족한 자는 이름이 없으니 이름이 없는 자는 아래에 처한다. 공이 있으면 이름이 있으나 공이 없으면 이름도 없다. 그러나 이름 있는 것은 이름 없는 것으로부터 생겨나는 것이니, 이름 없는 것은 이름 있는 것의 어미다. 무릇 도는, '유(有)와 무(無)가 상호 의존하여 생겨나는 것이고, 어려움과 쉬움이 상호 이루어지는 것이다.'97 때문에 성인은 도를 잡고서 허정(虛靜)과 미묘(微妙)로써 그 덕을 이룩한다. 그러므로 도가 있으면 덕이 있고, 덕이 있으면 공이 있으며, 공이 있으면 이름이 있고, 이름이 있으면 도로 복귀하니, 공과 이름이 오래도록 지속되어 종신토록 허물이 없다. 왕과 제후는 공과 이름이 있으나 고아와 과부는 공과 이름이 없다. 그러므로 성인은 스스로를 지칭하여 '고'(孤)나 '과'(寡)라고 한다.98 근본으로 돌아가면 공이 이루어져도 소유하지 않는

---

97. 『노자』 2장에 나오는 말이다. 단, 여기서는 이것을 『노자』에서와 달리 도의 속성으로 제시하고 있다.
98. 이 말들은 『노자』 39장 및 42장에 근거하고 있다. "귀함은 천함으로 근본을 삼고, 높음은 낮음으로 근본을 삼는다. 이 때문에 왕은 스스로를 '고', '과', '불곡'으로 자칭한다. 이것은 천함으로써 근본으로 삼는 것이 아니겠는가?"〔貴以賤爲本, 高以下爲基, 是以後王自謂孤, 寡, 不穀, 此非以賤爲本邪.〕(39장) "사람들이 싫어하는 것은 '고', '과', '불곡'이니, 왕과 공은

다. 그러므로 공이 있는 것으로써 이익을 삼고, 이름이 없는 것으로써 쓰임을 삼는다.

옛날에는 백성들이 순박하여 동쪽과 서쪽도 구분하지 못할 정도였고, 겉모습과 실제 내용이 분리되지 않았으며, 말과 행위가 따로 놀지 않았고, 행위에는 꾸밈이 없었으며, 말에는 수식이 없었다. 그들이 입은 옷은 따뜻하기만 할 뿐 예쁘게 물들이지 않았고, 그들의 병기는 무디어 날이 없었으며, 행동은 질박하고 시선은 흐리멍덩하였다. 우물을 파서 물 마시고 밭을 갈아 밥 먹었으며, 베풀지도 않았고 덕을 구하지도 않았으며, '높고 낮음의 기울기도 없었고, 잘남과 못남의 의식도 형성되지 않았으며',99 풍습은 세태에 부합되어 따를 만하고, 세상의 일들은 쉽게 배울 수 있어 행하기 쉬웠다. 그러나 자만과 거짓으로 세상을 움직이고 고상한 행위로 백성을 미혹시키는 것은 성인이 풍속으로 삼지 않았다.100

老子曰: 機械之心藏于中, 卽純白之不粹. 神德不全于身者,

이들로 자신의 칭호로 삼는다."〔人之所惡, 唯孤, 寡, 不穀, 而王公以爲稱.〕(42장) 여기서 '고', '과', '불곡'은, 각각 '외로운 사람', '부족한 사람', '불선한 사람'을 의미한다. 고대의 통치자들은 자신을 지칭하는 말로 이들 용어를 사용하여 스스로를 낮추었다. 이렇게 스스로를 낮추면 남들은 그러한 사람을 높여 주게 마련이다.

99. 이 구절은 『노자』 2장에 나오는, "길고 짧은 것은 서로 비교되고, 높고 낮은 것은 서로 기운다"〔長短相較, 高下相傾〕에서 응용한 말로 볼 수 있다. 여기서 특이한 점은, 현행 왕필본 『노자』의 '長短相較'의 '교'(較)가 『문자』에서는 '형'(形)으로 되어 있다는 사실이다. 결국 『문자』의 저자가 본 『노자』는 '長短相形'으로 되어 있었다고 볼 수 있는데, 백서본 『노자』나 곽점본 『노자』 모두 '長短相形'의 형태로 되어 있다.

100. 이상의 내용은 『회남자』 「원도훈」, 「주술훈」, 「제속훈」 등에서 찾아 최고의 예〔上禮〕로 볼 수 있다.

不知何遠之能懷! 欲害之心忘乎中者, 卽飢虎可尾也, 而況于
人乎. 體道者佚而不窮, 任數者勞而無功. 夫法刻刑誅者, 非
帝王之業也, 箠策繁用者, 非致遠之御也. 好憎繁多, 禍乃相
隨. 故先王之法, 非所作也, 所因也. 其禁誅, 非所爲也, 所守
也. 故能因卽大, 作卽細, 能守卽固, 爲卽敗. 夫任耳目以聽視
者, 勞心而不明, 以智慮而爲治者, 苦心而無功. 任一人之材
難以至治, 一人之能, 不足以治三畝之宅. 循道理之數, 因天
地自然, 卽六合不足均也. 聽失于非譽, 目淫于采色. 禮亶不
足以放愛, 誠心可以懷遠. 故兵莫憯乎志, 莫邪爲下. 寇莫大
於陰陽, 而枹鼓爲細. 所謂大寇伏尸不言節, 中寇藏于山, 小
寇遁于民間. 故曰, 民多智能, 奇物滋起, 法令滋章, 盜賊多
有. 去彼取此, 天殃不起. 故以智治國, 國之賊, 不以智治國,
國之德. 夫無形大, 有形細, 無形多, 有形少, 無形强, 有形弱,
無形實, 有形虛. 有形者遂事也, 無形者作始也. 遂事者成器
也, 作始者樸也. 有形則有聲, 無形則無聲. 有形産于無形, 故
無形者有形之始也. 廣厚有名, 有名者貴全也. 儉薄無名, 無
名者賤輕也. 殷富有名, 有名尊寵也. 貧寡無名, 無名者卑辱.
雄牡有名, 有名者章明也. 雌牝無名, 無名者隱約也. 有餘者
有名, 有名者高賢也. 不足者無名, 無名者任下也. 有功卽有
名, 無功卽無名. 有名産于無名, 無名者有名之母也. 夫道有
無相生也, 難易相成也. 是以聖人執道虛靜, 微妙以成其德.
故有道卽有德, 有德卽有功, 有功卽有名, 有名卽復歸于道,
功名長久, 終身無咎. 王公有功名, 孤寡無功名, 故曰, 聖人自
謂孤寡. 歸其根本, 功成而不有. 故有功以爲利, 無名以爲用.

古者民童蒙, 不知東西, 貌不離情, 言不出行, 行出無容, 言而
不文. 其衣煖而無采, 其兵鈍而無刃, 行蹎蹎, 視瞑瞑, 鑿井而
飮欽, 耕田而食, 不布施, 不求德, 高下不相傾, 長短不相形.
風齊于俗可隨也, 事周于能易爲也. 矜僞以感世, 軻行以迷衆,
聖人不以爲民俗.

2. 정성(精誠)¹

노자가 말하였다.

하늘은 높고 땅은 두터우며, 해와 달은 사방을 두루 비추고, 뭇 별들은 초롱초롱 빛나며, 음과 양은 서로 조화한다. 이것은 어떤 작위가 있어서가 아니다. 도를 바르게 하면 만물이 저절로 그렇게 된다.² 음양이 사계절에 합당한 것은 만물을 생성하기 위한 것이 아니고, 비와 이슬이 때맞추어 내리는 것은 초목을 길러 주기 위한 것이 아니다. 그러나 신명(神明)이 접촉하고 음양(陰陽)이 조화하면 만물이 생성된다.

무릇 도를 얻은 사람³는 내면에 정기[精]를 간직하고 마음에 신

---

1. 정성(精誠)은 정기(精氣)와 성심(誠心)의 복합어로 볼 수 있다. 정기는 우주 만물에 두루 존재하는 것이나, 여기서는 주로 군주 내면의 정기에 관해 말하고 있다. 군주가 내면의 정기를 오롯이 하여 그것을 지극하게 발휘하면(이렇게 하는 태도는 바로 성심에 해당된다), 군주의 마음이 백성들에게까지 미칠 수 있다는 것이 이 편의 주제이다.
2. 『회남자』「태족훈」(泰族訓)에는, "이끌어 주어서가 아니라 사물이 저절로 그러한 것이다"〔非其道 而物自然〕로 되어 있다.
3. 원문은 '夫道者'로 되어 있는데, 이것은 전후 맥락으로 볼 때 '夫得道者' 혹은 '夫體道者'로 이해해야 할 것이다. 이 같은 사례는 뒤에서도 자주 출현

(神)을 깃들이게 한다.4 그 같은 사람은 조용하고 담백하며 즐거움이 가슴 가득하며, 텅 비어 형체가 없고 적막하여 소리가 없다.5 이러한 성인 군주가 있으면 관청에는 마치 일이 없는 것 같고, 조정에는 사람이 없는 것 같으며, 숨어 지내는 선비가 없고 세상을 버리는 사람이 없으며, 힘든 노역이 없고 억울한 형벌이 없다. 이에 천하 사람들이 모두 통치자의 덕을 우러르고 군주의 뜻을 본받고자 하며, 멀리 있는 나라와 풍속이 다른 지방의 사람들도 모두 수 차례의 통역을 거쳐서도 찾아오게 된다. 이것은 그가 집집마다 찾아 다녀 사람들이 그를 만나 보았기 때문이 아니라,6 통치자의 정성스러운 마

한다. 그리고 여기서 '도를 얻은 사람'이란, 구체적으로는 올바른 통치술을 얻은 이상적인 군주를 가리키는 것으로 볼 수 있다.

4. '정'(精)과 '신'(神)은 현대에 '정신'(精神)이라는 단일 개념으로 형성되어, 영어의 'spirit'와 유사한 개념으로 사용된다. 그러나 '정'과 '신'은 본래 상호 명확히 구분되는 개념들이었다. 우선 '정'의 원초적 의미는, '정'(精)자 첫머리에 '쌀 미'(米)가 붙어 있는 사실에서 유추할 수 있듯이 '정미된 쌀'을 의미한다. 이후 '정'자는 그 의미가 점차 확대되어 '정수'(精髓), '정력'(精力), '정령'(精靈), '정신'(精神), '정기'(精氣) 등 다양한 의미로 사용되었다. 단 전국말 이후 '정기설'(精氣說)이 유행했다는 사실을 고려할 때, 본문에서의 '정'은 '정기'(精氣)의 의미로 이해하는 것이 타당하다. 한편 '신'은 중국 고대에 대체로 서너 가지 의미로 사용된다. 첫째는 미묘한 작용성을 의미하고, 둘째는 현대적 의미의 정신(spirit)을 뜻하며, 셋째는 신령스러운 존재 혹은 초월적 존재로서의 신(god)을 의미한다. 한편 전국말 이후 한의학에서는 이른바 '오장신'(五藏神) 개념이 등장한다. 인체 내의 다섯 장기〔心·肺·肝·脾·腎〕에는 모두 '신'(神)이 깃들어 있다는 사고다. 이때 말하는 '신'은 오장 각각이 지니는 '생명 작용'을 의미한다. 본문에서의 '신'의 의미는 바로 이러한 의미로 볼 수 있다.

5. 성인은 하늘 마음〔天心〕을 품고서, 덕을 베풀고 도를 기르며, 안으로는 정신을 감추고 밖으로는 세상사에 초연하여 일체 조짐을 찾아 볼 수 없다. 그러니 어찌 형체와 소리가 있겠는가!(서영부의 주)

6. 『회남자』「태족훈」에는, "그가 집집마다 찾아다니며 말하여 그들이 그를 기뻐했기 때문이 아니라"〔非戶辨而家說之也〕로 되어 있다.

음[誠心]을 천하에 베풀었을 뿐이기 때문이다.7 그러므로 착한 사람을 상주고 포악한 자를 벌주는 것은 바른 명령이지만, 그 명령을 실행할 수 있는 것은 정성(精誠)이다. 명령이 비록 공명정대하다고 할지라도 그 자체만으로는 실행될 수 없는 것이니, 반드시 정성을 기다려야 한다. 그러므로 도를 잡고 백성들을 대해도 백성들이 따르지 않는 것은 군주의 정성이 미치지 않았기 때문이다.8

老子曰: 天致其高, 地致其厚, 日月照, 列星朗, 陰陽和, 非有爲焉, 正其道而物自然. 陰陽四時非生萬物也, 雨露時降非養草木也. 神明接, 陰陽和, 萬物生矣. 夫道者, 藏精於內, 棲神於心, 靜漠恬惔, 悅穆胸中, 廓然無形, 寂然無聲. 官府若無事, 朝廷若無人, 無隱士, 無逸民, 無勞役, 無冤刑. 天下莫不仰上之德, 象主之旨, 絶國殊俗莫不重譯而至. 非家至而人見之也, 推其誠心, 施之天下而已. 故賞善罰暴者正令也, 其所以能行者精誠也. 令雖明不能獨行, 必待精誠. 故總道以被民, 而民弗從者, 精誠弗至也.

노자가 말하였다.

하늘은 해와 달을 늘어놓고 별들을 나열하며 사계절을 펼치고 음양을 조화시킨다. 낮으로 데우고 밤으로 식히며, 바람으로 말리고

---

7. 말없이 행하는 교화 정치를 말한다. 이것은 곧 노자의 "말없는 가르침을 행한다"[行不言之敎]를 설명하고 있다.
8. 이상의 내용은 대부분 『회남자』 「태족훈」에서 찾아 볼 수 있다.

비로 적신다. 하늘이 만물을 생성할 때는 아무도 그 길러주는 행위를 보지 못하지만 만물은 저절로 자라나며, 하늘이 만물을 죽일 때는 아무도 그 죽이는 행위를 보지 못하지만 만물은 저절로 사라진다.9 이것을 일러 신명(神明)이라 한다. 그러므로 성인은 이러한 자연 현상을 본받아, 복을 일으킬 때는 사람들이 복이 일어나는 까닭을 보지 못하는 사이에 복이 일어나게 하고, 화를 제거할 때는 사람들이 화가 제거되는 이유를 보지 못하는 사이에 화가 제거되게 한다.10 이러한 일들은 그 이치를 따져보면 그 까닭을 알 수 없으나 자세히 살펴보면 이미 그러한 현상이 존재하며, 하루 하루로 따져 보면 부족하나 일 년으로 따져 보면 남음이 있다.11 또한 성인은 고

---

9. 천도는 은밀하게 운행되기에 명확하게 말하기 어렵다. 사물이 생겨나는 것은 때가 이르렀기 때문이고, 사물이 죽는 것도 때가 이르렀기 때문이다. 생겨날 때가 되면 생겨나지 않을 수 없고, 죽을 때가 이르면 죽지 않을 수 없다. 즉 생겨나는 것은 삶의 원리에 합치하는 것이고, 죽어 가는 것은 죽음의 원리에 합치하는 것이다. 그러므로 생겨나는 것은 하늘에 감사하지 않고, 죽는 것은 도를 원망하지 않는다. 저절로 그러할 따름이기 때문이다.(서영부의 주)

10. 『시자』(尸子) 「귀언」(貴言)에도 이와 유사한 말을 찾아 볼 수 있다. "천지의 도는 이렇다. 아무도 사물을 길러 주는 까닭을 보지 못하나 사물은 자라나고, 아무도 사물을 사라지게 하는 까닭을 보지 못하나 사물은 사라진다. 성인의 도 또한 그러하다. 그가 복을 일으킬 때는 아무도 그것을 보지 못하나 복이 일어나고, 그가 화를 제거할 때는 아무도 그것을 보지 못하나 화가 제거된다."〔天地之道, 莫見其所以長物而物長, 莫見其所以亡而物亡. 聖人之道亦然. 其興福也, 人莫之見而福興矣. 其除禍也, 人莫之知而禍除矣.〕

11. 복을 일으키고 화를 제거하는 성인의 공적은 짧은 시간 속에서는 잘 드러나지 않지만, 오랜 시간이 지나고 나면 이미 그 공적이 이루어져 있음을 알게 된다는 말이다. 『문자』의 이 말은 『장자』 「경상초」(庚桑楚)에 나오는 다음과 같은 말에 근거를 두고 있다. "경상초가 처음 왔을 때 나는 그를 아주 기이하게 생각하였다. 그러나 지금 나는 하루 하루로 따져 보면 부족하나, 일 년으로 따져 보면 남음이 있다. 아마도 그는 성인인가 보다!"〔庚桑子之始來, 吾酒然異之. 今吾日計之而不足, 歲計之而有餘. 庶幾其聖人乎!〕

요히 아무런 말이 없으나, 한 번 말하면 천하를 크게 요동치게 한다. 이것은 하늘 마음[天心]으로 움직이고 감화시키기 때문이다. 그러므로 내면에 정성(精誠)이 형성되면 하늘에서 기가 움직이게 된다.12 그 결과 경성(景星)13이 나타나고 황룡이 내려오며, 봉황이 출현하고 단 샘물이 솟아나며, 좋은 곡식이 생겨나고 황하가 범람하지 않으며, 바다에서는 높은 파도가 일지 않는다. 그러나 자연을 거스르고 만물에 대해 포악하게 굴면, 일식과 월식이 일어나고 사계절이 뒤바뀌며 밤낮이 거꾸로 되고 산이 무너지고 냇물이 마르며 겨울에 뇌성이 치고 여름에 서리가 내린다.

이처럼 자연과 인간은 서로 통한다. 그러므로 나라가 망하려고 하면 자연 현상이 변하고, 세상이 어지러우면 불길한 무지개가 나타난다. 만물은 서로 연결되어 있고 정기(精氣)는 상호 영향을 미친다. 그러므로 신명의 일은 지식과 기교로도 도모할 수 없고, 강력한 힘으로도 이를 수 없다. 대인은 천지와 덕을 같이 하고 해와 달과 밝음을 같이 하며 귀신과 신령스러움을 같이 하고 사계절과 신뢰를 같이 한다.14 그리고 하늘 마음[天心]을 품고 땅 기운[地氣]을

---

12. 이것은 이른바 '천인감응'(天人感應) 혹은 '천인상통'(天人相通)의 현상을 말한다. 이처럼 자연과 인간이 상호 감응한다고 하는 천인상감(天人相感)의 사유는 전국말에 나타나기 시작하여 한대에 보편적으로 유행하였다. 따라서 이것을 통해 볼 때도, 『문자』의 성립 연대는 전국말 이전으로 올라갈 수 없다.

13. 상서로운 별을 가리킨다. 『논형』(論衡)「지서」(指瑞)에서는 다음과 같이 말한다. "네 가지 기운이 조화를 이루면 경성이 된다."[四氣和爲景星.]

14. 이 말은 『주역』(周易)의 건괘(乾卦)「문언」(文言)에 나오는, "무릇 대인이란, 천지와 덕을 같이 하고 해와 달과 밝음을 같이 하며, 사계절과 질서를 같이 하고, 귀신과 길흉을 같이 한다"[夫大人者, 與天地合其德, 與日月合其明, 與四時合其序, 與鬼神合其吉凶]를 약간 변형시켜 인용하고 있다.

안으며15 조화된 기운을 머금는다. 그러므로 대인은 집밖을 나서지 않아도 그 뜻이 천하에 실행되고 풍속이 변화되며 백성들은 교화되어 착하게 된다. 이때 백성들은 마치 자신들 스스로 변화를 이룬 것처럼 여기게 되니, 이렇게 하여 '신묘한 교화'〔神化〕가 이루어질 수 있다.16

　　老子曰: 天設日月, 列星辰, 張四時, 調陰陽. 日以暴之, 夜以息之, 風以乾之, 雨露以濡之. 其生物也, 莫見其所養而萬物長. 其殺物也, 莫見其所喪而萬物亡. 此謂神明. 是故聖人象之. 其起福也, 不見其所以而福起. 其除禍也, 不見其所由而禍除. 稽之不得, 察之不虛. 日計不足, 歲計有餘. 寂然無聲, 一言而大動天下. 是以天心動化者也. 故精誠內形, 氣動於天, 景星見, 黃龍下, 鳳凰至, 醴泉出, 嘉穀生, 河不滿溢, 海不波涌. 逆天暴物, 卽日月薄蝕, 五星失行, 四時相乘, 晝冥宵光, 山崩川涸, 冬雷夏霜. 天之與人, 有以相通. 故國之殂亡也, 天文變, 世俗亂, 虹蜺見. 萬物有以相連, 精氣有以相薄. 故神明之事, 不可以智巧爲也, 不可以强力致也. 大人與天地合德, 與日月合明, 與鬼神合靈, 與四時合信. 懷天心, 抱地

---

15. 『회남자』「태족훈」에는, "하늘의 기운을 품고 하늘의 마음을 안으며"〔懷天氣 抱天心〕로 되어 있다.
16. 이러한 '신묘한 교화'〔神化〕가 행해지기 위해서는 우선 자연과 합일되는 경지가 필요하다. 그리고 이러한 경지에 이른 사람은 '대인'으로 표현되고 있다. 대인은 자연과 합치되는 덕을 품으로써 저절로 그 영향이 백성에게 미치게 된다는 것이다. 이같은 '신화론'(神化論)은 『회남자』에서 보다 발전되어 '덕화'(德化)에 이어 무위정치의 최고 이상적 형태로 간주된다. 이상의 내용은 대부분 『회남자』「태족훈」에서 찾아 볼 수 있다.

氣, 執沖含和, 不下堂而行四海, 變易習俗, 民化遷善, 若出諸
己, 能以神化者也.

노자가 말하였다.

무릇 인간의 길〔人道〕은, 생명을 온전히 하고 참된 본성을 보존
하여 몸을 훼손하지 않는 것이다.[17] 그러면 급한 일을 만나고 어려
운 상황에 처했을 때 정기가 하늘과 통하게 된다. 아직 그 근본〔宗〕
에서 갈라져 나오지 않은 사람[18]은 무엇을 한들 이루지 못하겠는
가? 이러한 사람에게 삶과 죽음은 하나의 영역에 불과하니, 삶과 죽
음으로 그를 협박하거나 능멸할 수 없다. 하물며 천지를 관장하고
만물을 간직하며, 돌아가 조화자와 하나가 되고 지극한 조화의 기
운을 머금으며, 일찍이 죽지 않는 자에 있어서랴! 내면에 정성이 형
성되면 밖으로 사람들의 마음을 일깨우게 되니, 이것은 남에게 전
할 수 없는 도이다. 성인은 높은 곳에서 도를 품은 채 아무런 말이

---

17. '생명을 온전히 한다'〔全生〕는, '생명을 중시한다'〔重生〕와 더불어 도가철
    학의 생명 사상의 주요 근간이 된다. 즉 양주가 '위아주의'(爲我主義)를
    표방함으로써 중생(重生) 사상을 제창하였다면, 이후의 자화자(子華子)
    는 양주의 중생 사상을 계승하여 전생(全生) 사상을 제시하였다.(자화자
    의 전생 사상은 『여씨춘추』의 「귀생」(貴生)에서 찾아 볼 수 있다.) 한편,
    '참된 본성을 보존한다'에서 '참된 본성'〔眞〕은 『장자』 「어부」(漁父)에서
    말하듯이 "자연으로부터 부여받은 것"〔眞者, 所以受于天也〕을 말하며, 도
    교 식으로 말하자면 '진기'(眞氣) 혹은 '원기'(元氣)를 의미한다. '진기'나
    '원기'는 후천적으로 보충하는 것이 불가능하므로 그것을 잘 보존하는 것
    이 양생의 요체라고 한다.
18. 선천적인 순수성을 그대로 보존하고 있는 사람, 혹은 도를 체득하여 자연
    과 합일된 사람을 말한다.

없다. 그러나 그 은택은 만 백성에게 미친다. 그러므로 말없는 가르침은 위대하도다! 군주와 신하가 상호 마음이 어긋나면 하늘에 햇무리가 나타난다. 이것은 신묘한 기운[神氣]이 상호 반응하는 징조다. 이것을 일러 말없는 변론이요, 도 아닌 도라고 하는 것이다.19

무릇 멀리 있는 사람들을 불러들이고자 하면 무위로 부려야 하고, 가까이 있는 사람들과 친하고자 하면 말에 가식이 없어야 한다. 오직 은밀히 행하는 자만이 이렇게 할 수 있다.20 그 결과 전쟁용 말이 농사일에 사용되고 수레바퀴가 변방 밖으로 달리지 않게 된다.21 이것을 좌치(坐馳)22 육침(陸沉)23이라고 한다. 무릇 천도는

---

19. 이 말은 『장자』 「제물론」의 다음 구절에서 취해 왔다. "무릇 위대한 도는 표현될 수 없고, 위대한 언변은 말로 드러나지 않으며, ……도는 밝혀지면 도가 아니고, 말은 변론되면 (실질에) 미치지 못하며, ……그 누가 말없는 변론과 도 아닌 도를 아는가? 만일 이것을 알 수 있는 사람이 있으면 '하늘 곳간'이라 할 것이다."〔夫大道不稱, 大辯不言, ……道昭而不道, 言辯而不及, ……孰知不言之辯, 不道之道? 若有能知, 此之謂天府.〕

20. 이 말은 『관자』 「형세」(形勢)의 다음과 같은 말에서 취해 왔다. "멀리 있는 자를 불러들이고자 하면 부리는 것이 무위적이어야 하고, 가까이 있는 자와 친하고자 하면 말에 가식이 없어야 한다. 오직 은밀히 행하는 자만이 이렇게 할 수 있다."〔召遠者使無爲焉, 親近者言無事焉, 唯夜行者獨有也.〕 한편 이 말은 『회남자』 「람명훈」(覽冥訓)에서도 인용되고 있는데 일부 글자가 다르다. 즉 "親近者言無事焉"에 '언'(言)이 '사'(使)로 되어 있고, "唯夜行者能有之"가 "唯夜行者爲能有之"로 되어 있다.

21. 이 말은 『노자』 46장의, "천하에 도가 있으면 잘 달리는 말을 되돌려 똥수레를 끌게 하나, 천하에 도가 없으면 전쟁용 말이 교외에서 태어난다."〔天下有道, 却走馬以糞, 天下無道, 戎馬生於郊.〕에 근거하고 있다.

22. 『장자』 「인간세」(人間世)에 나오는 말이다. "저 텅빈 곳을 보라, 텅빈 방에서 빛이 생겨난다. 길하고 상서로움은 멈춰야 할 곳에 멈추는 것이다. 멈춰야 할 곳에 멈추지 못하는 것을 '좌치'라고 한다."〔瞻彼闋者, 虛室生白, 吉祥止止. 夫且不止, 是之謂坐馳.〕에 근거한다. 이 '좌치'에 대해 감산(憨山)은, "인간의 마음은 본래 텅비고 밝으나 사람들은 한결같이 마음을 그치지 못한 채 사사로운 이익과 욕심으로 인해, 몸은 여기에 앉아 있으나

사사로이 나아가는 것도 없고 사사로이 떠나는 것도 없다. 능력이 있는 사람은 남음이 있고, 능력이 없는 사람은 부족하게 된다.24 천도를 따르는 사람은 이롭게 되고, 천도를 거스르는 사람은 망하게 된다. 그러므로 단지 지식으로 다스리는 사람은 나라를 지탱하기 어렵다. 오직 태화(太和)25에 합치되고, 저절로 그러한 자연의 이치를 잡고 세상에 응하는 사람만이 나라를 보존할 수 있다.26

마음은 분별 망상을 타고 저 멀리 달려간다. 이것을 좌치(坐馳)라고 한다'라고 주석하고 있다. 따라서 『장자』에서의 '좌치'는 인간이 욕망에 사로잡혀 조바심하는 태도를 지시하는 부정적 의미로 사용되고 있다. 그러나 『문자』에서의 '좌치'는 『장자』에서와 달리 긍정적 의미로 쓰이고 있다. 『문자』는 앞 문장에서 '무위'와 관련된 발언을 하고 있으므로, 여기서의 '좌치'는 바로 뒤의 '육침'과 더불어 '무위'의 또 다른 표현으로 볼 수 있기 때문이다.

23. 『장자』「칙양」(則陽)에 나오는 말이다. "이 사람들은 스스로 백성들 속에 묻혀서 스스로를 밭두둑 사이에 감추고 있다. 그들의 명성은 작으나 그 뜻은 무궁하고, 입으로는 비록 말을 하나 그의 마음은 일찍이 말한 적이 없다. 또한 세상과 거리를 두어 마음 속으로는 세상과 함께 하는 것을 좋아하지 않는다. 이들은 '육침'하는 자들이다."〔是自埋於民, 自藏於畔. 其聲銷, 其志無窮, 其口雖言, 其心未嘗言. 方且與世違, 而心不屑與之俱. 是陸沈者也.〕따라서 '육침'은, 사람들 속에 숨어살며 자신을 드러내지 않는 삶의 태도를 땅 속으로 가라앉은 것에 비유한 말이 된다.

24. 이 말은 기존의 노자 사상과는 어느 정도 차이가 있다. 『노자』에서는 "하늘의 도는 남는 자에게서 덜어내 부족한 자를 채워준다"〔天之道, 損有餘, 而補不足〕고 하여 균등성을 강조하고 있다. 그러나 『문자』의 경우는 '개인적 능력에 따라서 남음이 있고 부족함이 있다'고 하는 개인별 능력주의를 제창하고 있다. 여기서 우리는 원시도가에 존재하는 소극적인 태도를 탈피하여, 개인의 재능과 능력을 적극적으로 발휘하기를 촉구하는 황로학의 일면을 엿볼 수 있다.

25. 원문은 '대화'(大和)로 되어 있으나, '대'(大)를 '태'(太)로 읽는다. '태화'는 천지간의 크게 조화된 기운, 혹은 도를 지칭한다.

26. 이상의 내용은 대부분 『회남자』「람명훈」에서 찾아 볼 수 있다.

老子曰: 夫人道者, 全性保眞, 不虧其身. 遭急迫難, 精通乎天. 若乃未始出其宗者, 何爲而不成. 死生同域, 不可脅凌. 又況官天地, 府萬物, 返造化, 含至和, 而已未嘗死者也. 精誠形乎內, 而外喩於人心, 此不傳之道也. 聖人在上, 懷道而不言, 澤及萬民. 故不言之敎, 芒乎大哉! 君臣乖心, 倍譎見乎天, 神氣相應徵矣. 此謂不言之辯, 不道之道也. 夫召遠者使無爲焉, 親近者言無事焉, 唯夜行者能有之. 故却走馬以糞, 車軌不接于遠方之外, 是謂坐馳·陸沉. 夫天道, 無私就也, 無私去也. 能者有餘, 拙者不足. 順之者利, 逆之者凶. 是故以智爲治者, 難以持國. 唯同乎大和, 而持自然應者, 爲能有之.

노자가 말하였다.

무릇 도와 덕의 관계는, 가공하지 않은 가죽과 가공한 가죽의 관계와 같다.27 이러한 도는 멀리하고자 하면 가까이 있고, 가까이 다가서고자 하면 멀리 있다. 또한 도는 생각으로 헤아리면 알 수 없으나, 자세히 살펴보면 이미 존재한다. 그러므로 성인은 마치 거울과 같아, 보내지도 맞이하지도 않고 사물에 그대로 응할 뿐 그것을 잡아 두지 않는다.28 때문에 수많은 사물이 오고 가도 성인은 손상되

---

27. '도'는 그것이 인간의 심성에 내재화된 이후 '덕'으로 불려진다. 따라서 도와 덕의 관계는, 원재료로서의 '위'(韋)와 '위'에 가공이 가해진 형태인 '혁'(革)과 유사한 관계로 설명될 수 있다. 어쨌든 도와 덕은, '위'와 '혁'이 '가죽'이라는 점에서 동일하듯이 본질적으로 동일하다. 때문에 도가 문헌에서 '도'는 종종 '도덕'으로 표현되기도 한다.

28. 『장자』「응제왕」(應帝王)에서는 다음과 같이 말한다. "지인의 마음 씀은 마치 거울과 같다. 보내지도 맞이하지도 않고, 사물에 응할 뿐 잡아두지

지 않는다. 따라서 얻는 것이 곧 잃는 것이요, 잃는 것이 곧 얻는 것이다.29 그러므로 태화(太和)에 통한 사람은, 마치 술에 만취한 것처럼 흐리멍덩한 상태로 도 한 가운데서 노니니, 아직 그 본원의 상태30로부터 벗어나지 않은 듯하다. 이것을 일러 '크게 통했다'[大通]31고 한다. 이 같은 경지에 이른 것은, 그가 쓰이지 않음에 의탁하여 진정한 쓰임을 이룰 수 있기 때문이다.32

않는다. 그러므로 사물을 다 감당해도 손상되지 않는다."[至人之用心若鏡, 不將不迎, 應而不藏, 故能勝物而不傷.]

29. 거울이 사물의 오고 감에 무심하듯이, 성인 또한 얻고 잃음에 연연해하지 않는다는 점을 말하고 있다.

30. 다듬지 않은 통나무처럼 질박한 상태를 말하며, 인간에게 있어 이것은 '갓난아이'의 상태에 해당될 수 있다.

31. 널리 통달하여 막힘이 없는 대도(大道)의 경지를 말한다. 이 말의 용례는 『장자』의 「대종사」 및 「추수」에서 찾아 볼 수 있다. "육신을 무너뜨리고 귀 밝음과 눈 밝음을 물리쳐서, 형체를 벗어나고 의식 작용을 떠나서 '크게 통함'과 하나가 된다. 이것을 일러 '좌망'이라고 한다."[墮肢體, 黜聰明, 離形去知, 同於大通, 此謂坐忘.]("대종사") "현묘하게 그윽한 것으로부터 시작하여 크게 통함으로 돌아간다."[始於玄冥, 反於大通.]("추수")

32. 이른바 장자가 말하는 '쓸모 없음의 쓸모'[無用之用]를 말한다. 장자는 「인간세」에서, 둘레가 수백 아름 되는 거대한 나무가 그처럼 거대하게 자라도록 온전할 수 있는 이유를 그것이 바로 쓸모 없는 나무였기 때문에 가능한 것으로 설명한다. 즉 세상적인 기준에서의 '쓸모 없음'[無用]은, 오히려 개인 생명의 온전한 발현과 실현을 가능하게 하는 '큰 쓰임'[大用]이 될 수 있다는 점을 밝힌다. 그러므로 장자는 「인간세」 마지막 구절에서 다음과 같이 결론짓는다. "산의 나무는 (그것의 유용함으로 인해) 스스로를 해치고, 촛불은 스스로를 태운다. 계수나무는 그 열매를 먹을 수 있기 때문에 잘려지고, 옻나무는 쓸모 있기 때문에 베어진다. 사람들은 모두 쓸모 있음의 쓸모는 알지만, 아무도 쓸모 없음의 쓸모는 알지 못한다."[山木自寇也, 膏火自煎也. 桂可食, 故伐之; 漆可用, 故割之. 人皆知有用之用, 而莫知无用之用也.]

이상의 내용은 『회남자』 「람명훈」에서 찾아 볼 수 있다.

老子曰: 夫道之與德, 若韋 之與革. 遠之卽近, 近之卽疏, 稽之不得, 察之不虛. 是故聖人若鏡, 不將不迎, 應而不藏, 萬物而不傷. 其得之也, 乃失之也, 其失之也, 乃得之也. 故通于大和者, 暗若醇醉, 而甘臥以游其中, 若未始出其宗, 是謂大通. 此假不用能成其用也.

노자가 말하였다.

옛날에 황제(黃帝)33가 천하를 다스릴 때는 다음과 같이 하였다. 해와 달의 운행에 맞추어 음양의 기운을 다스렸고, 사계절의 운행 질서에 맞추어 달력의 도수를 바르게 하였으며, 남녀를 구별하고 위아래의 구분을 명확히 하였다.34 그리하여 강한 자가 약한 자를 억누르지 못하게 하고, 다수가 소수에게 횡포를 부리지 못하게 하

---

33. 전설상 중국 민족의 시조이다. 성은 공손(公孫)이고 이름은 헌원(軒轅)이며 호는 유웅(有熊)이다. 염제(炎帝)가 침략하자 제후들이 모두 그에게 귀의하였으며, 이에 황제는 덕을 닦고 군대를 일으켜 판천(阪泉)이라는 들판에서 염제를 물리쳤다. 그후 치우(蚩尤)가 난리를 일으키자 다시 부족들을 이끌고 탁록(涿鹿)이라는 들판에서 싸워 치우를 사로잡았다. 이에 각 부족들은 그를 받들어 천자로 삼았다고 한다.

34. "남녀를 구별하고, 상하를 구분한다"[別男女, 明上下]는 사고는 원시도가의 일반적 사상과는 거리가 멀다. 이 같은 사고는 오히려 유가나 법가적 사고와 통한다. 특히 『상군서』(商君書) 「화책」(畵策)에 나오는 다음과 같은 내용과 직접적으로 통한다. "황제가 군주와 신하 위와 아래 사이의 의리 관계, 아비와 자식 형과 아우 사이의 예절 문제, 그리고 부부 및 배필이 서로 합하는 이치를 제정하였다."[黃帝作爲君臣上下之義, 父子兄弟之禮, 夫婦配匹之合.] 『문자』 내에 이 같은 사고가 들어 있다는 사실은, 『문자』가 원시도가와는 달리 유가나 법가 등 여러 사상들을 두루 흡수, 수용하고 있다는 점을 드러낸다.

였다. 그 결과 백성들은 생명을 보전하여 일찍 죽는 일이 없었고, 해마다 곡식이 잘 익어 흉년이 들지 않았으며, 관리들은 올곧아 사심이 없었고, 위아래는 조화를 이루어 상호 탓하는 일이 없었다. 또한 법령은 밝고 공명정대하였고, 참모들은 공정하여 아부하는 일이 없었으며, 밭가는 농부들은 밭둑을 서로 사양하였고, 길에는 물건이 떨어져도 줍지 않았으며, 시장에는 바가지 요금이 없었다. 그러므로 이때에는 해와 달과 별들이 그 운행 질서를 잃지 않았고, 바람과 비는 때에 맞게 내려 오곡이 풍성하였으며, 봉황이 뜰에서 노닐고 기린이 교외에서 노닐었다.

복희씨(伏羲氏)35가 천하에서 왕 노릇 할 때는 다음과 같이 하였다. 돌을 베고 몸을 곧게 편 채 잠을 잤고, 죽이는 일은 가을에 하였고 겨울에는 갈무리하였으며, 땅을 방으로 삼고 하늘을 이불로 삼았으며, 음양이 막혀 소통되지 않는 것은 뚫어 소통시켰으며, 해로운 기가 사물을 해치고 백성의 쌓아 놓은 재물을 상하게 하는 것을 그치게 하였다. 이에 백성들은 어린아이처럼 흐리멍덩하여 동서도 구분하지 못하였고, 그 시선은 흐릿하였고 행동은 질박하였으며, 진실로 스스로 만족하나 아무도 그렇게 된 까닭을 알지 못하였다. 또한 백성들은 둥둥 떠다니듯 노닐면서 근본으로 삼아야 할 것을 알지 못하였으며, 스스로를 기르면서 가야 할 곳을 알지 못하였다.36

---

35. 전설상 황제보다 훨씬 이전에 존재했던 인류의 시조로 알려지고 있다. 그는 백성들에게 그물 엮는 법을 가르쳐 고기를 잡을 수 있게 하였다고 한다.
36. 『회남자』「람명훈」에는, "떠다니며 놀면서 구해야 할 것을 알지 못하였고, 흐릿하여 가야 할 곳을 알지 못하였다"(浮游不知所求, 魍魎不知所往)로 되어 있어, 일부 문구가 다르다. 『문자』와 『회남자』의 이 구절은 모두 『장자』「재유」(在宥)에 나오는 다음 구절에서 취해 왔다. "떠다니며 놀면서 구해야 할 것을 알지 못하였고, 정신이 홀망하여 가야 할 곳을 알지 못하

이때에는 짐승이나 뱀이 발톱이나 이빨을 지니지 않은 것은 아니나 그 독을 감추고 천지를 본받았다.

황제의 경우 복희씨37에는 미치지 못하나 그 공을 드러내지 않았고 그 이름을 나타내지 않았으며, 진인의 도를 감춘 채 천지 자연을 따랐다. 어째서인가? 도덕이 하늘과 통하였고 지식과 작위가 사라졌기 때문이다.38

老子曰: 昔黃帝之治天下, 調日月之行, 治陰陽之氣, 節四時之度, 正律曆之數, 別男女, 明上下, 使强不掩弱, 衆不暴寡, 民保命而不夭, 歲時熟而不凶, 百官正而無私, 上下調而無尤, 法令明而不暗, 輔佐公而不阿, 田者讓畔, 道不拾遺, 市不預賈. 故於此時, 日月星辰不失其行, 風雨時節五穀豊昌, 鳳凰翔於庭, 麒麟游於郊. 虙犧氏之王天下也, 枕石寢繩, 秋殺冬約, 負方州抱員天, 陰陽所擁沉滯不通者竅理之, 逆氣戾物傷民厚積者絶止之. 其民童蒙不知西東, 視瞑瞑, 行蹎蹎, 侗然自得, 莫知其所由, 浮游泛然, 不知其所本, 自養不知所如往. 當此之時, 禽獸蟲蛇無不懷其爪牙, 藏其螫毒, 功揆天地. 至黃帝要繆乎太祖之下, 然而不章其功, 不揚其名, 隱眞人之道, 以從天地之固然. 何卽? 道德上通, 而智故消滅也.

였다."〔浮遊, 不知所求., 猖狂, 不知所往.〕
37. 원문에는 '태조'(太祖)로 되어 있다. 여기서 '태조'는 앞에 언급된 '복희씨'를 지칭하는 것으로 본다.
38. 이상의 내용은 대부분 『회남자』「람명훈」에서 찾아 볼 수 있다.

노자가 말하였다.

하늘이 안정되지 않으면 해와 달이 실릴 곳이 없고, 땅이 안정되지 않으면 풀과 나무가 설 곳이 없으며, 몸이 편안하지 않으면 옳고 그름이 형성될 곳이 없다. 그러므로 진인(眞人)이 있은 후에 참된 지식[眞智]이 있는 것이니, 잡고 있는 표준이 밝지 않다면 내가 말하는 바의 앎이 앎이 아닌 것이 아닌 줄 어찌 알겠는가?39

은혜를 쌓고 재화를 많게 하여, 백성들을 즐겁게 하고 사람들마다 각자의 삶을 누리게 해주는 것이 인(仁)이다. 큰 공을 세우고 훌륭한 명성을 드러내며, 군신간의 예를 체득하고 상하의 질서를 바르게 하며, 친소관계를 밝히고 위태로운 나라를 보존시키며, 대가 끊어진 집안의 대를 이어주고 후손이 없는 나라의 후손을 세워주는 것이 의(義)이다.40 인간의 아홉 가지 감각기관을 닫고 의식 작용을 멈추며, 눈밝음과 귀밝음을 버리고 인식이 없는 상태로 돌아가며, 홀연히 세속 밖으로 배회하고 무사(無事)의 경지에서 소요하며, 음기를 머금고 양기를 뱉으면서 만물과 더불어 조화를 같이 하

---

39. 『장자』「대종사」에서는 다음과 같이 말한다. "잡고 있는 바의 기준이 아직 특별히 정해져 있지 않다면, 내가 말하는 '자연'이 '인위'가 아닌 줄 어찌 알며, '인위'가 '자연'이 아닌 줄 어찌 알겠는가? 또한 참된 사람이 있은 이후에 참된 지식이 있는 것이다."〔其所待者特未定也, 庸詎知吾所謂天之非人乎? 所謂人之非天乎? 且有眞人而後有眞知.〕또한 「제물론」에는 다음과 같은 말이 있다. "내가 말하는 바의 앎이 앎이 아닌 줄 어찌 알겠는가? 내가 말하는 바의 알지 못함이 앎인 줄 어찌 알겠는가?"〔庸詎知吾所謂知之非不知邪? 庸詎知吾所謂不知之非知邪?〕따라서 『문자』의 이 말은 『장자』의 「대종사」의 말과 「제물론」의 말을 종합하여 나온 것으로 보인다.

40. 이상에서 설명되는 '인'과 '의'는 상당히 긍정적 이미지로 묘사된다. 이 점은 현행본 『노자』에서 인의가 일반적으로 부정적으로 묘사되는 것과 차이가 있다. 인의에 대한 이러한 긍정적 수용은 바로 황로학적 특성이다.

는 것이 덕(德)이다. 그러므로 도가 흩어지면 덕이 되고 덕이 지나
치면 인의가 되는 것이니, 인의가 세워지면 도덕이 폐하여진다.41

老子曰: 天不定, 日月無所載. 地不定, 草木無所立. 身不寧,
是非無所形. 是故有眞人而後有眞智. 其所持者不明, 何知吾所
謂知之非不知與? 積惠重貨, 使萬民欣欣, 人樂其生者, 仁也.
擧大功, 顯令名, 體君臣, 正上下, 明親疏, 存危國, 繼絶世, 立
無後者, 義也. 閉九竅, 藏志意, 棄聰明, 反無識, 芒然仿佯乎
塵垢之外, 逍遙乎無事之際, 含陰吐陽而與萬物同和者, 德也.
是故道散而爲德, 德溢而爲仁義, 仁義立而道德廢矣.

노자가 말하였다.

신(神)이 안정되지 않은 사람은 말은 화려하나 내실이 없고, 덕
(德)이 안정되지 않은 사람은 행위가 거짓되다. 내면에 지극한 정
기[精]가 없으면 언행이 밖으로 드러나며, 이렇게 되면 외물(外物)

---

41. 이 구절은 『노자』 38장 및 18장에 근거하고 있다. 『노자』 38장에서는 다
음과 같이 말한다. "도를 상실한 이후에 덕이 있게 되고, 덕을 상실한 이
후에 인이 있게 되며, 인을 상실한 이후에 의가 있게 되고, 의를 상실한
이후에 예가 있게 된다."〔失道而後德, 失德而後仁, 失仁而後義, 失義而後
禮.〕 그리고 18장에서는 다음과 같이 말한다. "큰 도가 폐해지자 인의가
있게 되었다."〔大道廢有仁義.〕 한편 이 구절은 『문자』의 「상례」(上禮)의
다음 구절과 그 의미가 통한다. "성(性)을 따라서 행하는 것을 도(道)라
하고, 그 천성(天性)을 얻은 것을 덕(德)이라 한다. 성(性)을 잃은 후에
인의(仁義)를 귀하게 여기고, 인의(仁義)가 세워지자 도덕(道德)이 폐해
졌다."〔循性而行謂之道, 得其天性謂之德, 性失然後貴仁義, 仁義 立而道
德廢.〕
이상의 내용은 대부분 『회남자』 「숙진훈」에서 찾아 볼 수 있다.

에 의해 부려지는 것을 면하기 어렵다. 정기가 완전히 소진되어 버리면42 행위에 한계가 없게 되니, 이것은 지키는 바가 안정되지 않아 밖으로 세속의 흐름에 빠져들기 때문이다. 그러므로 성인은 안으로 도를 닦을 뿐 밖으로 인의를 꾸미지 않으며, 감각 기관과 신체 기관을 적절하게 조절하여 정기와 신(神)이 조화된 상태에서 노닌다.43 이것이 성인이 노니는 경지이다.44

老子曰: 神越者言華, 德蕩者行僞. 至精芒乎中, 而言行觀乎外. 此不免以身役物也. 精有愁盡而行無窮極, 所守不定, 而外淫于世俗之風. 是故聖人內修道術, 而不外飾仁義, 知九竅四肢之宜, 而游乎精神之和. 此聖人之游也.

노자가 말하였다.

무릇 진인45이 노니는 모습은 다음과 같다. 지극히 텅빈 곳〔至虛〕에 나아가 움직이고, 태무(太無)46에서 마음을 노닐게 하며, 세

---

42. 원문은 '수진'(愁盡: 근심으로 소진되다)이나 『회남자』 「숙진훈」(俶眞訓)에 근거하여 '추진'(湫盡: 완전히 소진되다)로 고쳐 해석한다. '수'(愁)와 '추'(湫)의 글자 형태가 상호 유사하므로 아마 착오가 있었을 것이다.

43. 『장자』 「덕충부」에는 다음과 같은 말이 있다. "무릇 이와 같은 사람은 또한 눈과 귀의 마땅한 바를 알지 못하나, 마음을 덕이 조화된 경지에서 노닐게 한다."〔夫若然者, 且不知耳目之所宜, 而遊心乎德之和.〕

44. 이상의 내용은 『회남자』 「숙진훈」에서 찾아 볼 수 있다.

45. 원문에는 '성인'으로 되어 있다. 그러나 이 단락의 전체 문맥으로 볼 때, '진인'으로 고치는 것이 타당하다. 『회남자』 「숙진훈」에도 '진인'으로 되어 있다.

46. '태무'는 다른 고전에서는 찾아보기 힘든 매우 독특한 용어다. 도가 문헌에서 일반적으로 '텅빈 절대 고요의 경지'를 '허무'(虛無) 혹은 '허정'(虛靜)

상 밖으로 치달려 문 없는 문으로 걸어 나가고, 소리 없는 소리를 듣고, 형체 없는 형체를 본다. 그리하여 진인은 세속에 속박되지 않고 속세에 얽매이지 않는다. 그러므로 성인이 천하를 움직이는 것에 대해서는 진인이 거들떠보지 않으며, 현인이 세속을 교정하는 것에 대해서는 성인이 눈여겨보지 않는다.47 무릇 사람이 세속에 구속되면 반드시 형체가 매이고 정신이 흩어지게 되므로 속박을 면치 못하게 된다. 가령 나를 구속할 수 있는 것이 있다면, 그것은 반드시 명(命)일 것이며, 명은 나의 소관 밖에 있어 내가 어찌할 수 없는 것이다.48

老子曰: 若夫聖人之游也, 卽動乎至虛, 游心乎大無, 馳於方外, 行於無門, 聽於無聲, 視於無形. 不拘於世, 不繫於俗. 故聖人所以動天下者, 眞人不過, 賢人所以矯世俗者, 聖人不

으로 표현된다. 그런데 여기서는 '허무'를 다시 '허'와 '무'로 분화시켜, 그 앞에 각각 수식어 '지'(至)와 '태'(太)를 붙여서 '지허'와 '태무'라는 새로운 용어를 만들어 내고 있다. 이처럼 본래 용어 '허무'를 다시 '지허'와 '태무'로 분화시켜 기술하는 것은 일종의 문학적 표현기법으로 볼 수 있다. 여기서 '태무'의 의미는 앞의 '지허'와 유사한 의미로 이해하면 될 것이다.

47. 진인 〉 성인 〉 현인의 단계를 말하고 있다. 즉 현인보다 성인의 경지가 높고, 성인보다는 진인의 경지가 높다는 것이다. 한편 이와 유사한 말은 이미 『장자』「외물」(外物)에서 다음과 같이 언급되고 있다. "성인이 천하를 놀라게 하는 것에 대해서는 신인이 가서 물은 적이 없고, 현인이 세상을 놀라게 하는 것에 대해서는 성인이 가서 물은 적이 없으며, 군자가 나라를 놀라게 하는 것에 대해서는 현인이 가서 물은 적이 없고, 소인이 시세에 영합하는 것에 대해서는 군자가 가서 물은 적이 없다."〔聖人之所以駴天下, 神人未嘗過而問焉; 賢人所以駴世, 聖人未嘗過而問焉; 君子所以駴國, 賢人未嘗過而問焉; 小人所以合時, 君子未嘗過而問焉.〕

48. 이상의 내용은 『회남자』「숙진훈」에서 찾아 볼 수 있다.

觀. 夫人拘於世俗, 必形繫而神泄, 故不免於累. 使我可拘係
者, 必其命, 有在外者矣.

노자가 말하였다.

군주는 다음과 같은 것을 신경 써야 한다. 정신이 가슴속에서 치
달리지 않게 하고,49 지식이 몸밖으로 나가지 않게 하며,50 항상 어
질고 성실한 마음만을 품도록 한다. 그러면 단비가 때맞추어 내리
고 오곡이 풍성하게 자라게 될 것이니, 봄에 싹이 터 여름에 자라고
가을에 거둬들이고 겨울에 갈무리한다. 이에 달마다 살피고 계절마
다 고찰하여 연말에는 하늘에 제물을 바친다. 공정 무사함으로 백
성을 기르면 위협과 사나운 정책을 시행하지 않아도 되고, 법을 생
략하여 번다하지 않게 하면 교화가 신묘하며, 법을 관대히 하고 형
벌을 완화하면 감옥이 텅 비게 된다. 이에 천하가 한 마음이 되어

---

49. 정신이 안정되어야 한다는 말이다.
50. 지식을 밖으로 드러내지 않는다는 의미다. 본문에서 '몸'은 원문 '사역'(四
   域)에 대한 번역어다. 본래 '사역'은 동서남북 사방의 권역을 의미한다. 이
   말의 출처는 『장자』 「덕충부」의 다음 구절이다. "화답할 뿐 앞서 제창하지
   않으며, 지식은 세상 밖까지 미치지 못한다."〔和而不唱, 知不出乎四域.〕
   따라서 『장자』에서 '사역'은 인간 사회를 둘러싸고 있는 세상(세계)이라는
   공간적인 테두리를 의미한다. 그러나 본문에서 초점은 군주 개인에게 있
   다. 그리고 개인에게 있어 '몸'은 자아를 둘러싸고 있는 하나의 작은 테두
   리(세계)가 된다. 때문에 나는 '사역'을 '몸'으로 풀이한 것이다. 그리고 황
   로학의 통치술에서 군주에게 요구되는 것 중의 하나는, 군주 자신의 생각
   을 밖으로 드러내지 않는 것이다. 군주의 속 마음이 밖으로 드러나면 아래
   신하들이 거기에 영합하며, 궁극적으로는 군주를 농락하게 된다고 보기
   때문이다. 본문이 황로학적 통치술에 관한 내용이라는 점을 고려할 때,
   원문의 '사역'은 군주의 '몸'으로 해석하는 것이 타당하다.

아무도 간사한 마음을 품지 않는다. 이것은 성인이 은혜를 베푼 결과다.

　무릇 윗사람이 남에게서 취하는 것을 좋아하여 취하는 것에 한계가 없으면, 아랫사람들도 공을 탐하여 사양함이 없게 된다. 그 결과 백성들은 가난으로 고통스럽게 되어 분쟁이 발생하고, 힘써 일해도 피곤하기만 할 뿐 공이 없으며, 기교와 거짓이 싹트고 도적이 많아지며, 위아래가 서로 원망하고 명령이 시행되지 않는다. 무릇 물이 탁하면 고기가 물 밖으로 입을 뻐끔거리고, 정치가 가혹하면 백성들이 난리를 일으킨다. 윗사람이 욕심이 많으면 아랫사람들이 자주 속이고, 윗사람이 어수선하면 아랫사람이 불안정해지며, 윗사람이 구하는 것이 많으면 아랫사람들이 서로 다투게 된다. 그 근본을 다스리지 않고 말단에서 해결책을 구하는 것은, 도랑을 파면서 물을 멈추려 하고 섶을 지고서 불을 끄려는 것과 다르지 않다. 그러나 성인이 일 삼는 바가 적으면 잘 다스려지고,51 구하는 것이 적으면 백성들이 넉넉해진다. 그러면 성인은 베풀지 않아도 어질다고 여겨지고, 말하지 않아도 신뢰를 얻으며, 구하지 않아도 얻고, 행하지 않아도 이룬다. 그러므로 성인은 '저절로 그러한' 자연의 이치를 마음속에 품고, 지극히 참된 본성을 보존하며, 도를 끌어안고 성심을 미루어 나간다. 그러면 천하 사람들은 마치 메아리가 소리에 반향하는 것 같이, 그림자가 형체를 본뜨는 것과 같이 그를 따르게 될 것이다. 성인이 근본에 힘썼기 때문이다.52

---

51. 그러므로 노자는 "큰 나라를 다스릴 때는 마치 작은 생선을 요리하듯이 하라"(治大國, 若烹小鮮)고 하였다.
52. 이상의 내용은 대부분 『회남자』「주술훈」에서 찾아 볼 수 있다.

老子曰: 人主之思, 神不馳於胸中, 智不出於四域, 懷其仁誠之心. 甘雨以時, 五穀蕃殖, 春生夏長, 秋收冬藏, 月省時考, 終歲獻貢. 養民以公, 威厲不誡, 法省不煩, 教化如神, 法寬刑緩, 囹圄空虛. 天下一俗, 莫懷姦心, 此聖人之恩也. 夫上好取而無量, 卽下貪功而無讓. 民貧苦而分爭生, 事力勞而無功, 智詐萌生, 盜賊滋彰, 上下相怨, 號令不行. 夫水濁者魚噞, 政苛者民亂. 上多欲卽下多詐, 上煩擾卽下不定, 上多求卽下交爭. 不治其本而救之於末, 無以異於鑿渠而止水, 抱薪而救火. 聖人事省而治, 求寡而贍, 不施而仁, 不言而信, 不求而得, 不爲而成. 懷自然, 保至眞, 抱道推誠. 天下從之如響之應聲, 影之像形. 所修者, 本也.

노자가 말하였다.

정신이 밖으로 치달리고 생각이 어지러운 사람은 육신을 다스릴 수 없다. 정신을 쓰는 곳이 멀면 멀수록 가까운 것을 잊게 마련이기 때문이다.[53] 그러므로 '문 밖을 나서지 않아도 천하를 알고, 창 밖을 보지 않아도 천도를 알 수 있다. 나가는 것이 멀면 멀수록 아는 것은 더욱더 적어진다.'[54] 이것은 내면에서 정성(精誠)이 일어나면

---

53. 사물에 대한 지식을 증가시키거나 경험을 넓히는 것보다 내면을 다스리는 것이 중요하다는 말이다.

54. 『노자』 47장의 "문을 나서지 않아도 천하를 알며, 창 밖을 내다보지 않아도 천도를 안다. 나가는 것이 멀면 멀수록 아는 것은 더욱 적다"[不出戶, 知天下, 不闚牖, 見天道, 其出彌遠, 其知彌少]를 인용하고 있다. 단 허사(虛辭)에서 약간의 차이가 있을 뿐이다. 눈에 띄는 점은 왕필본의 '見天道'가 『문자』에는 '知天道'로 되어 있다는 사실이다. 의미상으로는 큰 차이가

하늘에서 신기(神氣)가 움직인다55는 말이다.56

　　老子曰: 精神越于外, 智慮蕩于於內者, 不能治形, 神之所
　　用者遠, 則所遺者近. 故不出于戶以知天下, 不窺于牖以知天
　　道, 其出彌遠, 其知彌少. 此言精誠發于內, 神氣動于天也.

노자가 말하였다.

　　　　없다. 백서『노자』및『한비자』「유로」(喩老)에도『문자』와 같이 '知天道'
　　　　로 되어 있다.
　　55. 전국말 이후 한대에 유행한 '천인상감설'(天人相感說)을 말하고 있다. 이
　　　　때 감응의 매개체는 기가 된다. 여기서『문자』는 노자가 말한 '문 밖을 나
　　　　서지 않아도 천하를 안다'를 동기상응론(同氣相應論) 혹은 천인상감설(天
　　　　人相感說)로 설명하고 있다. 이 같은 설명 방식은 전국말 및 한대의 고유
　　　　한 사유 방식이라고 할 수 있다.
　　　　　그리고『문자』의 이 말은, 앞서 제시된『노자』47장의 "문 밖을 나서지
　　　　않아도 천하를 알며, ……" 구절을 이른바 천인상감설로 설명하고 있는 형
　　　　태가 된다. 한편『회남자』「주술훈」에도 동일하게『노자』47장의 이 구절
　　　　을 인용하고 있으나,『문자』와는 다른 설명 방식을 취한다. "문 밖을 나서
　　　　지 않아도 천하를 알며, 창 밖을 내다보지 않아도 천도를 안다. 여러 사람
　　　　들의 지식을 이용하면 천하도 소유하기에 충분하나, 단지 자기 마음만 쓰
　　　　면 자기 몸조차도 보존할 수 없다."〔不出戶 而知天下 不窺牖 而知天道 乘
　　　　衆人之智 則天下之不足有也 專用其心 則獨身不能保也.〕 여기서 보듯이
　　　　『회남자』에서는『문자』와 달리 '인재등용설'로 설명하고 있는 것이다. 즉
　　　　군주가 천하를 경영함에 있어서 천하 사람들의 중지(衆智)를 이용하면,
　　　　군주 자신이 굳이 문(대궐 문) 밖을 나서지 않아도 천하를 잘 다스릴 수
　　　　있다는 것이다.
　　56.『회남자』「태족훈」에도 이와 유사한 다음과 같은 말이 있다. "성인이란 하
　　　　늘 마음을 품고서 천하를 크게 움직여 변화시킬 수 있는 사람이다. 그러므
　　　　로 내면에서 정성이 느껴지면 하늘에서 형기(形氣)가 움직인다."〔聖人者,
　　　　懷天心, 聲然能動化天下者也. 故精誠感動於內, 形氣動於天.〕『문자』와 비
　　　　교되는 점은 '신기'(神氣)가 '형기'(形氣)로 되어 있다는 차이다.
　　　　　이상의 내용은『회남자』「도응훈」및「태족훈」에서 찾아 볼 수 있다.

만물은 겨울에는 양지로 향하고 여름에는 음지로 향한다. 이처럼 만물이 향하는 것은 누가 시켜서 그런 것이 아니라 지극히 자연스러운 현상이다. 지극한 정기가 감응하면, 부르지 않아도 저절로 오고 보내지 않아도 저절로 간다. 이러한 현상은 그윽하고 가물하여, 그것을 행하는 자를 알지 못하여도 공은 저절로 이루어진다. 눈에 의존하여 밝게 보고 말에 의존하여 명령을 내린다면 다스리기가 어렵다. 고요(皐陶)57는 벙어리였으나 대법관이 되어 천하에 가혹한 형벌이 없게 하였으니, 어찌 말이 중요하단 말인가? 사광(師曠)58은 장님이었으나 태재(太宰)59가 되어 진(晉)나라에 어지러운 정치가 없게 하였으니, 어찌 보는 것이 중요하단 말인가? 말없는 명령을 내리고 보는 것 없이 보았기에, 고요나 사광과 같은 성인들이 위대한 스승으로 간주되는 것이다.

백성들이 윗사람에 의해 교화되는 것은, 윗사람의 말에 따르기 때문이 아니라 그 행위에 따르기 때문이다. 그러므로 군주가 힘쓰는 것을 좋아하면 싸움질시키지 않아도 국가는 자주 어려워지고, 결국에는 겁탈하고 죽이는 난리가 발생한다. 그리고 군주가 여색을 좋아하면 여색에 관해 의론하지 못하게 해도 국가가 혼란스러워지고, 그것이 쌓이면 마침내 음탕함으로 인한 난리가 발생한다. 그러므로 성인은 내면에 정성(精誠)을 품고 좋아하고 싫어하는 감정을

---

57. 전설상으로는 동방(東方) 이족(夷族)의 수령이라고 한다. 순(舜)임금시대에 형법(刑法)을 관장하는 관리로 임명되었다고 한다. 『상서』(尙書)에 「고요모」(皐陶謨)에서 그의 공적을 기록하고 있다.
58. 춘추시대 진(晉)나라의 유명한 음악가였다. 장님이었으나 귀가 매우 밝은 사람으로 유명하다.
59. 은대(殷代)에는 집안 내의 일을 관장하였으나 주대(周代)에는 왕실의 안과 밖의 일을 관장하던 직책이다.

밖으로 드러내지 않으며,60 말을 내면 내면의 실정과 부합되게 하고 명령을 발하면 본인의 뜻을 명확히 한다. 그러므로 형벌로는 풍속을 변화시키기에 부족하고 살육으로는 간사함을 금지시킬 수 없으니, 오직 신화(神化)61만이 중요하다. 정기가 지극하면 신묘하게 되는 것이니, 정기가 움직이는 바는 마치 봄기운이 만물을 생성하고 가을 기운이 사물을 죽이는 것과 같다.62 그러므로 군주는 마치 활 쏘는 사람과 같이 조심해야 하는 것이니, 이쪽에서 터럭 끝만한 차이가 나도 저쪽에서는 한자나 되는 차이가 나기 때문이다.63 그러므로 사람을 다스리는 자는 특별히 감응하는 바에 주의해야 한다.64

老子曰: 冬日之陽, 夏日之陰, 萬物歸之, 而莫之使, 極自然. 至精之感, 弗召自來, 不去而往, 窈窈冥冥, 不知所爲者, 而功自成. 待目而照見, 待言而使命, 其于治難矣. 皐陶喑而爲大理, 天下無虐刑, 何貴乎言者也. 師曠瞽而爲太宰, 晉國無亂政, 何貴乎見者也. 不言之令, 不視之見, 聖人所以爲師也. 民之化上, 不從其言, 從其所行. 故人君好勇, 弗使鬪爭而國家多難, 其漸必有劫殺之亂矣. 人君好色, 弗使風議, 而國

---

60. 원문은 "故聖人精誠別于內, 好憎明于外"으로 되어 있으나 의미가 잘 통하지 않는다. 한편『회남자』「주술훈」에는 "古聖王 至精形於內 而好憎忘於外"로 되어 있다. 따라서『회남자』에 근거하여 '별'(別)을 '형'(形)으로, '明'을 '忘'으로 고쳐 해석한다.
61. 내면의 정성(精誠)을 발휘함으로써 나타나는 신묘한 교화를 말한다. 이 '신화론'(神化論)은『회남자』에 의해 계승되어 진일보 발전된다.
62. 정기가 미치는 영향의 은밀함을 말한다.
63. 군주의 사소한 행위 하나하나가 궁극적으로는 엄청난 결과를 가져 올 수 있다는 점을 지적하고 있다.
64. 이상의 내용은 대부분『회남자』「주술훈」에서 찾아 볼 수 있다.

家昏亂, 其積至于涇洗之難矣. 故聖人精誠別(形)65于內, 好憎明(忘)66于外, 出言以副情, 發號以明指. 是故刑罰不足以移風, 殺戮不足以禁姦, 唯神化爲貴. 精至爲神, 精之所動, 若春氣之生, 秋氣之殺. 故君子者, 其猶射者也. 于此毫末, 于彼尋丈矣! 故理人者, 慎所以感之.

노자가 말하였다.

법을 내걸고 상을 내세우면서도 풍속을 변화시킬 수 없는 것은 성심(誠心)을 지니지 않기 때문이다. 그러므로 그 나라의 음악을 들으면 그 나라의 풍속을 알 수 있고, 그 나라 사람들이 즐기는 것을 보면 그 나라의 습속을 알 수 있으며, 그 나라의 습속을 보면 그 나라의 교화 정도를 알 수 있다. 무릇 참됨[眞]을 안고 정성[誠]을 행하면 천지를 감동시키고 정신을 세상 밖까지 미치게 할 수 있다. 따라서 명령하면 실행되고 금지하면 멈추게 된다. 진실로 도에 통하고 백성의 뜻에 다다른 사람은 비록 말 한 마디 하지 않아도 천하 백성들과 짐승 그리고 귀신까지 모두 그와 더불어 변화한다. 그러므로 가장 좋은 통치 방식은 신화(神化)이고, 그 다음은 잘못을 저지르지 않게 사전 예방하는 것이며, 가장 나쁜 방식은 착한 자를 상주고 포악한 자를 벌주는 것이다.67

老子曰: 懸法設賞而不能移風易俗者, 誠心不抱也. 故聽其

65. 『회남자』 「주술훈」에 근거하여 '형'(形)으로 고쳐 읽는다.
66. 같은 책 같은 곳에 근거하여 '망'(忘)으로 고쳐 읽는다.
67. 이상의 내용은 『회남자』 「주술훈」에서 찾아 볼 수 있다.

音則知其風, 觀其樂卽知其俗, 見其俗卽知其化. 夫抱眞效誠
者, 感動天地, 神逾方外, 令行禁止. 誠通其道而達其意, 雖無
一言, 天下萬民·禽獸·鬼神, 與之變化. 故太上神化, 其次使
不得爲非, 其下賞善而罰暴.

노자가 말하였다.

대도(大道)는 무위하다.[68] 무위하면 소유하지 않고, 소유하지 않
는 자는 공이 이루어져도 머무르지 않으며, 머무르지 않는 자는 형
체 없는 것에 처하고, 형체가 없는 자는 움직이지 않고, 움직이지
않는 자는 말이 없으며, 말이 없는 자는 고요하여 소리도 없고 형체
도 없으며, 소리도 없고 형체도 없는 자는 보아도 보이지 않고 들어
도 들리지 않는다.[69] 이것을 일러 미묘하다고 하고 또한 지극히 신
묘하다고 한다. 이러한 존재는 있는 듯 없는 듯하면서 존재하는 것
이니, 이것을 일러 천지의 근원이라고 한다.[70]

---

68. 무위는 도의 기본적 특성이다. 이하에서는 무위함으로써 수반되는 여러
    특징들을 잇달아 열거하고 있다.
69. 이상은 도의 특성에 관한 설명이면서, 동시에 군주가 취해야 할 이상적
    태도에 관한 설명이다.
70. 이 구절은 『노자』 6장의 다음과 같은 구절에서 취해 왔다. "계곡의 신은
    죽지 않으니, 이것을 일러 현묘한 암컷이라 한다. 현묘한 암컷의 문은 천
    지의 근원이 되며, 있는 듯 없는 듯 존재하나 아무리 사용해도 수고롭지
    않다."〔谷神不死, 是謂玄牝, 玄牝之門, 是謂天地根, 綿綿若存, 用之不勤.〕
    이상의 단락에 대해 서영부는 다음과 같이 주를 달고 있다. "무위란 행하
    고도 자랑하지 않는 것이다. 그러므로 무위라고 한다. 말이 없다는 것은
    말을 하되 자랑하지 않는 것이다. 그러므로 소리가 없다고 한다. 소리가
    없고 형체가 없는 것을 어찌 듣고 어찌 보겠는가? 신묘하고 미묘하다고
    할 수 있다. 홀로 서서 변하지 않으며 있는 듯 없는 듯 존재하니, 천지의

도는 형체도 소리도 없다. 그러므로 성인은 도를 억지로 형상화하여 '하나'[一]라는 말로 이름한다.71 천지의 도는, 큰 것은 작은 것으로 근본을 삼고 많은 것은 적은 것으로 시작을 삼는다. 이와 마찬가지로 천자는 천지로 법도로 삼고 만물로 바탕을 삼는다. 이에 천자의 공덕은 지극히 커지고 권세와 명성은 지극히 귀하게 되니, 이 두 가지 덕의 아름다움은 천지와 짝한다. 그러므로 대도를 따르는 것으로 천하의 근본으로 삼는 것은 부득이하다.72

老子曰: 大道無爲. 無爲卽無有, 無有者不居也. 不居者卽處無形, 無形者不動, 不動者無言也. 無言者卽靜, 而無聲無形. 無聲無形者, 視之不見, 聽之不聞. 是謂微妙, 是謂至神. 綿綿若存, 是謂天地之根. 道無形無聲, 故聖人强爲之形, 以一字爲名. 天地之道, 大以小爲本, 多以少爲始. 天子以天地爲品, 以萬物爲資. 功德至大, 勢名至貴, 二德之美, 與天地配. 故不可不軌大道以爲天下母.

근원이 된다."[无爲者, 爲而不恃, 故曰无爲. 無言者, 言而不矜, 故曰無聲. 無聲無形, 何聽何視, 可謂神微. 獨立不改, 縣糸若存, 爲天地根.]
71. 『노자』 25장에는 다음과 같은 말이 있다. "미분화된 어떤 것이 있으니, 천지보다 앞서 생겨났네. 소리도 없네 형체도 없네, 홀로 우뚝 서 변함이 없네, 두루 운행하여도 위태롭지 않네. 때문에 천하의 어미가 될 수 있네. 나는 그것의 이름을 모르네. 그냥 임시로 '도'라고 이름하고, 억지로 이름하여 '크다'라고 하네."[有物混成, 先天地生. 寂兮寥兮, 獨立不改, 周行而不殆, 可以爲天下母. 吾不知其名, 字之曰道, 强爲之名曰大.] 도가 문헌들에서 '도가 종종 '하나'[一]로 표현되는 경우는 찾아 볼 수 있다. 그러나 『문자』에서처럼 이 '하나'를 바로 도의 명칭으로 명시하는 경우는 찾아보기 힘들다.
72. 이상의 내용은 대부분 『노자』에서 찾아 볼 수 있다.

노자가 말하였다.

곤궁한 사람을 구제하고 급박한 사람을 도와주면 이름이 나고, 이익을 일으키고 해를 제거하면 공이 이루어진다. 세상에 재해가 없으면 비록 성인이라 할지라도 덕을 베풀 곳이 없고, 위아래가 서로 화목하면 비록 현인이라 할지라도 공을 세울 곳이 없게 된다.[73] 그러므로 지인이 다스릴 때는, 덕을 품고 도를 안은 채 성심(誠心)을 행하고 베푸는 것을 즐기며, 무궁한 지혜가 있어도 침묵한 채 말하지 않는다. 그러나 천하에 아무도 그의 말하지 않음을 귀하게 여길 줄 모른다. 그러므로 '말할 수 있는 도는 참된 도가 아니고, 이름할 수 있는 이름은 참된 이름이 아니다.'[74] 때문에 대나무와 비단에 적고 쇠와 돌에 새겨 사람들에게 전할 수 있는 것은 모두 조야한 것들이다.[75] 삼황(三皇),[76] 오제(五帝),[77] 삼왕(三王)[78]은 각기 행

---

73. 시절에 재해가 있으면 성인이 해결하여 평화롭게 만들고, 나라에 화와 난리가 있으면 현인이 안정시킨다. 지금 재해가 생겨나지 않고 화와 난리가 일어나지 않으면, 비록 성인이라 할지라도 성인의 지위를 만들어낼 수 없고 비록 현인이라 할지라도 공을 세울 곳이 없게 된다.(서영부의 주)

74. 『노자』 1장의 "道可道, 非常道, 名可名, 非常名"을 그대로 인용하고 있다. 『문자』에서 이 구절의 의미는, 참된 도와 참된 이름은 밖으로 드러나지 않는다는 뜻이다. 따라서 『문자』는 세상에 드러나는 공명은 진정한 공명이 될 수 없다는 차원에서 『노자』 1장을 해설하고 있는 셈이다.

75. 글로 쓰거나 돌에 새겨 후세에 그 업적과 공명을 기리는 세상의 세태를 꼬집고 있다. 『묵자』 「노문」(魯問)에도 이와 유사한 말이 있다. "대나무와 비단에 적고 쇠와 돌에 새기며, 또한 이것을 종에 새겨 걸어 놓아 후세 자손들에게 전한다."〔書之於竹帛, 鏤之於金石, 以爲銘於鐘縣, 傳移後世子孫.〕

76. 전설상에 나타나는 고대의 제왕들로, 수인씨(燧人氏), 복희씨(伏羲氏), 신농씨(神農氏) 3인을 말한다. 혹은 복희씨, 신농씨, 황제 3인을 지칭하기도 한다.

77. 황제(黃帝), 전욱(顓頊), 제곡(帝嚳), 당요(唐堯), 우순(虞舜)을 말한다.

78. 하은주(夏殷周) 3대의 현명한 군주였던 우(禹), 탕(湯), 문무(文武)를 말한다.

한 일은 다르나 마음은 하나이며, 방법은 다르나 궁극적인 목적은 동일하다. 말세의 학자들은 도가 하나로 합일되는 이치와 덕이 하나로 총괄되는 바를 알지 못한 채, 이미 이루어진 일의 자취나 취하여 꿇어앉아 이러쿵저러쿵 말들을 한다. 그들은 비록 널리 배우고 많이 들었다 할지라도 어지러움을 면치 못할 것이다.[79]

老子曰: 賑窮補急則名生, 起利除害卽功成. 世無災害, 雖聖無所施其德, 上下和睦, 雖賢無所立其功. 故至人之治, 含德抱道, 推誠樂施, 無窮之智寢說而不言. 天下莫知貴其不言者. 故道可道, 非常道也, 名可名, 非常名也. 著于竹帛, 鏤于金石, 可傳于人者, 皆其粗也. 三皇五帝三王, 殊事而同心, 異路而同歸. 末世之學者, 不知道之所體一, 德之所總要, 取成事之迹, 跪坐而言之. 雖博學多聞, 不免于亂.

노자가 말하였다.

마음의 정기[精]는 그것으로 신화(神化)를 행할 수 있으나 말로 설명할 수는 없다.[80] 성인은 자리에서 내려오지 않은 채 천하를 바

---

79. 지금 학자들은 근본을 따지지 않고 요체를 체득하지 않으며 본원적인 이치를 연구하지 않는다. 그들은 단지 현상적으로 드러나는 자취나 쫓고 많이 아는 것에만 힘쓰니, 더욱더 어지러움만 조장할 뿐이다.(서영부의 주) 이상의 내용은 대부분 『회남자』 「본경훈」에서 찾아 볼 수 있다.
80. 앞서 말했듯이 '신화'(神化)는 군주에 의해 백성들에게 행하여지는 '신묘한 교화'를 말한다. 이때 '신화'는 군주가 그의 내면에 있는 '정기'를 극진히 발휘하면 그것이 백성들에게 미치게 되며, 그 결과 백성들이 군주에게 감응하여 귀의하게 된다는 생각이다. 이러한 사유는 당시에 유행한, 우주기

로 잡을 수 있으니, 큰 소리로 호령하는 것보다 정성스러운 마음〔情〕의 효과가 크기 때문이다. 그러므로 같은 말인데도 신뢰가 가는 것은 말 안에 신실함〔信〕이 들어 있기 때문이며, 같은 명령인데도 기꺼이 수행되는 것은 명령 속에 성실함〔誠〕이 들어 있기 때문이다. 성인이 단지 위에 있기만 해도 백성이 신묘하게 교화되는 것은 정성스러운 마음을 앞세우기 때문이며, 위에서 명령을 발하였는데도 아래에서 반응하지 않는 것은 명령에 정성스러운 마음이 따르지 않기 때문이다.

3개월 된 갓난아이는 아직 이해 관계를 알지 못하는 데도 어머니가 사랑하면 그것을 안다. 어머니의 정성스러운 마음 때문이다. 그러므로 말을 사용하는 자는 백성들의 변화됨이 작구나! 무언을 사용하는 자는 백성들의 변화됨이 크도다! 신실함은 군자의 말이 되고, 충실함은 군자의 뜻이 된다. 내면에 충실함과 신실함이 형성되면 외부에서 저절로 감응하여 움직이게 된다. 이것이 바로 현인과 성인이 백성을 교화시키는 방법이다.81

老子曰: 心之精者, 可以神化, 而不可說道. 聖人不降席而
匡天下, 情甚于嗅82呼. 故同言而信, 信在言前也. 同令而行,

화론에 바탕을 둔 동기상응론 혹은 천인상감설에 의해 뒷받침된다. 한편 『문자』의 이 구절은 『회남자』 「무칭훈」에서 다음과 같이 보다 발전된 형태로 나타난다. "마음의 정기는 그것으로 신화를 행할 수 있으나 사람들에게 가르칠 수는 없고, 눈의 정기는 연못의 물을 마르게 할 수 있으나 사람들에게 분명하게 일깨워질 수는 없다. 정기는 가물한 상태에 있어서 사람들에게 설명될 수 없기 때문이다." 〔心之精者, 可以神化, 而不可以導人. 目之精者, 可以消澤, 而不可以昭誋. 在混冥之中, 不可諭於人.〕

81. 이상의 내용은 대부분 『회남자』 「무칭훈」에서 찾아 볼 수 있다.

誠在令外也. 聖人在上, 民化如神, 情以先之. 動于上, 不應于下者, 情令殊也. 三月嬰兒, 未知利害, 而慈母愛之, 愈篤(焉)[83]者, 情也. 故言之用者, 變變乎小哉. 不言之用者, 變變乎大哉. 信君子之言, 忠君子之意. 忠信形于內, 感動應乎外, 賢聖之化也.

노자가 말하였다.

자식이 아버지를 위해 죽고 신하가 군주를 위해 죽는 것은, 그렇게 하여 자신의 명예를 얻기 위해서가 아니다. 고맙게 여기는 마음이 간직되어 있다가 아버지나 군주의 어려운 상황을 외면하지 않기 때문이다. 군자가 슬퍼 가슴아파하는 것은 겉치레를 위해서가 아니다. 자기 내면으로부터 우러나오는 것이다. 또한 그의 행위를 살펴보면 성인은 자신의 그림자에 대해서도 부끄럽지 않게 행동하니, 군자는 홀로 있을 때를 삼간다.[84] 가까이에 있는 자기 자신을 소홀히 하고, 멀리 있는 남에게 잘 보이고자 하면 막힐 것이다. 그러므로 성인이 통치하면 백성은 그의 다스림을 즐거워하며, 초야에 묻혀 있으면 백성들은 그의 뜻을 사모하게 된다. 그것은 성인이 남을 이롭게 하고자 하는 마음을 항상 잊지 않고 있기 때문이다.[85]

---

82. '조'(譟: 떠들 조)자의 오자이거나, 혹은 '규'(譹: 叫와 같은 글자)자의 오자일 수 있다. 어느 경우이든 모두 큰 소리로 말하는 상황을 의미한다. 참고로 『회남자』 「무칭훈」에는 해당 구절이 "情甚乎叫呼也"로 되어 있다.
83. 『회남자』 「무칭훈」에 근거하여 '언'(焉)으로 고쳐 해석한다. 이 두 글자는 상호 글자 형태가 유사하다. 아마 『문자』에서 착오가 있었던 것 같다.
84. 『대학』의 '성의'(誠意)장에서도 나오는 말이다. 단 『문자』와 『대학』 양자 사이에 어느 쪽이 어느 쪽을 인용하였는지는 알 수 없다.

老子曰: 子之死父, 臣之死君, 非出死以求名也. 恩心藏于中, 而不違其難也. 君子之憯怛, 非正爲〈僞形〉86也, 自中出者也. 亦察其所行, 聖人不慚于景, 君子愼其獨也. 舍近期遠, 塞矣. 故聖人在上則民樂其治, 在下則民慕其意. 志不忘乎欲利人也.

노자가 말하였다.

용사가 한 번 소리를 지르면 삼군(三軍)87이 모두 피하는데, 그것은 내지르는 소리가 정성스럽기 때문이다. 그러나 외쳐도 화답이 없고 뜻하는 바가 있어도 반응이 없는 것은, 반드시 자기 마음에 사람들과 합치되지 않는 것이 있기 때문이다. 군주가 자리에서 내려와 일일이 지시하지 않아도 천하가 바르게 되는 것은, 군주가 우선적으로 자기 자신에게서 구하기88 때문이다.89 그러므로 말로 교화

---

85. 이 장에서는 유가적 분위기가 강하게 드러난다. 특히 '신기독'(愼其獨)이라는 유가적 용어가 눈에 띈다.
    이상의 내용은 『회남자』「무칭훈」에서 찾아 볼 수 있다.
86. 『회남자』「무칭훈」에 근거하여 보충한다. 「무칭훈」에는 다음과 같이 되어 있다. "君子之憯怛, 非正爲僞形, 諭乎人心. 非從外入, 自中出者也."
87. 주대(周代)의 군사 제도로서, 12,500명이 일군(一軍)이 된다. 여기서는 많은 수의 군대를 상징적으로 표현한 말이다.
88. '자기 자신에게서 구한다'는 것은 몸을 바르게 하고 마음을 성실되게 한다는 의미로서, 군주가 수신(修身)을 앞세운다는 것이다. 저자는 통치의 요체를 외적인 통치 행위에 두지 않고 통치자의 성심과 수신에 두고 있다. 이처럼 성심과 수신을 강조하는 측면은 『대학』의 사상과도 서로 통한다.
89. 무릇 근심과 즐거움을 백성들과 함께 하고, 좋아하고 싫어하는 것을 백성들과 함께 한다. 그러므로 우선적으로 자기 자신을 살피면 사람들을 교화시킬 수 있다.(서영부의 주)

시킬 수 없는 자는 자신의 용모를 바르게 함으로 교화시킬 수 있고, 용모로 교화시킬 수 없는 자는 감응하게 함으로써 교화시킬 수 있다. 마음에 감응함이 있으면 형체로 드러나게 되는 것이니, 마음의 정기가 이르는 것은 형체로 느껴 접할 수는 있으나, 밝게 살펴 알 수 있는 것은 아니다.90

老子曰: 勇士一呼, 三軍皆辟, 其出之誠也. 唱而不和, 意而不載, 中必有不合者也. 不下席而匡天下者, 求諸己也. 故說之所不至者, 容貌至焉. 容貌所不至者, 感忽至焉, 感乎心發而成形. 精之至者可形接, 不可以照期.

노자가 말하였다.

말에는 종지가 있고 일에는 근본이 있다.91 종지와 근본을 상실하면 비록 기술과 능력이 많다 할지라도 말을 적게 하는 것만 못하다. 사람들을 해치는 것은 수(倕)이니, 그의 손가락을 자르게 함으로써 큰 기교를 추구해서는 안된다는 점을 밝혔다.92 그러므로 장

---

90. "마음의 정기가 이른다"는 것은 정성스러운 마음이 상대방에게 미친다는 뜻이다. 그리고 이러한 정기가 오고 가는 것은, 단지 느낌으로 감지할 수 있는 것이지 이성적 통찰로 파악할 수 있는 것이 아니다.
    이상의 내용은 『회남자』 「무칭훈」에서 찾아 볼 수 있다.
91. 『노자』 70장의 "말에는 종지가 있고, 일에는 중심이 있다"〔言有宗, 事有君〕를 응용하고 있다.
92. 수(倕)는 황제(黃帝)시대의 뛰어난 기교를 지닌 기술자였다. 기교라는 것은 인위(人爲)를 의미하는 것이기에, 그의 손가락을 자름으로써 인위적인 기교를 추구하지 말 것을 일깨웠다고 한다.

인은 지식으로 '닫음'을 삼기에, 때에 맞게 닫을 수는 있으나 닫음 자체는 알지 못한다. 그러므로 굳게 닫아도 이후에 반드시 열리게 되어 있다.[93]

老子曰: 言有宗, 事有本. 失其宗本, 伎能雖多, 不如寡言. 害衆者儁, 而使斷其指, 以明大巧之不可爲也. 故匠人知爲閉也,[94] 能以時閉, 不知閉也. 故必杜而後開.

노자가 말하였다.

성인이 일에 종사함에 있어서 일을 진행하는 방법들은 각기 다르나 그 궁극적인 목적은 동일하다.[95] 즉 성인은 망하는 자를 보존시키고, 기울어 가는 자를 안정시켜 모두들 고르게 만들고자 하니, 사람들을 이롭게 하고자 하는 뜻을 잊은 적이 없다. 그러므로 진(秦)

---

93. '장인'은 기교를 부리는 사람을 상징한다. 기교로 하는 행위는 완전하지 못하다. 따라서 장인이 아무리 잘 닫거나 밀폐시킨다고 해도 거기에는 틈이 존재하기에 반드시 열리게 되어 있다는 말이다. 한편 『회남자』 「도응훈」(道應訓)에는 『문자』와 약간 다른 다음과 같은 형태로 표현되어 있다. "故愼子曰, 匠人知爲門, 能以門, 所以不知門也. 故必杜然後能門"으로 되어 있다. 그러나 『회남자』의 이 문장도 그 의미가 불분명하다. 아마 일부 오탈자가 있는 것 같다.
이상의 내용은 『회남자』 「도응훈」에서 찾아 볼 수 있다.

94. 원문은 "故匠人智爲不以"로 되어 있어 의미가 통하지 않는다. 『도장』 칠권본(七卷本)에 근거하여 "故匠人知爲閉也"로 수정한다.

95. 『회남자』 「수무훈」(修務訓)에는 약간 다르게 표현되어 있다. "성인이 일에 종사함에 있어서 각기 모습은 다르나 이치에는 합당하고, 일을 진행하는 방법은 각기 다르나 궁극적인 목적은 동일하다."[聖人之從事也, 殊體而合千里, 其所由異路而同歸.]

나라와 초(楚)나라 연(燕)나라와 위(魏)나라의 노래는 각기 소리가 다르나 즐겁다는 점에서는 모두 동일하며, 구이(九夷)96와 팔적(八狄)97의 곡(哭)은 각기 소리가 다르나 슬프다는 점에서는 모두 동일하다. 무릇 노래는 즐거움의 표상이며 곡은 슬픔의 표현이니, 내면에 깃들어 있으면 밖으로 드러난다. 그러므로 노래와 곡은 모두 사람들을 감동하게 하는 것들이다. 성인의 마음은 밤낮으로 사람들을 이롭게 하고자 하는 것을 잊지 않고 있으니, 그 은택이 또한 멀리까지 미친다.98

老子曰: 聖人之從事也, 所由異路而同歸. 存亡定傾若一, 志不忘乎欲利人也. 故秦楚燕魏之歌, 異聲而皆樂也. 九夷八狄之哭, 異聲而皆哀. 夫歌者樂之徵也, 哭者哀之效也, 憯于中, 發于外, 故在所以感之矣. 聖人之心, 日夜不忘乎欲利人, 其澤之所及亦遠矣.

노자가 말하였다.

백성들은 무위로 다스리면 잘 다스려지고 유위99로 다스리면 상하게 된다. 무위로 다스리는 사람은 무위를 실천하나, 의도적으로 무위를 행하고자 하는 사람은 무위할 수 없다.100 그리고 무위할 수

---

96. 중국 동쪽 지역에 거주하는 아홉 종류의 오랑캐들을 말한다.
97. 중국 북쪽 지역에 거주하는 여덟 종류의 오랑캐들을 말한다.
98. 이상의 내용은 『회남자』 「수무훈」에서 찾아 볼 수 있다.
99. '무위'와 상반되는 말로, 개인의 주관성과 의도성이 개입된 인위적이고 억지스러운 행위를 의미한다.

없는 사람은 '유위'101를 행할 수 없다.102 사람이 말이 없으면 신묘

---

100. 무위하려는 생각 자체가 이미 무위가 아니기 때문이다. 이 점에 대해서는
『한비자』「해로」에서 잘 설명되어 있다. "무위와 무사(無思)와 무려(無
慮)를 중시하여 비우고자 하는 까닭은, 이러한 비움에 이르면 생각에 제
한되는 바가 없기 때문이다. 그러나 도가 없는 사람은 의도적으로 무위 무
사함으로써 비우고자 한다. 무릇 고의로 무위 무사함으로써 비우고자 하
는 사람은 항상 '비움'을 잊지 않으니, 이것은 오히려 '비우고자 하는 생각'
에 의해 제한 당하는 행위다. '비움'은 생각에 제한되는 것이 없는 상태를
말한다. 그런데 지금 '비우고자 하는 생각'에 의해 제한 당한다면 이것은
진정한 '비움'이 아니다. 자신을 비운 사람의 무위는 무위하는 것을 불변의
목표로 삼지 않는다. 무위하는 것을 불변의 목표로 삼지 않으면 곧 비워지
게 될 것이다."〔所以貴無爲無思爲虛者, 謂其意無所制也。夫無術者, 故以
無爲無思爲虛也。夫故以無爲無思爲虛者, 其意常不忘虛, 是制於爲虛也。
虛者, 謂其意所無制也。今制於爲虛, 是不虛也。虛者之無爲也, 不以無爲
爲有常。不以無爲爲有常, 則虛。〕
101. 여기서 말하는 '유위'는 앞서 언급된 '유위'와 의미 차원이 다르다. 앞의 '유
위'는 자연스러움에 역행하는 인위적이고 기교적인 행위를 지시하는 반면,
여기서의 '유위'는 삶에 유용한 실질적인 행위 자체를 의미하기 때문이다.
102. 삶에 필요한 실제적 일(유위)은 단지 무위를 통해서만 이룩할 수 있다는
것이다. 이것은 무위를 통해 유위에 이른다는 일종의 역설적 어법에 해당
된다. 『회남자』「설산훈」(說山訓)의 동일한 구절에 대해 고유(高誘)는 다
음과 같이 풀이한다. "맑고 고요한 무위를 실천할 수 없는 사람은 크게 이
루거나 다스림을 완성하거나 공을 세우는 일이 있을 수 없다. 그러므로
'유위'할 수 없다고 하는 것이다." 일반적으로 도가에서 '유위'는 '무위'와
상대적인 개념으로 이해되어 부정되고 배척된다. 그러나 황로학에서는
'유위'를 부정하면서 동시에 긍정한다. 인위적이고 기교적인 행위는 배척
되어야 하지만, 인간의 삶에 필요한 실제적인 행위까지 부정해서는 안된
다는 생각이다. 황로학의 이러한 사유는 '무위'에 대한 보다 적극적인 해석
을 통해 드러난다. 『문자』「자연」에서는 '무위'에 대해 다음과 같이 해석한
다. "이른바 무위란, 끌어당겨도 오지 않고 밀어내어도 가지 않고 일이 급
박해도 반응하지 않고 느껴지는 것이 있어도 움직이지 않고 굳게 응고되
어 흐르지 않고 똘똘 뭉쳐져 퍼지지 않는 것을 말하지 않는다. 그것은 개
인의 사사로운 생각이 공적인 길에 끼여들지 않고, 개인적 욕망으로 인해
바른 도리가 왜곡되지 않으며, 이치에 따라 일을 행하고, 객관적 바탕에
근거하여 공을 세우며, 자연스러운 형세를 밀고 나아가고, 기교가 허용되

해지고, 말이 많으면 자신을 상하게 된다. 그러나 말없음으로 신묘한 자가 의도적으로 말이 없고자 한다면, 오히려 그 신묘함을 상하게 된다.103

老子曰: 人無爲而治, 有爲也卽傷. 無爲而治者, 爲無爲, 爲者不能無爲也. 不能無爲者, 不能有爲也. 人無言而神, 有言也卽傷. 無言而神者, 載無言, 則傷有神之神者.

문자가 말하였다.104
이름은 힘써 세울 수 있고 공은 힘써 이룰 수 있다.105 옛날 남영

지 않으며, 일이 이루어져도 스스로 자랑하지 않고, 공이 이루어져도 명예를 소유하지 않는 것을 말한다. 가령 물에서 배를 사용하고 사막에서 가죽신을 신으며 진흙탕에서 썰매를 이용하고 산에서 등산화를 사용하며 여름에 도랑을 파고 겨울에 비탈을 만들며 높은 곳에 근거하여 산을 쌓고 낮은 곳에 근거하여 못을 파는 것, 이것들은 내가 말하는 유위〔爲〕가 아니다."

103. 말없기를 의도한다면, 이미 그것은 꾸밈이 되고 인위가 되어 진정한 말없음이 될 수 없기 때문이다. 그리고 말없는 자는 말없음을 통해 오히려 더 큰말을 하게 된다. 이것은 앞서 언급된 '무위'에 대한 논법과 동일하다. 이상의 내용은 『회남자』「설산훈」에서 찾아 볼 수 있다.

104. 다른 단락들에서는 "노자가 말하였다"로 시작되나, 여기서는 특이하게도 "문자가 말하였다"로 시작된다.

105. 이것은 공(功)과 명(名)에 대한 긍정적 발언이다. 공과 명에 대한 이같은 사고는 노자 사상과는 차이가 있다. 노자의 경우, "공이 이루어지면 거기에 머무르지 않는다"〔功成而弗居〕, "공이 이루어지면 몸은 물러나는 것이 하늘의 도이다"〔功遂身退, 天之道〕, "공이 이루어져도 명예를 소유하지 않는다"〔功成不名有〕, "공이 이루어져도 공을 자처하지 않는다"〔功成而不處〕, "도는 이름 없는 곳에 숨는다"〔道隱無名〕 등에서 보듯이, 공과 명에 대해 소극적이고 회피적인 자세를 취한다. 그러나 문자는 노자와 달리 공명에 대해 적극적이고 수용적인 태도를 취한다.

주(南榮趎)106는 성인의 도가 자신에게서 사라지는 것을 부끄러워 하였다. 그리하여 남쪽으로 가 노자를 만나 한 마디 가르침을 받자, 정신이 환하게 밝아지고 흐릿했던 마음이 밝게 통하여, 열흘 동안 먹지 않고 고생하여도 태뢰(太牢)107를 먹은 듯 든든하였다. 이에 총명함이 천하에 빛나고 명성이 후세에 세워지며 지혜가 천지를 에 두르고 가을 터럭도 살펴 분별할 수 있었으니, 그에 대한 칭송과 찬양이 지금까지도 멈추지 않는다. 이것이 이른바 이름은 힘써 세울 수 있다는 것이다.108 그러므로 밭가는 자는 힘들여 노력하지 않으면 창고가 가득 차지 않고, 관리는 애써 다스리지 않으면 성실한 마음이 정미해지지 않으며, 장군과 재상은 힘들여 노력하지 않으면 공이 이루어지지 않고, 왕과 제후는 나태하면 후세에 이름이 없게 된다.109

지인은 은밀하게 행하니, 마치 우레와 천둥이 하늘에 간직되어 있는 것과 같다.110 그는 때에 따라 일을 행하고 객관적 형세에 근

---

106. 『장자』「경상초」(庚桑楚)에 나오는 경상초의 제자다.
107. 고대에 제왕이나 제후들이 사직(社稷)에 제사지낼 때에 준비하던 소·양· 돼지가 고루 갖추어진 음식을 말한다. 즉 잘 차려진 맛있는 음식을 말한다.
108. 남영주는 실제적이고 구체적인 노력을 행함으로써 그의 공명을 세울 수 있었다는 것이다. 이 사실을 통해 문자는 바람직한 인간의 삶은 단지 맑고 고요한 태도를 견지하면서 세상을 관조하는 소극적인 자세가 아니라, 자신이 원하고 필요로 하는 것을 능동적으로 실천하고 노력하여 성취해야 한다는 점을 말하고 있다.
109. 인간의 실질적 노력과 행위의 필요성을 강조하고 있다. 이점은 현세적 삶에 대한 노장의 수동적이고 소극적 자세와 비교가 된다. 이처럼 인간의 능동적인 삶과 행위를 중시하는 것이 바로 황로학의 특징이다.
110. 우레와 천둥은 평상시 드러나지 않으나, 일단 드러나면 모든 사람들이 들을 수 있다. 지인 역시 평상시는 잘 드러나지 않으나, 일단 행위를 시작하면 매우 적극적으로 행하여 세상에 크게 드러나게 한다는 뜻이다.

거하여 공을 세우니, 나아가고 물러남에 어려움이 없고 통하지 못
하는 곳이 없다. 무릇 지인이 안으로 정성(精誠)을 형성하면 그의
덕이 널리 사방으로 흐른다. 그리하여 지인은 천하에 이로움이 있
는 것을 보면 기뻐하여 잊지 못하고, 천하에 해로움이 있으면 친상
을 당한 듯 슬퍼한다. 무릇 백성의 근심을 걱정하는 자는 백성 또한
그의 근심을 걱정하며, 백성의 즐거움을 즐거워하는 자는 백성 또
한 그의 즐거움을 즐거워한다. 그러므로 천하로써 근심하고 천하로
써 즐거워하면서도 왕이 되지 못한 사람은 아직 없었다.111

　성인의 법도는 볼 수 없는 것에서 시작하여 미칠 수 없는 것에서
끝난다. 성인은 '위태롭지 않은 땅에 거처하고, 아무리 써도 없어지
지 않는 창고에 쌓고, 고갈되지 않는 곳간에 실으며, 명령을 내릴
때는 흐르는 물처럼 하고, 백성들에게 각기 알맞은 관직을 배분하
여 다툼이 없게 하며, 반드시 얻을 수 있는 문을 열어 준다. 또한
성인은 이룰 수 없는 것은 하지 않고, 얻을 수 없는 것은 구하지 않
으며, 오래 유지될 수 없는 곳에는 거처하지 않고, 두 번 할 만하지
않은 일은 행하지 않는다.'112

---

111. 맹자의 '여민동락'(與民同樂) 사상 및 '왕도'(王道) 사상과 통한다. 그리고
　　 이 구절은 사실상『맹자』「양혜왕」(梁惠王)에 나오는, "백성들의 즐거움
　　 을 즐거워하는 자는 백성들 또한 그의 즐거움을 즐거워하고, 백성들의 근
　　 심을 근심하는 자는 백성들 또한 그의 근심을 근심한다. 천하로써 즐거워
　　 하고 천하로써 근심하면서도 왕이 되지 못한 사람은 아직 없었다"〔 樂民之
　　 樂者, 民亦樂其樂; 憂民之憂者, 民亦憂其憂. 樂以天下, 憂以天下, 然而不
　　 王者, 未之有也〕"라는 문장을 거의 그대로 취해 왔다.
112. 이상은『관자』「목민」(牧民)의 다음과 같은 문장에서 취하여 응용하고 있
　　 다. "위태롭지 않은 땅에 나라를 세우고, 아무리 써도 마르지 않는 창고에
　　 쌓으며, 고갈되지 않는 곳간에 간직하고, 흐르는 물이 흘러가듯이 명령을
　　 내리며, 백성들을 부릴 때는 각기 알맞은 관직을 배분하여 다툼이 없게 하

대인(大人)은 백성들이 좋아할 만한 정치를 행하기에 명령에 따르지 않는 백성이 없다. 명령이 백성들의 마음에 합치되면 백성들이 순종하게 되니, 그 결과 작은 것이 큰 것으로 발전하게 된다. 그러나 명령이 백성들의 마음에 합치되지 않으면 좋은 것이 해로운 것으로 변하고, 이루어진 것도 망쳐지게 된다.

무릇 대장부란 안으로 강하고 밖으로 밝다. 안으로 강하기는 천지와 같고 밖으로 밝기는 해와 달과 같다. 천지는 덮거나 싣지 못하는 것이 없고 해와 달은 비추거나 밝히지 못하는 것이 없다. 대인은 사람들에게 선한 것을 보이고 옛 것을 변화시키지 않으며 상도(常道)를 바꾸지 않으니, 천하가 그 명령을 따르는 것이 마치 풀이 바람을 따르는 것과 같다.113 봄에 실정(失政)하면 세성(歲星)114이 커졌다 작아졌다 제 자리를 지키지 못하고, 여름에 실정하면 형혹(熒惑)115이 거꾸로 운행하며, 가을에 실정하면 태백(太白)116이 제 자리를 찾지 못하여 들고남에 일정함이 없고, 겨울에 실정하면

고, 반드시 죽어야 하는 이유를 밝혀 주며, 반드시 얻을 수 있는 문을 열어 준다. 이룰 수 없는 것은 하지 않고, 얻을 수 없는 것은 구하지 않으며, 오래 유지될 수 없는 곳에는 거처하지 않고, 두 번 할 만하지 않은 일은 행하지 않는다."[錯國於不傾之地, 積於不涸之倉, 藏於不竭之府, 下令於流水之原, 使民於不爭之官, 明必死之路, 開必得之門, 不爲不可成, 不求不可得, 不處不可久, 不行不可復.]

113. 『논어』에서 취해 왔다. 『논어』「안연」(顔淵)에서는 다음과 같이 말한다. "군자의 덕은 바람과 같고 소인의 덕은 풀과 같다. 풀 위로 바람이 불면 풀은 반드시 눕는다."[君子之德風, 小人之德草. 草上之風, 必偃.]

114. 목성을 말한다. 오행 사상에서 목(木)은 봄을 상징한다. 그러므로 봄에 실정을 하면 목성에 변화가 생기게 된다는 것이다. 이하에서도 마찬가지 논리다.

115. 화성(火星)을 말한다. 화(火)는 여름을 상징한다.

116. 금성(金星)을 말한다. 금(金)은 가을을 상징한다.

신성(辰星)117이 그 방향을 볼 수 없게 된다. 그리고 사계절에 모두 실정하면 진성(鎭星)118이 요동하고, 해와 달이 변고를 보이며, 다섯 별 모두 어지러이 운행하고, 혜성이 나타난다. 봄의 정치가 제대로 시행되면 벼와 기장이 잘 자라고, 여름의 정치가 제대로 시행되면 비가 때맞추어 내리며, 가을의 정치가 제대로 시행되면 백성이 번성하게 되고, 겨울의 정치가 제대로 시행되면 국가가 편안해진다.119

　文子曰: 名可强立, 功可强成. 昔南榮趎恥聖道而(之)120獨亡于己. 南見老子, 受敎一言, 精神曉靈, 屯閔條達, 勤苦十日不食, 如享太牢. 是以明照海內, 名立後世, 智略天地, 察分秋毫, 稱譽華語, 至今不休, 此謂名可强立也. 故田者不强, 囷倉不滿. 官御不勵, 誠心不精. 將相不强, 功烈不成. 王侯懈怠, 後世無名. 至人潛行, 譬猶雷霆之藏也. 隨時而擧事, 因資而立功, 進退無難, 無所不通. 夫至人精誠內形, 德流四方. 見天下有利也, 喜而不忘, 天下有害也, 怵若有喪. 夫憂民之憂者, 民亦憂其憂, 樂民之樂者, 民亦樂其樂. 故憂以天下, 樂以天下, 然而不王者, 未之有也. 聖人之法, 始于不可見, 終不于可及. 處于不傾之地, 積于不盡之倉, 載于不竭之府, 出令如流水之原, 使民于不爭之官, 開必得之門, 不爲不可成, 不求不

---

117. 수성(水星)을 말한다. 수(水)는 겨울을 상징한다.
118. 토성(土星)을 말한다. 토(土)는 중앙을 상징한다.
119. 이상의 내용은 대부분 『회남자』 「수무훈」에서 찾아 볼 수 있다.
120. '이'(而)를 그대로 읽으면 의미가 통하지 않는다. 『회남자』 「수무훈」에 근거하여 '이'(而)를 '지'(之)로 수정한다.

可得, 不處不可久, 不行不可復. 大人行可說之政, 而人莫不順其命. 命順則從, 小而致大. 命逆則以善爲害, 以成爲敗. 夫所謂大丈夫者, 內强而外明. 內强如天地, 外明如日月. 天地無不覆載, 日月無不照明. 大人以善示人, 不變其故, 不易其常, 天下聽令, 如草從風. 政失于春, 歲星盈縮, 不居其常. 政失于夏, 熒惑逆行. 政失于秋, 太白不當, 出入無常. 政失于冬, 辰星不效其鄉. 四時失政, 鎭星搖蕩, 日月見謫, 五星悖亂彗星出. 春政不失禾黍滋, 夏政不失雨降時, 秋政不失民殷昌, 冬政不失國家寧康.

3. 아홉 가지의 지킴[九守]¹

노자가 말하였다.

천지가 아직 형성되지 않았을 때는 그윽하고 가물하여 그저 두루 뭉수리한 하나의 덩어리였다. 그것이 고요히 안정되고 맑아지면서 무겁고 탁한 것은 땅이 되었고 정미한 것은 하늘이 되었으며, 다시 나뉘어져 사계절이 되었고 음양으로 분화되었다.² 정미한 기는 사

---

1. '지킨다'는 것은 도를 지킨다는 뜻이다. 이하에서 언급되는 '허'(虛), '무'(無), '평'(平), '이'(易), '청'(淸), '진'(眞), '정'(靜), '법'(法), '약'(弱), '박'(樸)은 모두 도의 속성을 나타낸다. 한편 편명은 '아홉 가지를 지킨다'[九守]로 되어 있으나, 실제 내용은 열 개의 항목으로 되어 있다. 여기서 '아홉'[九]이라는 숫자를 사용한 것은, 천지의 수가 '하나'에서 시작하여 '아홉'에서 끝나기 때문이라는 주장도 있다. 그리고 이 편의 전문은『운급칠첨』(雲笈七籤) 91권에 실려 있으며, 다음과 같은 아홉 절로 나뉘어져 있다.「수화절」(守和節),「수신절」(守神節),「수기절」(守氣節),「수인절」(守仁節),「수절절」(守節節),「수이절」(守易節),「수청절」(守淸節),「수영절」(守盈節),「수약절」(守弱節).
2. 이것은 우주 만물의 생성에 관한 발언이다. 여기서 최초의 두루뭉수리한 기 덩어리로부터 천지가 분화되고 사계절이 생기며 음양이 형성되는 과정 및 상황을 설명하고 있다.『회남자』에서는 이것이 계승 발전되어 다음과 같이 보다 구체적으로 표현되고 있다. "천지가 아직 형성되지 않았을 때는 질박 투박하여 무성한 무형의 상태였다. 그러므로 태소(太昭)라고 한다. 도는 허확(虛霩)에서 시작되고, 허확은 우주(宇宙)에서 생겨나며, 우주

람이 되고 조야한 기는 벌레가 되었으며, 강한 기와 부드러운 기가 상호 작용하여 만물이 생겨났다. 사람의 정신은 하늘에 근본을 두고 육신은 땅에 근본을 둔다. 때문에 사람이 죽으면 정신은 그 본래의 문3으로 들어가고 육신은 그 근원4으로 되돌아가는 것이니, 나는 어디에 존재하는가?5 그러므로 성인은 하늘을 본받고 땅을 따르며, 세속에 구속되지 않고 사람에게 유혹되지 않으며, 하늘을 아버지로 삼고 땅을 어머니로 삼으며, 음양으로 벼리를 삼고 사계절로 기틀을 삼는다. 하늘은 고요하기에 맑고 땅은 안정되기에 편안하다. 만물 가운데 이러한 하늘과 땅의 이치를 거스르는 자는 죽고 따르는 자는 산다. 그러므로 고요함은 신명의 집이고 텅 빔은 도가 머무는 곳이다. 무릇 정신은 하늘로부터 받은 것이고 육신은 땅에서

는 기를 낳는다. 기에는 한계가 있으니, 맑고 가벼운 것은 얇게 흩어져 하늘이 되고 무겁고 탁한 것은 응체되어 땅이 되었다. 맑고 가벼운 것은 모이기 쉬우나 무겁고 탁한 것은 응결되기 어렵다. 그러므로 하늘이 먼저 형성되고 땅이 나중에 안정되었다. 천지의 기운이 합하여져 음양이 되고, 음양의 전일한 기운이 사계절이 되며, 사계절의 기운이 흩어져 만물이 되었다."〔天墜未形, 馮馮翼翼, 洞洞灟灟, 故曰太昭. 道始于虛霩, 虛霩生宇宙, 宇宙生氣. 氣有涯垠, 淸陽者薄靡而爲天, 重濁者凝滯而爲地. 淸妙之合專易, 重濁之凝竭難, 故天先成而地後定. 天地之襲精爲陰陽, 陰陽之專精爲四時, 四時之散精爲萬物.〕(「天文訓」)『문자』와 『회남자』에서 기술되고 있는 이상과 같은 우주 생성론은, 『노자』 42장의 추상적인 우주 생성론을 보다 구체적으로 발전시킨 기일원론적 우주 생성론이다. 이러한 기일원론적 우주 생성론은 전국말 한초에 이르러 비로소 구체화되고 체계화되었다.
3. 하늘을 말한다.
4. 땅을 말한다.
5. 죽은 이후에는 '나'의 실체가 사라진다는 점을 암시한다. 사람은 죽으면 정신과 육신이 각기 다르게 흩어진다고 보기 때문이다. 그러므로 서영부는 다음과 같이 풀이한다. "무궁한 문으로 들어가고 조화의 뿌리로 돌아가니, 아무도 그 참된 실체를 알지 못한다. 그러니 내가 있다고 누가 말하겠는가?"〔入無窮之門, 反造化之根, 莫識其眞. 孰云有我也?〕

받은 것이다. 그러므로 '도는 하나를 낳고 하나는 둘을 낳으며 둘은
셋을 낳고 셋은 만물을 낳는다. 만물은 음기를 짊어지고 양기를 안
으며 충기(冲氣)로 조화를 삼는다'6라고 말하는 것이다.7

老子曰: 天地未形, 窈窈冥冥, 渾而爲一. 寂然淸澄, 重濁爲
地, 精微爲天, 離而爲四時, 分而爲陰陽. 精氣爲人, 粗氣爲
蟲, 剛柔相成, 萬物乃生. 精神本乎天, 骨骸根于地, 精神入其
門, 骨骸反其根, 我尙何存. 故聖人法天順地, 不拘于俗, 不誘
于人, 以天爲父, 以地爲母, 陰陽爲綱, 四時爲紀. 天靜以淸,
地定以寧. 萬物逆之者死, 順之者生. 故靜漠者神明之宅, 虛
無者道之所居. 夫精神者所受于天也, 骨骸者所禀于地也. 故
曰, 道生一, 一生二, 二生三, 三生萬物. 萬物負陰而抱陽, 沖
氣以爲和.

노자가 말하였다.

사람은 천지의 변화를 받아 생겨난다. 한 달이 지나면 기름 덩어
리가 생기고, 두 달이 지나면 혈맥이 생기며, 세 달이 지나면 배아
가 생기고, 네 달이 지나면 태가 형성되며, 다섯 달이 지나면 힘줄
이 생기고, 여섯 달이 지나면 뼈가 생기며, 일곱 달이 지나면 형체
가 이루어지고, 여덟 달이 지나면 움직이고, 아홉 달이 지나면 발로

---

6. 『노자』 42장에서 인용하고 있다. 전통적으로 이 『노자』 42장의 해석에
   대해서는 논란이 많았었는데, 『문자』에는 명확하게 기화우주론(氣化宇宙
   論)으로 해석되고 있음을 알 수 있다.
7. 이상의 내용은 대부분 『회남자』 「정신훈」에서 찾아 볼 수 있다.

차며, 열 달이 지나면 태어난다. 형체가 이미 형성되면 곧 오장이 나뉘어진다. 간은 눈을 주재하고 신장은 귀를 주재하며 비장은 혀를 주재하고 폐는 코를 주재하며 쓸개는 입을 주재한다.8 그리고 외부의 눈·귀·혀·코·입은 신체의 표면이 되고, 내부의 간·신장·비장·폐·쓸개는 내장이 된다. 머리는 하늘을 닮아 둥글고 발은 땅을 닮아 네모나다.

하늘에 사계절, 오행, 아홉 행성, 365일이 있듯이, 사람에게는 사지, 오장, 아홉 구멍, 365마디가 있다. 하늘에 바람과 비 추위와 더위가 있듯이, 사람에게는 취함과 줌, 기뻐함과 노여워함이 있다. 또한 쓸개는 구름, 폐는 기, 비장은 바람, 신장은 비, 간은 우레에 각각 해당된다. 사람은 천지와 상호 동류가 되는데 마음이 주인이 된다. 귀와 눈은 해와 달에 해당되고, 피와 기는 바람과 비에 해당된다.9 해와 달이 운행 질서를 상실하면 일식과 월식이 일어나 빛을 잃고, 비와 바람이 때에 맞지 않으면 만물이 훼손되어 재앙이 발생하며, 오성(五星)이 운행 질서를 잃으면 고을과 국가가 재앙을 받는다.10

---

8. 이것은 당시에 성립된 의학적 지식을 끌어들여 인체의 내부와 외부 감각 기관들이 상호 연결되어 있다는 점을 설명하고 있다.

9. 자연과 인간은 닮았다는 '천인동류'(天人同類) 사상을 표현하고 있다. 인간은 자연으로부터 생겨났기 때문에 인간의 형상도 자연의 형상과 유사하다는 논리이다. 이러한 관점을 바탕으로 인간의 바람직한 삶도 자연을 본받는 것이라는 점을 주장한다. 이러한 '법천'(法天) 혹 '법자연'(法自然) 사상은 이미 선진시대에 싹텄지만, 보다 구체적으로 자연의 법도[天道]를 인간의 법도[人道]의 근거로 삼는 사유는 전국말 이후 크게 발전되었으며, 진한대 이후에는 '천인상감설'(天人相感說) 혹은 '천인동류설'(天人同類說) 등의 형태로 나타나게 된다.

10. 자연과 인간은 서로 닮았고 상호 밀접한 관계 속에 놓여 있다고 보기 때문

천지의 도는 지극히 넓고 크지만 오히려 그 빛을 절제하고 그 신명을 아낀다. 그런데 사람의 눈과 귀는 어찌 오래 사용되면서도 소진되지 않을 수 있겠으며, 정신은 어찌 오래 치달리면서도 소모되지 않을 수 있겠는가? 그러므로 성인은 내면을 굳게 지키고 밖을 잃지 않는다.11 무릇 혈기는 인체의 꽃이고, 오장은 인체의 정기다. 혈기가 안으로 전일하여 밖으로 내달리지 않으면 흉부와 복부가 충만하여 욕심이 적어지며, 욕심이 적어지면 눈과 귀가 맑아져 보고 듣는 것이 밝아진다. 보고 듣는 것이 밝은 것을 '밝음'〔明〕이라고 한다. 오장이 마음을 붙잡아 떨어지지 않으면, 의지력이 강하게 작용하여 행동이 편벽되지 않고 정신이 왕성하여 흩어지지 않게 될 것이다. 이 때문에 들어서 듣지 못하는 것이 없고, 보아서 보지 못하는 것이 없으며, 행하여서 이루지 못하는 것이 없고, 근심과 화가 끼여들 수가 없으며, 사악한 기운이 침범할 수 없다. 그러므로 구하는 것이 많은 사람은 얻는 것이 적으며, 보는 것이 큰 사람은 아는 것이 작다.

무릇 눈 귀 등의 감각기관은 정신의 문이며 혈기는 오장의 심부름꾼이다. 그러므로 눈과 귀가 소리와 색에 지나치게 빠져들면, 오장이 요동하여 안정되지 않고 혈기가 요동하여 멈추지 않으며 정신이 내달려 지키지 못하게 된다. 그러면 화와 복이 비록 산과 같이

에, 자연계에 이상이 발생하면 인간계에 그 영향이 직접적으로 미치며 또한 그 역의 상황도 일어날 수 있다고 생각한다. 이러한 생각은 동중서에 이르면 인간 혹은 군주가 잘못을 저지르면 하늘이 인간에게 재앙을 내린다는 '재이설'(災異說)로 발전한다.

11. 안으로는 정신을 갈무리하고, 밖으로는 눈과 귀 등의 감각 기관을 혹사시키지 않는 것을 말한다.

크게 다가온다 하여도 인식할 길이 없다.12 그러므로 성인은 욕망을 절제하여 지나치지 않게 한다. 성인은 진실로 눈과 귀를 정미하고 밝게 하며 그윽이 통달하여 외물에 유혹되지 않으니, 그의 뜻은 청정함을 잃지 않아 욕심이 적고 오장은 편하고 정신은 안으로 형체를 지켜 밖으로 치달리지 않는다. 그 결과 과거와 미래의 안팎을 두루 살필 수 있으니, 화와 복의 사이를 어찌 알지 못하겠는가? 그러므로 "그 나아가는 것이 멀수록 그 아는 것은 더욱 적어진다."13 정신을 지나치게 밖으로 빠져들게 해서는 안된다는 말이다.14 그러므로 '화려한 색깔이 눈을 어지럽히면 눈이 밝지 않고, 시끄러운 음악이 귀에 들어가면 귀가 밝지 않으며, 산해진미가 입을 어지럽히면 입에 종기가 나고, 나아감과 머무름이 마음을 어지럽히면 행동이 들뜨게 된다.'15 때문에 욕심은 사람의 기를 흩뜨리고 좋아하고 싫

---

12. 정신과 육체의 상호 관계를 말하고 있다. 정신의 작용은 육체에 영향을 미치게 되고, 역으로 육체의 작용도 정신에 영향을 미치게 된다는 것이다. 이처럼 정신과 육체는 상호 분리된 영역 속에 있는 것이 아니라 상호 유기적인 관계속에 놓여 있는 것으로 이해된다. 이러한 형신관(形神觀)은 앞서 언급한 천인관(天人觀)의 복사판이다.

13. 『노자』47장의, "문 밖을 나서지 않아도 천하를 알고, 창 밖을 내다보지 않아도 천도를 본다. 나가는 것이 멀수록 아는 것은 더욱 적어진다"〔不出戶, 知天下, 不闚牖, 見天道. 其出彌遠, 其知彌少〕에서 인용하고 있다.

14. 앞에 제시된 『노자』47장의 구절을, 정신과 육체를 잘 보존하고 아껴야 한다는 '양생론'의 문제로 해석하고 있다. 즉 인간의 정신이 밖으로 빠지면 빠질수록 상황을 정확히 인식할 수 있는 능력은 더욱 더 떨어지게 된다는 것이다. 『노자』47장에 대한 이러한 해석은, '인재등용론'의 문제로 해석한 『회남자』「주술훈」과 다르고, '동기상응론'으로 해석한 본서의 「정성」과도 다르다.

15. 이 말은 『노자』12장의 "현란한 색은 사람의 눈을 멀게 하고, 시끄러운 음악은 사람의 귀를 멀게 하며, 온갖 산해진미는 사람의 혀를 상하게 하고, 치고 달리는 격렬한 스포츠는 사람의 마음을 어지럽게 한다"〔五色令人目盲, 五音令人耳聾, 五味令人口爽, 馳騁畋獵令人心發狂〕는 구절을 응

어하는 감정은 사람의 정기를 수고롭게 하니, 이들을 빨리 제거하지
않으면 정신이 날로 소모된다. 무릇 사람이 제 수명을 다 마칠 수 없
는 까닭은 생명을 기르는 데 지나치게 힘쓰기 때문이다.16 무릇 생
명을 기르는 데 지나치게 힘쓰지 않는 사람만이 장수할 수 있다.17

천지는 돌고 돌아 서로 통한다. 때문에 만물은 모두 하나다.18 따
라서 이 하나를 알면 알지 못하는 것이 없고, 하나를 모르면 아무것
도 알 수 없다. 나 또한 천하에서 하나의 사물이고 사물 또한 하나
의 사물이니, 사물과 사물 사이에 어찌 서로 사물로써 대할 수 있는
가?19 생은 사람들이 바라는 것이지만 억지로 도모할 수 없고 죽음

용하여 표현한 것이다.

16. 『노자』50장에서는 다음과 같이 말한다. "나오는 것이 삶이고, 들어가는
    것이 죽음이라네. 선천적으로 장수하는 사람이 10분의 3이고, 선천적으
    로 요절하는 사람이 10분의 3이네. 태어나 살아가면서 죽음의 땅으로 향
    하는 자 또한 10분의 3이네. 어째서인가? 생명을 기르는 것을 지나치게
    하기 때문이네."〔出生入死. 生之徒十有三, 死之徒十有三. 人之生, 動之死
    地, 亦十有三. 夫何故, 以其生生之厚.〕

17. 지나치게 양생에 힘쓰는 태도를 경계하는 말이다.『노자』75장에서도 다
    음과 같이 말한다. "무릇 오직 생명을 도모하지 않는 사람이 생명을 귀하
    게 여기는 사람보다 현명하다."〔夫唯無以生爲者, 是賢於貴生.〕

18. 「도원」(道原)에서는 "만물은 모두 하나의 구멍으로 들어가고, 온갖 일들
    의 근원은 하나의 문으로부터 나온다"라고 말하였다. 만물은 궁극적으로
    하나로 통하게 된다는 전일적 사고의 표현이다.

19. 이 말은『장자』「인간세」의 "그대와 나는 모두 사물인데 어찌 서로 사물로
    대할 수 있단 말인가?〔若與予也皆物也, 奈何哉其相物也?〕라는 구절에 그
    출처를 두고 있다. 장자의 이 말은 유한하고 제한된 존재일 수밖에 없는
    동일한 지위의 사물끼리는 상호간에 이러니 저러니 상대를 평가할 수 없
    다는 점을 밝히고 있다. 또한 이 말은 인간이 기타 사물에 대해 특별히
    우월 의식을 느끼거나 그들을 지배할 수 없다는 점을 암시하고 있다. 서양
    의 인문주의에 바탕을 둔 현대의 과학 문명은 자연에 대한 인간의 지배를
    은연중에 허용하고 조장한다. 그러나 도가적 사유에서 볼 때 인간이 자연
    보다 우월하다고 볼 근거가 없으며, 따라서 인간이 자연을 지배해야 한다

은 싫어하는 것이나 억지로 피할 수 없으며, 천하다고 해서 미워할
수 없고 귀하다고 해서 좋아할 수 없다. 그 본래 바탕을 따라서 거
기에 편안히 처할 뿐 감히 억지로 극대화시키지 않는다.20 억지로
극대화시키지 않으면 지극한 즐거움에 이르게 될 것이다.21

老子曰: 人受天地變化而生. 一月而膏, 二月血脈, 三月而
胚, 四月而胎, 五月而筋, 六月而骨, 七月而成形, 八月而動,
九月而躁, 十月而生. 形骸已成, 五藏乃分. 肝主目, 腎主耳,
脾主舌, 肺主鼻, 膽主口. 外爲表, 中爲里, 頭圓法天, 足方象
地. 天有四時·五行·九曜·三百六十日, 人有四支·五藏·九竅·
三百六十節. 天有風雨寒暑, 人有取與喜怒. 膽爲雲, 肺爲氣,
脾爲風, 腎爲雨, 肝爲雷. 人與天地相類, 而心爲之主. 耳目者
日月也, 血氣者風雨也. 日月失行, 薄蝕無光, 風雨非時, 毁折
生災, 五星失行, 州國受其殃. 天地之道, 至閎以大, 尙由節其
章光, 授(愛)22其神明. 人之耳目何能久燻而不息, 精神何能
馳騁而不乏. 是故聖人守內, 而不失外. 夫血氣者人之華也,
五藏者人之精也. 血氣專乎內而不外越, 則胸腹充而嗜欲寡.
嗜欲寡則耳目淸而聽視聰達, 聽視聰達謂之明. 五藏能屬于心
而無離, 則氣意勝而行不僻, 精神盛而氣不散. 以聽無不聞,
以視無不見, 以爲無不成, 患禍無由入, 氣不能襲. 故所求多

는 사고는 전혀 타당치 않다. 이러한 도가의 사상은 굳이 이름 붙이자면
'만물평등주의' 정도로 표현할 수 있을 것이다.
20. 이것은 곧 '때에 따라서 순리에 처한다'(因時處順)를 말한다.
21. 이상의 내용은 대부분 『회남자』「정신훈」에서 찾아 볼 수 있다.
22. 원문 '수'(授)로는 의미가 통하지 않는다. 『도장』칠권본과 『총간』에 근거
하여 '애'(愛)로 고친다.

者所得少, 所見大者所知小. 夫孔竅者, 精神之戶牖, 血氣者
五藏之使候. 故耳目淫于聲色, 卽五藏動搖而不定, 血氣滔蕩
而不休, 精神馳騁而不守, 禍福之至雖如丘山, 無由識之矣.
故聖人愛而不越. 聖人誠使耳目精神玄達, 無所誘慕, 意氣無
失淸靜而少嗜欲, 五藏便寧, 精神內守形骸而不越, 卽觀乎往
世之外, 來事之內, 禍福之間可足見也. 故其出彌遠者, 其知
彌少, 以言精神不可使外淫也. 故五色亂目, 使目不明. 五音
入耳, 使耳不聰. 五味亂口, 使口生創. 趣舍滑心, 使行飛揚.
故嗜欲使人氣淫, 好憎使人精勞, 不疾去之, 則志氣日耗. 夫
人所以不能終其天年者, 以其生生之厚. 夫唯無以生爲者, 卽
所以得長生. 天地運而相通, 萬物總而爲一. 能知一卽無一之
不知也, 不能知一卽無一之能知也. 吾處天下亦爲一物, 而物
亦物也, 物之與物, 何以相物. 欲生不可事也, 憎死不可辭也,
賤之不可憎也, 貴之不可喜也. 因其資而寧之, 弗敢極也. 弗
敢極卽至樂極矣.

텅빔을 지킨다[守虛]

노자가 말하였다.

이른바 성인은 때에 따라서 자신의 위치를 편안히 하며, 세상에
합당하게 처하여 자신의 일을 즐긴다. 무릇 슬퍼하고 즐거워하는
것은 덕을 훼손시키고, 좋아하고 미워하는 것은 마음에 누가 되며,
기뻐하고 노여워하는 것은 도의 허물이 된다. 그러므로 성인은 살

아서는 자연의 이치에 따라 행위하고 죽어서는 사물의 변화와 함께
하며, 고요히 있을 때는 음과 덕을 같이 하고, 움직일 때는 양과 흐
름을 같이 한다.23 그러므로 마음은 육신의 주인이며 정신은 마음
의 보배이니.24 육신이 피곤한데도 쉬지 않으면 쓰러지고 정기를
쉼 없이 사용하면 고갈된다.25 때문에 성인은 자연의 이치를 잘 따
를 뿐 감히 그것을 넘어서지 않는다. 또한 성인은 무로 유에 응하면
서26 반드시 그 이치를 궁구하고, 허로 실을 받으면서27 반드시 그
절도를 살피며, 담백하고 허정(虛靜)하게 사는 것으로 수명을 마친
다. 그러므로 성인은 특별히 친한 것도 없고 특별히 소원한 것도 없
으며, 덕을 안고 조화를 북돋음으로 자연의 이치에 따르고,28 도와

---

23. 이 구절은 『장자』「각의」(刻意) 및 「천도」(天道)의 다음 구절을 거의 그
　　대로 인용하고 있다. "성인은 살아서는 자연에 따라 행위하고, 죽어서는
　　사물과 더불어 변화한다. 고요히 머무를 때는 음의 덕과 같이 하고 움직일
　　때는 양의 흐름과 같이 한다"[聖人之生也天行, 其死也物化. 靜而與陰同
　　德, 動而與陽同波](「刻意」), "살아서는 자연에 따라 행위하고 죽어서는
　　사물과 더불어 변화한다. 고요히 머무를 때는 음의 덕과 같이 하고 움직일
　　때는 양의 흐름과 같이 한다"[其生也天行, 其死也物化. 靜而與陰同德, 動
　　而與陽同波](「天道」) 이것은 생사(生死)와 동정(動靜)에 있어 항상 자연
　　의 운행과 변화에 따르고 합치하는 성인의 무위 자연적인 삶의 방식에 관
　　해 말한 것이다.
24. 육신 → 마음 → 정신의 관계를 말하고 있다. 즉 육신의 주인은 마음이고,
　　그 마음에서도 보다 핵심적인 것이 정신이라는 것이다.
25. 이 구절은 『장자』「각의」의 다음과 같은 구절을 응용하여 인용하고 있다.
　　"육신이 수고로운 데도 쉬지 않으면 육신이 망가지고, 정기를 쉼없이 사용
　　하면 피곤해지며, 피곤해지면 말라비틀어진다."[形勞而不休則弊, 精用而
　　不已則勞, 勞則竭.]
　　육신은 정신의 집이고 정(精)은 기의 영묘함이다. 이들은 서로 의존하면
　　살고, 서로 어긋나면 죽는다. 성인은 이들을 귀하게 여겨 감히 함부로 남
　　용하지 않는다.(서영부의 주)
26. 만물은 무로부터 생겨나니 유가 아닌 것이 없다.(서영부의 주)
27. 천지는 허로 받으니 받아들이지 못하는 것이 없다.(서영부의 주)

가까이 하고 덕과 이웃이 되며, 복의 시초도 되지 않고 화의 단서도 되지 않으니, 죽음과 삶도 그 자신을 변화시키지 못한다. 그러므로 지극히 '신묘하다'고 한다.29 신묘하면 구하여 얻지 못하는 것이 없고 행하여 이루지 못하는 것이 없다.30

守虛

老子曰: 所謂聖人者, 因時而安其位, 當世而樂其業. 夫哀樂者德之邪, 好憎者心之累, 喜怒者道之過, 故其生也天行, 其死也物化, 靜卽與陰合德, 動卽與陽同波. 故心者形之主也, 神者心之寶也, 形勞而不休卽蹶, 精用而不已以竭, 是以聖人遵之不敢越也. 以無應有, 必究其理, 以虛受實, 必窮其節, 恬愉虛靜, 以終其命, 無所疏, 無所親, 抱德煬和, 以順于天, 與道爲際, 與德爲鄰, 不爲福始, 不爲禍先, 死生無變于己, 故曰至神. 神則以求無不得也, 以爲無不成也.

무를 지킨다[守無]

노자가 말하였다.

---

28. 『장자』「서무귀」(徐無鬼)의 "특별히 친한 바도 없고 특별히 소원한 바도 없으니, 단지 덕을 안고 조화를 드러냄으로써 천하에 따를 뿐이다. 이러한 사람을 참된 사람이라고 한다"〔无所甚親, 无所甚疏, 拘德煬和以順天下, 此謂眞人〕라는 구절을 인용하고 있다.
29. 도와 덕에 합치되고 삶과 죽음을 하나로 보니, 복도 그를 도울 수 없고 화도 그를 해칠 수 없다. 지극히 신묘하지 않으면 어찌 이와 같이 할 수 있겠는가?(서영부의 주)
30. 이상의 내용은 『회남자』「정신훈」에서 찾아 볼 수 있다.

천하를 가볍게 여기면 정신에 얽매이는 것이 없고, 만물을 하찮게 보면 마음이 미혹되지 않으며, 삶과 죽음을 하나로 보면 두려운 것이 없고, 사물의 변화와 함께 하면 지혜가 밝아 현혹되지 않는다. 무릇 지인은 '부러지지 않는 기둥'31에 의지하고, '문 없는 길'32을 다니며, '고갈되지 않는 창고'33를 부여받고, '죽지 않는 스승'34에게서 배운다. 때문에 지인은 행하는 것마다 이루어지지 않는 것이 없고, 다니는 곳마다 통하지 않는 곳이 없다. 그러므로 지인은 움츠리거나 펼치거나 구부리거나 우러러보거나 항상 명(命)을 끌어안고 미혹되지 않으며 화와 복에 대해 여유롭다. 때문에 이로움이나 해로움이 지인의 마음을 근심케 할 수는 없다.

무릇 의를 행하는 사람은 인(仁)으로는 압박할 수 있으나 무력으로 겁줄 수 없고, 의로 바로잡을 수 있으나 이익으로는 유혹할 수 없다. 군자는 의를 위해 죽는 자이기에 부귀를 통해 그의 행위를 멈추게 할 수 없다. 이처럼 의를 행하는 사람도 죽음으로 두렵게 할 수 없는데, 하물며 무위를 행하는 사람에 있어서랴! 무위를 행하는 사람은 얽매임이 없으며, 얽매임이 없는 사람은 천하를 한낱 그림자 기둥으로 본다.35 위로 지인의 무리를 살펴보고 도와 덕의 의미

31. 영원 불변하는 도를 상징한다.
32. 문이 없으므로 폐쇄되는 경우도 없다. 따라서 언제나 활짝 트여 있는 길을 말한다.
33. 자연의 창고(天府)를 말한다. 자연은 넘치거나 줄어드는 경우가 없이 항상 일정한 상태를 유지한다. 그것은 마치 바다가 비가 많이 온다고 해서 늘어나지 않고 가뭄이 든다고 해서 줄어들지 않는 것과 같다.
34. 도의 본원을 의미한다. 『장자』 「대종사」에서 도를 '큰 스승'(大宗師)이라고 지칭하는 것과 같다.
35. 그림자 기둥은 실제로는 존재하지 않는 것이다. 이미 형질이 없는데 어찌 얽매이게 할 수 있는가? 무릇 의를 지닌 자도 무력으로 겁줄 수 없는데,

를 깊이 따져 보면, 아래로 세속의 행위가 곧 부끄러운 것임을 알게 된다. 무릇 천하를 안중에 두지 않는 사람은 학문에 있어 '큰 북'36 과 같은 존재이다.37

守無

老子曰: 輕天下卽神無累, 細萬物卽心不惑, 齊生死則意不 慴, 同變化則明不眩. 夫至人倚不撓之柱, 行無關之途, 稟不竭 之府, 學不死之師, 無往而不遂, 無之而不通, 屈伸俯仰, 抱命 不惑, 而宛轉禍福, 利害不足以患心. 夫爲義者可迫以仁, 而不 可劫以兵, 可正以義, 不可懸以利. 君子死義, 不可以富貴留 也, 爲義者不可以死亡恐也, 又況于無爲者乎! 無爲者卽無累, 無累之人, 以天下爲影柱. 上觀至人之倫, 深原道德之意, 下考 世俗之行, 乃足以羞也. 夫無以天下爲者, 學之建鼓也.

하물며 도를 지닌 사람을 죽음으로 두렵게 할 수 있겠는가?(서영부의 주)
36. 여기서 말하는 '큰 북'의 의미는『회남자』「정신훈」의 다음 글을 참고할 때 보다 분명하게 이해될 수 있다. "지금 저 궁벽한 사당에서 항아리를 두 드리고 기왓장을 두드리면서 서로 화답하고 노래 부르며 스스로 음악이라 고 여긴다. 그러나 시험삼아 이들에게 큰북을 치게 하고 큰 종을 치게 해 보라. 그러면 그들은 얼떨떨해져 항아리와 기왓장을 치던 것을 부끄럽게 여기게 된다. 지금『시』와『서』를 간직하고 문학을 수업하면서 지극한 의 론의 종지를 알지 못하는 자는 바로 항아리와 기왓장을 두드리는 무리와 같다. 무릇 천하를 우습게 여기는 사람은 학문에 있어 큰북과 같은 존재이 다."[今夫窮鄙之社也, 叩盆拊瓴, 相和而歌, 自以爲樂矣. 嘗試爲之擊建鼓, 撞巨鐘, 乃性仍仍然, 知其盆瓴之足羞也. 藏詩書, 修文學, 而不知至論之 旨, 則拊盆叩瓴之徒也. 夫(無)以天下爲者, 學之建鼓矣.] '큰 북'을 치는 것과 '항아리'를 두드리는 것을, 지극한 의론인 도와 세속적인 학문 사이 의 차이로 비유하고 있다.
37. 이상의 내용은 대부분『회남자』「정신훈」에서 찾아 볼 수 있다.

평온함을 지킨다[守平]

노자가 말하였다.

존귀한 권세와 두터운 이익은 사람들이 탐하는 것이지만 자기 몸에 비하면 하찮은 것들이다. 그러므로 성인은, 먹는 것은 빈 배를 채우고 기운을 유지할 정도에 만족하였고, 의복은 육신을 덮고 추위를 막을 정도에 만족한다. 그리하여 성인은 필요한 양만 취하고 나머지는 사양하고, 얻는 것을 탐하지 않고 많이 쌓아 두지 않는다. 또한 성인은 눈은 맑게 할 뿐 보지 않고38 귀는 고요하게 하여 듣지 않으며,39 입은 닫아 놓고 말하지 않고40 마음은 놓아 버려 사려하지 않는다.41 그리하여 귀 밝음과 눈 밝음을 버리고 소박한 상태[太素]로 돌아가 정신을 쉬게 하고 기교를 제거하여, 좋아하고 미워하는 감정을 없앤다. 이것을 일컬어 '크게 통하였다'[大通]고 한다. 그러나 탐욕을 없애고 얽매임을 제거하는 것도 인간의 본원에서 나오지 않는 소박한 상태보다 낫지 않으니, 본원의 소박한 상태에서 행한다면 무엇을 한들 이루어지지 않겠는가? 양생의 적절한 이치를 아는 사람은 이익으로 유혹할 수 없고, 안과 밖이 일치된 사람은 권

---

38. 눈을 통해 사물을 인식하지 않는다는 뜻이다. 단지 시각에만 의존하면 사물의 본 모습을 파악하기 힘들기 때문이다.
39. 귀를 통해 얻는 지식은 불완전할 수밖에 없다. 때문에 귀로 듣지 않아 귀를 고요하게 만든다.
40. 인간은 말로 실수하는 경우가 많으며, 한 번 내뱉은 말을 다시 주워 담을 수 없다. 때문에 아예 입을 닫아 놓는 것이 현명할 수 있다.
41. 인간의 마음 속에서 나오는 생각은 천갈래 만갈래로 흩어지기 쉽다. 그리고 한 번 생각이 흩어지기 시작하면 수습하기 힘들다. 때문에 마음 작용을 놓아 버리고 생각의 실타래에 매여들지 않는다.

세로 유혹할 수 없다. 밖 없는 밖이 지극히 큰 것[至大]이고, 안 없
는 안이 지극히 귀한 것[至貴]이다.42 지극히 큰 것과 지극히 귀한
것을 알면 어디를 간들 통하지 않겠는가?43

守平

老子曰：尊勢厚利，人之所貪，比之身則賤. 故聖人食足以
充虛接氣，衣足以盖形御寒，適情辭餘，不貪得，不多積. 淸目
不視，靜耳不聽，閉口不言，委心不慮，棄聰明，反太素，休精
神，去知故，無好無憎，是謂大通. 除穢去累，莫若未始出其
宗，何爲而不成. 知養生之和者，卽不可懸以利，通內外之符
者，不可誘以勢. 無外之外，至大，無內之內，至貴. 能知大貴，
何往不遂.

간이함을 지킨다[守易]

노자가 말하였다.

옛날에 도에 힘쓰는 사람은 성정(性情)을 다스리고 심술(心術)44

---

42. 『장자』「천하」에 있는 말과 유사하다. "지극히 커서 밖이 없는 것을 대일
    (大一)이라고 하고, 지극히 작아 안이 없는 것을 소일(小一)이라고 한
    다."[至大无外, 謂之大一; 至小无內, 謂之小一.]
43. 이상의 내용은 『회남자』「정신훈」에서 찾아 볼 수 있다.
44. 마음의 운용 방법을 의미한다. 본서 4장 「미명」(微明)에서는 '심술'에 대
    해 다음과 같이 규정하고 있다. "사람의 본성을 알면 스스로를 기르는 데
    실패하지 않고, 일을 제어하는 법을 알면 행동이 어지럽지 않다. 하나의
    단서로부터 일어나 무궁한 곳까지 퍼져나갔다가 다시 하나로 총결되는 것

을 닦았으며, 몸은 조화롭게 기르고 적절한 상태를 유지하였다. 그는 도를 즐기므로 자신의 낮은 지위를 잊었고, 덕을 편안하게 여기므로 자신의 가난을 잊었다. 그러한 사람은 본성적으로 욕심을 내지 않지만 한 번 욕심을 내면 얻지 못하는 것이 없고, 마음에 특별히 좋아하는 것이 없지만 한 번 좋아하면 이루지 못하는 것이 없다. 그는 본성에 무익한 것으로 덕을 훼손시키지 않고, 삶에 불편한 것으로 마음의 조화를 흩뜨리지 않는다. 그는 방종하지도 방자하지도 않으며, 법도를 제정하면 천하의 표준이 될 수 있다.45 음식은 배의 양에 적당하게 먹고 옷은 몸에 알맞게 입으며, 거처는 몸 하나 용납할 정도의 곳에서 살고 행동은 실정에 맞게 행하며, 천하에 남는 것이 있어도 소유하지 않고 온갖 물건들이 쌓여도 이롭게 여기지 않았다.46 이 같은 사람이 어찌 빈부와 귀천 때문에 자신의 성명(性命)을 잃을 것인가! 그러한 사람은 도를 체득할 수 있다고 할 것이다.47

守易

老子曰: 古之爲道者, 理情性, 治心術, 養以和, 持以適, 樂道而忘賤, 安德而忘貪. 性有不欲, 無欲而不得. 心有不樂, 無

을 심(心)이라고 하며, 근본을 보고 말단을 알며 하나를 잡음으로 만방에 응하는 것을 술(術)이라고 한다." 심술은 특히 군주의 마음가짐 혹은 내면의 통치술 차원에서 중시되었으며, 『관자』에는 특별히 「심술」이 배치되어 있기도 하다.

45. 『회남자』 「정신훈」에는 "그러므로 몸이 원하는 대로 따르고 뜻하는 대로 해도, 법도를 제정하면 천하의 표준이 될 수 있다"〔故縱體肆意, 而度制可以爲天下儀〕로 되어 있다.

46. 지극히 소박한 삶을 말한다. 인간의 삶에 필요한 최소한의 조건만 갖추어지면 만족할 수 있기에 굳이 세상적 욕심에 이끌릴 이유가 없다.

47. 이상의 내용은 대부분 『회남자』 「정신훈」에서 찾아 볼 수 있다.

樂而不爲. 無益于性者, 不以累德. 不便于生者, 不以滑和. 不
縱身肆意, 而制度可以爲天下儀. 量腹而食, 制形而衣, 容身
而居, 適情而行, 餘天下而不有, 委萬物而不利. 豈爲貧富貴
賤失其性命哉夫! 若然者, 可謂能體道矣.

맑음을 지킨다[守淸]

노자가 말하였다.

사람은 하늘로부터 기를 받은 존재이다. 때문에 사람들의 귀와
눈이 소리와 색깔에 대해 반응하는 것과, 코와 입이 냄새와 맛에 대
해 반응하는 것, 그리고 피부가 추위와 더위에 대해 반응하는 것은
모두 동일하다.48 그런데 이것들49에 의해 어떤 사람은 죽고 어떤
사람은 살며, 어떤 사람은 소인이 되고 어떤 사람은 군자가 된다.
그것은 각자 이것들을 제어하는 방식이 다르기 때문이다.50 정신은
지혜의 연못이니 정신이 맑으면 지혜도 밝으며, 지혜는 마음의 창
고이니 지혜에 사사로움이 없으면 마음도 평안하다. 흐르는 물에는

---

48. 사람은 모두 자연으로부터 기를 품부받아 생겨났기 때문에 기질적으로 모
    두 동일한 성향을 지닌다는 말이다.
49. 소리와 색깔, 냄새와 맛, 추위와 더위 등을 말한다.
50. 소리·색깔·냄새·맛·추위·더위 등에 대해 인간이 느끼는 좋아하고 싫어하
    는 보편적 감정은 동일하나, 개인에 따라 그 보편적 감정들을 제어하는
    방식이 다르기 때문에 죽음과 삶, 소인과 군자 등의 편차가 발생하게 된다
    는 것이다. 즉 어떤 사람은 그러한 감정들에 의해 제어됨으로써 죽거나
    소인이 되기도 하며, 또 어떤 사람은 그것들을 주관적 의지로 제어함으로
    써 생명을 얻거나 군자가 된다는 주장이다. 여기서는 그러한 감정들을 맑
    은 상태로 유지할 때 군자나 성인이 될 수 있다는 점을 말하고자 한다.

아무도 비춰 볼 수 없으나 고여 있는 깨끗한 물에는 비춰 볼 수 있다. 그것은 물이 맑고 고요하기 때문이다.[51] 그러므로 정신이 맑고 뜻이 안정되면 곧 사물의 실정을 파악할 수 있다. 따라서 '씀'[用]은 필연적으로 '쓰지 않음'[不用]에 의존한다.[52] 무릇 거울이 맑은 것은 때가 끼이지 않기 때문이며, 정신이 맑은 것은 욕심으로 오염되지 않기 때문이다. 그러므로 마음이 이르는 곳에는 반드시 정신이 존재하며, 마음을 고요한 상태로 돌리면 조급함이 사라지게 되고, 이에 심신이 휴식을 취하게 될 것이다. 이것이 성인이 노니는 모습이다. 그러므로 천하를 다스린다는 것은 반드시 성명(性命)의 실정에 통달한 이후에나 가능하다.[53]

---

51. 『장자』「덕충부」에서는 다음과 같이 말한다. "아무도 흐르는 물에 비추어 볼 수 없으나 멈추어 있는 물에는 비추어 볼 수 있다. 오직 멈추어 있어야만 뭇 멈춤을 멈추게 할 수 있다. 땅에서 명을 받은 것들 중 오직 소나무와 잣나무만이 겨울·여름 가리지 않고 푸르다. 하늘에서 명을 받은 것 중 오직 요임금·순임금만이 바르다. 이들은 다행히 자신들의 본성을 바르게 할 수 있었으니 다른 사람들도 바르게 하였다."〔人莫鑑於流水而鑑於止水, 唯止能止衆止. 受命於地, 唯松柏獨也在冬夏青青; 受命於天, 唯堯舜獨也正, 幸能正生, 而正衆生.〕

52. 이 말은 앞서 언급된 거울에 비유해 설명될 수 있다. 거울이 거울로서의 역할을 할 수 있는 것은, 그것이 맑게 닦여져 텅 비어 있기 때문이다. 만약 거울이 그 무엇으로 가득 차 있다면 다시 말해 때가 가득 끼여 있다면, 그 거울은 사물을 비추어 주는 거울의 역할을 제대로 할 수 없다. 인간역시 마찬가지다. 내면의 마음이 고요하고 맑아야만 바깥 사물의 실정을 명확하게 파악할 수 있다. 만약 마음이 욕심과 사욕으로 가득 차 있다면 그러한 마음은 바르고 명확한 인식이 불가능해진다.

53. 천하를 다스린다는 것은 남을 다스린다는 것이다. 남을 다스리기 위해서는 먼저 자기 자신을 다스려야 할 것이며, 자기 자신을 다스리기 위해서는 먼저 마음과 정신을 맑고 깨끗하게 유지해야 할 것이다.
　이상의 내용은 대부분 『회남자』「숙진훈」에서 찾아 볼 수 있다.

守淸

老子曰: 人受氣于天者. 耳目之于聲色也, 鼻口之于芳臭也, 肌膚之于寒溫也, 其情一也. 或以死, 或以生, 或爲君子, 或爲小人, 所以爲制者異. 神者, 智之淵也, 神淸則智明. 智者, 心之府也, 智公則心平. 人莫鑑于流潦, 而鑑于澄水, 以其淸且靜也. 故神淸意平, 乃能形物之情. 故用之者, 必假于不用者. 夫鑑明者則塵垢不汚也, 神淸者嗜欲不誤也. 故心有所至, 則神慨然在之, 反之于虛, 則消躁藏息矣, 此聖人之游也. 故治天下者, 必達性命之情而後可也.

참된 본성을 지킨다[守眞]

노자가 말하였다.

이른바 성인이란 단지 인간의 기본 욕구나 채울 뿐이니, 음식은 배의 양에 적당하게 먹고 옷은 몸에 알맞게 재어 입는다. 이처럼 자신을 절제하면 탐욕스럽고 오염된 마음이 생겨날 수 없다. 그러므로 천하를 소유할 수 있는 사람은 결코 천하를 얻고자 애쓰지 않고, 명예를 소유할 수 있는 사람은 결코 자기 분수에 넘는 행위로 명예를 구하지 않는다. 진실로 성명(性命)의 실정에 통달하면 인의가 저절로 따라 붙게 된다.54 만약 정신에 가려지는 것이 없고 마음에

---

54. 여기서 인의는 노자나 장자에서와 같이 부정적 대상으로 그려지고 있지 않다. 그러나 이때의 인의는 유가에서처럼 적극적으로 추구되고 지향되는 목적이 아니라 단지 삶의 본질을 터득하면 저절로 따르게 되는 부수적 산물로 설명되고 있다. 이런 점에서 『문자』의 인의관은 유가와도 다르다.

실린 것이 없으면 사물의 조리에 두루 통달하게 되어 고요히 무위하게 된다. 그러면 권세와 재물로 유혹할 수 없고 소리와 색으로 음탕하게 할 수 없으며, 말 잘하는 자도 설득할 수 없고 지식 있는 자도 동요시킬 수 없으며 힘있는 자도 두렵게 할 수 없다. 이것이 참된 사람, 즉 진인(眞人)이 노니는 경지이다. 무릇 생명을 생겨나게 하는 것55은 생겨나지 않으며, 변화를 변화하게 하는 것56은 변화하지 않는다.57 이 도리를 깨닫지 못하면, 비록 지식이 천지를 아우르고 밝은 지혜가 해와 달을 비출 정도이며 언변이 연환(連環)58도 풀 수 있고 말이 금석(金石)59처럼 반지르르하여도, 천하를 다스리는 데 아무런 도움이 되지 않는다. 그러므로 성인은 지켜야 할 바60를 잃지 않는다.61

守眞

老子曰: 夫所謂聖人者, 適情而已, 量腹而食, 度形而衣. 節乎己, 而貪汚之心, 無由生也. 故能有天下者, 必無以天下爲也. 能有名譽者, 必不以越行求之. 誠達性命之情, 仁義因附

---

55. 생명의 본원인 도를 가리킨다. 도는 만물을 생겨나게 하지만 그 자체는 생성도 사멸도 없다.
56. 변화의 근원인 도를 가리킨다.
57. 『장자』「대종사」의 "생명을 죽이는 자는 죽지 않고, 생명을 생겨나게 하는 것은 생겨나지 않는다"〔殺生者不死, 生生者不生〕라는 구절에 근거하고 있다.
58. 고리를 잇대어 꿴 쇠사슬 혹은 옥사슬을 말하는 것으로, 상호 긴밀하게 연결되어 있어 풀기 어려운 사물을 비유한다.
59. 종(鐘)과 경(磬) 즉 악기들을 말하며, 여기서는 이들 악기가 내는 매끈한 음악 소리를 의미한다.
60. 만물의 생성과 변화의 원천이 되는 도를 말한다.
61. 이상의 내용은 대부분 『회남자』「숙진훈」에서 찾아 볼 수 있다.

也. 若夫神無所掩, 心無所載, 通洞條達, 澹然無事. 勢利不能
誘, 聲色不能淫, 辯者不能說, 智者不能動, 勇者不能恐, 此眞
人之游也. 夫生生者不生, 化化者不化. 不達此道者, 雖知統
天地, 明照日月, 辯解連環, 辭潤金石, 猶無益于治天下也. 故
聖人不失所守.

고요함을 지킨다[守靜]

노자가 말하였다.

고요하고 담백하면 생명을 기를 수 있고, 온유하고 허정하면 덕
을 키울 수 있다. 외물이 내면을 어지럽히지 않으면 생명이 그 마땅
함을 얻게 되고, 고요하여 조화를 어지럽히지 않으면 덕이 제자리
에 놓이게 된다. 따라서 생명을 길러 세상을 다스리고 덕을 품은 채
세상을 마치면 도를 체득했다고 할 수 있을 것이다. 이러한 사람은
혈맥에 막힌 것이 없고 오장에 적체된 기가 없으며,62 화와 복도 그
를 어지럽힐 수 없고 비난과 칭찬도 그를 더럽힐 수 없다.

그 마땅한 세상을 만나지 않으면 누가 자신을 이룰 수 있겠는가?
재주를 지니고서도 마땅한 때를 만나지 않으면 자신의 몸조차도 벗
어날 수 없는데 하물며 도가 없는 자에 있어서랴!63

무릇 눈으로 가을 터럭의 끝을 살피다 보면 귀로는 우레가 치는

---

62. 정신이 맑고 트인 사람은 육신도 깨끗하고 트이게 된다.
63. 이 부분은 문맥상 앞 뒤 부분과 자연스럽게 연결되지 않는다. 다른 곳에
　　있을 부분이 끼여들어 온 것으로 보인다.

소리를 듣지 못하는 수가 있고, 귀로 금석(金石)의 음악 소리를 구별하다 보면 눈으로는 태산과 같은 거대한 형체를 보지 못하는 경우가 있다. 그러므로 작게라도 정신 쏟는 데가 있으면 큰 것도 인식 못하게 된다. 지금 뭇 사물이 달려와 나의 생명을 뽑아 버리고 나의 정기를 빼앗아 가는 형세가 마치 세차게 솟는 샘물과 같다면, 비록 거기에 휩쓸리지 않으려 해도 휩쓸리지 않을 수 있겠는가? 지금 항아리에 물을 담아 하루 동안 맑게 하면 속눈썹도 비추어 볼 수 있다. 그러나 그것을 한 번 휘저으면 네모나 동그라미도 비춰 볼 수 없다. 사람의 정신은 맑게 하기는 어려우나 흐리게 하기는 쉬우니, 마치 항아리의 물과 같다.64

守靜

老子曰: 靜漠恬惔, 所以養生也, 和愉虛無, 所以据德也. 外不亂內卽性得其宜, 靜不動和卽德安其位. 養生以經世, 抱德以終年, 可謂能體道矣. 若然者, 血脈無鬱滯, 五藏無積氣, 禍福不能矯滑, 非譽不能塵垢. 非有其世, 孰能濟焉. 有其才, 不遇其時, 身猶不能脫, 又況無道乎. 夫目察秋毫之末者, 耳不聞雷霆之聲. 耳調金玉之音者, 目不見太山之形. 故小有所志, 則大有所忘. 今萬物之來, 擢拔吾生, 攓取吾精, 若泉原也, 雖欲勿稟, 其可得乎? 今盆水若淸之經日, 乃能見眉睫. 濁之不過一撓, 卽不能見方圜也. 人之精神, 難淸而易濁, 猶盆水也.

---

64. 이상의 내용은 대부분 『회남자』 「숙진훈」에서 찾아 볼 수 있다.

본받음의 도를 지킨다[守法]

노자가 말하였다.

최고의 성인은 하늘을 본받고, 그 다음은 유능한 사람을 숭상하며, 그 다음은 신하를 신임한다. 신하를 신임하는 것은 위태롭게 되고 멸망하게 되는 길이고, 유능한 사람을 숭상하는 것은 어리석고 미혹되는 원천이며, 하늘을 본받는 것은 천지를 다스리는 도이다. 텅 빔과 고요함으로 중심을 삼아야 하는 것이니, 텅 비면 받지 못하는 것이 없고 고요하면 지탱하지 못하는 것이 없다. 따라서 텅 빔과 고요함의 도를 알면 시작부터 끝까지 잘 할 수 있다. 그러므로 성인은 고요하면 다스려지고 움직이면 어지러워진다는 것을 안다. 그러므로 다음과 같이 말한다. "어지럽히지 말라, 그러면 만물은 스스로 맑아질 것이다. 놀라게 하지 말라, 그러면 만물은 저절로 다스려질 것이다. 이것이 하늘의 도이다.65

守法

老子曰: 上聖法天, 其次尚賢, 其下任臣. 任臣者危亡之道也, 尚賢者癡惑之原也, 法天者治天地之道也. 虛靜爲主, 虛無不受, 靜無不持. 知虛靜之道, 乃能終始. 故聖人以靜爲治, 以動爲亂. 故曰勿撓勿纓, 萬物將自淸, 勿驚勿駭, 萬物將自理. 是謂天道也.

---

65. 이상의 내용은 대부분 『회남자』「무칭훈」에서 찾아 볼 수 있다.

부드러움을 지킨다〔守弱〕

노자가 말하였다.

천하의 제후들은 천하와 국가를 집으로 삼고 만물을 축적한다.66 거대한 천하를 품고 만물을 소유하면 기운이 실해지고 생각이 교만해진다. 이에 큰 나라는 군대를 동원하여 작은 나라를 침략하고 작은 나라는 거만하게 아랫사람들을 능멸하며, 이들의 마음씀은 사치스럽고 허황된다. 그러나 거센 바람과 폭우가 한나절을 넘기지 못하듯이 이들도 오래 유지될 수 없다.67 그러므로 성인은 도로 그것68을 짓눌러 일어나지 못하게 하고69 '하나'〔一〕를 잡고 무위하여, 조화로운 기운을 소모시키지 않는다. 그리하여 성인은 작은 것을 지향하고 부드러움을 지키며, 뒤로 물러나고 소유하지 않으며, 강과 바다를 본받는다.70 강과 바다는 억지로 행하지 않으므로 공명이 저절로 이루어지고, 강요하지 않으므로 천하 만물의 우두머리가 될 수 있으며, 천하의 암컷이 되어 자신을 낮추므로 신묘하여 죽

---

66. 제후들이 천하나 국가 그리고 만물을 사유화하는 행태를 비판하는 말이다.
67. 『노자』 23장에서는 다음과 같이 말한다. "거센 바람은 하루 아침을 넘기지 못하고, 소낙비는 하루를 가지 못한다."〔飄風不終朝, 驟雨不終日.〕
68. 약한 자를 능멸하고 마음씀이 사치스럽고 허황된 교만한 자들, 혹은 자기 마음에서 일어나는 교만한 기운을 가리킨다.
69. 『노자』 37장의 "변화하는 가운데 욕심이 일어나면, 나는 장차 이름 없는 도의 통나무로 그것을 억누를 것이네"〔化而欲作, 吾將鎭之以無名之樸〕라는 구절에서 취해 왔다.
70. 도가에서 강과 바다는 이상적인 삶의 최고 표본으로 제시된다. 노자는 강과 바다의 위대성을 남에게 자신을 낮추는 겸손에서 찾는다. 그러므로 『노자』 66장에서 다음과 같이 말한다. "강과 바다가 뭇 계곡들의 우두머리가 될 수 있는 것은 계곡들에게 자신을 잘 낮추기 때문이다."〔江海所以能爲百谷王者, 以其善下之.〕

지 않고, 스스로를 아끼므로 그 귀함을 이룰 수 있다. 그러나 수레 만대를 지닌 천하의 세력가는 만물을 소유하는 것으로 공명을 삼으니, 권세와 임무가 지극히 무거워도 스스로를 가볍게 할 수 없다. 스스로를 가볍게 하면 공명이 이루어지지 않기 때문이다.

무릇 도는 작은 것으로 큰 것을 이루고 적은 것으로 많은 것의 근본을 삼는다. 그러므로 성인은 도로 천하에 임하니, 유약하고 미묘한 사람은 '작음'을 지향하고 검약하고 겸손한 사람은 '적음'을 지향한다. 작음을 지향하기 때문에 큼을 이룰 수 있고, 적음을 지향하기 때문에 많은 아름다움을 이룰 수 있다. 하늘의 도는 높은 것을 낮추고 낮은 것을 들어올리며, 남는 것을 덜어서 부족한 것을 채워준다.71 그리고 강과 바다는 땅의 부족한 부분(즉 낮은 곳)에 처하기에 천하의 물들이 강과 바다에 귀의하여 그들을 받드는 것이다. 성인 또한 자신을 낮추고 겸손하게 처신한다. 그리하여 맑고 고요하며 겸양하는 사람은 낮은 곳을 지향하며, 마음을 비워 소유하는 것이 없는 사람은 부족함을 지향한다. 낮은 곳을 지향하기 때문에 높아질 수 있고, 부족함을 지향하기 때문에 어짊을 이룰 수 있다. 뽐내는 자는 세워지지 못하고 오만한 자는 길게 가지 못하며 강한 것은 일찍 죽고72 가득 찬 것은 빨리 없어진다. 거센 바람과 폭우는 하루를 가지 못하며, 작은 계곡은 잠깐 사이도 차 있을 수 없다. 거

---

71. 이 구절은 『노자』 77장에서 따왔다. 노자는 다음과 같이 말한다. "하늘의 도는 활을 당기는 것과 같을진져! 높은 것은 억누르고 낮은 것은 들어올려 주며, ……하늘의 도는 남는 것을 덜어내 부족한 것을 채워준다."〔天之道, 其猶張弓與! 高者抑之, 下者擧之, ……天之道損有餘而補不足.〕
72. 『노자』 42장의 "강하고 단단한 것은 올바로 죽지 못한다"〔強梁者, 不得其死〕라는 구절을 떠올리게 한다.

셴 바람과 폭우는 강한 기를 행하는 것이기 때문에 오래가지 않아
소멸되며, 작은 계곡은 강하고 단단한 땅에 있기 때문에 물을 빼앗
기지 않을 수 없다. 그러므로 성인은 암컷의 태도를 견지하고 오만
과 교만함을 버리며 감히 강한 기운을 행하지 않는다. 암컷의 태도
를 견지하므로 수컷의 속성을 세울 수 있고,73 감히 오만하거나 교
만하지 않으므로 오랠 수 있다.74

守弱

老子曰: 天下公侯以天下一國爲家, 以萬物爲畜. 懷天下之
大, 有萬物之多, 卽氣實而志驕. 大者用兵侵小, 小者倨傲凌
下, 用心奢廣, 譬猶飄風暴雨, 不可長久. 是以聖人以道鎭之,
執一無爲, 而不損冲氣, 見小守柔, 退而勿有, 法于江海. 江海
不爲故功名自化, 弗强故能成其王, 爲天下牝故能神不死, 自
愛故能成其貴. 萬乘之勢, 以萬物爲功名, 權任至重, 不可自
輕, 自輕則功名不成. 夫道, 大以小而成, 多以少爲主. 故聖人
以道莅天下. 柔弱微妙者見小也, 儉嗇損缺者見少也. 見小故
能成其大, 見少故能成其美. 天之道, 抑高而擧下, 損有餘補
不足. 江海處地之不足, 故天下歸之奉之. 故聖人卑謙. 淸靜
辭讓者見下也, 虛心無有者見不足也. 見下故能致其高, 見不
足故能成其賢. 矜者不立, 奢也不長. 强梁者死, 滿日者亡. 飄
風暴雨不終日, 小谷不能須臾盈. 飄風暴雨行强之氣, 故不能

---

73. 자기를 낮춤으로 오히려 높여질 수 있고, 자기를 감춤으로 오히려 드러날
   수 있다는 점을 말하고 있다.
74. 이상의 내용은 상당 부분 『노자』에서 찾아 볼 수 있다.

久而滅. 小谷處强梁之地, 故不得不奪. 是以聖人執雌牝, 去
奢驕, 不敢行强梁之氣. 執雌牝, 故能立其雄牡. 不敢奢驕, 故
能長久.

노자가 말하였다.

천도는 극에 도달하면 되돌아오고 가득 차면 덜어지는 것이니,
해와 달을 보면 알 수 있다. 그러므로 성인은 날로 덜어내어 기를
텅 비우기에 감히 자신을 채우지 않으며,75 날로 암컷의 덕을 증진
시키기에 공덕이 쇠하지 않는다. 천도가 바로 그러하다. 사람의 성
정은 모두 높은 것을 좋아하고 낮은 것을 싫어하며, 얻는 것을 좋아
하고 잃는 것을 싫어하며, 이익을 좋아하고 병을 싫어하며, 존귀한
것을 좋아하고 비천한 것을 싫어한다. 사람들은 이루고자 하기 때
문에 이루지 못하고, 잡고자 하기 때문에 얻지 못한다. 이 때문에
성인은 하늘을 본받아, 일부러 행하지 않지만 저절로 이루고 잡지
않지만 저절로 얻는다. 성인은 일반인들과 성정은 같지만 행위 방
식이 다르다. 그러므로 영원할 수 있다. 그러므로 삼황오제(三皇五
帝)는 스스로를 경계하는 기구를 지녔으니 이름하여 '유치'(侑卮)라
고 한다. 그것은 텅 비면 바르게 서고 가득 차면 뒤집어진다. 무릇
사물은 극성하면 쇠퇴해지고, 해는 중천에 이르면 기울어지며, 달
은 가득 차면 이지러지고, 즐거움은 극에 이르면 슬퍼진다. 그러므
로 총명하고 지혜로운 사람은 어리석은 듯이 행위하고, 박학다식한

---

75. 바로 앞 단락의 "성인은 암컷의 태도를 견지하고 오만과 교만함을 버리며
    감히 강한 기운을 행하지 않는다"와 일맥상통하는 말이다.

사람은 겸손함을 지키며, 용맹무쌍한 사람은 두려운 듯이 행동하고, 부귀한 사람은 궁핍한 듯이 살며, 널리 덕을 베푸는 사람은 겸양한 태도를 취한다. 이 다섯 가지가 선왕들이 천하를 지킬 수 있었던 이유들이다. '이 도에 따르는 자는 가득 차고자 하지 않는다. 무릇 오직 가득 차고자 하지 않기 때문에 낡아져도 새롭게 이루지 않는다.'76

老子曰: 天道極卽反, 盈卽損, 日月是也. 故聖人日損而沖氣不敢自滿, 日進以牝, 功德不衰, 天道然也. 人之情性皆好高而惡下, 好得而惡亡, 好利而惡病, 好尊而惡卑, 好貴而惡賤. 衆人爲之故不能成, 執之故不能得. 是以聖人法天, 弗爲而成, 弗執而得. 與人同情而異道, 故能長久. 故三皇五帝有戒之器, 命曰侑卮. 其沖卽正, 其盈卽覆. 夫物盛則衰, 日中則移, 月滿則虧, 樂終而悲. 是故聰明廣智守以愚, 多聞博辯守以儉, 武力勇毅守以畏, 富貴廣大守以狹, 德施天下守以讓. 此五者先王所以守天下也. 服此道者不欲盈, 夫唯不盈, 是以弊不新成.

노자가 말하였다.

---

76. 이 구절은 『노자』 15장의 "이 도를 보존하는 자는 가득 차려 하지 않는다. 무릇 오직 가득 차지 않기에 낡아져도 새롭게 이루지 않을 수 있다"〔保此道者, 不欲盈. 夫唯不盈, 故能蔽不新成〕에서 인용하고 있으나, 문구상 일부 차이가 있다.
이상의 내용은 상당 부분 『회남자』 「도응훈」에서 찾아 볼 수 있다.

성인은 음과 함께 닫히고 양과 함께 열리기에77 즐거움을 의식하지 않는 상태[無樂]78에 이를 수 있다. 즐거움을 의식하지 않는 상태에 이르면 즐겁지 않은 것이 없고, 즐겁지 않은 것이 없으면 즐거움의 극치에 도달한 것이다. 이것은 내면으로 외물을 즐기는 것이지, 외물로 내면을 즐기는 것이 아니다.79 그러므로 스스로 즐기는 것이 있으면 스스로 만족하게 되어 천하를 잊게 된다. 그 까닭은 천하에 말미암아 천하의 요체를 행하기 때문이다.80 (천하를 다스리는 요체는) 남에게 있지 않고 나에게 있고, 타인에게 있지 않고 자기 자신에게 있다. 따라서 자기 자신을 얻으면 만물81이 갖추어질 것이다. 그러므로 마음을 다스리는 방법에 통달한 사람은 욕망과

---

77. 음양의 성쇠와 더불어 자연에 순응하는 삶을 말한다.
78. 원문 '무락'(無樂)은 사실상 우리말로 옮기기 어려운 말이다. '무락'의 문자상의 의미는 '즐거움이 없다'가 되지만 이것은 본문의 문맥상 별로 타당치 않다. 바로 뒤 구절에서 이 '무락'은 궁극적으로 '즐거움의 극치'와 연결되기 때문이다. 여기서 우리는 '무락'의 의미를, 맛의 극치를 '무미'(無味)로 표현하는 것과 동일한 맥락에서 이해하면 될 것이다. 그리고 이러한 '무락'의 상태는 즐거움을 굳이 즐거움으로 의식하지 않는 상태를 의미하는 것으로 볼 수 있다.
79. 감각적 자극에 의해 발생하는 즐거움은 참된 즐거움이 될 수 없다. 그러한 즐거움은 외부의 자극이 없어지면 사라지는 일시적인 즐거움에 지나지 않기 때문이다. 참된 즐거움은 외부에서 오는 것이 아니라 인간의 내면으로부터 발생하는 자생적 즐거움일 뿐이다.
80. 『회남자』「원도훈」에는 "그 까닭은 무엇인가? 천하에 말미암아 천하를 다스리기 때문이다"[所以然者, 何也? 因天下而爲天下也]로 되어 있다. 한편, 이 말은 『노자』54장의 "몸으로써 몸을 보고, 집으로써 집을 보며, ……천하로써 천하를 본다"[以身觀身, 以家觀家, ……以天下觀天下]라는 말과 부분적으로 통한다. 즉 주어진 대상 자체의 관점에서 그 대상을 바라보아야 한다는 말이다. 만약 보는 '나'와 보이는 '대상'이 나누어진다면 바라보는 대상을 온전히 알 수 없게 될 것이다.
81. 구체적으로는 천하의 만 백성을 가리킨다.

좋아하고 싫어하는 감정에서 벗어나게 된다. 이 때문에 그는 기뻐하는 것도 없고 노여워하는 것도 없으며 즐거워하는 것도 없고 괴롭게 여기는 것도 없다. 이에 만물은 가물하게 하나로 되어[玄同] 옳은 것과 그른 것의 구분도 사라진다. 그러므로 선비는 끝까지 변하지 않는 뜻이 있고, 여자에게는 바꾸지 않는 행위가 있다. 그들은 권세에 기대지 않아도 존귀하고, 재화가 없어도 부유하며, 힘에 의지하지 않아도 강하다. 따라서 그들은 재화를 이롭게 여기지 않고 세상의 명예를 탐하지 않으며, 지위가 존귀하다 해서 그것을 편안하게 여기지 않고 미천하다고 해서 그것을 위태롭게 여기지 않는다. 단지 그들의 육체·정신·기·뜻이 각각 그 마땅한 곳에 자리하게 할 뿐이다.

무릇 육체는 생명의 집이고, 기는 생명의 본원이며, 정신은 생명의 주재자이다. 이들 중 하나라도 자신의 위치를 잃으면 육체와 정신과 기가 모두 상하게 된다.[82] 그러므로 정신을 주인으로 삼는 사람은 육체가 정신을 쫓게 되어 이롭고, 육체를 주인으로 삼는 사람은 정신이 육체를 쫓게 되어 해롭다.[83] 삶이 탐욕스러운 사람은 권세와 이익에 미혹되고 명예와 지위에 유혹되며, 남보다 약간 나은 지식으로 세상에서 지위가 높기를 바란다. 그 결과 정신은 날마다 소모되어 흩어지고 오랫동안 손상되면서도 회복되지 못하며, 육체는 닫히고 마음은 막혀 들어갈 틈이 없게 된다. 이 때문에 때때로

---

82. 이것들은 생명의 주요 구성 요소로 간주된다. 육체·정신·기에 대한 이같은 관점은 『회남자』에 그대로 계승된다.
83. 육체와 정신의 관계에 있어서 육체에 대한 정신의 주재성을 말한다. 이것은 인도(人道)는 천도(天道)를 따라야 하고 신하(백성)는 군주에 순종해야 한다는 논리의 연장선상에서 이해될 수 있다.

장님이 되거나 죽게 되는 근심이 있게 된다. 무릇 정기·정신·뜻·기는 고요하면 날로 충만해져 건강해지고, 시끄러우면 날로 소모되어 노쇠해진다. 그러므로 성인은 정신을 유지하고 기르며, 기를 온화하고 부드럽게 하며, 육체를 평안하고 조용하게 하며, 도와 더불어 변화한다. 이와 같으면 성인의 행위는 만물의 변화에 모두 들어맞게 되고 뭇 일의 변화에 모두 응하게 된다.[84]

老子曰: 聖人與陰俱閉, 與陽俱開, 能至于無樂也, 卽無不樂也, 無不樂卽至極樂矣. 是內樂外, 不以外樂內. 故有自樂也, 卽有自志, 貴(遺)[85]乎天下. 所以然者, 因天下而爲天下之要也. 不在于彼而在于我, 不在于人而在于身, 身得則萬物備矣. 故達于心術之論者, 嗜欲好憎外矣. 是故無所喜, 無所怒, 無所樂, 無所苦, 萬物玄同, 無非無是. 故士有一定之論, 女有不易之行, 不待勢而尊, 不須財而富, 不須力而强. 不利貨財, 不貪世名, 不以貴爲安, 不以賤爲危, 形神氣志各居其宜. 夫形者生之舍也, 氣者生之元也, 神者生之制也, 一失其位卽三者傷矣. 故以神爲主者形從而利, 以形爲主者神從而害. 其生貪饗多欲之人, 顧冥乎勢利, 誘慕乎名位, 幾以過人之知, 位高于世, 卽精神日耗以遠, 久淫而不還, 形閉中拒, 卽無由入矣. 是以時有盲忘自失之患. 夫精神志氣者, 靜而日充以壯, 躁而日耗以老. 是故聖人持養其神, 和弱其氣, 平夷其

---

84. 이상의 내용은 대부분 『회남자』「원도훈」에서 찾아 볼 수 있다.
85. 원문 '귀'(貴)로는 의미가 순조롭지 않다. 『회남자』「원도훈」에 근거하여 '유'(遺)로 교정한다. '귀'(貴)와 '유'(遺)는 글자 형태가 상호 유사하므로 옮겨 쓰는 과정에 착오가 있을 수 있다.

形, 而與道浮沈. 如此, 則萬物之化無不偶也, 百事之變無不
應也.

소박함을 지킨다[守樸]

노자가 말하였다.

이른바 진인(眞人)은 그 본성이 도와 합치된다. 그러므로 존재하
면서도 존재하지 않는 듯하고, 가득 차 있으면서도 비어 있는 듯하
며, 내면의 수양에 힘 쓸 뿐 외면을 꾸미는 데 힘쓰지 않는다.86 이
같은 사람은 그 바탕이 매우 밝아 무위로 소박한 본성을 회복한다.
때문에 그는 근본, 즉 도를 체득하고 신명을 감싸 안아 이로써 천지
의 근원에서 노닐고 홀연히 세간 밖으로 배회하며 무위의 경지에서
소요한다.87 그는 기심(機心)과 기교를 마음에 담지 않고, 참된 근
본을 살피기에 사물에 따라 요동하지 않으며, 일의 변화를 관찰하
여 그 근본을 지킨다.88 또한 그는 마음과 뜻을 안으로 전일케 하여

86.『장자』「천지」(天地)의 다음과 같은 구절에서 취해 왔다. "저 사람은 혼돈
씨의 도를 닦는 자이다. 통일적인 하나만 알 뿐 분화적인 둘을 알지 못하
며, 내면의 수양에 힘 쓸 뿐 외면을 꾸미는데 힘쓰지 않는다."〔彼假修混沌
氏之術者也. 識其一,不知其二. ,治其內, 而不治其外.〕
87.『장자』「천지」에서는 다음과 같이 말한다. "무릇 환하게 밝고 소박함으로
들어가며, 무위하여 소박한 본성을 회복한다. 때문에 그는 본성을 체득하
고 신명을 감싸 안아, 이로써 세속 사이를 노니는 자이다."〔夫明白太素,
无爲復朴, 體性抱神, 以遊世俗之間者.〕
88.『장자』「덕충부」에서 인용하고 있으나 내용이 약간 다르다. "참된 근본을
살피기에 사물과 더불어 요동하지 않으며, 사물을 변화하게 하지만 자신
은 그 본 자리를 지킨다."〔審乎無假, 而不與物遷, 命物之化, 而守其宗也.〕

화와 복이 하나라는 사실에 통달하니, 거처할 때는 무엇을 해야 하는지를 알지 못하고 걸어갈 때는 어디로 가야하는지를 알지 못한다.89 따라서 그는 배우지 않고도 알고 보지 않아도 보며, 행하지 않아도 이루고 다스리지 않아도 바로잡는다. 그는 느끼면 반응하고 닥쳐오면 움직이며 부득이함으로 나아가니,90 마치 빛이 빛나듯이 그림자가 형체를 따르듯이 한다.

'참된 사람'은 도를 따르고 도를 기다린 이후에 움직이니, 마치 휑하니 텅 빈 듯하고 맑고 고요하여 없는 듯하며, 천 번의 삶도 단지 한 번의 변화로 여기고 천차만별의 사물도 단지 하나로 여긴다. 그는 정기를 혹사시키지 않고 정신을 소모시키지 않으며, 태초의 소박함을 지키고 지극히 순수함 가운데에 선다. 그리하여 그는 잠잘 때 꿈꾸지 않고91 교묘한 지식이 싹트지 않으며, 움직일 때는 형상

한편 『장자』「천도」(天道)에도 이와 유사한 구절을 찾아 볼 수 있다. "참된 근본을 살피기에 이익에 따라 움직이지 않으며, 사물의 참됨을 극진히 하기에 그 근본을 지킬 수 있다."〔審乎無假, 而不與利遷, 極物之眞, 能守其本.〕

89. 마음이 지극히 순수하고 전일하여 특별히 무엇을 꾀하거나 도모할 줄을 모른다는 뜻이다. 『장자』「마제」(馬蹄)에서는 다음과 같이 말한다. "무릇 혁서씨의 시대에는 다음과 같았다. 백성들은 거처할 때는 무엇을 해야 할지를 알지 못하였고, 걸어 갈 때는 어디로 가는지 알지 못하였으며, 입안 가득히 음식을 물고 기뻐하였고, 자기 배를 두드리며 놀았다."〔夫赫胥氏之時, 民居不知所爲, 行不知所之, 含哺而熙, 鼓腹而遊.〕

90. 『장자』「각의」(刻意)에서는 다음과 같이 말한다. "성인은 살아서는 천도에 따라 행하고 죽어서는 사물과 더불어 변화한다. ……복의 머리가 되지도 않고 화의 시초도 되지 않으며, 느낀 이후에야 반응하고 급박한 이후에야 움직이며 부득이한 이후에야 일어난다."〔聖人之生也天行, 其死也物化. ……不爲福先, 不爲禍始, 感而後應, 迫而後動, 不得已而後起.〕

91. 『장자』「대종사」에 "옛날의 진인은, 잠잘 때는 꿈꾸지 않고 깨어 있을 때는 근심이 없다"〔古之眞人, 其寢不夢, 其覺無憂〕라는 말이 있다.

이 없고, 머무를 때는 형체가 없다. 때문에 그는 있어도 없는 듯하고 살아도 죽은 듯하며, 들고나는 것에 걸림이 없고 귀신을 부리며, 정신이 도에까지 다다를 수 있는 자이다.92 또한 그는 정신을 크게 통달케 하여 본원을 상실하지 않고, 밤낮으로 쉬지 않고 만물을 길러준다. 이 같은 사람은 곧 도와 합일되어 마음에서 때[時]를 생겨나게 하는 자이다.93 그러므로 그는 형체는 닳아도 정신은 일찍이 변화한 적이 없다. 그것은 변화하지 않음으로 변화에 응하기 때문이니, 천 번 만 번 변하여도 그 한계가 없다. 변하는 사물은 다시 무형으로 돌아가지만, 변화하지 않는 것은 천지와 함께 영원히 존재한다. 그러므로 생명을 생겨나게 하는 것은 일찍이 생겨나지 않지만, 그것에 의해 생겨나는 것에는 생성이라는 현상이 있다.94 또한 변화하는 것을 변화케 하는 것은 일찍이 변화하지 않지만, 그것에 의해 변화되는 것은 변화한다.95 이것이 진인이 노니는 경지이

---

92. 『장자』「대종사」에서는 진인의 경지에 대해 다음과 같이 말하고 있다. "이 같은 사람은 높은 곳에 올라가도 두려워하지 않고, 물에 들어가도 젖지 않으며, 불에 들어가도 타지 않는다. 이 사람의 인식 경지는 이와 같이 도에 다다를 수 있는 정도다."[若然者, 登高不慄, 入水不濡, 入火不熱. 是知之能登假於道者也若此.]

93. '마음에서 때가 생겨난다'는 것은 곧 마음이 때의 변화와 합치된다는 의미이다. 계절과 시간의 흐름에 따라 마음이 자연스럽게 거기에 합치되는 경지를 말한다. 『장자』「덕충부」에서는 다음과 같이 말한다. "밤낮으로 쉬지 않고 사물을 길러준다. 이같은 사람은 접촉하여 마음에 때를 생겨나게 하는 자이다. 이같은 사람을 일러 덕이 온전하다고 말한다."[使日夜無郤而與物爲春, 是接而生時於心者也. 是之謂才全.]

94. 『장자』「대종사」에는 다음과 같은 말이 있다. "생명을 죽이는 자는 죽지 않고, 생명을 생겨나게 하는 자는 생겨나지 않는다."[殺生者不死, 生生者不生.]

95. 『장자』「칙양」에 "사물과 더불어 변화하는 자는 한결같이 변화하지 않는 자이다"[與物化者, 一不化者也]라는 말이 있다.

며 순수한 도의 상태다.96

守樸

老子曰: 所謂眞人者, 性合乎道也. 故有而若無, 實而若虛, 治其內不治其外, 明白太素, 無爲而復樸, 體本抱神, 以游天地之根, 芒然仿佯塵垢之外, 逍遙乎無事之業. 機械智巧, 不載于心, 審于無假, 不與物遷, 見事之化, 而守其宗. 心意專于內, 通達禍福于一. 居不知所爲, 行不知所之, 不學而知, 弗視而見, 弗爲而成, 弗治而辯, 感而應, 迫而動, 不得已而往, 如光之耀, 如影之效, 以道爲循, 有待而然, 廓然而虛, 淸靜而無, 以千生爲一化, 以萬異爲一宗. 有精而不使, 有神而不用, 守大渾之樸, 立至精之中, 其寢不夢, 其智不萌, 其動無形, 其靜無體, 存而若亡, 生而若死, 出入無間, 役使鬼神, 精神之所能登假于道者也. 使精神暢達而不失于元, 日夜無隙而與物爲春, 卽是合而生時于心者也. 故形有靡而神未嘗化, 以不化應化, 千變萬轉而未始有極. 化者復歸于無形也, 不化者與天地俱生也. 故生生者未嘗生, 其所生者卽生, 化化者未嘗化, 其所化者卽化. 此眞人之游也, 純粹之道也.

---

96. 이상의 내용은 대부분 『회남자』「정신훈」에서 찾아 볼 수 있다.

4. 이치에 합당한 말[符言]¹

노자가 말하였다.

도는 지극히 높아 위가 없고 지극히 깊어 아래가 없다. 그 평평하
기로는 수준기에 들어맞고, 곧기로는 먹줄에 들어맞으며, 둥글기로
는 곡자에 들어맞고, 네모지기로는 직각자에 들어맞는다. 이 도는
천지를 감싸 안으나 겉과 안이 없으며, 혼연히 두루 덮으나 막히는
것이 없다. 그러므로 도를 체득한 사람은 노여워하지도 기뻐하지도
않고, 깨어있을 때는 고민하는 것이 없고 잠잘 때는 꿈꾸지 않으며,
사물을 보면 마지못해 이름 붙이고 일이 이르면 응할 뿐이다.²

老子曰: 道至高無上, 至深無下. 平乎準, 直乎繩, 圓乎規,
方乎矩. 包裹天地而無表裏, 洞同覆盖而無所礙. 是故體道者,

---

1. 이 편에 들어 있는 글들은 일정한 주제를 중심으로 전개되는 글이라기 보
   다는, 이치에 합당하고 타당한 여러 글들, 즉 격언과 같은 말들을 모아 놓
   고 있다. 따라서 이 편은『황제사경』의 「칭」(稱)이나『회남자』의 「설림훈」
   (說林訓) 등과 같은 성격을 지닌다.
2. 도를 체득한 사람은 희로의 감정에 휩쓸리지 않고 고민하거나 걱정하는
   일이 없다. 또 먼저 나서서 사물을 평가하거나 주도하지 않는다.
   이상의 내용은 대부분『회남자』「무칭훈」에서 찾아 볼 수 있다.

不怒不喜, 其坐無慮, 寢而不夢, 見物而名, 事至而應.

노자가 말하였다.

명예를 추구하는 사람은 반드시 일거리를 만들어낸다. 일이 생기면 공(公)을 버리고 사(私)로 나아가며 도를 위반하고 자기 주관에 의지하게 된다. 명예를 보고서 착한 일을 하고 이름을 세우기 위해 어진 일을 하기 때문이다. 그렇게 되면 다스리는 행위는 이치를 따르지 않게 되고, 일은 때를 따르지 않게 된다. 다스리는 행위가 이치를 따르지 않으면 질책이 많게 되며, 일이 때를 따르지 않으면 공이 없게 된다. 그리하여 단지 망령되이 행하여 요행히 적중되기만을 바란다. 그러면 공이 이루어져도 질책을 막을 수 없고, 일이 그르쳐지면 자기자신을 망치는 지경까지 이르게 된다.[3]

老子曰: 欲尸名者必生事. 事生卽舍公而就私, 倍道而任己. 見譽而爲善, 立而爲賢, 卽治不順理而事不順時. 治不順理則多責, 事不順時則無功. 妄爲要中, 功成不足塞責, 事敗足以滅身.

노자가 말하였다.

명예의 주인이 되지 말고 꾀의 창고가 되지 말며, 일을 자처하지 말고 지식의 주인이 되지 말라.[4] 자신을 갈무리하여 형체가 드러나

---

3. 이상의 내용은 대부분 『회남자』「전언훈」에서 찾아 볼 수 있다.
4. 『장자』「응제왕」(應帝王)에서 인용하고 있다. 여기서는 명예를 추구하여

지 않도록 하고, 행위 함에 있어서는 나태하지 않도록 하라.5 복의 머리도 되지 말고 화의 시초도 되지 말며, 형체 없음에서 시작하고 부득이함에서 움직여라. 복을 얻고자 하면 먼저 화를 없애고, 이익을 얻고자 하면 먼저 해를 멀리하라. 그러므로 무위함으로써 편안한 사람은 그 편안하게 되는 원인6을 상실하면 위태롭게 되고, 무위로 다스리는 사람이 그 다스려지는 원인을 잃으면 나라가 어지러워지게 된다. 그러므로 '옥처럼 반짝이고자 하지 말고, 돌처럼 투박하도록 하라.'7 아름다운 무늬를 지닌 가죽은 반드시 벗겨지고, 멋있는 뿔을 지닌 동물은 반드시 죽임을 당하며, 단 샘은 반드시 고갈되고, 곧은 나무는 반드시 잘려지며, 화려한 말은 허물이 남게 되고, 옥이 박힌 돌은 반드시 그것으로 인해 산을 손상시키게 되며, 사람들8의 근심은 진실로 말이 앞서는 데 있다.

老子曰: 無爲名尸, 無爲謀府, 無爲事任, 無爲智主. 藏于無形, 行于無怠. 不爲福先, 不爲禍始, 始于無形, 動于不得已. 欲福先無禍, 欲利先遠害. 故無爲而寧者, 失其所寧卽危, 無

명예를 소유하거나, 속임수나 부리는 꾀주머니가 되거나, 감당하지도 못할 일을 명예나 이익을 위해 억지로 떠맡거나, 지식을 위해 지식을 쌓는 지식쟁이가 되지 말라는 점을 말하고 있다.

5. 『회남자』 「전언훈」(詮言訓)에는 "행위 함에 있어 자취가 없도록 하라"(行于無迹)로 되어 있다. 문맥상으로 보자면 『회남자』의 표현이 보다 잘 어울린다.
6. 곧 '무위'를 말한다.
7. 『노자』 39장에 나오는 말이다.
8. 원문은 '검수'(黔首)로 되어 있다. 이 말은 고대 문헌에서 드물게 나타나는 매우 특이한 용어로, 『황제사경』(黃帝四經, 혹은 『황로백서』黃老帛書로 불리기도 한다)에서 2회 출현한다. 따라서 이것을 근거로 하여 『문자』와 『황제사경』이 동시대에 성립되었을 가능성도 추정해 볼 수 있다.

爲而治者, 失其所以治卽亂. 故不欲碌碌如玉, 落落如石. 其
文好者皮必剝, 其角美者身必殺. 甘泉必竭, 直木必伐, 華榮
之言後爲愆, 石有玉傷其山, 黔首之患固在言前.

노자가 말하였다.

때가 변화하면 그것에 따라서 움직이라.9 이러한 도리를 모르는
사람은 복을 도리어 화로 만든다. 하늘로 덮개를 삼고 땅으로 수레
를 삼아라. 이러한 천지 도를 잘 이용하는 사람은 끝내 곤궁함이 없
다. 땅으로 수레를 삼고 하늘로 덮개를 삼아라. 이러한 천지의 도를
잘 이용하는 사람은 끝내 해로움이 없다.10 저 오행의 이치11를 잘
따르면 반드시 승리한다. 하늘이 행하는 것은 마땅하지 않은 것이
없기 때문이다.12 그러므로 '알면서도 알지 못한다고 생각하는 것이
최상이고, 알지 못하면서 안다고 생각하는 것이 병이다.'13

---

9. 『노자』 8장에, "움직임은 때에 잘 맞추어야 한다"〔動善時〕라는 말이 있다.
   이것은 곧 때의 변화와 흐름에 따라 행동할 것을 강조하는 말이다.
10. 「도원」에서는, "하늘로 덮개를 삼으니 덮지 못할 것이 없고, 땅으로 수레
    를 삼으니 싣지 못할 것이 없다"고 하였다. 이처럼 천지의 도를 잘 이용하
    는 사람은 덮지 못하는 것이 없고 싣지 못하는 것이 없으니 결과적으로
    곤궁해지는 경우가 없고 해롭게 되는 경우가 없게 될 것이다.
11. 목·화·토·금·수의 오행이 번갈아 순행하고 상생 상극하는 이치를 말한다.
12. 자연의 운행, 구체적으로는 오행이 전개되는 이치는 항상 합당하게 이루
    어진다는 말이다.
13. 『노자』 71장에서 인용하고 있다. 우리가 무엇을 안다고 말하는 순간 그것
    은 곧 참된 앎이 될 수 없다. 노자의 관점에서 참된 앎 혹은 도는 언어로
    표현될 수 없는 영역에 속하기 때문이다. 그리고 이것은 『노자』 1장의 "말
    로 표현되는 도는 참된 도가 아니다"〔道可道, 非常道〕, 혹은 56장의 "아는
    사람은 말하지 않고, 말하는 사람은 알지 못한다"〔知者不言, 言者不知〕와
    통한다.

146 · 문자

老子曰: 時之行, 動以從. 不知道者福爲禍. 天爲蓋, 地爲
軫, 善用道者終無盡. 地爲軫, 天爲蓋, 善用道者終無害. 陳彼
五行必有勝, 天之所覆無不稱. 故知不知上, 不知知病也.

노자가 말하였다.

산은 금을 생성하고 돌은 옥을 생성하나 오히려 금과 옥 때문에 깎이고 벗겨지며, 나무는 벌레를 생겨나게 하나 오히려 벌레에 의해 먹혀진다. 이와 마찬가지로 사람은 일을 만들어내나 오히려 일 때문에 스스로를 해치게 된다. 무릇 일을 좋아하는 사람이 일찍이 다치지 않는 경우가 없고, 이익을 다투는 사람이 일찍이 상하지 않는 경우가 없다. 헤엄을 잘 치는 사람은 물에 빠져 죽고, 말을 잘 타는 사람은 말에서 떨어져 죽는다. 각자 좋아하는 것에 의해 오히려 스스로 화를 초래하는 것이다. '얻음'은 때에 있지 다툼에 있지 않으며,14 '다스림'은 도에 있지 성인에 있지 않다.15 흙은 낮은 곳에 처하고 높은 곳을 다투지 않기에 안정되고 위태롭지 않다. 물은 낮은 곳으로 흐르고 빨리 가기를 다투지 않기 때문에 느리지 않다.

---

14. 사람들은 자신이 원하는 것을 얻기 위해 남과 다투면서 온갖 노력을 다한
    다. 그러나 얻고자 억지로 애쓴다고 해서 모두 이루어지는 것은 아니다.
    그것을 얻을 수 있는 합당한 시기가 이르러야 비로소 얻게 될 뿐이다.
15. 통치의 문제에 있어 그 핵심은 통치의 도를 확립하는 데 있는 것이지 단지
    통치자의 개인적 역량에 있지 않다는 말이다. 이때 통치의 도라는 것은
    통치자의 종합적인 국정 운영 능력을 말한다. 여기에는 통치자 개인의 공
    평 무사한 마음자세[無私], 인재들을 적재적소에 배치하는 용인술[術],
    통치자 주변의 환경적인 조건[勢], 합리적인 법률 제도[法] 등이 요구된
    다. 황로학에서는 이러한 종합적인 국정 운영 능력을 '통치의 도'의 내용
    으로 삼는다.

"그러므로 성인은 집착하지 않기 때문에 놓치지 않으며, 억지로 행하지 않기 때문에 실패하지 않는다."16

老子曰: 山生金, 石生玉, 反相剝. 木生蟲, 還自食. 人生事, 還自賊. 夫好事者未嘗不中, 爭利者未嘗不窮. 善游者溺, 善騎者墮. 各以所好, 反自爲禍. 得在時, 不在爭. 治者道, 不在聖. 土處下, 不爭高, 故安而不危. 水流下, 不爭疾, 故去而不遲. 是以聖人無執故無失, 無爲故無敗.

노자가 말하였다.

'한 글자의 말'로 궁색해지지 않을 수 있고, '두 글자의 말'로 천하의 종주가 될 수 있으며, '세 글자의 말'로 제후의 우두머리가 될 수 있고, '네 글자의 말'로 천하 사람들이 몰려들게 할 수 있다.17 즉 신용[信]을 지키면 궁색하지 않을 수 있고, 도덕(道德)이 있으면 천하의 종주가 될 수 있으며, 어질고 덕 있는 사람을 등용하면[擧賢德] 제후의 우두머리가 될 수 있고, 싫어하는 것이 적고 좋아하는 것이 많으면[惡少愛衆] 천하 사람들이 몰려들게 된다.

---

16. 『노자』 64장에 나오는 구절과 비슷하나 약간의 차이가 있다. 즉 『노자』 64장에서는 "그러므로 성인은 억지로 행하지 않기 때문에 실패하지 않고, 집착하지 않기 때문에 놓치지 않는다"[是以聖人, 無爲故無敗, 無執故無失]로 표현되어 있어, 『문자』의 어구와는 도치되어 있음을 알 수 있다. 이상의 내용은 『회남자』 「원도훈」에서 찾아 볼 수 있다.
17. 여기서 '한 글자의 말', '두 글자의 말' 등등은 한자(漢字)상의 글자 수를 지칭한다. 예컨대 다음에 나오는 '신용'[信]은 '한 글자의 말'에, '도덕'(道德)은 '두 글자의 말'에 각각 해당된다.

老子曰: 一言不可窮也, 二言天下宗也, 三言諸侯雄也, 四
言天下雙也. 貞信則不可窮, 道德則天下宗, 擧賢德諸侯雄,
惡少愛衆天下雙.

노자가 말하였다.

사람에게는 세 가지 죽음이 있을 뿐 비명횡사(非命橫死)는 없다.
첫째 음식을 절제하지 못하고 자기 몸을 소홀히 하면 병이 덮쳐 죽
인다. 둘째 얻고자 하는 것이 끝이 없고 구하고자 하는 것이 한도가
없으면 형벌이 덮쳐 죽인다. 셋째 적은 것으로써 많은 것을 침범하
고 약함으로써 강함을 능멸하면 군대가 덮쳐 죽인다.

老子曰: 人有三死, 非命亡焉. 飮食不節, 簡賤其身 病共殺
之; 樂得無已, 好求不止, 刑共殺之; 以寡犯衆, 以弱凌强, 兵
共殺之.

노자가 말하였다.

후하게 베풀면 돌아오는 보답이 많고, 원망이 크면 돌아오는 화
가 깊다. 박하게 베풀었는데도 보답이 두텁고, 원망을 쌓았는데도
재앙이 없는 경우는 일찍이 없다. 따라서 가는 것을 보면 오는 것을
알 수 있다.18

---

18. 이상의 내용은 『회남자』 「무칭훈」에서 찾아 볼 수 있다.

老子曰: 其施厚者其報美, 其怨大者其禍深. 薄施而厚望,
畜怨而無患者, 未之有也. 察其所以往者, 卽知其所以來矣.

노자가 말하였다.

천명을 따르고, 마음의 운용법〔心術〕을 익히며, 좋아하고 싫어하는 감정을 다스리고, 성정(性情)에 합당하게 하라. 그러면 통치의 도에 통달하게 될 것이다. 천명을 따르면 화와 복에 미혹되지 않고, 마음의 운용법을 익히면 함부로 기뻐하거나 노여워하지 않으며, 좋아하고 싫어하는 감정을 다스리면 쓸모 없는 것을 탐하지 않고, 성정에 합당하게 하면 욕망이 절제된다. 화와 복에 미혹되지 않으면 움직이나 머무르나 항상 이치에 합당하고, 함부로 기뻐하거나 노여워하지 않으면 상벌이 치우치지 않으며, 쓸모 없는 것을 탐하지 않으면 욕심으로 인해 본성을 해치는 일이 없고, 욕망이 절제되면 삶에서 만족을 알게 된다. 이 네 가지는 밖에서 구하는 것도 남에게서 빌리는 것도 아니니, 자기 자신에게 돌이키면 얻게 될 것이다.19

老子曰: 原天命, 治心術, 理好憎, 適情性, 卽治道通矣. 原
天命卽不惑禍福, 治心術卽不妄喜怒, 理好憎卽不貪無用, 適
情性卽欲不過節. 不惑禍福卽動靜順理, 不妄喜怒卽賞罰不
阿, 不貪無用卽不以欲害性, 欲不過節卽養生知足. 凡此四者,
不求于外, 不假于人, 反己而得矣.

---

19. 이상의 내용은 『회남자』「전언훈」에서 찾아 볼 수 있다.

노자가 말하였다.

비난받을 행위를 하지 않을 뿐 남이 나를 비난하는 것을 미워하지 말라. 칭찬 받을 덕을 닦을 뿐 남이 나를 칭찬하기를 바라지 말라. 화가 이르지 않게 할 수는 없으나 없는 화를 스스로 불러들이지 말라. 복이 기필코 오게 할 수는 없으나 오는 복을 스스로 사양하지 말라. 화가 이르는 것은 자신이 만들어낸 것이 아니니 곤궁함을 당해도 근심하지 말며, 복이 오는 것은 자신이 이룬 것이 아니니 영달해도 기뻐하지 말라. 그러므로 그저 한가로이 즐기고 무위로 살아갈 뿐이다.20

老子曰: 不求可非之行, 不憎人之非己. 修足譽之德, 不求人之譽己. 不能使禍無至, 信己之不迎也. 不能使福必來, 信己之不讓也. 禍之至非己之所生, 故窮而不憂. 福之來非己之所成, 故通而不矜. 是故閑居而樂, 無爲而治.

노자가 말하였다.

도를 체득한 사람은 이미 가지고 있는 것을 지킬 뿐 아직 얻지 못한 것을 구하지 않는다. 아직 얻지 못한 것을 구하면 가지고 있는 것도 잃게 되나, 이미 가진 것을 지키고 따르면 원하는 것이 저절로

---

20. '무위로 다스린다'는 것은 두 가지 의미로 해석할 수 있다. 첫째는 자기 자신을 무위, 즉 자연의 이치에 따라서 다스린다는 수양론적 해석이 가능하다. 둘째는 나라를 무위로 다스린다는 정치론적 해석이 가능하다. 여기서는 두 가지 의미가 모두 내포되는 것으로 볼 수 있다. 중국의 전통철학에서 특히 황로학에서는 '치신'(治身)과 '치국'(治國)은 동시에 병행되어야 하는 것으로 간주되기 때문이다.
이상의 내용은 『회남자』 「전언훈」에서 찾아 볼 수 있다.

이르게 된다. 자신을 다스리는 것이 아직 완전하지 않으면서 남(혹은 나라)을 다스리는 데 힘쓰는 사람은 반드시 위태롭게 되며, 자신의 행위는 아직 허물을 면하지 못하면서 성급하게 명성을 구하는 사람은 반드시 좌절하게 된다. 그러므로 화가 없는 것보다 더 큰 복은 없고, 잃지 않은 것보다 더 큰 이득은 없다. "그러므로 사물은 혹 더하려고 하면 덜어지고, 덜어내려고 하면 더해진다."21 무릇 도는 물질적인 이익을 얻게 할 수는 없으나, 정신을 안정시키고 해를 피하게 할 수 있다. 그러므로 화가 없기를 바랄 뿐 복이 있기를 바라지 말며, 죄가 없기를 바랄 뿐 공이 있기를 바라지 말라.

　도는 가물가물하고 흐릿흐릿하다. 이러한 도를 얻은 사람은 하늘의 위엄을 따르고 하늘과 기를 함께 한다. 때문에 그는 이리저리 생각하는 것도 없고 마음에 담아 두는 것도 없으며, 오는 사람 맞아들이지 않고 가는 사람 배웅하지 않는다. 사람들이 비록 사방으로 분주하게 오고가도 홀로 중심을 지킨다. 그러므로 그는 비뚤어진 사람들 사이에 놓여 있어도 자신의 곧은 성품을 잃지 않으며, 천하 사람들과 함께 어울려도 자신의 올바른 자리를 벗어나지 않는다. 그는 선을 행하지도 악을 피하지도 않고 단지 하늘의 도를 따르며,22 남보다 앞서지도 자신을 고집하지도 않고 단지 하늘의 이치를 따르며, 미리 도모하지도 시기를 놓치지도 않고 단지 하늘과 때를 함께하며, 억지로 얻고자 하지도 복을 피하지도 않고 단지 하늘의 법칙

---

21. 『노자』 42장의 "그러므로 사물은 혹 덜어내려고 하면 더해지고, 혹 더하려고 하면 덜어진다"〔故物, 或損之而益, 或益之而損〕에서 인용하고 있다. 단 어순은 현재 통용되는 왕필본과 도치되어 있다. 『문자』의 이 구절의 어순은 오히려 백서 『노자』 을(乙)본의 형태와 유사하다.
22. 도의 자리에서 보면 선이니 악이니 하는 구별 자체가 존재하지 않는다.

을 쫓는다. 그 같은 사람에게는 안으로 우연히 주어지는 복도 없고 밖으로 우연히 받는 화도 없다. 때문에 화와 복이 생겨나지 않으니 어찌 타인에 의한 해침이 있겠는가? 그러므로 지극한 덕을 지닌 사람은 말은 남들과 일치하고 일은 남들과 이익을 함께 하니, 상하가 모두 한 마음이 된다. 그리고 설사 자신과 길이 다르고 의견을 달리하는 사람이 있다 할지라도, 그를 잘못된 것으로 몰아 부치거나 자신이 옳다고 생각하는 쪽으로 이끌지도 않는다.23 이에 백성들은 저절로 바른 길로 향하게 된다.24

老子曰: 道者守其所已有, 不求其所以未得. 求其所未得卽所有者亡, 循其所已有卽所欲者至. 治未固于不亂, 而事爲治者必危. 行未免于無非, 而急求名者必剉. 故福莫大于無禍, 利莫大于不喪. 故物或益之而損, 損之而益. 夫道不可以勸就利者, 而可以安神避害. 故嘗無禍不嘗有福, 嘗無罪不嘗有功. 道曰芒芒昧昧. 從天之威, 與天同氣. 無思慮也, 無設儲也. 來者不迎, 去者不將. 人雖東西南北, 獨立中央. 故處衆枉, 不失其直. 與天下幷流, 不離其域. 不爲善, 不避醜, 遵天之道. 不爲始, 不專己, 循天之理. 不豫謀, 不棄時, 與天爲期. 不求得, 不辭福, 從天之則. 內無奇福, 外無奇禍, 故禍福不生, 焉有人賊. 故至德, 言同輅, 事同福, 上下一心, 無歧道旁見者. 退之于邪, 開道之于善, 而民向方矣.

---

23. 다양성을 인정하는 태도이다. 이처럼 개개인의 다양한 관점과 개인적 기호를 허용하는 태도는 장자의 '제물론'(齊物論)적 태도 혹은 개방적 태도와 통한다.
24. 이상의 내용은 대부분 『회남자』「전언훈」에서 찾아 볼 수 있다.

노자가 말하였다.

착한 일을 하면 그것을 권장하게 되고, 나쁜 일을 하면 그것을 유심히 살펴보게 된다. 권장하다 보면 독촉하는 일이 생기고, 유심히 살펴 보다 보면 분쟁이 생겨나게 된다.25 그러므로 도는 그것을 드러내 명예를 구하는데 쓸 수 없고,26 단지 물러나 자기 수양에 힘쓰는데 쓸 수 있을 뿐이다. 그러므로 성인은 행위로 이름을 구하지 않고 지식으로 명예를 구하지 않으며, 다스림은 단지 스스로 그러한 이치를 따를 뿐 자기 주관을 개입시키지 않는다. 인위적으로 행하는 사람은 이루지 못하는 것이 있고, 억지로 구하는 사람은 얻지 못하는 것이 있다. 인간은 궁하게 되는 경우가 있으나, 도는 통하지 못하는 경우가 없다.27 지식을 지니고서 무위한 것은 아예 무지한 것과 공이 같고, 능력을 지니고서 무사(無事)한 것은 아예 무능한 것과 그 덕이 동일하다.28 따라서 지식이 있어도 무지한 듯이 처신

---

25. 착한 일을 권장하다 보면 더욱더 잘하라고 하는 지나친 독려가 생겨 상대방에게 부담을 줄 수가 있다. 또한 나쁜 일을 하는 사람을 유심히 살펴보게 되면 '왜 나를 비난하듯이 보느냐' 하는 원망이 발생하게 되고, 그 결과 상호간에 다툼이 일어날 수 있다.

26. 착한 일을 권장하고 나쁜 일을 책망하는 것 등이 바로 명예[名]를 구하거나 또는 세상의 평판을 의식하는 행위들이다. 그러나 도에 따르는 행위는 세상의 명예나 평판과는 거리가 멀다.

27. 원문은 '道無通'으로 되어 있으나, 『회남자』 「전언훈」(詮言訓)에 근거하여 '道無不通'으로 고쳐 해석한다.

28. 이 말은 상식적인 수준에서는 이해되기 어려울 수 있다. 그러나 세상 사람들이 중시하는 '지식'과 '능력'은 도의 관점에서 보면 단지 허상에 불과하고 크게 대단한 것도 아니다. 오히려 그러한 세상적인 '지식'과 '능력'은 인간의 순수한 본성을 훼손할 수 있다. 따라서 문자가 말하고자 하는 것은, 세속적인 차원의 '지식'과 '능력'은 있으나 마나한 것이기에 차라리 온전히 무지 무능한 것이 낫다는 것이다. 이러한 무지와 무능은 궁극적으로 '무위' 및 '무사'(無事)와 통할 수 있기 때문이다.

하고 능력이 있어도 무능한 듯이 행위하면,29 도리에 통달하게 되어 인간적인 얕은 지식과 재주를 부리는 일이 사라지게 될 것이다. 인간적인 것과 도는 함께 드러날 수 없다.30 인간이 명예를 좋아하면 도가 쓰여지지 않고, 도가 인간적인 것을 이기면 명예는 드러나지 않기 때문이다. 도의 작용이 그치고 세속적 명예만 드러나면 위태롭고 망하게 될 것이다.31

老子曰: 爲善卽勸, 爲不善卽觀. 勸卽生責, 觀卽生患. 故道不可以進而求名, 可以退而修身. 故聖人不以行求名, 不以知見求譽, 治隨自然, 己無所與. 爲者有不成, 求者有不得, 人有窮而道無通. 有智而無爲與無智同功, 有能而無事與無能同德. 有智若無智, 有能若無能, 道理達而人才滅矣. 人與道不兩明. 人愛名卽不用道, 道勝人卽名息. 道息人名章卽危亡.

노자가 말하였다.
믿을 수 있는 선비를 시켜 재물을 나누게 하기보다는 차라리 제

---

29. 이것은 자신에게 지식이나 능력이 있어도 그것을 의식하거나 자랑하지 않는 태도를 취하는 것을 말한다.
30. 이 말은 『장자』「대종사」에서 언급되는, "하늘의 소인은 인간 세상의 군자이고, 하늘의 군자는 인간 세상의 소인이다"(天之小人, 人之君子. 天之君子, 人之小人也)와 통하는 말이다. 인간의 관점에서 바라보는 가치와 도의 관점에서 바라보는 가치는 상반될 수 있다는 점을 지적하고 있다. 예컨대 부귀나 명예와 같은 세상 사람들의 지향처는 도를 깨달은 '진인'(眞人)의 눈에는 단지 부질없는 욕망이나 허상으로 비춰질 수 있다.
31. 이상의 내용은 『회남자』「전언훈」에서 찾아 볼 수 있다.

비뽑기를 하여 몫을 나누는 편이 더 낫다. 어째서 그런가? 공평함이라는 측면에서 보면, 유심한 것은 무심한 것만 못하기 때문이다.[32] 청렴한 선비에게 재물을 지키게 하기보다는 차라리 창고의 문을 닫아걸고 완전히 봉해버리는 편이 더 낫다. 청렴함이라는 측면에서 보면, 욕망을 지닌 것은 욕망이 없는 것만 못하기 때문이다. 남이 나의 결점을 지적하면 원망하게 되나, 거울이 자신의 추한 모습을 비추면 반성하여 스스로 선한 사람으로 변모하게 된다. 사람이 사물을 대할 때 주관을 개입시키지 않을 수 있다면 과실을 면할 수 있을 것이다.[33]

老子曰: 使信士分財, 不如定分而探籌. 何則? 有心者之于平, 不如無心者也. 使廉士守財, 不如閉戶而全封. 以爲有欲者之于廉, 不如無欲者也. 人擧其疵則怨, 鑑見其醜則自善. 人能接物而不與己, 則免于累矣.

노자가 말하였다.

무릇 남을 섬기는 사람은 재물로 하지 않으면 반드시 겸손한 말로 환심을 사고자 한다. 그러나 재물을 다 써도 상대의 욕심을 충족시킬 수 없고, 몸을 굽히고 공손히 말하고 기쁘게 하는 말을 해도

---

32. 아무리 공정한 사람이라 할지라도 마음의 작용이라는 것은 항상 주관적으로 흐르기 쉽다는 점을 지적하고 있다. 따라서 공정성을 기하기 위해서는 인간 개인의 인격적 품성에 의존하기보다는 객관적인 도구나 제도에 맡겨야 한다는 주장이다.
33. 이상의 내용은 『회남자』 「전언훈」에서 찾아 볼 수 있다.

친교는 맺어지지 않으며, 서약과 맹세를 굳게 해도 그것들은 나중에 어겨질 수 있다.34 그러므로 군자는 밖으로 인의를 꾸미지 않고 안으로 도와 덕을 닦을 뿐이다. 따라서 나라 안의 정사를 잘 베풀고, 넓은 토지를 효율적으로 이용하며, 백성을 독려하여 죽음으로써 지키게 하고, 성곽을 견고하게 하며, 위아래가 한 마음으로 사직을 지켜라. 그러면 남의 백성을 탐내는 자도 죄 없는 사람들을 정벌하지는 못할 것이고, 이익을 추구하는 자도 얻기 어려운 것을 공격하지 못할 것이다. 이것이 기필코 나라를 온전하게 하는 도이고 기필코 백성을 이롭게 하는 이치다.35

老子曰: 凡事人者, 非其寶幣, 必以卑辭. 幣單而欲不厭, 卑體免辭論說而交不結, 約束誓盟約定而反先日. 是以君子不外飾仁義, 而內修道德. 修其境內之事, 盡其地方之廣, 勸民守死, 堅其城郭, 上下一心, 與之守社稷. 卽爲民者不伐無罪, 爲利者不攻難得. 此必全之道, 必利之理.

노자가 말하였다.

성인은 자신의 마음을 이기지 못하고 중생은 자신의 욕망을 이기지 못한다. 군자는 정기(正氣)를 행하고 소인은 사기(邪氣)를 행한다.36 안으로는 본성을 편안히 여기고 밖으로는 의에 합치되며 이

---

34. 재물을 쓰고 몸을 굽히고 말을 겸손하게 하며 맹세와 서약을 하는 등의 행위는 모두 유가에서 말하는 인의와 예의를 행하는 것과 관련이 있다.
35. 이상의 내용은 대부분 『회남자』 「전언훈」에서 찾아 볼 수 있다.
36. 군자/소인의 구분을 기의 문제로 따지고 있다. 즉 기가 바르면 군자이고

치를 따라 움직이고 사물에 얽매이지 않는 것이 '정기'이다. 그러나 맛있는 음식을 추구하고 시끄러운 음악과 화려한 색깔에 지나치게 빠져들며 기쁨과 노여움을 쉽게 드러내고 후환을 생각하지 않는 것이 '사기'이다. 사기와 정기는 서로 해치고 욕망과 본성은 서로 해치기에 이들은 양립할 수 없다. 따라서 하나가 일어나면 다른 하나는 사라진다. 그러므로 성인은 욕망을 덜어내어 본성을 따른다. 눈은 색을 좋아하고 귀는 소리를 좋아하며 코는 향기를 좋아하고 입은 맛을 좋아한다. 이들은 모두 즐거운 것이나, 이로움과 해로움, 기호와 욕망의 영역을 벗어나지 못한다. 귀와 눈, 입과 코 자체는 욕망을 알지 못하는 것들이니, 이들은 모두 마음에 의해 주재되어 각각 그 말미암는 바를 얻는다.37 이로써 볼 때 욕망이 본성을 이겨서는 안 된다는 것은 또한 분명하다.38

老子曰: 聖人不勝其心, 衆人不勝其欲. 君子行正氣, 小人行邪氣. 內便于性, 外合于義, 循理而動, 不繫于物者, 正氣也. 推于滋味, 淫于聲色, 發于喜怒, 不顧後患者, 邪氣也. 邪與正相傷, 欲與性相害, 不可兩立, 一起一廢, 故聖人損欲而從性. 目好色, 耳好聲, 鼻好香, 口好味, 合而說之, 不離利害嗜欲也. 耳目鼻口不知所欲, 皆心爲之制, 各得其所由. 由此觀之, 欲不可勝亦明矣.

기가 바르지 못하면 소인이라는 말이다. 이러한 생각은 만물은 기에 의해 생성 소멸되며, 이때 정미한 기는 사람이 되고 잡박한 기는 동물이 된다는 생각의 연장선상에서 이해할 수 있다.
37. 귀가 소리를 좋아하고, 눈이 색을 좋아하며, 코가 향기에 빠지고, 입이 맛에 탐닉하게 되는 것을 말한다.
38. 이상의 내용은 『회남자』 「전언훈」에서 찾아 볼 수 있다.

노자가 말하였다.

몸을 다스리고 생명39을 기르는 사람은, 잠자리를 절도 있게 하고 음식을 적당히 먹으며 기쁨과 노여움을 조절하고 행동을 편안히 하여, 자신에게 내재한 것40을 얻고 사기(邪氣)를 침입하지 못하게 한다. 외면을 꾸미는 사람은 내면을 상하게 되고, 감정을 따르는 사람은 정신을 해치게 되며, 화려한 꾸밈을 지향하는 사람은 참됨을 보지 못하게 된다. 무릇 잠시간이라도 어질게 될 것을 잊지 않는 사람은 반드시 자신의 본성을 고달프게 하고, 백 걸음 사이에도 끊임없이 용모에 신경 쓰는 사람은 반드시 자신의 형체 수고롭게 한다. 그러므로 깃털이 아름다운 존재는 그것으로 인해 뼈를 상하게 되고, 가지와 잎이 무성한 존재는 그것으로 인해 뿌리를 해치게 된다. 천하에 이 두 가지 측면을 모두 잘 보존할 수 있는 자는 없다.41

老子曰: 治身養性者, 節寢處, 適飮食, 和喜怒, 便動靜, 內在己者得, 而邪氣無由入. 飾其外, 傷其內, 扶其情者害其神, 見其文者蔽其眞. 夫須臾無忘其爲賢者, 必困其性. 百步之中無忘其爲容者, 必累其形. 故羽翼美者傷其骸骨, 枝葉茂者害其根荄, 能兩美者天下無之.

---

39. 원문은 '성'(性)으로 되어 있으나 '생'(生)으로 읽는다. '성'(性)과 '생'(生)은 고대에 종종 통용되었다.
40. 뒤의 사기(邪氣)와 연계시켜 본다면 정기(正氣)로 볼 수 있다. 인간에게는 본래 정기가 내재해 있다고 본다면 그것은 인간을 선천적으로 선하고 완전한 존재로 인식하는 것이다. 따라서 인간의 악은 외부로부터 침입하는 사기에 의해 발생하는 것으로 설명될 수 있다.
41. 이상의 내용은 『회남자』「전언훈」에서 찾아 볼 수 있다.

노자가 말하였다.

하늘에 빛이 있는 것은 백성들의 어두움을 걱정해서가 아니며, 땅 속에 재화가 들어 있는 것은 백성들의 가난을 근심해서가 아니다.[42] 이와 마찬가지로 도를 얻은 사람은 단지 산처럼 고요히 우뚝 서 있을 뿐이다. 그러면 행위 하는 일반 사람들이 그것으로 자기네 행위의 표준으로 삼는다. 이처럼 단지 자기 자신을 바르게 하고 있으면 만물을 만족케 할 수 있다. 남을 위해 의도적으로 베풀지 않기에 그것을 쓰는 사람 또한 그것을 덕으로 여기지 않으니, 때문에 도를 얻은 사람 역시 편안하고 영원할 수 있다. 천지는 주는 것이 없기에 빼앗는 것도 없고, 덕을 행하지 않기에 원망도 없다. 화를 잘 내는 사람은 반드시 많은 원망을 받게 되고, 남에게 잘 베푸는 사람은 반드시 잘 빼앗는다. 오직 천지 자연의 스스로 그러한 모습을 따라야만 이치를 다 실현할 수 있다. 그러므로 명예가 보이면 훼손이 따르고 선이 보이면 악이 따르게 되는 것이니, 이익은 손해의 시작이고 복은 화의 머리이다. 그러므로 이익을 구하지 않으면 해가 없고 복을 구하지 않으면 화가 없다. 따라서 몸을 온전히 하는 것을 법도로 삼으면 부귀는 저절로 따르게 된다.[43]

老子曰: 天有明不憂民之晦也, 地有財不憂民之貧也. 至德

---

42. 하늘에 해와 달이 있어 밝게 빛나고, 땅 속에 금은의 광물이 있는 것 등의 자연 현상은 그 자체의 존재 원리에 따르는 것일 뿐, 인간에 대한 어떤 배려가 개입된 것이 아니라는 말이다. 이것은 곧 천지 자연의 무심(無心)함과 무사(無私)함을 표현하는 말이다. 이것은 노자가 말하는 "천지는 어질지 않으니 만물을 풀 강아지로 여긴다"[天地不仁, 以萬物爲芻狗]와 통한다.
43. 이상의 내용은 『회남자』「전언훈」에서 찾아 볼 수 있다.

道者, 若丘山, 塊然不動, 行者以爲期. 直己而足物, 不爲人賜. 用之者, 亦不受其德. 故安而能久. 天地無與也故無奪也, 無德也故無怨也. 善怒者必多怨, 善與者必善奪. 唯隨天地之自然而能勝理. 故譽見卽毁隨之, 善見卽惡從之. 利爲害始, 福爲禍先, 不求利卽無害, 不求福卽無禍. 身以全爲常, 富貴其寄也.

노자가 말하였다.

성인은 기이한 복장도 하지 않고 괴이한 행동도 하지 않는다. 옷은 화려하게 물들이지 않고 행동은 튀지 않으며, 통달해도 떠벌리지 않고 궁해도 두려워하지 않으며, 영달해도 드러내지 않고 이름 없이 은둔해도 부끄럽게 여기지 않는다. 이처럼 성인은 남과 다르나 괴이하지 않고, 사람들과 함께 어울리기에 무어라 달리 이름할 수 없다.44 이것을 '도에 크게 통했다'고 한다.45

老子曰: 聖人無屈奇之服, 詭異之行. 服不雜, 行不觀. 通而不華, 窮而不懾. 榮而不顯, 隱而不辱. 異而不怪, 同用無以名之, 是謂大通.

도를 얻은 사람은 자기 자신을 바르게 하고 명(命)을 기다릴 뿐

---

44. 성인은 대중과 함께 호흡하고 살아가기에 특별히 남다른 모습을 찾아 볼 수 없다.
45. 이상의 내용은 『회남자』「전언훈」에서 찾아 볼 수 있다.

이다.46 때가 이르는 것을 미리 나아가 맞아들일 수 없고, 때가 떠나는 것을 쫓아가 잡아당길 수 없다. 그러므로 성인은 앞서 나아가 구하지 않고 미리 물러나 사양하지도 않는다.47 삼 년 동안 때가 따랐다 할지라도 때가 떠나면 나도 떠나며, 삼 년 동안 때가 떠났다 할지라도 때가 오면 나는 그것을 따른다. 따라서 성인은 때를 떠나지도 않고 쫓지도 않으니, 단지 때의 한 가운데에 설뿐이다.48

하늘의 도는 특별히 친하게 대하는 것이 없으니, 오로지 덕 있는 자와 함께 할 뿐이다. 복이 오는 것은 내가 구할 수 있는 것이 아니기에 공이 이루어져도 그것을 자랑하지 않으며, 화가 닥치는 것은 내가 생겨나게 하는 것이 아니기에 이미 저질러진 행위에 대해서는 후회하지 않는다. 내면을 고요히 안정시켜 덕을 손상시키지 않으면 개 짖는 소리에도 놀라지 않는다. 자신의 감정을 신뢰할 수 있으면 진실로 합당치 않은 분수가 없다.49 그러므로 도에 통달한 사람은 미혹되지 않고 명(命)을 아는 사람은 근심하지 않는다.

제왕이 죽으면 그 육신은 들판에 묻으나 정신은 명당에 제사지낸다. 정신이 육신보다 귀하기 때문이다. 그러므로 정신이 육신을 제어하면 순조롭게 되나, 육신이 정신을 이기면 궁하게 된다. 이때 귀

---

46. 여기서 말하는 '명을 기다린다'〔待命〕는 사고는 장자의 '안명'(安命) 사상과 유사하다. 『장자』「인간세」에는, "그 어찌할 수 없음을 알고 그것을 명으로 알고 편안히 따르는 것이 덕의 지극함이다"〔知其不可奈何而安之若命, 德之至也〕라는 말이 있다.
47. 저절로 그러한 이치에 따를 뿐이다. 즉 때가 오면 구하고 때가 떠나면 물러날 뿐이다.
48. 성인은 때와 더불어 행위하기에 때를 벗어나는 경우가 없다. 때문에 "때의 한가운데에 선다"고 말하는 것이다.
49. 자신의 분수에 편안히 거처하고 스스로 만족〔安分自足〕하기 때문이다.

와 눈은 사용하더라도 반드시 정신의 통제 하에 놓여야 한다.50 이
렇게 하면 크게 통달하게 된다.51

老子曰: 道者, 直己而待命. 時之至不可迎而返也, 時之去
不可足而援也. 故聖人不進而求, 不退而讓. 隨時三年, 時去
我走, 去時三年, 時在我後, 無去無就, 中立其所. 天道無親,
唯德是與. 福之至非己之所求, 故不伐其功. 禍之來非己之所
生, 故不悔其行. 中心其恬, 不累于德, 狗吠不驚. 自信其情,
誠無非分. 故通道者不惑, 知命者不憂. 帝王之崩, 藏骸于野.
其祭也祀之于明堂, 神貴于形也. 故神制形則從, 刑勝神則窮.
聰明雖用, 必反諸神, 謂之大通.

노자가 말하였다.
옛날에 자신을 잘 보존하는 사람은 덕을 즐기기에 자신의 미천함
을 잊었다. 때문에 명예는 그의 뜻을 움직이지 못하였다. 또한 그는
도를 즐기기에 자신의 가난함을 잊었다. 때문에 물질적 이익은 그
의 마음을 움직이지 못하였다. 그러므로 그 같은 사람은 겸손함으
로써 즐거울 수 있고 고요함으로써 안정될 수 있다. 유한한 생명을

---

50. 정신[神]이 형체[形]에 근본 한다는 점을 말하고 있다. 이것은 앞서 말한,
    "귀와 눈 입과 코 자체는 욕망을 알지 못하는 것들이니, 이들은 모두 마음
    에 의해 주재되어 각각 그 말미암는 바를 얻는다"와 통한다.
51. 이 단락은 형과 신의 관계에 대해 언급하고 있다. 여기서의 형신관은 '정
    신이 주가 되고 형체가 따른다'는 즉 신주형종(神主形從)의 관계로 요약
    될 수 있다.
    이상의 내용은 『회남자』「전언훈」에서 찾아 볼 수 있다.

지니고서 천하의 어지러움을 근심하는 것은, 마치 황하가 마를 것을 걱정하여 눈물을 보태는 것과 같다.52 그러므로 천하의 어지러움을 걱정하지 않고 자신의 몸 닦는 것을 즐기는 사람과는 더불어 도를 논할 수 있다.53

老子曰: 古之存己者, 樂德而忘賤, 故名不動志; 樂道而忘貧, 故利不動心. 是以謙而能樂, 靜而能澹. 以數箅之壽, 憂天下之亂, 猶憂河水之涸, 泣而益之也. 故不憂天下之亂, 而樂其身治者, 可與言道矣.

노자가 말하였다.

사람들에게는 세 가지 원망이 있다. 작위가 높으면 사람들이 질투하고, 관직이 높으면 군주가 미워하며, 봉록이 두터우면 사람들이 원망한다. 따라서 무릇 작위가 높을수록 자신을 더욱 낮추고, 관직이 높을수록 마음가짐을 더욱 겸허하게 하며, 봉록이 두터울수록 더욱 널리 베풀어야 한다. 이 세 가지를 닦으면 원망이 일어나지 않는다. 그러므로 '귀함은 천함으로 근본을 삼고, 높음은 낮음으로 바탕을 삼는다.'54

老子曰: 人有三怨. 爵高者人妬之, 官大者主惡之, 祿厚者

---

52. 천하의 치란(治亂)은 개인의 힘으로는 어쩔 수 없다는 관조적 혹은 운명론적 태도가 엿보인다.
53. 이상의 내용은 『회남자』 「전언훈」에서 찾아 볼 수 있다.
54. 『노자』 39장에서 인용하고 있다.
   이상의 내용은 『회남자』 「도응훈」에서 찾아 볼 수 있다.

人怨之. 夫爵益高者意益下, 官益大者心益小, 祿益厚者施益博. 修此三者, 怨不作. 故貴以賤爲本, 高以下爲基.

노자가 말하였다.

'말'은 남에게 자신을 통하게 하는 수단이며, '들음'은 타인이 나에게 통해 오는 수단이다. 이미 말하지 못하고 듣지 못하면 사람들간의 관계는 통하지 않게 된다. 그러므로 벙어리나 귀머거리의 병을 지닌 사람은 결코 남과 소통하기 쉽지 않다. 어찌 형체에만 벙어리와 귀머거리가 있겠는가! 마음도 막히는 것이 있으면 아무도 남과 소통할 수 없다. 이것 역시 벙어리나 귀머거리와 같은 종류이다. 무릇 도는 만물의 근본이기에 형체 있는 것들이 모두 그것으로부터 생겨 나온다. 그러므로 도가 만물에 대해 어버이 노릇 하는 것이 또한 친근하다 할 것이다. 이와 마찬가지로 사람들이 모두 곡식을 먹고 장수하면 군주 노릇 하는 것이 또한 은혜롭다 할 것이며, 지혜 있는 사람들이 모두 배우면 그 스승 노릇 하는 것이 또한 밝다고 할 것이다. 사람들은 모두 쓸모 없는 것으로 쓸모 있는 것을 해친다. 그러므로 지식은 넓지 못하고 시간은 부족하다. 쌍륙과 바둑으로 보내는 시간에 도를 닦는다면 진실로 듣고 보는 것이 깊을 것이다. 도에 대해 듣지도 않고 묻지도 않는 것은 마치 귀머거리나 벙어리와 같다.55

老子曰: 言者所以通己于人也, 聞者所以通人于己也. 旣闇且聾, 人道不通. 故有闇聾之病者, 莫知事通. 豈獨形骸有闇

---

55. 이상의 내용은 『회남자』 「태족훈」에서 찾아 볼 수 있다.

聾哉, 心亦有之塞也. 莫知所通, 此闇聾之類也. 夫道之爲宗
也, 有形者皆生焉, 其爲親也亦戚矣. 饗穀食氣者皆壽焉, 其
爲君也亦惠矣. 諸智者學焉, 其爲師也亦明矣. 人皆以無用害
有用, 故知不博而日不足. 以博奕之日間道, 聞見深矣. 不聞
與不問, 猶闇聾之比于人也.

노자가 말하였다.

사람들은 일반적으로 덕에는 진심으로 복종하나 힘에는 복종하
지 않는다. 그리고 덕은 남에게 베푸는 데 있지 남으로부터 구하는
데 있지 않다. 그러므로 성인은 남에게 귀한 존재가 되고자 하면 먼
저 남을 귀하게 대해 주고, 남에게 존중받고자 하면 먼저 남을 존중
하며, 남을 이기고자 하면 먼저 스스로를 이기고, 남을 낮추고자 하
면 먼저 자신을 낮춘다. 그러므로 귀해지고 천해지고 존중되고 낮
추어지는 것은 모두 도에 의해 이루어진다. 무릇 옛날의 어진 왕은
남에게 공손히 말하였고 남을 자신보다 앞세웠다. 그 결과 천하 사
람들은 즐겁게 그를 따르면서도 싫어하지 않았으며 그를 받들면서
도 무겁게 여기지 않았다.56 이것은 덕이 넉넉하고 기가 순조롭
기57 때문이다. 그러므로 베푸는 것이 취하는 것이 되고 뒤서는 것

---

56. 이것은 『노자』 66장의 "백성들의 위에 오르고자 하면 반드시 말을 공손하
게 하고, 백성들의 앞에 서고자 하면 반드시 자기 몸을 뒤로해야 한다. 이
때문에 성인은 백성들 위에 거처해도 백성들은 그를 무겁게 여기지 않고,
백성들 앞에 있어도 백성들은 해롭게 여기지 않는다"〔欲上民, 必以言下
之, 欲先民, 必以身後之, 是以聖人處上而民不重, 處前而民不害〕는 구절
을 풀어 설명하고 있다.
57. '기가 순조롭다'〔氣順〕는 것은, 통치자의 기운이 백성들의 기운과 합일되

이 앞서는 것이 된다는 이치를 깨달으면 도에 가까울 것이다.

老子曰: 人之情心服于德, 不服于力. 德在與不在來. 是以
聖人之欲貴于人者, 先貴于人. 欲尊于人者, 先尊于人. 欲勝
人者, 先自勝. 欲卑人者, 先自卑. 故貴賤尊卑, 道以制之. 夫
古之聖王以其言下人, 以其身後人, 卽天下樂推而不厭, 戴而
不重. 此德重有餘而氣順也. 故知與之爲取, 後之爲先, 卽幾
之道矣.

노자가 말하였다.

덕이 적으면서 총애를 많이 받는 사람은 손가락질 받게 되고, 재
능이 낮으면서 지위가 높은 사람은 위태로우며, 큰공이 없으면서
봉록이 두터운 사람은 미천하게 된다. 그러므로 "사물은 혹 더해지
는 것 같으나 덜어지고, 혹 덜어지는 것 같으나 더해진다."[58] 사람
들은 모두 이로운 것만 이롭게 여길 줄 알 뿐, 병 되는 것을 병으로
여길 줄 모른다. 오직 성인만이 병이 이로움이 되고 이로움이 병이
되는 것을 안다.[59] 그러므로 일년에 두 번 열매 맺는 나무는 반드시

는 상태를 의미한다. 이처럼 통치자와 백성들간에 기가 통하고 합일되는
것을 이상으로 여기는 사고는, 진한대(秦漢代)에 유행한 '동기상응론'(同
氣相應論) 혹은 '천인상감론'(天人相感論)의 반영이며, 이것은 『회남자』
에서 '신화론'(神化論)으로 발전된다.
58. 『노자』42장에서 인용하고 있다.
59. 이 구절은 외형상 『노자』71장과 관계 있다. 71장의 전문은 다음과 같다.
"알면서 알지 못한 듯이 하는 것이 최상이고, 모르면서 아는 체 하는 것이
병이다. 무릇 오직 병을 병으로 알고 있으면 병이 되지 않는다. 성인에게

뿌리가 상하게 되고, 많은 재물을 간직하고 있는 집안은 나중에 반드시 재앙을 만나게 된다. 무릇 크게 이로운 것은 오히려 큰 해가 되는 것이니, 이것이 하늘의 도이다.60

老子曰: 德少而寵多者譏, 才下而位高者危, 無大功而有厚祿者微. 故物或益之而損, 或損之而益. 衆人皆知利利, 而不知病病. 唯聖人知病之爲利, 利之爲病. 故再實之木其根必傷, 多藏之家其後必殃. 夫大利者反爲害, 天之道也.

노자가 말하였다.

소인이 일에 종사하는 것은 '얻음'을 위해서이고 군자가 일에 종사하는 것은 '의'를 위해서이다. 선을 행하는 사람은 일부러 명성을 구하지 않으나 명성이 저절로 따르며, 물질적 이익을 기약하지 않으나 이익이 저절로 따른다. 소인과 군자는 각기 구하는 바는 동일하나 그 결과는 달라진다. 그러므로 어떤 행동을 할 때 이익을 염두

병통이 없는 것은 병을 병으로 알고 있기 때문이다. 이 때문에 성인은 병이 없다."〔知不知, 上, 不知知, 病. 夫唯病病, 是以不病, 聖人不病, 以其病病, 是以不病.〕 여기서 노자가 말하고자 하는 바는, 어떤 문제가 있을 때 그것의 문제됨을 직시할 수 있다면 오히려 그러한 자각으로 인해 문제 자체가 해소될 수 있다는 점이다. 즉 인간의 자기자각을 강조하고 있는 셈이다. 그러나 『문자』의 이 구절은 『노자』에서와 달리 이로움과 해로움은 상호 전화(轉化)될 수 있다는 점, 즉 모든 사물 현상은 언제든지 그 반대 양상으로 변화될 수 있다는 점을 말하고 있다.

60. 이른바 '사물이 극에 도달하면 반드시 반대 방향으로 진행된다'〔物極必反〕는 이치는 동양 사상의 황금률이다.
    이상의 내용은 『회남자』「인간훈」에서 찾아 볼 수 있다.

에 두면 손해가 따르게 된다. 말에 일관성이 없고 행동에 합당함이 없는 사람은 소인(小人)이고, 하나의 일에만 명찰하고 하나의 능력에만 통달한 사람은 중인(中人)이며, 덕과 재능을 두루 겸비하여 기술에 능하면서 동시에 타인의 기술을 부리는 사람은 성인(聖人)61이다.62

老子曰: 小人從事曰苟得, 君子曰苟義. 爲善者, 非求名者也, 而名從之, 不與利期, 而利歸之. 所求者同, 所極者異, 故動有益則損隨之. 言無常是, 行無常宜者, 小人也; 察于一事, 通于一能, 中人也; 兼覆而幷有之, 技能而才使之者, 聖人也.

노자가 말하였다.

삶은 잠시 빌리는 것이요, 죽음은 본 고향으로 돌아가는 것이다.63 그러므로 세상이 다스려지면 의로 몸을 지키고, 세상이 어지

---

61. 여기에 제시된 성인관은 도가나 유가의 일반적 성인관과는 구별된다. 일반적으로 성인은 오로지 덕이 충만하고 자기 수양이 깊은 도덕적 인간을 의미하였다. 그러나 여기서는 기존의 성인관 외에 실생활에 유용한 기술적 능력을 지니는 것까지 포함시키고 있다. 즉『문자』는 덕성은 물론이고 기능적인 면도 아울러 갖춘 실용적 성인관을 제시하고 있다. 이처럼 기술적 측면까지 중시하는『문자』의 사유는, 기술을 습득하거나 그것을 이용하고자 하는 마음을 경계하는 노장적 사유 특히 장자적 사유와는 뚜렷이 구별된다.

62. 이상의 내용은『회남자』「무칭훈」에서 찾아 볼 수 있다.

63. 이 말은 장자의 생사관과 통하는 점이 있다.『장자』「제물론」에서는 다음과 같이 말한다. "삶을 기뻐하는 것이 미혹된 짓이 아닌 줄 내 어찌 알겠는가! 죽음을 싫어하는 것이 어렸을 때 고향을 잃어버리고 돌아갈 줄 모르는 것인 줄 내 어찌 알겠는가!"〔予惡乎知說生之非惑邪! 予惡乎知惡死之

러워지면 몸으로 의를 지킨다. 죽는 날은 곧 우리의 행위가 끝나는 날이니, 군자는 단 하루라도 신중히 사용할 뿐이다. 그러므로 생명은 하늘로부터 받고 명〔命〕은 때로부터 받는다. 재능이 있으면서도 세상을 만나지 못하는 것은 천명이다. 구하는 것에는 바른 도가 있으나 얻느냐 못 얻느냐는 천명에 달려 있다. 군자는 선을 행할 수 있으나 반드시 복을 얻을 수 있는 것은 아니며, 차마 그른 된 일은 하지 않으나 반드시 화를 면하는 것은 아니다. 그러므로 군자는 때를 만나면 나아가고 의로써 얻으니, 어찌 행운이 있겠는가! 또한 군자는 자신의 때가 아니면 물러나고 예로써 사양하니, 어찌 불행이 있겠는가! 그러므로 군자가 비록 가난하고 천한 상황에 처하더라도 후회하지 않는 것은, 그가 귀하게 여기는 것64을 얻었기 때문이다.65

老子曰: 生所假也, 死所歸也. 故世治卽以義衛身, 世亂卽以身衛義. 死之日, 行之終也, 故君子愼一, 用之而已矣. 故生所受于天也, 命所遭于時也. 有其才不遇其世, 天也. 求之有道, 得之在命. 君子能爲善, 不能必得其福; 不忍而爲非, 而未必免于禍. 故君子逢時卽進, 得之以義, 何幸之有! 不時卽退, 讓之以禮, 何不幸之有! 故雖處貧賤而猶不悔者, 得其所貴也.

노자가 말하였다.

非弱喪而不知歸者邪!〕

64. 의(義)와 예(禮)를 말한다.

65. 이상의 내용은 『회남자』 「무칭훈」에서 찾아 볼 수 있다.

사람에게는 순기(順氣)와 역기(逆氣)가 있는데, 이것들은 모두 마음에서 생겨난다. 마음이 다스려지면 기가 순조롭고 마음이 어지러우면 기가 거슬러진다. 그런데 마음이 다스려지는 것과 어지러워지는 것은 모두 도에 달려 있다. 도를 얻으면 마음이 다스려지고 도를 잃으면 마음이 어지러워지기 때문이다. 마음이 다스려지면 서로 사양하고 마음이 어지러우면 서로 다툰다. 사양하면 덕이 생기고 다투면 해침이 생긴다. 덕이 있으면 기가 순조롭고, 해침이 생기면 기가 거슬러진다. 기가 순조로우면 스스로를 덜어냄으로써 남을 봉양하고, 기가 거슬러지면 남을 덜어냄으로써 자신을 봉양한다. 이 두 가지 기는 도로 제어할 수 있다.

자연의 도는 메아리가 소리에 응답하는 것과 같다. 덕이 쌓이면 복이 생겨나고, 화가 쌓이면 원망이 생겨난다. 벼슬살이는 관직이 많은 데서 어그러지고, 효심은 처자식으로 인해 약해지며, 근심은 우환이 해소되는 데서 생겨나고, 병은 병세가 호전되는 데서 깊어진다. 그러므로 '마지막을 처음처럼 신중히 하면 그르치는 일이 없다.'[66]

老子曰: 人有順逆之氣生于心. 心治則氣順, 心亂則氣逆. 心之治亂在于道德. 得道則心治, 失道則心亂. 心治則交讓, 心亂則交爭. 讓則有德, 爭則生賊. 有德則氣順, 賊生則氣逆. 氣順則自損以奉人, 氣逆則損人以自奉, 二氣者可道已而制也. 天之道, 其猶響之報聲也. 德積則福生, 禍積則怨生. 宦敗于官茂, 孝衰于妻子, 患生于憂解, 病甚于且瘉. 故愼愼終如始, 則無敗事也.

---

66. 『노자』 64장에서 인용하고 있다.

노자가 말했다.

굽은 것을 들어 곧은 것에 맡기는 것이 어찌 가능하지 않겠는가? 그러나 곧은 것을 들어 굽은 것에 맡기는 것은 이루어질 수 없다. 이것은 이른바 오염된 세상에 함께 있으나 그것에 의해 더럽혀지지 않는다는 것이다.67

老子曰: 擧枉與直, 如何不得; 擧直與枉, 勿與遂往. 所謂 同汚而異泥者.

노자가 말하였다.

성인 또한 태어나고 죽으며 어리석은 사람 또한 태어나고 죽는 다. 그러나 성인은 태어나고 죽으면서 사물의 정해진 이치에 밝으 나, 어리석은 사람은 태어나고 죽으면서 이해(利害)의 소재를 알지 못한다.68 하늘에는 도가 있고 땅에는 사물이 생겨나며, 사람은 이 러한 천지와 조화를 이룬다.69 군주가 천지와 조화하지 못하면, 하 늘의 기운이 내려오지 않고 땅의 기운이 올라가지 않으며, 음기와 양기가 조화를 이루지 못하고 비바람이 제 때를 맞추지 못한다. 그 러면 백성들은 병들고 굶주리게 된다.70

---

67. 이상의 내용은 『회남자』 「설산훈」에서 찾아 볼 수 있다.
68. 이상의 내용은 『회남자』 「설산훈」에 나온다.
69. 천시(天時), 지리(地利), 인화(人和)를 말한다.
70. 인간과 자연은 서로 통한다는 '천인상통'(天人相通)의 측면을 언급하고 있 다. 고대인들은 인간 세상의 최고 존재인 군주의 행위는 자연 현상계에 직접적인 영향을 미치는 것으로 여겼다. 가령 군주가 자연과 어긋나는 행 위를 하거나 명령을 내리면 그로 인해 자연의 재앙을 받게 된다는 식이다.

老子曰: 聖人同死生, 愚人亦同死生. 聖人之同死生明于分理, 愚人之同死生不知利害之所在. 道懸天, 物布地, 和在人. 人主不和卽天氣不下, 地氣不上, 陰陽不調, 風雨不時, 人民疾飢.

노자가 말하였다.

만 명의 병사를 얻는 것보다 한 사람의 합당한 말을 듣는 것이 낫고, 수후(隨侯)의 구슬71을 얻는 것보다 일의 근본을 이해하는 것이 나으며, 화씨(和氏)의 구슬72을 얻는 것보다 일의 적합한 점을 깨닫는 것이 낫다.73 천하가 비록 크다 할지라도 군대 쓰기를 좋아하는 자는 망하고, 나라가 비록 편안하다 할지라도 전쟁을 좋아하

이러한 사고는 전국말 한초를 거쳐 동중서에 이르러 자연과 인간은 상호 감응한다는 '천인상감론'(天人相感論)으로 발전된다.

71. 수후(隨侯)는 한수(漢水) 동쪽 나라의 희성(姬性)을 지닌 제후였다. 수후가 큰 뱀이 다친 것을 보고 약을 발라 주었는데, 그후 뱀이 강속으로 들어가 커다란 구슬을 물어와 그에게 보답했다고 한다. 이로 인해 '수후의 구슬'(隨侯之珠)이라는 말이 생겨났다.

72. 춘추시대 초나라 사람 변화(卞和)가 형산(荆山) 아래에서 천연 옥을 주위 여왕(女王)에게 바쳤다. 여왕이 이것을 옥 감정사에게 보이니 그냥 돌이라고 하였다. 이에 여왕은 변화의 왼쪽 다리를 잘라 버렸다. 그후 무왕(武王)이 왕위에 오르자 변화는 다시 그 옥을 바쳤다. 무왕 역시 그것을 감정사에게 보였더니 이번에도 돌이라고 하였다. 이에 무왕도 그의 오른쪽 다리를 잘라 버렸다. 문왕(文王)이 즉위하자 변화는 그 옥을 안고 형산 아래에서 3일 밤 3일 낮을 통곡하였다. 이에 문왕이 사람을 보내 그 우는 까닭을 물으니, "두 다리를 잘린 것이 슬퍼서가 아니라, 옥을 돌이라고 하고 바른 선비를 사기꾼이라고 중상하는 것이 슬퍼서 웁니다"고 하였다. 그 말을 들은 문왕은 다시 감정사에게 감정하게 했더니 진짜 옥임이 밝혀졌다. 그후 이 옥을 '화씨의 구슬'[和氏之璧]이라고 하였다.

73. 이상의 내용은 『회남자』 「설산훈」에도 나온다.

는 자는 위태롭다. 그러므로 "나라를 작게 하고 백성을 적게 하여, 비록 병기가 있다 할지라도 사용하지 않는다."[74]

老子曰: 得萬人之兵, 不如聞一言之當. 得隋侯之珠, 不如得事之所由. 得和氏之璧, 不如得事之所適. 天下雖大, 好用兵者亡. 國雖安, 好戰者危. 故小國寡民, 雖有什伯之器而勿用.

노자가 말하였다.

패왕(覇王)을 이룰 수 있는 사람은 싸우면 반드시 승리하는 자이며, 적을 이길 수 있는 사람은 반드시 강한 자이다. 강할 수 있는 사람은 반드시 남의 힘을 쓰는 자이며, 남의 힘을 쓸 수 있는 사람은 반드시 사람들의 마음을 얻는 자이며, 사람들의 마음을 얻을 수 있는 사람은 반드시 스스로를 얻은 자이고,[75] 스스로를 얻은 사람은 반드시 부드러운 사람이다.[76] 자기만 못한 사람을 이길 수 있는 사람은 자기와 비슷한 사람을 만나면 겨우 대적하게 된다. 그러나 부드러운 사람은 자신보다 월등한 사람도 이겨낼 수 있으니, 그 힘

---

74. 『노자』 80장의 "小國寡民, 使有什佰之器而不用"을 인용하고 있다. 단 현행본에는 대부분 '使'로 되어 있음에 비해, 『문자』는 '雖'로 되어 있다.
75. '스스로를 얻었다'는 것은 자기 자신을 극복하였다는 것을 의미한다. 앞에서 남을 이기기 위해서는 먼저 자기 자신을 이겨야 한다고 하였다. 따라서 패왕이 되기 위해서는 근본적으로 자기 자신을 이기는 것, 즉 '스스로를 얻는 것'〔自得〕이 요구된다.
76. 자기 자신을 마음대로 자유자재로 할 수 있으므로 '부드럽다'고 할 수 있다. 이처럼 부드러움을 획득하게 되면 궁극적으로 이기지 못하는 것이 없게 된다. 그러므로 노자는 "부드러운 것이 강한 것을 이긴다"〔柔弱勝剛强〕고 하였다.

을 이루 헤아릴 수 없다. 그러므로 많은 무리로도 이겨낼 수 없는 사람이 진실로 큰 승리를 이룰 수 있다.[77]

老子曰: 能成覇王者, 必勝者也. 能勝敵者, 必强者也. 能强者, 必用人力者也. 能用人力者, 必得人心者也. 能得人心者, 必自得者也. 自得者, 必柔弱者. 能勝不如己者, 至于若己者而格. 柔勝出于若己者, 其事不可度. 故能以衆不勝, 成大勝者也.

---

77. 이상의 내용은 『회남자』「전언훈」에서 찾아 볼 수 있다.

5. 도덕(道德)

문자가 도를 물었다.

노자가 대답했다.

배우고 묻는 것이 정미하지 않으면 도를 듣는 것이 깊지 않다. 무릇 도를 듣는 것은 지혜에 통달하기 위한 것이고, 행위를 이루기 위한 것이며, 공과 명예에 이르기 위한 것이다.[1] 배우고 묻는 것이 정미하지 않으면 밝지 못하고, 깊지 않으면 통달하지 못한다. 그러므로 최고의 배움은 신명[神]으로 듣는 것이고,[2] 중간 배움은 마음

---

1. 학문을 중시한다는 점, 그리고 학문을 통해 궁극적으로 공업(功業)과 명예를 목적으로 한다는 점은 원시도가의 기본 관점과는 차이가 있다. 노자나 장자는 모두 이른바 '위학'(爲學)을 경시하고 공명을 가볍게 여겼다. 그러나 황로학 계열에 속하는『문자』는 여기서 보듯이, 학문을 중시하고 공명을 목표로 삼음으로써 현실 사회에 적극적으로 참여하는 유가적 입장을 수용하고 있다.

2. "신명으로써 듣는다"는 말은『장자』「양생주」에서 포정(庖丁)이 소를 잡으려고 소와 마주할 때 "신명[神]으로 대하지 눈으로 보지 않는다"라고 하는 말과 부분적으로 통한다.「양생주」에서 '눈'(『문자』에서는 '귀')이 의미하는 바는 감각적인 인식이다. 포정과 같이 하나의 기술에 통달한 사람(혹은 '최고의 배움')은 감각적 인식 작용을 멈추게 하고, 인간 내면에서 외부로 전개되는 신묘한 작용인 '신명'[神]에 따를 뿐이다.

〔心〕으로 듣는 것이며, 최하의 배움은 귀〔耳〕로 듣는 것이다. 귀로 듣는 사람은 배움이 피부에 머물고, 마음으로 듣는 사람은 배움이 살에 머물며, 신명으로 듣는 사람은 배움이 골수에까지 미친다.3 그러므로 듣는 것이 깊지 않으면 아는 것이 밝지 못하고, 아는 것이 밝지 못하면 도의 정수를 다 파악할 수 없으며, 도의 정수를 다 파악할 수 없으면 도를 실천하는 것이 이루어지지 않는다. 무릇 듣는 것의 이치는 다음과 같아야 한다. 마음을 비우고 맑고 고요히 머물며, 기를 덜어내어 지나치게 왕성하지 않게 하며, 생각하지도 사려하지도 않으며, 눈으로는 함부로 보지 않고 귀로는 함부로 듣지 않으며, 정기〔精〕를 오롯하게 축적하고 안으로 뜻을 갈무리하여 흩뜨리지 않으며, 이미 도를 얻으면 반드시 굳게 지키고 오래 유지하는 것이다.

무릇 도는 본래 어떤 비롯됨이 있다. 즉 유약함에서 시작하여 강함을 이루고, 짧고 적음에서 시작하여 길고 많음을 이룬다. 그러므로 열 아름의 나무도 한 뼘의 나무에서 시작하고, 백 길의 누대도 땅바닥에서 시작된다.4 이것이 천도이며 성인은 이러한 천도를 본

---

3. 이상의 내용은 『장자』 「인간세」에 제시되는 공자와 안회와의 다음과 같은 대화와 유사하다. "안회가 말하였다. '감히 심재에 관해 묻습니다.' 공자가 대답했다. '그대의 뜻을 한결같이 하라. 그리고 귀로 듣지 말고 마음으로 들어라, 마음으로 듣지 말고 기로 들어라! 귀로 들으면 듣는 것이 단지 귀에 머물고, 마음으로 들으면 자신의 마음에 합치하는 것만 귀기울이게 된다."〔回曰: 敢問心齋. 仲尼曰: 若一志, 无聽之以耳而聽之以心, 无聽之以心而聽之以氣! 聽止於耳, 心止於符.〕단 여기서 중요한 차이점은 『장자』에서는 '기로 듣는 것'을 최고로 여기고 있으나, 『문자』에서는 '기' 대신 '신'을 대치하고 있다는 사실이다.

4. 『노자』 64장에 나오는, "한 아름의 나무도 가을 터럭 끝과 같은 가느다란 묘목에서 생겨나고, 구층 높이의 누대도 한 삼태기의 흙으로부터 쌓아지

받는다. 그리하여 비천하게 처신하는 것은 스스로를 낮추는 행위이고, 뒤로 물러나는 것은 스스로를 뒤로하는 행위이며, 검약한 것은 스스로를 작게 하는 행위이고, 덜어내는 것은 스스로를 적게 하는 행위이다. 비천하면 존귀해지고, 물러나면 앞서게 되며, 검약하면 넓어지고, 덜어내면 크게 된다. 이렇게 하여 천도가 이루어진다. 천도는 덕의 시원이고 하늘의 근본이며 복의 문이다. 그러므로 만물은 천도를 기다려서 생겨나고 이루어지며 안정된다. 무릇 도는 무위이고 무형이다. 그러나 그것을 통해 안으로는 자기 자신을 닦을 수 있고, 밖으로는 남을 다스릴 수 있으며, 공을 이룰 수 있고, 일을 세울 수 있다. 또한 천도와 가까이 하면 무위하여도 하지 못하는 것이 없다. 이러한 도는 아무도 그것의 실정〔情〕을 알지 못하고 아무도 그것의 본질〔眞〕을 알지 못하나, 그것의 존재는 참으로 믿을 수 있다.5 천자에게 도가 있으면 천하 사람들이 모두 복종하게 되니 길이 사직을 보존할 수 있고, 공후(公侯)에게 도가 있으면 백성들이 화목하게 되어 나라를 잃지 않으며, 선비와 서민에게 도가 있으면 자기 자신을 온전히 보존하고 부모를 보호할 수 있다. 또한 강한 사람에게 도가 있으면 싸우지 않고도 이길 수 있고, 약한 사람에게 도가 있으면 다투지 않고도 얻을 수 있다. 일을 수행할 때 도가 있으

며, 천리 길도 한 발자국으로부터 시작된다"〔合抱之木, 生於毫末, 九層之臺, 起於累土, 千里之行, 始於足下〕라는 구절을 응용하고 있다.

5. 『노자』 21장에서는 다음과 같이 노래하고 있다. "도라는 것은 황홀하고 홀황하네. 홀황하네, 그 가운데 象이 있고; 황홀하네, 그 가운데 사물이 있고; 그윽하고 가물하네, 그 가운데 정기가 있고 믿음이 있네."〔道之爲物, 惟恍惟惚, 惚兮恍兮, 其中有象, 恍兮惚兮, 其中有物, 窈兮冥兮, 其中有精, 其中有信.〕 여기서 "그 가운데 정기가 있고 믿음이 있네"가 바로 이 구절의 의미와 통한다.

면 공을 이루고 복을 얻을 수 있고, 군주와 신하 사이에 도가 있으면 신하는 충성스럽고 군주는 은혜로우며, 부자 사이에 도가 있으면 아버지는 자애롭고 자식은 효성스럽고, 선비와 서민 사이에 도가 있으면 서로 사랑하게 된다. 그러므로 도가 있으면 화목하고 도가 없으면 가혹하다. 이것으로 볼 때 도는 사람들에 대해 마땅하지 않은 것이 없다.

무릇 도는, 작게 행하면 작게 복을 얻고 크게 행하면 크게 복을 얻으며, 철저히 행하면 천하 사람들이 복종하게 된다. 천하 사람들이 복종하면 그들을 포용한다. 제(帝)란 천하가 귀의하는 사람이고, 왕(王)이란 천하가 복종하는 사람이다.6 귀의하지 않고 복종하지 않으면 제왕(帝王)이라고 할 수 없다. 그러므로 제왕의 지위는 사람들의 마음을 얻지 못하면 이룰 수 없고, 사람들의 마음을 얻더라도 도를 잃으면 또한 지킬 수 없다. 무릇 도를 잃은 자는 사치 교만하고 오만 방자하며, 불필요한 것을 드러내고 스스로를 뽐내며, 수컷 티를 내고 강함만을 고집하며, 난리를 일으켜 원한을 맺고, 전쟁의 주동자가 되고 난리의 원인이 된다. 이러한 무도함을 소인이 행하면 자기 자신이 큰 재앙을 받게 되고, 대인이 행하면 나라가 멸망하여 가까이로는 자신에게 미치고 멀리로는 자손에까지 미치게 된다. 그러므로 도가 없는 것보다 더 큰 죄가 없고, 덕이 없는 것보다 더 큰 원망이 없다. 천도가 본래 그러하다.

文子問道. 老子曰: 學問不精, 聽道不深. 凡聽者, 將以達智也, 將以成行也, 將以致功名也. 不精不明, 不深不達. 故上學

---

6. 『여씨춘추』(呂氏春秋) 「하현」(下賢)에 나오는 말이다.

以神聽, 中學以心聽, 下學以耳聽. 以耳聽者, 學在皮膚. 以心聽者, 學在肌肉. 以神聽者, 學在骨髓. 故聽之不深, 卽知之不明; 知之不明, 卽不能盡其精; 不能盡其精, 卽行之不成. 凡聽之理, 虛心淸靜, 損氣無盛, 無思無慮, 目無妄視, 耳無苟聽, 專精積稽, 內意盈幷, 旣以得之, 必固守之, 必長久之. 夫道者, 原產有始. 始于柔弱, 成于剛強; 始于短寡, 成于衆長. 十圍之木, 始于把; 百仞之臺, 始于下. 此天之道也, 聖人法之. 卑者所以自下也, 退者所以自後也, 儉者所以自小也, 損者所以自少也. 卑則尊, 退則先, 儉則廣, 損則大, 此天道所成也. 天道者, 德之元, 天之根, 福之門. 萬物待之而生, 待之而成, 待之而寧. 夫道, 無爲無形, 內以修身, 外以治人, 功成事立, 與天爲鄰, 無爲而無不爲. 莫知其情, 莫知其眞, 其中有信. 天子有道則天下服, 長有社稷; 公侯有道則人民和睦, 不失其國; 士庶有道則全其身, 保其親. 強大有道, 不戰而剋; 小弱有道, 不爭而得; 舉事有道, 功成得福. 君臣有道卽忠惠, 父子有道卽慈孝, 士庶有道則相愛. 故有道則和, 無道則苟. 由是觀之, 道之于人, 無所不宜也. 夫道者, 小行之小得福, 大行之大得福, 盡行之天下服, 服則懷之. 故帝者, 天下之適也; 王者, 天下之往也. 不適不往, 不可謂帝王. 故帝王不得人不能成, 得人失道亦不能守. 夫失道者, 奢泰驕佚, 慢倨矜傲, 見餘自顯自明, 執雄堅強, 作難結怨, 爲兵主, 爲亂首. 小人行之, 身受大殃; 大人行之, 國家滅亡, 淺及其身, 深及子孫. 夫罪莫大于無道, 怨莫深于無德. 天道然也.

노자가 말하였다.

무릇 도를 행하는 사람은, 비록 용감한 자가 찔러도 칼날이 들어가지 않게 하고, 비록 검술이 교묘한 자가 칼로 쳐도 맞추지 못하게 한다. 그러나 찔러도 칼날이 들어가지 않게 하고 쳐도 맞지 않게 하는 것은 오히려 욕된 것이다. 그것은 사람들이 비록 용감하더라도 감히 찌르지 못하게 하고 비록 검술이 교묘하다 할지라도 감히 치지 못하게 하는 것만 못하기 때문이다. 그러나 '감히 하지 못한다'는 것은 그럴 뜻 자체가 아예 없는 것이 아니므로, 사람들로 하여금 아예 그럴 뜻이 없게 하는 것만 못하다. 그러나 '그럴 뜻이 없다'는 것에는 아직 사랑하고 이롭게 하거나 해치지 않고자 하는 마음은 없는 것이니, 천하의 사내들과 여자들이 모두 다 그를 기꺼이 사랑하고 이롭게 하고자 하는 마음이 생기게 하는 것만 못하다. 천하 사람들이 모두 사랑하고 이롭게 하길 원하는 마음이 생기게 하는 사람은 영토가 없어도 임금이 되고 관리가 없어도 수령이 될 수 있다. 그것은 천하 사람들이 모두 그를 원하고 편안케 하고 이롭게 하길 바라기 때문이다. 그러므로 '감히 하는'〔敢〕 데에 용감하면 살해당하고, '감히 하지 못하는'〔不敢〕 데에 용감하면 살아난다.7

老子曰: 夫行道者, 使人雖勇, 刺之不入; 雖巧, 擊之不中. 夫刺之不入, 擊之不中, 而猶辱也. 未若使人雖勇不敢刺, 雖

---

7. 『노자』 73장에서는 다음과 같이 말한다. "감히 하는데에 용감하면 살해당하고, 감히 하지 못하는 데에 용감하면 살아난다. 이 두 가지는 혹 이롭기도 하고 혹 해롭기도 하니, 하늘이 미워하는 바를 누가 그 이유를 알겠는가?"〔勇於敢則殺, 勇於不敢則活, 此兩者或利或害, 天之所惡, 孰知其故.〕 이상의 내용은 『회남자』 「도응훈」에서 부분적으로 찾아 볼 수 있다.

巧不敢擊. 夫不敢者, 非無其意也, 未若使人無其意. 夫無其
意者, 未有愛利害之心也, 不若使天下丈夫女子莫不歡然皆欲
愛利之. 若然者, 無地而爲君, 無官而爲長, 天下莫不愿安利
之. 故勇于敢則殺, 勇于不敢則活.

문자가 덕(德)에 관해 물었다.

노자가 대답하였다.

"길러 주고 양육하며 이루어주고 키워주며, 가리지 않고 두루 이
롭게 하고, 천지의 이치와 합치되는 것, 이것을 덕이라고 한다."

"무엇을 인(仁)이라고 합니까?"

"윗사람이 되어서는 자신의 공을 자랑하지 않고, 아랫사람이 되
어서는 자신의 약점을 부끄러워하지 않으며, 장점을 뽐내지 않고
단점에 대해 구차히 변명하지 않으며, 두루 사랑하여 사사로움이
없고, 오래되어도 변하지 않는 것, 이것을 인이라고 한다."

"무엇을 의(義)라고 합니까?"

"윗사람이 되면 약자를 도와주고 아랫사람이 되면 절개를 지키며,
영달해도 자만하지 않고 궁벽해도 지조를 바꾸지 않으며, 한결같이
이치를 따르고 사사로이 굽히거나 꺾이지 않는 것, 이것을 의라고
한다."

"무엇을 예(禮)라고 합니까?"

"윗사람에 대해서는 엄숙히 받들고 아랫사람에 대해서는 겸손하
게 공경하며, 물러나고 사양하면서 부드러움을 지켜 천하의 암컷이
되며, '감히 하지 않음'[不敢]에 서고 '할 수 없음'[不能]을 행하는

것, 이것을 예라고 한다.

　그러므로 덕을 닦으면 아랫사람들이 따르고, 인을 닦으면 아랫사람들이 다투지 않으며, 의를 닦으면 아랫사람들이 고르고 바르게 되고, 예를 닦으면 아랫사람들이 윗사람을 존중하고 공경하게 된다. 이 네 가지가 이미 닦이면 국가는 안정된다. 그러므로 사물을 낳는 것은 도이고, 기르는 것은 덕이며, 사랑하는 것은 인이고, 바르게 하는 것은 의이며, 공경하는 것은 예이다. 기르고 양육하지 않으면 성장할 수 없고, 사랑하지 않으면 이루어질 수 없으며, 바르지 않으면 오랠 수 없고, 공경하고 총애하지 않으면 중요한 것을 귀하게 여길 수 없다. 그러므로 덕을 지닌 사람은 백성들이 귀하게 여기고, 인을 지닌 사람은 백성들이 사모하며, 의를 지닌 사람은 백성들이 두려워하고, 예를 지닌 사람은 백성들이 공경한다. 이 네 가지는 문물제도 중 이치에 합당한 것이며, 성인이 만물을 제어하는 수단이다. 군자가 덕이 없으면 아랫사람들이 원망하고, 인이 없으면 아랫사람들이 다투며, 의가 없으면 아랫사람들이 포악해지고, 예가 없으면 아랫사람들이 어지러워진다. 이 네 가지 기틀이 서지 않는 것을 도가 없다고 한다. 도가 없으면서 망하지 않는 경우를 아직 본 적이 없다."8

---

8. 이 단락에서 『문자』는 유가의 인·의·예(仁義禮) 개념들을 적극적으로 수용하고 있다. 그러나 이들 인과 의와 예는 유가적 개념과는 약간 차이가 있다. 가령 인에 대해서는 "두루 사랑하여 사사로움이 없다"〔兼愛無私〕로 설명하고 있고, 의에 대해서는 "사사로이 굽히지 않는다"〔不私枉撓〕로 설명하고 있으며, 예에 대해서는 "겸허히 물러나 부드러움을 지키며 천하의 암컷이 된다"〔退讓守柔, 爲天下雌〕로 설명하고 있다. 인과 의와 예에 수반되는 이러한 특성은 기본적으로 노자의 도에 내재된 성격을 바탕으로 전개되고 있다. 즉 노자의 도는 무위(無爲) 무사(無私)하며, "그 암컷을

文子問德. 老子曰: 畜之養之, 遂之長之, 兼利無擇, 與天地
合, 此之謂德. 何謂仁? 曰: 爲上不矜其功, 爲下不羞其病, 于
大不矜, 于小不偸, 兼愛無私, 久而不衰, 此之謂仁也. 何謂
義? 曰: 爲上則輔弱, 爲下則守節, 達不肆意, 窮不易操, 一度
順理, 不私枉撓, 此之謂義也. 何謂禮? 曰: 爲上則恭嚴, 爲下
則卑敬, 退讓守柔, 爲天下雌, 立于不敢, 設于不能, 此之謂禮
也. 故修其德則下從令, 修其仁則下不爭, 修其義則下平正,
修其禮則下尊敬. 四者旣修, 國家安寧. 故物生者道也, 長者
德也, 愛者仁也, 正者義也, 敬者禮也. 不畜不養, 不能逐長,
不慈不愛, 不能成遂, 不正不匡, 不能久長, 不敬不寵, 不能貴
重. 故德者民之所貴也, 仁者民之所懷也, 義者民之所畏也,
禮者民之所敬也. 此四者, 文之順也, 聖人之所以御萬物也.
君子無德則下怨, 無仁則下爭, 無義則下暴, 無禮則下亂, 四
經不立, 謂之無道. 無道不亡者, 未之有也.

노자가 말하였다.

덕이 지극한 세상에는 상인은 시장에서 편하게 장사하였고, 농부
는 들판에서 즐겁게 농사지었으며, 관리는 자신의 직책에 만족하였
고, 처사(處士)는 도를 닦았으며, 백성들은 자신들의 일을 즐겼다.

지키고 천하의 계곡이 된다”〔守其雌, 爲天下谿〕는 성격을 지니고 있기 때
문이다. 『문자』의 인의예는 바로 이러한 노자의 도의 성격을 바탕으로 전
개되고 있다. 또 하나 주목할 점은 인에 수반되는 ‘겸애’(兼愛)는 또한 묵
가 사상과도 연계될 수 있다. 이렇게 볼 때 문자의 사상은 도가 유가 묵가
등의 사상들을 하나로 융합하고 있음을 알 수 있다.

이 때문에 비바람은 사물을 손상시키지 않았고 초목은 일찍 죽은 일이 없었으며, 황하(黃河)에서는 팔괘의 그림이 나왔고 낙수(洛水)에서는 홍범구주(洪范九疇)가 나왔다.9 그러나 말세에 이르러서는, 세금에 한도가 없고 살육에 그침이 없으며, 간언 하는 사람은 형벌을 받고 어진 선비는 죽임을 당하였다. 이 때문에 산이 무너지고 내천이 마르며 해충의 떼가 그치지 않고 들에는 푸성귀조차 없게 된다.

그러므로 세상이 잘 다스려지면 어리석은 사람 혼자서 세상을 어지럽힐 수 없고, 세상이 어지러워지면 현명한 사람 혼자서 다스릴 수 없다. 성인의 품성이 온화하고 안정되며 고요한 것은 본래 타고난 것이다. 그러나 그의 지극한 덕과 도가 행해지는 것은 운명〔命〕에 달려 있다. 그러므로 개인의 성품은 운명을 만난 이후에 실현될 수 있고, 개인의 운명은 적당한 때를 얻어야만 환히 밝아질 수 있다.10 그러므로 반드시 마땅한 세상이 있은 이후에 마땅한 사람이 있게 된다.11

---

9. 이른바 '하도낙서'(河圖洛書)의 출현을 말한다. 하도낙서가 출현한 것은 상서로운 일의 조짐으로 간주되었다.
10. 개인이 비록 뛰어난 지혜와 능력을 지니고 있어도 그 능력을 펼칠 수 있는 적당한 시기와 조건을 만나야만 그의 능력이 드러날 수 있다는 말이다. 이처럼 명(命)을 중시하는 태도는, 개인의 개별적인 능력보다는 그가 처하는 환경과 조건이 중요하다는 운명론적인 색채를 엿볼 수도 있다. 그러나 동양 사상에서 이러한 명에 관한 관념은 불가피한 것으로 보인다. 고대 동양인들은 자연에 대한 도전과 응전보다는 거기에 순응해 사는 것을 이상적 삶으로 여겼기 때문이다. 따라서 동양에서 '명'은 단순히 '패배주의적 운명론'이기 보다는, 주어진 자연적 환경과 조건과 잘 어울려 살고자 하는 '조화론적 운명론'으로 이해해야 할 것이다.
11. 이상의 내용은 『회남자』「숙진훈」에서 찾아 볼 수 있다.

老子曰: 至德之世, 賈便其市, 農樂其野, 大夫安其職, 處士修其道, 人民樂其業. 是以風雨不毀折, 草木不夭死, 河出圖, 洛出書. 及世之衰也, 賦斂無度, 殺戮無止, 刑諫者, 殺賢士. 是以山崩川涸, 蠕動不息, 野[12]無百蔬. 故世治則愚者不得獨亂, 世亂則賢者不能獨治. 聖人和愉寧靜, 生也; 志得道行, 命也. 故生遭命而後能行, 命得時而後能明. 必有其世而後有其人.

문자가 성인[聖]과 지식인[智]에 관해 물었다. 노자가 대답했다. 단지 듣기만 해도 아는 사람이 성인이고, 직접 보아야 아는 사람이 지식인이다. 그러므로 성인은 단지 화복이 생겨나는 것을 듣는 것만으로도 자신의 길을 선택하지만, 지식인은 항상 화복이 형성되는 것을 직접 본 이후에야 자신의 행위를 선택한다. 성인은 천도와 길흉의 이치를 알기에 화복이 생겨나는 원인을 안다. 지식인은 화복이 형성되는 것을 먼저 알아차리기에 화복이 생겨나는 문을 안다. 아직 생겨나지 않은 것을 듣는 사람이 성인이고, 형성되는 것을 남보다 앞서 보는 사람이 지식인이다. 듣지도 보지도 못하는 자는 우둔하게 헤매기나 할 뿐이다.

文子問聖智. 老子曰: 聞而知之, 聖也; 見而知之, 智也. 故聖人常聞禍福所生而擇其道, 智者常見禍福成形擇其行. 聖人知天道吉凶, 故知禍福所生; 智者先見成形, 故知禍福之門. 聞未生聖也, 先見成形智也. 無聞見者愚迷.

---

12. 본래 글자는 '壄'로 되어 있다. 이 글자는 '野'의 고자(古字)이다.

노자가 말하였다.

군주가 의로움을 좋아하면, 일시적인 의로움만 믿고 자기 주관만 의지하며, 도수[數]를 버리고 은혜 베푸는데 만 치중하게 된다.13

사물의 영역은 넓고 개인의 지식은 얕다. 얕은 것으로 넓은 것을 다 만족시키는 경우는 없으니, 단지 자신의 지식만 믿으면 반드시 많은 실패가 있게 될 것이다. 지식을 좋아하는 것은 궁하게 되는 길이며, 용감한 것을 좋아하는 것은 위태롭고 망하게 되는 길이다.

주는 것을 너무 좋아하면 정해진 분수가 없게 되고, 윗사람의 분수가 일정하지 않으면 아랫사람들이 바라는 것이 끝이 없게 된다. 만약 많이 거두어들이면 백성들과 원수가 되고, 적게 취하고 많이 주면 도수가 없게 된다. 그러므로 주기를 좋아하는 것은 원망을 초래하는 길이다. 이로써 볼 때 재물에 의한 것은 믿을 만 하지 못하고, 도에 의한 방법[道術]만이 따를만하다는 것이 분명하다.14

老子曰: 君好義, 則信時而任已, 棄數而用惠. 物博智淺, 以
淺瞻博, 未之有也. 獨任其智, 失必多矣. 好智, 窮術也; 好
勇, 危亡之道也. 好與則無定分. 上之分不定, 則下之望無止.

---

13. 이 단락의 내용은 이어지는 뒷 단락과 의미가 잘 연결되지 않는다. 이 단락의 내용은 오히려 마지막 단락의 "주는 것을 너무 좋아하면 정해진 분수가 없게 되고, ……" 이하의 내용과 순조롭게 연결된다. 아마 중간 단락은 잘못 끼여들어 왔거나, 무언가 착오가 있는 것 같다. 참고로 『회남자』 「전언훈」에는 이 단락의 일부 글자들을 고쳐, "군주가 지식을 좋아하면, 마땅한 때를 어기고 자신의 지식에만 의지하게 되고, 도수[數]를 버리고 자신의 생각만 쓰게 된다"[君好智, 則倍時而任己, 棄數而用慮]로 기술하고 있다. 이렇게 되면 이어지는 뒷 단락과 의미 연결이 순조롭게 된다.
14. 이상의 내용은 『회남자』 「전언훈」에서 찾아 볼 수 있다.

若多斂則與民爲仇. 少取而多與, 其數無有. 故好與, 來怨之
道也. 由是觀之, 財不足任, 道術可因, 明矣.

문자가 물었다.

"옛날의 왕은 도로써 천하에 임했다고 하는데 어떻게 행하였습니
까?"

노자가 말하였다.

"하나〔一〕를 잡고 무위하였으며, 천지에 근거하여 천지와 더불어
변화하였다. '천하는 거대한 물건이니 잡을 수도 없고 억지로 도모
할 수도 없다. 억지로 도모하는 자는 실패하고 잡고자 하는 자는 잃
게 되기 때문이다.'15 '하나'를 잡은 사람은 '작은 것'을 볼 줄 안다.
'작은 것'을 볼 줄 알기에 '큰 것'을 이룰 수 있다. 무위는 고요함을
지키는 것이니, 고요함을 지키기에 천하의 바른 준칙이 될 수 있다.
'큼'에 처해서는 가득 차도 넘치지 않아야 하며, '높음'에 처해서는
고귀해도 교만하지 않아야 한다. '큼'에 처해서 넘치지 않으면 가득
차도 훼손되지 않게 되고, 윗자리에 놓여도 교만하지 않으면 높아
도 위태롭지 않게 된다. 가득 차도 훼손되지 않으면 길이 부(富)를
지킬 수 있고, 높아도 위태롭지 않으면 길이 귀함을 지킬 수 있다.
부귀가 몸에서 벗어나지 않고 봉록이 자손에까지 미치는 것은 옛날

---

15. 이 구절은『노자』29장에 나오는 구절과 유사하나 약간 차이가 있다.『노
   자』29장에서는 다음과 같이 기술되고 있다. "천하는 신묘한 그릇이니 억
   지로 도모할 수 없다. 억지로 도모하는 사람은 천하를 그르치고, 억지로
   잡고자 하는 사람은 천하를 놓친다."〔天下神器, 不可爲也. 爲者敗之, 執者
   失之.〕

의 왕도가 자신에게 갖추어졌기 때문이다."

文子問曰: 古之王者, 以道莅天下, 爲之奈何? 老子曰: 執
一無爲, 因天地與之變化. 天下大器也, 不可執也, 不可爲也.
爲者敗之, 執者失之. 執一者, 見小也. 見小故能成其大也. 無
爲者, 守靜也, 守靜能爲天下正. 處大, 滿而不溢; 居高, 貴而
無驕. 處大不溢, 盈而不虧; 居上不驕, 高而不危. 盈而不虧,
所以長守富也; 高而不危, 所以長守貴也. 富貴不離其身, 祿
及子孫. 古之王道, 具于此矣.

노자가 말하였다.

백성들은 그들을 이끌 도가 있으면 함께 갈 수 있고, 법이 있으면
함께 나라를 지킬 수 있다. 그러나 의(義)로는 백성들 상호간의 관
계를 견고하게 할 수 없고, 위세로는 상호간의 안정을 보장할 수 없
다. 그러므로 군주를 세움으로써 백성들을 하나로 통일하는 것이
다. 군주가 '하나'16를 잡고 있으면 다스려지고 일정한 도가 없으면
어지러워진다. 군주의 도는 유위(有爲)하는 것이 아니라 무위(無
爲)하는 것이다. 총명한 사람이 자신의 덕을 내세우지 않고 용감한
사람이 자신의 힘을 휘두르지 않으며 어진 자가 자신의 지위로써 은
혜를 행하지 않으면, 군주가 '하나'를 잡았다고 할 수 있다. '하나'란
그 무엇도 그것에 필적할 수 없는 만물의 근본이다. 군주가 자주 법
을 바꾸면 국가는 자주 군주를 갈아치우게 되고, 관리들이 지위를

16. 도, 즉 통치의 도를 말한다.

차지하고서 자신들이 좋아하고 미워하는 바에 따라서 일을 행하게
되면 아랫사람들은 두려움에 빠져 바른 도리를 행할 수 없게 된다.
그러므로 군주가 '하나'를 놓치면 그 어지러움은 군주가 없는 것보
다 더 심하다. 때문에 군주는 반드시 '하나'를 잡은 이후에 백성들을
이끌 수 있다.17

　　老子曰: 民有道所同行, 有法所同守. 義不能相固, 威不能
相必. 故立君以一之. 君執一卽治, 無常卽亂. 君道者, 非所以
有爲也, 所以無爲也. 智者不以德爲事, 勇者不以力爲暴, 仁
者不以位爲惠, 可謂一矣. 一也者, 無適之道也, 萬物之本也.
君數易法, 國數易君. 人以其位達其好憎, 下之任懼不可勝理.
故君失一, 其亂甚于無君也. 君必執一而後能群矣.

문자가 물었다.
"왕이 되는 길은 몇 가지입니까?"
노자가 대답했다.
"하나일 뿐이다."
문자가 말했다.
"옛날에는 도로써 왕이 된 자가 있고 전쟁으로써 왕이 된 자가 있
는데, 어째서 하나라고 합니까?"

---

17. 이 단락에서는 군주가 통치에서 일관성을 유지해야 한다는 점을 강조하고
　　있다. 그리고 통치의 일관성을 유지하는 구체적 수단 중의 하나로 법(法)
　　을 제시하고 있다.
　　이상의 내용은 『회남자』 「전언훈」에서 찾아 볼 수 있다.

노자가 대답했다.

"도로써 왕이 되는 것은 덕이며, 전쟁으로써 왕이 되는 것 또한 덕이다.18 전쟁에는 다섯 가지가 있으니, '의로운 전쟁', '응대하는 전쟁', '분노에 의한 전쟁', '탐욕에 의한 전쟁', '교만에 의한 전쟁' 등이다. 포악한 자를 죽이고 약한 자를 구하는 것을 '의로운 전쟁'이라고 하고, 적이 나를 침범하므로 부득이 하게 대응하는 것을 '응대하는 전쟁'이라고 하며, 사소한 것을 다툼으로 인해 자기 마음을 이기지 못해 벌이는 것을 '분노에 의한 전쟁'이라 하고, 남의 토지를 탐내고 남의 재화를 욕심내어 일으키는 것을 '탐욕에 의한 전쟁'이라 하며, 나라가 큰 것을 믿고 백성이 많은 것을 뽐내어 상대보다 더 낫다는 것을 보이기 위해 벌이는 것을 '교만에 의한 전쟁'이라고 한다. '의로운 전쟁'에서는 왕이 되고, '응대하는 전쟁'에서는 단지 승리할 뿐이며, '분노에 의한 전쟁'에서는 실패하게 되고, '탐욕에 의한 전쟁'에서는 자신이 죽게 되며, '교만에 의한 전쟁'에서는 자기 나라도 멸망시키게 된다. 이것이 하늘의 도이다."

文子問曰: 王道有幾? 老子曰: 一而已矣. 文子曰: 古有以道王者, 有以兵王者, 何其一也? 曰: 以道王者德也, 以兵王者亦德也. 用兵有五, 有義兵, 有應兵, 有忿兵, 有貪兵, 有驕兵. 誅暴救弱, 謂之義; 敵來加己, 不得已而用之, 謂之應; 爭小故不勝其心, 謂之忿; 利人土地, 欲人財貨, 謂之貪; 恃其

---

18. 천하를 다스리는 데 있어 전쟁 역시 필요하다는 생각이다. 이같은 사고는 전쟁을 상서롭지 않은 일로 간주하는 노자적 사고와 구별된다. 황로학에서는 정당한 전쟁이나 무력의 사용을 인정하는 편이다.

國家之大, 矜其人民之衆, 欲見賢于敵國者, 謂之驕. 義兵王,
應兵勝, 忿兵敗, 貪兵死, 驕兵滅. 此天道也.

노자가 말하였다.

도를 놓아 버리고 개인의 지혜에 의존하는 사람은 위태롭고, 도
수(數)를 버리고 인간의 재주를 쓰는 사람은 곤란해진다. 그러므로
분수를 지키고 이치를 따르면, 잃어도 근심하지 않고 얻어도 기뻐
하지 않는다. 이루어지는 것은 억지로 행한다고 이루어지는 것이
아니고, 얻어지는 것은 의도적으로 구한다고 얻어지는 것이 아니
다. 따라서 들어오는 것은 자연스럽게 받을 뿐 억지로 취하지 않으
며, 나가는 것은 자연스럽게 줄 뿐 의도적으로 베풀지 않는다. 봄의
이치에 따라서 살리고 가을의 이치에 따라서 죽이라. 그러면 살려
도 고맙다 하지 않고 죽여도 원망하지 않을 것이니, 도에 가깝다.19

　　老子曰: 釋道而任智者危, 棄數而用才者困. 故守分循理,
失之不憂, 得之不喜. 成者非所爲, 得者非所求. 入者有受而
無取, 出者有授而無與. 因春而生, 因秋而殺. 所生不德, 所殺
不怨, 則幾于道矣.

문자가 물었다.

"왕이 천하 사람들의 기쁨을 얻기 위해서는 어떻게 해야 합니까?"

---

19. 이상의 내용은 『회남자』 「전언훈」에서 찾아 볼 수 있다.

노자가 말했다.

"강과 바다처럼 하면 된다. 강과 바다는 무미 담백하면서[20] 아무리 써도 고갈되지 않으며,[21] 작은 계곡들을 앞세운 이후에 큰 강과 바다를 이룬다. '무릇 남의 위에 서고자 하면 반드시 말을 겸손하게 하고, 남의 앞에 서고자 하면 반드시 자신의 몸을 낮춘다.'[22] 그러면 천하 사람들이 반드시 윗사람의 사랑을 본받고 그 인의를 증진시키며 사나운 기운이 없게 된다. 때문에 왕이 '위에 자리잡고 있어도 백성들은 무겁게 여기지 않고, 앞에 있어도 사람들은 해롭게 여기지 않으니, 천하 사람들은 즐거이 그를 받들어 싫증내지 않는다.'[23] 그 결과 비록 멀리 떨어져 있는 나라들이나 풍속이 다른 지역일지라도, 심지어 날짐승 길짐승까지도 모두들 그를 친하게 여기고 사랑

---

20. 엄밀히 말하자면 바다는 무미 담백하지 않다. 다만 여기서 강과 바다가 상징하는 것은 많은 물이 모여 있는 거대함의 의미로 보아야 한다. 인간 세상에 비유하자면 작은 물들은 천하 백성들을 의미하고, 거대한 강과 바다는 천하 백성들 가운데 으뜸이 되는 임금을 의미한다. 『노자』에서도 강과 바다는 도의 중요한 모델이 된다.

21. 이상은 『노자』 35장의 다음 구절에서 근거한 것으로 보인다. "도가 나오는 것은 담백하여 아무런 맛이 없네. 보고자 해도 볼 수 없고, 들으려 해도 들을 수 없으며, 아무리 써도 다 없어지지 않네."〔道之出口, 淡乎其無味, 視之不足見, 聽之不足聞, 用之不足旣.

22. 『노자』 66장의 다음 구절을 응용하고 있다. "강과 바다가 뭇 계곡의 왕이 될 수 있는 것은 남에게 자기를 잘 낮추기 때문이다. 그러므로 뭇 계곡의 왕이 될 수 있다. 때문에 백성들의 위에 오르고자 하면 반드시 말을 겸손하게 해야 하며, 백성들의 앞에 서고자 하면 반드시 자기 몸을 뒤로해야 한다."〔江海所以能爲百谷王者, 以其善下之, 故能爲百谷王. 是以欲上民, 必以言下之, 欲先民, 必以身後之.〕

23. 『노자』 66장의 다음 구절을 인용하고 있다. "성인은 윗자리에 처해도 백성들이 무겁게 여기지 않고, 백성들의 앞에 처해도 백성들이 해롭게 여기지 않는다. 이 때문에 천하 사람들이 즐겁게 그를 받들며 싫증내지 않는다."〔聖人處上而民不重, 處前而民不害, 是以天下樂推而不厭.〕

하게 된다. 그 결과 그는 어디를 가더라도 통하지 않는 것이 없고 무엇을 한들 이루어지지 않는 것이 없으니, 천하의 귀한 존재가 된다.

文子問曰: 王者得其歡心, 爲之奈何? 老子曰: 若江海卽是也. 淡兮無味, 用之不旣, 先小而後大. 夫欲上人者, 必以其言下之. 欲先人者, 必以其身後之. 天下必效其歡愛, 進其仁義, 而無苟氣. 居上而民不重, 居前而衆不害, 天下樂推而不厭. 雖絶國殊俗, 蜎飛蠕動, 莫不親愛, 無之而不通, 無往而不遂. 故爲天下貴.

노자가 말하였다.

한 시대의 법전을 움켜잡고서 이전 시대의 풍속들을 비난하는 것은, 마치 거문고의 발을 고정시킨 채 거문고를 연주하는 것과 같다.24 성인은 시대에 따라 응변하고 형세를 보고 마땅한 조치를 취한다. 그러므로 세상이 달라지면 일도 변화시키고 시대가 변하면 풍속도 바꾸는 것이니, 세상에 따라서 법을 세우고 시대에 따라 일을 행한다. 옛날의 왕들은 서로 법도가 달랐다. 그것은 그들의 정치가 서로 상반되었기 때문이 아니라 시대에 따라 힘쓰는 일이 각기 달랐기 때문이다. 그러므로 이미 만들어진 법을 본받지 않고 법이 되는 근본을 본받아야 하는 것이니, 그것은 시대의 변화와 더불어

---

24. 거문고를 잘 연주하기 위해서는 음률에 따라서 수시로 거문고의 발을 변화시켜야 한다. 만약 거문고의 발을 고정시킨 채 거문고를 연주한다면 단지 한 가지 소리만 나올 뿐이다. 이 비유를 든 것은 한 부분에만 고착되어 있는 이른바 '일곡지사'(一曲之士)를 풍자하기 위해서이다.

움직여야 하기 때문이다. 성인의 법은 볼 수 있으나 그 법을 짓는 근거는 찾아내기 힘들며, 성인의 말은 들을 수 있으나 그 말의 근거는 드러내기 힘들다. 옛날의 삼왕(三王) 오제(五帝)는 천하를 가볍게 여기고 만물간의 차이를 작게 생각하였으며, 삶과 죽음을 하나로 간주하고 변(變)과 화(化)25를 동일시하였다.26 또한 도를 끌어안고 성실함을 실천하였으며, 이렇게 함으로써 만물의 실정을 두루 비추어 보았다. 그리하여 위로는 도와 벗이 되고 아래로는 '변화'와 짝이 되었다. 지금 그들의 도를 배우고자 하는 자가 맑고 밝은 현묘한 성인의 도를 얻지 못하고 단지 그 법전만을 지키고 법령만을 시행한다면, 반드시 천하를 다스릴 수 없을 것이다.27

老子曰: 執一世之法籍, 以非傳代之俗, 譬猶膠柱調瑟. 聖人者, 應時權變, 見形施宜. 世異則事變, 時移則俗易, 論世立法, 隨時舉事. 上古之王, 法度不同, 非故相返也, 時務異也. 是故不法其已成之法, 而法其所以爲法者, 與化推移. 聖人法之可觀也, 其所以作法不可原也; 其言可聽也, 其所以言不可形也. 三皇五帝輕天下, 細萬物, 齊死生, 同變化. 抱道推誠,

---

25. 일반적으로 우리는 '변화'(變化)를 하나의 단어로 사용하고 있다. 그러나 엄밀하게 따지자면 '변'과 '화'는 각기 다른 의미를 지닌다. '변'은 A → A'로의 단순히 양적인 혹은 현상적인 전이(轉移)를 의미한다면, '화'는 A → B로의 질적인 전이를 의미하기 때문이다. 예컨대『장자』「제물론」에 '물화'(物化)라는 말이 나오는데, '물화'란 '장자'가 '나비'로 바뀌거나 '나비'가 '장자'로 바뀌는 현상을 뜻한다. 즉 단지 꿈속의 장자와 현실의 장자와 같은 상태적 이동이 아니라, 사람이 곤충으로 혹은 곤충이 사람으로 바뀌는 식의 그 부류가 완전히 달라지는 질적인 전이를 '물화'로 표현하고 있다.
26. 차별적 상황이나 상태들을 초월한 것을 의미한다.
27. 이상의 내용과 관련된 부분을『회남자』「제속훈」에서 찾아 볼 수 있다.

以鏡萬物之情. 上與道爲友, 下與化爲人. 今欲學其道, 不得
其淸明玄聖, 守其法籍, 行其憲令, 必不能以爲治矣.

문자가 정치를 물었다.

노자가 대답했다.

"도로 다스리고 덕으로 기르며, 잘남〔賢〕을 내보이지 말고, 힘
〔力〕으로 억압하지 말라. (잘남과 무력을) 덜어내어 '하나'28를 잡
고서, 이익이 될 만한 데에 처하지 말고 욕심날 만한 것을 내보이지
말며,29 '방정하게 처신하되 남을 해치지 말고 청렴하게 행하되 남
을 상처 내지 말며',30 뽐내지도 자랑하지도 말라. 도로 다스리면
백성이 귀의하고, 덕으로 기르면 백성이 복종하며, 잘남을 내보이
지 않으면 백성들이 스스로 만족하고, 무력으로 억압하지 않으면
백성들이 순박해진다. 잘남을 내보이지 않는 사람은 스스로를 단속
하고, 힘으로 억압하지 않는 사람은 '감히' 하는 마음이 없다. 자기
를 낮춤으로써 백성들을 모으고, 베풂으로써 취하며, 자신을 단속
함으로써 스스로 온전하게 하고, 감히 하지 않음으로써 스스로를
편안케 한다. 자신을 낮추지 않으면 백성들이 흩어지고, 길러주지
않으면 배반하며, 잘남을 내보이면 백성들이 서로 다투게 되고, 힘

---

28. 도 혹은 도덕을 의미한다.
29. 『노자』 3장에 나오는 다음과 같은 말에 근거하고 있다. "잘난 이를 숭상함
    으로 인해 백성들이 싸우게끔 하지 말고, 얻기 어려운 재화를 귀하게 여김
    으로 인해 백성들이 도둑질하게 하지 말며, 욕심날 만한 것을 내 보임으로
    인해 백성들의 마음을 어지럽게 하지 말라."〔不尙賢, 使民不爭. 不貴難得
    之貨, 使民不爲盜. 不見可欲, 使民心不亂.〕
30. 『노자』 58장의 "方而不割, 廉而不劌"를 그대로 인용하고 있다.

으로써 제압하면 백성들이 원망하게 된다. 백성들이 흩어지면 국가의 세력이 약해지고, 백성들이 배반하면 군주는 위엄이 없어지며, 사람들이 다투면 잘못을 저지르기 쉽고, 아랫사람들이 윗사람을 원망하면 그 지위가 위태롭게 된다. 진실로 이 네 가지31를 잘 닦으면 바른 정치에 가까울 것이다."

文子問政. 老子曰: 御之以道, 養之以德, 無示以賢, 無加以力. 損而執一, 無處可利, 無見可欲, 方而不割, 廉而不劌, 無矜無伐. 御之以道則民附, 養之以德則民服, 無示以賢則民足, 無加以力則民樸. 無示以賢者, 儉也. 無加以力, 不敢也. 下以聚之, 賂以取之, 儉以自全, 不敢自安. 不下則離散, 弗養則背叛, 示以賢則民爭, 加以力則民怨. 離散則國勢衰, 民背叛則上無威, 人爭則輕爲非, 下怨其上則位危. 四者誠修, 正道幾矣.

노자가 말하였다.

법도에 맞는 말은 아랫사람들이 일반적으로 근거하여 쓰는 것이고, 법도에 맞지 않는 말도 때로는 윗사람에 의해 쓰여진다. 법도에 맞는 말이란 상도(常道)를 말하고, 법도에 맞지 않는 말이란 권도(權道)32를 말한다. 오직 성인만이 권도를 안다. 말을 하면 반드시 신용이 있고 약속을 하면 반드시 지키는 것은 천하에서 높이 받드는

---

31. 도로 다스리고, 덕으로 기르며, 잘남을 내보이지 말고, 무력으로 억압하지 않는 네 가지를 말한다.
32. '임시 방편' 정도의 의미로 풀이할 수 있다.

행위이다. 그러나 아버지를 고발하는 정직함33과 여자를 기다리다 죽은 신용34을 누가 귀하게 여기겠는가? 그러므로 성인은 일의 옳고 그름을 의론함에 있어서는 각각의 개별적 상황에 따라 처신할 뿐 고정 불변하는 표준은 없다. 그러므로 아버지에 대해 제사에서 축문을 고할 때는 '군'(君)이라고 존칭하나, 물에 빠지면 그냥 '아버지'를 붙잡는다 라고 말한다. 이것은 상황이 그렇게 만드는 것이다. 무릇 권도는 성인만이 홀로 볼 수 있는 것이다. 무릇 앞서는 위배되나 나중에 합치되는 것을 권도라고 하는 것이니, 앞서는 합치되었다가 나중에 위배되는 사람은 권도를 모르는 자이다. 권도를 모르면 선(善)이 악(醜)으로 뒤바뀌게 된다.35

老子曰: 上言者下用也, 下言者上用也. 上言者常用也, 下言者權用也, 唯聖人爲能知權. 言而必信, 期而必當, 天下之

---

33. 『논어』「자로」(子路)의 다음과 같은 말에 근거하고 있다. "섭공이 공자에게 말하였다. '우리 마을에는 정직한 사람이 있다. 그는 자신의 아버지가 양을 훔치자 그것을 증언하였다.' 공자가 말하였다. '우리 마을의 정직한 사람은 이와 다르다. 아버지는 자식의 허물을 감추어 주고 자식은 아버지의 허물을 감추어 준다. 정직함은 이런 데에 있다.'"〔葉公語孔子曰: '吾黨有直躬者, 其父攘羊, 而子證之.' 孔子曰: '吾黨之直者異於是. 父爲子隱, 子爲父隱, 直在其中矣.'〕

34. 미생지신(尾生之信)의 고사를 말한다. 노(魯)나라에 미생이라는 사람이 있었는데, 그는 다리 밑에서 여자와 만날 약속을 하고서 다리 밑에서 여자를 기다리고 있었다. 그러나 약속 시간이 되어도 여자는 나타나지 않았고, 그때 강물이 불어 물이 차오르기 시작하였다. 미생은 물이 차 오름에도 불구하고 여자와의 약속을 지키다가 마침내는 물에 빠져 죽게 되었다는 고사이다.

35. 이상의 내용과 관련된 부분을 『회남자』「범론훈」(汜論訓)에서 찾아 볼 수 있다.

高行. 直而證父, 信而死女, 孰能貴之. 故聖人論事之曲直, 與
之屈伸, 無常儀表. 祝則名君, 溺則捽父, 勢使然也. 夫權者,
聖人所以獨見.   夫先迕而後合者之謂權,   先合而後迕者不知
權. 不知權者, 善反醜矣.

문자가 물었다.

"선생님께서는 도덕이 없으면 천하를 다스릴 수 없다고 말씀하십
니다. 그러나 옛날의 왕들 가운데는 대를 잇고 왕위를 계승함에 있
어서 도가 없어도 종신토록 아무런 해가 없는 경우가 있었습니다.
어찌 도로써 그렇게 되었겠습니까?"

노자가 말하였다.

"천자로부터 일반 서민에 이르기까지 각자 살아가고 있으나, 거
기에는 두터운 삶과 얇은 삶의 차이가 있다. 천하에는 때때로 망한
나라와 망한 집안이 있었는데 그것은 도덕이 없었기 때문이다. 도
덕이 있으면 아침 일찍부터 밤늦게까지 방심하지 않고 노심초사하
며 항상 위태로울까 망할까 두려워한다. 그러나 도덕이 없으면 욕
망에 따라서 방종하고 게으르게 되니 그러한 자가 망하는 것은 시간
문제이다. 가령 걸(桀)과 주(紂)가 도를 따르고 덕을 행하였다면,
탕왕(湯王)과 무왕(武王)이 비록 어질었다 해도 그들의 공을 이룰
수 없었을 것이다. 무릇 도덕이란 서로 살리고 키워주며 친하고 사
랑하며 존경하고 귀하게 대하는 근본이다. 하찮은 벌레도 비록 그
것이 우둔하기는 하나 자신이 사랑하는 것은 해치지 않는다. 진실
로 천하 사람들 모두 어질고 사랑하는 마음을 품는다면 어디로부터

재앙이 생겨나겠는가? 무릇 도가 없으면서도 재앙이 없는 군주는 아직 인(仁)이 끊어지지 않고 의(義)가 사라지지 않았기 때문이다. 그러나 비록 아직 인이 아직 끊어지지 않고 의가 사라지지 않았다 할지라도 제후들은 이 때문에 왕을 가볍게 여기게 될 것이다. 제후들이 왕을 가볍게 여기면 조정의 신하들은 공손치 않게 되고 명령은 방치되어 따르지 않게 될 것이다. 마침내 인이 끊어지고 의가 사라지면, 제후들이 배반하고 무리들이 무력 봉기하며 강자가 약자를 능멸하고 큰 자가 작은 자를 침범하게 된다. 이에 백성들은 공격하는 것으로 업을 삼고 재해가 발생하며 난리가 일어날 것이니, 그런 나라는 머지 않아 망하게 될 것이다. 이런 상황에서 어찌 화가 없기를 바랄 수 있겠는가?"

　　文子問曰: 夫子之言, 非道德無以治天下也. 上世之王, 繼嗣因業, 亦有無道, 各沒其世而無禍敗者, 何道以然? 老子曰: 自天子以下至于庶人, 各自生活, 然其活有厚薄. 天下時有亡國破家, 無道德之故也. 有道德則夙夜不懈, 戰戰兢兢, 常恐危亡. 無道德則縱欲怠惰, 其亡無時. 使桀紂循道行德, 湯武雖賢, 無所建其功也. 夫道德者, 所以相生養也, 所以相畜長也, 所以相親愛也, 所以相敬貴也. 夫蠻蟲雖愚, 不害其所愛. 誠使天下之民皆懷仁愛之心, 禍災何由生乎! 夫無道而無禍害者, 仁未絶, 義未滅也. 仁雖未絶, 義雖未滅, 諸侯以輕其上矣. 諸候輕上, 則朝廷不恭, 縱令不順. 仁絶義滅, 諸侯背叛, 衆人力政, 强者陵弱, 大者侵小. 民人以攻擊爲業, 災害生, 禍亂作, 其亡無日, 何期無禍也.

노자가 말했다.

법이 번다하고 형벌이 준엄하면 백성들은 속임수를 만들어내고, 위에서 벌이는 일이 많으면 아래에서는 자주 태도를 바꾸어 아첨하게 된다. 구하는 것이 많으면 얻는 것이 드물고, 금지하는 것이 많으면 이루는 일이 적다. 일로써 일을 만들면서 또한 일로써 일을 금지하는 것은, 마치 불을 일으키면서 불이 타오르지 못하게 하는 것과 같다. 지식으로 인해 근심이 생겨나는데 또 지식에 의해 근심을 대비하는 것은, 마치 물을 휘저으면서 물이 맑기를 바라는 것과 같다.36

老子曰: 法煩刑峻卽民生詐, 上多事則下多態, 求多卽得寡, 禁多卽勝少. 以事生事, 又以事止事, 譬猶揚火而欲使無焚也. 以智生患, 又以智備之, 譬猶撓水而欲求其淸也.

노자가 말하였다.

군주가 어짊을 좋아하면 공 없는 사람이 상을 받고 죄 있는 사람이 석방되며, 형벌을 좋아하면 공 있는 사람이 제거되고 죄 없는 사람이 형벌을 받게 된다.37 군주가 특별히 좋아하고 싫어하는 것이 없으면, 백성들은 죽여도 원망하지 않고 은혜를 베풀어도 덕으로 여기지 않는다. 군주가 단지 법도를 따르면서 자신은 일에 직접 간

---

36. 이상의 내용은 『회남자』 「주술훈」에서 찾아 볼 수 있다.
37. 통치자가 지나치게 어짊 혹은 형벌을 좋아함으로 인해 나타나는 폐해를 말하고 있다. 특별히 어짊이나 형벌을 좋아한다는 것은 통치자 개인의 사사로운 감정이 개입된다는 의미이며, 통치자가 사사로운 감정을 지니게 되면 상벌이 부당하게 시행될 수 있다.

여하지 않아 마치 천지의 운행처럼 무위한다면, 무엇인들 싣고 덮지 못하겠는가? 천지와 합치하고 인간을 조화시키는 것은 군주이고, 구별하여 죽이는 것은 법이다. 그러나 백성들이 죽임을 당해도 원망하는 감정이 없게 되는 것은 바로 도덕의 작용 때문이다.38

老子曰: 人主好仁, 卽無功者賞, 有罪者釋. 好刑, 卽有功者廢, 無罪者及. 無好憎者, 誅而無怨, 施而不德. 放準循繩, 身無與事, 若天若地, 何不覆載. 合而和之, 君也. 別而誅之, 法也. 民以受誅無所怨憾, 謂之道德.

노자가 말하였다.

천하의 옳고 그름은 정해져 있지 않다. 세상 사람들은 각자 자신이 좋아하는 것은 옳다고 하고 자신이 싫어하는 것은 그르다고 한다.39 무릇 세상에서 옳음을 구하는 사람은 도에 합당한 이치를 구하는 것이 아니라 자기 마음에 합치되는 것을 구하며, (그름을 배척하는 사람은) 잘못된 것을 물리치는 것이 아니라 자신의 마음에 거스르는 것을 물리친다. 지금 나는 옳은 것을 택해서 그곳에 머무르고 그른 것을 택해서 그것을 물리치고자 하나, 세상에서 말하는 이른바 옳고 그름을 알지 못한다. 그러므로 '큰 나라를 다스리는 것은 마치 작은 생선을 요리하듯이 해야 하는 것이니',40 자주 뒤적거려

---

38. 이상의 내용은 『회남자』 「전언훈」에서 찾아 볼 수 있다.
39. 이 말은 『장자』 「제물론」에서 나오는 다음 구절의 의미와 통한다. "그러므로 유가와 묵가의 시비가 있으니, 그른 것을 옳다고 우기고 옳은 것을 그르다고 우긴다."〔故有儒墨之是非, 以是其所非, 而非其所是.〕

어지럽게 하지 않을 뿐이다. 무릇 나와 뜻이 통하는 사람은 그가 말하는 것이 나의 마음에 합치되면 더욱 친근하게 된다. 그러나 나와 소원한 사람은 비록 그가 도모하는 것이 합당하다 할지라도 의심을 받게 된다.

지금 내가 단지 나의 몸을 바르게 하고 사물을 기다리기만 한다면, 세상 사람들이 어떻게 나의 존재를 알아채겠는가?41 그러나 만약 내가 세상 사람들과 더불어 달린다면, 그것은 마치 비속을 달리는 것과 같으니 어디를 간들 젖지 않겠는가?42 마음을 비우고자 하면 마음을 비울 수 없다.43 그러나 마음 비움에 뜻을 두지 않으면 저절로 비워지며, 그런 사람은 하고자 하는 것을 이루지 못하는 것이 없다. 그러므로 도에 통달한 사람은 수레바퀴의 축과 같다. 바퀴의 축은 그 자신은 움직이지 않으면서도 바퀴통과 함께 천리 밖까지

---

40. 『노자』60장의 "治大國, 若烹小鮮"을 인용하고 있다. 이것은 '무위'의 구체적 예를 제시한 것이다.

41. 이것은 이른바 '독선기신'(獨善其身)을 비판하는 말이다. 내가 단지 내 몸만 닦으면서 세상 사람들이 나를 알아주기를 기다리고 있다면 세상 사람들은 나의 존재를 알지 못하게 되고, 그 결과 나는 세상에서 쓰여지지 못하게 된다는 것이다. 여기서 문자는 지나치게 소극적이며 은둔적인 자세, 즉 소극적인 무위를 비판하고 있다.

42. 세상에 나서서 지나치게 동분서주하면서 시류에 휩싸이는 태도를 비판하고 있다. 세상에 나가 세상 사람들과 함께 어울리다보면 세속의 영향을 받지 않을 수 없다. 그렇게 되면 나는 나의 이상과 주체성과 상실하고 부평초처럼 이리저리 떠돌게 된다. 따라서 우리는 세상을 살아가면서 고요히 정적인 삶을 살아서도, 그렇다고 세속과 더불어 세속에 휩쓸리는 삶을 살아서도 안된다는 딜레마에 빠지게 된다. 이에 『문자』는 '무위'라는 이상적인 삶의 방식을 제시한다.

43. 마음을 비우고자 하는 의도 자체가 또 하나의 욕심이기 때문이다. 마음을 비운다는 것은 욕심을 없앤다는 의미이다. 그러나 마음을 비우기를 의도하면 그것은 곧 욕심이 되며, 욕심이 있으면 마음은 결코 비워지지 않는다.

도달할 수 있으니, 그것은 끝없이 굴러갈 수 있는 원천이 된다. 그러므로 성인은 도를 체득하여 지극한 경지로 돌아가니, 변화하지 않음으로써 변화에 응대하고 무위44로 움직인다.45

老子曰: 天下是非無所定. 世各是其所善, 而非其所惡. 夫求是者, 非求道理也, 求合于己者也; 非去邪也, 去迕于心者. 今吾欲擇是而居之, 擇非而去之, 不知世所謂是非也. 故治大國若烹小鮮, 勿撓而已. 夫趣合者卽言中而益親, 身疏而謀當卽見疑. 今吾欲正身而待物, 何知世之所從規我者乎. 吾若與俗遽走, 猶逃雨無之而不濡. 欲在于虛, 則不能虛. 若夫不爲虛, 而自虛者, 此所欲而無不致也. 故通于道者, 如車軸. 不運于己, 而與轂致于千里, 轉于無窮之原也. 故聖人體道反至, 不化以待化, 動而無爲.

노자가 말하였다.

무릇 자주 전쟁하고 자주 승리하면 그 나라는 반드시 망한다. 자주 전쟁하면 백성들은 피폐해지고, 자주 승리하면 군주가 교만해지기 때문이다. 교만한 군주가 피폐한 백성들을 부리면서 나라가 망하지 않는 경우는 드물다. 군주가 교만하면 방자해지고 방자하면

---

44. 결국 무위란 움직이면서도 움직이지 않는, 또는 움직이지 않으면서도 움직이는 삶의 방식이라 할 수 있다. 그것은 마치 문의 지도리나 바퀴의 축처럼, 항상 자기 자리에 머물러 있으면서도 끊임없이 응변하고 멀리까지 나아가는 삶의 방식이다.
45. 이상의 내용은 『회남자』「제속훈」에서 찾아 볼 수 있다.

극단으로 흐르게 된다. 백성은 피폐해지면 원망하게 되고 원망하면 극단으로 생각하게 된다. 위아래가 모두 극단적으로 되면서 망하지 않는 경우는 없다. 그러므로 "공이 이루어지면 몸은 물러나는 것이 하늘의 도이다."[46]

老子曰: 夫亟戰而數勝者, 則國必亡. 亟戰則民罷, 數勝則主驕. 以驕主使罷民, 而國不亡者則寡矣. 主驕則恣, 恣則極物; 民罷則怨, 怨則極慮. 上下俱極而不亡者, 未之有也. 故功遂身退, 天之道也.

평왕(平王)이 문자에게 물었다.

"제가 듣기에 당신은 노담(老聃)에게서 도를 얻었다고 합니다. 지금 어진 사람이 비록 도가 있다 할지라도 어지러운 세상을 만난다면, 어찌 한 사람의 힘으로 오랫동안 어지러워진 백성들을 변화시킬 수 있겠습니까?"

문자가 말했다.

"무릇 도덕을 지닌 사람은 사악한 것을 바로잡아 올바른 것으로 변화시키고, 어지러운 것을 정돈하여 다스려지게 하며, 음란한 것을 변화시켜 소박하게 만듭니다. 소박한 덕을 소생시켜 천하가 안정되게 하는 것은 한 사람에게 달렸습니다. 군주는 백성들의 스승이고 윗사람은 아랫사람들의 표본입니다. 그러므로 윗사람이 좋아

---

46. 『노자』 9장에서 인용하고 있다.
　　이상의 내용은 『회남자』 「도응훈」에서 찾아 볼 수 있다.

하면 아랫사람들이 받아들이고, 윗사람에게 도덕이 있으면 아랫사람에게는 인의가 있게 되며, 아랫사람에게 인의가 있으면 음란한 세상이 사라지게 됩니다. 덕을 쌓으면 왕이 되고 원한을 쌓으면 망하게 됩니다. 마치 돌을 쌓으면 산이 이루어지고 물을 쌓으면 바다가 이루어지는 것과 같습니다. 쌓지 않고서 무엇을 이룰 수는 없는 것입니다.47 도덕을 쌓는 사람은 하늘이 함께 하고 땅이 도와주며 귀신이 보조해 줍니다. 그 결과 봉황이 그의 뜰에서 노닐고 용이 그의 연못에서 머물게 됩니다. 그러므로 군주가 도로 천하에 임하는 것은 천하의 덕이며, 도가 없이 천하에 임하는 것은 천하의 적입니다. 한 사람의 힘으로 천하와 원수가 되면 비록 오래 유지하고자 하여도 유지할 수 없습니다. 요순은 도로 천하에 임함으로써 창성하였고, 걸주는 도가 없이 천하에 임함으로써 망하였습니다."

평왕이 말하였다.

"삼가 가르침을 따르겠습니다."

平王問文子曰: 吾聞子得道于老聃. 今賢人雖有道, 而遭淫亂之世, 以一人之極, 而欲化久亂之民, 其庸能乎? 文子曰: 夫道德者, 匡邪以爲正, 振亂以爲治, 化淫敗以爲樸. 淳德復生, 天下安寧, 要在一人. 人主者, 民之師也; 上者, 下之儀也. 上美之則下食之, 上有道德則下有仁義, 下有仁義則無淫亂之世矣. 積德成王, 積怨成亡, 積石成山, 積水成海. 不積而能成者, 未之有也. 積道德者, 天與之, 地助之, 鬼神輔之. 鳳凰翔其庭, 麒麟游其郊, 蛟龍宿其沼. 故以道莅天下, 天下之德也;

---

47. 능동적으로 나서서 행할 것을 주장하고 있다.

無道莅天下, 天下之賊也. 以一人與天下爲仇, 雖欲長久, 不可
得也. 堯舜以是昌, 桀紂以是亡. 平王曰: 寡人敬聞命矣.

6. 높은 덕[上德]

문자[1]가 말하였다.

군주는 국가의 마음이다. 마음이 다스려지면 뭇 관절들이 모두 편안하며, 마음이 흔들리면 뭇 관절들도 모두 어지러워진다. 그러므로 몸이 다스려지면 팔다리와 신체가 서로 잊으며, 국가가 다스려지면 군주와 신하가 서로 잊는다. 노자가 상종(常樅)[2]에게 배울

---

1. 원문에는 '노자'로 되어 있다. 그러나 본문의 내용에서 노자가 상종에게 배운 이야기가 나오므로 화자(話者)는 문자로 보는 것이 타당하다.
2. 노자의 스승이라고 하며, 『회남자』에서는 '상용'(商容)으로 되어 있다. 『설원』(說苑) 「경신」(敬愼)에 상종이 심한 병에 걸렸을 때 노자가 찾아가 가르침을 받는 다음과 같은 이야기가 나온다.
   상종이 그의 입을 벌려 노자에게 보이면서 말하였다.
   "나의 혀가 있는가?"
   노자가 말하였다.
   "그렇습니다."
   "나의 치아는 있는가?"
   "없습니다."
   "그대는 이것의 의미를 아는가?"
   노자가 말하였다.
   "무릇 혀가 여전히 존재하는 것은 그것이 부드럽기 때문이 아닙니까? 치아가 없어진 것은 그것이 딱딱하기 때문이 아닙니까?"
   상종이 말하였다.

때 혀를 보고서 부드러움을 지켜야 할 것을 알았고, 위로 지붕 위의 나무를 쳐다보고 아래로 냇물이 쉼 없이 흘러가는 것을 굽어보고 그리고 그림자를 보고서 뒤를 지켜야 한다는 것을 알았다.3 그러므로 성인은 자기를 텅 비우고 상황에 따르며 항상 뒤서고 앞서지 않는다. 그것은 마치 땔나무를 쌓을 때 나중에 쌓일수록 가장 위에 올라가는 것과 같다.4

老子曰: 主者, 國之心也. 心治則百節皆安, 心擾則百節皆亂. 故其身治者, 支體相遺也; 其國治者, 君臣相忘也. 老子學于常樅, 見舌而守柔; 仰視屋樹, 退而因川, 觀影而知持後. 故聖人虛無因循, 常後而不先, 譬若積薪燎, 後者處上.

노자가 말하였다.

방울은 그 소리내는 것으로 인해 자기 자신을 훼손하고, 촛불은 밝게 비춤으로 인해 스스로를 태우며, 호랑이와 표범은 아름다운 가죽으로 인해 사냥꾼을 불러들이고, 원숭이는 그 민첩함으로 인해 몽둥이 세례를 받게 된다. 그러므로 용감한 무사는 그의 강함으로 인해 죽게 되고, 말 잘하는 사람은 그의 말 잘하는 재능으로 인해

"허허, 그렇다. 천하의 일을 이미 다 깨우쳤으니, 그대에게 더 이상 무엇을 말하겠는가?"

3. 해 그림자는 해가 움직임에 따라 자신의 위치를 뒤로하면서 계속 물러나며, 시냇물 또한 한 곳에 머무르지 못하고 쉼없이 흘러간다. 이러한 그림자와 시냇물의 현상을 관찰하고서 노자는 '뒤로 물러나는 이치'를 깨달은 것이다.

4. 이상의 내용은 『회남자』 「무칭훈」 찾아 볼 수 있다.

곤경에 빠지게 된다. 재능을 재능으로 여길 줄만 알았을 뿐, 재능을 재능이 아닌 줄 몰랐기 때문이다. 그러므로 한 가지 재능에만 뛰어나고 한 가지 말에만 정통한 사람과는, 부분적이고 치우친 얘기는 나눌 수 있으나 보편적인 진리의 얘기는 나눌 수 없다.5

　　老子曰: 鳴鐸以聲自毀, 膏燭以明自煎, 虎豹之文來射, 猨狄之捷來格. 故勇武以强梁死, 辯士以智能困. 能以智知, 未能以智不知. 故勇于一能, 察于一 辭, 可與曲說, 未可與廣應.

노자가 말하였다.

도는 '있지 않음'[無有]을 본체로 삼는다. 때문에 도는 보고자 해도 그 형체를 보지 못하고 듣고자 해도 그 소리를 듣지 못한다. 이것을 가리켜 유명(幽冥)이라고 한다. 그러나 유명은 도를 설명하는 말이지 도 자체는 아니다. 무릇 도는 내면을 응시하여 스스로 깨달아야 한다. 그러므로 사람이 적지 않게 깨달으면 크게 미혹되지 않고, 적지 않게 지혜로우면6 크게 어리석지 않다.

아무도 흐르는 물에 자기를 비추어 볼 수 없으나 고여 있는 물에

---

5. 이 말은 『관자』「우합」(宙合)에 나오는 다음과 같은 구절을 인용, 응용하고 있다. "그러므로 하나의 말에 밝고 하나의 다스림에 세밀하며 하나의 일에 능한 사람과는, 부분적이고 치우친 것에 관해서는 말할 수 있으나 넓은 분야에 관해 말할 수는 없다."〔是故辯於一言, 察於一治, 攻于一事者, 可以曲說, 而不可以廣擧.〕
　　이상의 내용은 『회남자』「무칭훈」에서 찾아 볼 수 있다.
6. 원문은 '혜'(惠)로 되어 있으나 의미가 통하지 않는다. 『회남자』「설산훈」에 근거하여 '혜'(慧)로 고쳐 해석한다.

는 비추어 볼 수 있다. 그것은 물이 안으로 자기를 보존하고 멈추어 밖으로 흔들리지 않기 때문이다.

보름달은 해가 나오면 빛을 잃는다. 음은 양을 누를 수 없기 때문이다. 해가 나오면 별들은 보이지 않게 된다. 별은 해와 더불어 빛을 다툴 수 없기 때문이다.

말단은 근본보다 강할 수 없고 가지는 줄기보다 굵을 수 없으니, 위가 무겁고 아래가 가벼우면 쉽게 뒤집어질 수 있다.

한 연못에 두 마리 용이 살 수 없고, 암컷 하나가 두 수컷을 거느릴 수 없다. 하나면 안정되나 둘이면 다투기 때문이다.

산에 옥이 묻혀 있으면 초목에 윤이 나고, 연못에 구슬이 들어 있으면 연못 주변이 마르지 않는다.

지렁이는 강한 근골도 없고 날카로운 손톱이나 이빨도 없으며, 위로는 마른 흙을 먹고 아래로는 샘물을 마시며 그 마음 쓰는 것은 전일하다.7

물이 맑으면 한잔 물에도 눈동자를 비추어 볼 수 있으나, 물이 혼탁하면 황하 물에도 태산을 비추어 볼 수 없다.

난초와 구리때8는 아무도 보아주지 않아도 향기를 발하며, 강과

---

7. 여기서 지렁이는 부드러움을 상징하고 있다. 지렁이가 부드러울 수 있는 것은 그것이 살아가는 환경과 밀접한 관계가 있다고 본다. 즉 지렁이는 흙과 물만으로도 생존이 가능하기에 굳이 강한 근골과 날카로운 이빨을 필요로 하지 않는다. 또한 지렁이는 강함을 요구하지 않기에 그 마음씀이 오롯하고 전일할 수 있다. 이러한 환경과 그에 따른 마음 쏨으로 인해 지렁이는 부드러움을 유지할 수 있는 것이다. 수행을 하는 사람 또한 마찬가지다. 수행자는 거친 행동과 사나운 생각을 버리고 마음을 오롯하게 모을 때 그의 길을 완성할 수 있다.
8. 향기를 발하는 풀의 이름이다.

바다를 떠다니는 배는 아무도 타지 않아도 가라앉지 않는다. 마찬가지로 군자는 도를 수행함에 있어 아무도 알아주지 않아도 멈추지 않는다. 군자가 도를 수행하는 것은 본성이기 때문이다.

맑은 것이 탁한 것 속으로 들어가면 반드시 더럽혀지며, 탁한 것이 맑은 것 속으로 들어가면 반드시 거꾸러진다.9

하늘에 두 기운이 있으면 무지개가 나타나고, 땅에 두 기운이 있으면 숨어 있던 곤충들이 기어 나오며, 사람에게 두 기운이 있으면 병이 난다.10

양기와 음기는 어느 하나가 상존할 수 없다. 때문에 겨울이 왔다가 여름이 오고 여름이 왔다가 겨울이 온다.

달은 낮을 알지 못하고 해는 밤을 알지 못한다.

냇물이 넓으면 물고기가 크고, 산이 높으면 나무가 길며, 땅이 넓으면 얻는 것이 많다.11

그러므로 물고기는 미끼 없이 낚을 수 없고, 짐승은 빈 밥그릇으로 불러들일 수 없다.

산에 맹수가 있으면 나무들이 잘려지지 않고, 동산에 독충이 있으면 나물이 캐어지지 않으며, 나라에 현명한 신하가 있으면 천리 밖에서 적을 물리칠 수 있다.

도에 통달한 자는 수레의 바퀴 축과 같다. 바퀴 축은 바퀴 통 속

---

9. 맑음과 탁함은 공존할 수 없다는 점을 말하고 있다. 즉 혼탁한 세상에서 깨끗한 사람이 뜻을 펴고자 하면 반드시 욕을 당하고, 깨끗한 세상에 부패한 사람이 등용되면 오래가지 않아 퇴진 당하게 된다는 얘기다.
10. 기운들이 상호 부조화함으로 인해 나타나는 해로운 현상들에 관해 말하고 있다.
11. 환경적 요소의 중요성에 관해 말하고 있다.

에서 그 자신은 움직이지 않은 채 바퀴와 함께 천리 밖까지 도달하며, 끝나면 다시 시작하여 무한히 굴러간다.

그러므로 굽은 자12를 들어 곧은 자13에게 귀의시키면 어찌 만족하지 않겠는가? 그러나 곧은 자를 들어 굽은 자에게 복종시킨다면 함께 가지 말라.

새가 날아오면 그물을 펴놓고 기다리는 데, 새가 걸리는 곳은 그물 눈 하나에 지나지 않는다. 그러나 지금 그물 눈 하나만 설치한다면 새를 잡을 수 없다. 그러므로 일은 혹 미리 살펴 볼 수 없고 사물은 혹 미리 사려할 수 없기에, 성인은 도를 쌓으면서 때를 기다린다.

물고기를 이르게 하려면 먼저 도랑을 통하게 하고, 새를 오게 하려면 먼저 나무를 심는다. 물이 쌓이면 물고기가 모이고, 나무가 무성하면 새가 모여들 것이다. 물고기를 얻고자 하는 자는 그물을 끌고 연못 안으로 들어가지 않으며, 원숭이를 얻고자 하는 자는 그물을 지고 나무 위로 기어올라가지 않는다. 단지 물고기나 원숭이가 좋아하는 것을 놓아두면 될 뿐이다.14

　　老子曰: 道以無有爲體. 視之不見其形, 聽之不聞其聲, 謂
　　之幽冥. 幽冥者, 所以論道, 而非道也. 夫道者, 內視而自反.
　　故人不小覺, 不大迷; 不小惠(慧), 不大愚. 莫鑑于流潦, 而鑑
　　于止水, 以其內保之, 止而不外蕩. 月望日奪光, 陰不可以承

---

12. 소인을 말한다.
13. 군자를 말한다.
14. 이상의 내용들은 『회남자』「설산훈」(說山訓)에서 찾아 볼 수 있다. 그리고 이 단락의 내용들은 하나의 주제로 모아지지 않는다. 즉 단편적인 여러 경구 혹은 격언들을 모아 놓은 형태가 된다. 다음 단락도 마찬가지이다.

陽; 日出星不見, 不能與之爭光. 末不可以强于本, 枝不可以大于干, 上重下輕, 其覆必易. 一淵不兩蛟, 一雌不二雄, 一卽定, 兩卽爭. 玉在山而草木潤, 珠生淵而岸不枯. 蚯蚓無筋骨之强, 爪牙之利, 上食晞埃, 下飲黄泉, 用心一也. 清之爲明, 杯水可見眸子, 濁之爲害, 河水不見太山. 蘭芷不爲莫服而不芳, 舟浮江海不爲莫乘而沈, 君子行道不爲莫知而止, 性之有也. 以清入濁必困辱, 以濁入清必覆傾. 天二氣卽成虹, 地二氣卽泄藏, 人二氣卽生病. 陰陽不能常, 且冬且夏, 月不知畫, 日不知夜. 川廣者魚大, 山高者木修, 地廣者德厚. 故魚不可以無餌釣, 獸不可以空器召. 山有猛獸, 林木爲之不斬; 園有螫蟲, 葵藿爲之不采; 國有賢臣, 折衝千里. 通于道者若車軸, 轉于轂中, 不運于己, 與之千里, 終而復始, 轉於無窮之原也. 故擧枉與直, 何如不得; 擧直與枉, 勿與遂往. 有鳥將來, 張羅而待之, 得鳥者羅之一目. 今爲一目之羅, 則無時得鳥. 故事或不可前規, 物或不可預慮, 故聖人畜道待時也. 欲致魚者先通谷, 欲來鳥者先樹木. 水積而魚聚, 木茂而鳥集. 爲魚得者, 非挈而入淵也, 爲猿得者, 非負而上木也, 縱之所利而已.

발이 밟는 부분은 적다. 그러나 밟지 않는 부분들이 있어야만 걸어다닐 수 있다. 마음이 아는 영역은 협소하다. 그러나 알지 못하는 영역도 갖추어진 이후에야 밝은 지혜를 얻을 수 있다. 냇물이 마르면 계곡은 텅 비고, 언덕이 평평해지면 연못은 메워지며, 입술이 없어지면 이가 시리고, 강물이 깊어지면 산의 흙이 두터워진다.

물이 고요하면 맑고, 맑으면 평평하며, 평평하면 고르고, 고르면 사물의 형체를 비추어 볼 수 있다. 형체가 두 개로 보이지 않아야 바른 거울이 될 수 있다.

잎사귀가 떨어지는 것은 바람이 흔들기 때문이고, 물이 흐려지는 것은 사물이 휘젓기 때문이다. 옥이 그릇이 되는 것은 숫돌의 공이고, 막야(莫邪)가 잘 드는 칼이 된 것은 숫돌의 힘이다.

등에가 천리마에 붙어 있으면 날지 않고도 천리 밖까지 이르고 식량을 준비하지 않아도 배고프지 않다.

민첩한 토끼가 잡히면 사냥개는 삶아 먹히고, 높이 나는 새가 다 없어지면 좋은 활은 치워지며, 이름이 이루어지고 공이 완수되면 자신은 물러나야 한다. 천도가 그러하다.

노여움은 노여워할 만 하지 않은 사소한 것으로부터 발생하고, 인위적인 행위는 행할 만 하지 않은 것으로부터 생겨난다.

존재의 본원을 응시하면 보이는 것의 본질을 볼 수 있으며, 소리의 본원에 귀기울이면 들리는 것의 본질을 들을 수 있다.

나는 새는 고향으로 돌아가고, 달리는 토끼는 굴로 돌아가며, 여우는 죽을 때 자신이 살던 언덕 쪽으로 머리를 향하고, 겨울 매미는 태어난 나무에 들러붙는다. 각자 그 생겨난 곳으로 귀의하는 것이다.

물과 불은 서로 싫어하지만 그들 사이에 솥이 있으면 온갖 맛이 조화를 이룰 수 있고, 혈육끼리는 서로 사랑하지만 헐뜯는 자가 이간질하면 부자지간도 위태롭게 된다.

개나 돼지는 그릇을 가리지 않고 먹음으로써 몸은 더욱 살찌나, 그것으로 인해 오히려 죽음에 가까워진다. 봉황은 천길 높이에서 배회하기에 아무도 잡을 수 없다.

망치는 뭇 장부15를 견고하게 두들겨 박으나 자신은 두드려 박을 수 없으며, 눈은 백 걸음 밖도 볼 수 있으나 자신의 눈초리는 볼 수 없다.

높은 곳을 근거하여 산을 만들면 안정되어 위태롭지 않으며, 낮은 곳을 근거하여 못을 파면 물고기와 자라들이 다투어 몰려든다.

도랑이나 해자는 장마가 지면 물이 넘치나 가뭄이 들면 금방 마른다. 그러나 강과 바다는 그 근원이 깊기 때문에 마르지 않는다.

자라는 귀가 없으나 그렇다고 눈으로 귀를 도울 수는 없다. 눈은 단지 보는 것에만 뛰어나기 때문이다. 맹인은 눈이 없으나 그렇다고 귀로 눈을 도울 수는 없다. 귀는 단지 듣는 것에 뛰어나기 때문이다.

물이 흐리고 탁하면 나의 발을 씻을 수 있을 것이요! 물이 맑고 깨끗하면 나의 갓끈을 씻을 수 있을 것이요!16 흰 명주는 혹 관으로 만들어지기도 하고 혹 버선으로 만들어지기도 하는 데, 관이 되면 머리 위에 이어지고 버선이 되면 발 밑에 밟히게 된다.

쇠는 나무를 이기는 형세이나 칼날 하나로 숲 전체를 벨 수 없고, 흙은 물을 이기는 형세이나 한 움큼의 흙으로 강과 바다를 메울 수

---

15. 원문은 '내'(內)로 되어 있으나 『통현진경찬의』 및 『도장』칠권본에 근거하여 '병'(柄), 즉 '장부'로 해석한다. 장부는 나무 끝을 구멍에 맞추어 박기 위하여 깎아 가늘게 만든 나무를 말한다.

16. 『맹자』 「이루」(離樓)에서는 다음과 같이 말하고 있다. "어떤 선비가 노래하였다. '창랑의 물이 맑으면 나의 갓끈을 씻을 것이요, 창랑의 물이 흐리면 나의 발을 씻을 것이로다.' 공자가 말하였다. '제자들이여 잘 들어라! 맑으면 갓끈을 씻게 되고 흐리면 발을 씻게 된다. 스스로에 의해 취해질 뿐이다.'"[有孺子歌曰: '滄浪之水淸兮, 可以濯我纓; 滄浪之水濁兮, 可以濯我足.' 孔子曰: '小子聽之! 淸斯濯纓, 濁斯濯足矣, 自取之也.]

없으며, 물은 불을 이기는 형세이나 한 잔의 물로 한 수레의 나무에
붙은 불을 끌 수 없다. 겨울에 우레가 울리기도 하고 여름에 우박이
내리기도 하나 추위와 더위의 운행 이치는 변화되지 않으며, 서리
와 눈이 아무리 굳세어도 해가 뜨면 녹아 흐른다. 기울어진 것은 쉽
게 뒤집어질 수 있고, 기대고 있는 것은 쉽게 밀어 재낄 수 있으며,
거의 이루어진 것은 돕기 쉽고, 습한 기운은 비로 변하기 쉽다.17

난초는 그 향기로 인해 일찍 꺾여지고, 두꺼비는 재난을 피한다
해도 그 수명은 다섯 달 보름을 넘기지 못한다. 정기가 새는 자는 요
절하기 쉽고, 제 철을 지나 꽃피우는 것은 그 과실을 먹을 수 없다.

혀와 이, 어느 것이 먼저 못쓰게 되는가?18 활줄과 화살, 어느 것
이 먼저 곧게 되는가?19

그림자를 굽어지게 하는 것은 형체이고, 메아리를 탁하게 하는
것은 소리이다.20 죽을병에 걸린 환자에게는 훌륭한 의사가 있기

---

17. 이 단락에서는 '세'(勢)의 중요성에 관해 언급하고 있다. '세'는 법가에서
'법'과 '술'과 아울러 법가정치의 3대 요소로 중시된다. 이러한 '법', '세',
'술'의 법가적 요소는 황로학에서 온전히 수용되어 현실 정치의 구체적 통
치 방법들로 제시된다. 즉 황로학의 이상 정치는 무위정치라 할 수 있는
데, 이 무위정치를 실현하는 실질적 방안으로 이들 법가적 요소들이 차용
된다.

18. 강한 것과 부드러운 것 중 어느 것이 오래 보존될 수 있느냐는 물음이다.
강하고 단단한 것은 오히려 일찍 부러지며, 진실로 오래 유지되는 것은
부드럽고 약한 것이다. 이것은 『노자』의 "강하고 딱딱한 것은 죽음의 무리
이고, 부드럽고 약한 것은 삶의 무리다"〔堅强者死之徒, 柔弱者生之徒〕 혹
은 "부드럽고 약한 것이 강하고 딱딱한 것을 이긴다"〔柔弱勝剛强〕라는 이
치를 밝히고 있다. 그러면서 이것을 다시 본말의 문제와 연결시킨다. 즉
유약한 것이 '본'이 되고 강한 것은 '말'이 된다는 것이다. 이하에서는 구체
적으로 본말 문제에 관해 거론하고 있다.

19. 『통현진경찬의』에는 '부러지는가'로 되어 있다. 즉 원문의 '直'이 '折'로 되
어 있다.

힘들며, 거의 망한 나라에는 충성스러운 계책이 서기 힘들다. 가수에게 피리를 불게 하고 악기를 만드는 장인에게 악기를 다루게 하면, 비록 음절은 맞는다고 할지라도 아름다울 수가 없다. 피리와 악기에 적합한 사람이 아니기 때문이다. 벙어리가 노래하지 못하는 것은 즐거움을 표현할 목소리가 없기 때문이며, 장님이 보지 못하는 것은 사물을 볼 수 있는 방법이 없기 때문이다. 숲을 걷는 자는 곧은길을 갈 수 없고, 험한 곳을 가는 자는 먹줄처럼 곧게 갈 수 없다.

바다는 흘러내리는 모든 물을 받아들이기 때문에 거대해질 수 있다.

태양은 두 개가 나올 수 없고, 여우는 수컷 두 마리가 함께 있을 수 없으며, 용은 두 마리가 함께 있을 수 없고, 맹수는 무리를 짓지 않으며, 맹금류는 함께 살지 않는다.

지붕은 서까래가 없으면 해를 가릴 수 없고 바퀴는 바퀴살이 없으면 달릴 수 없다. 지붕이나 바퀴만으로는 부족하기 때문이다.

활을 쏠 때 활줄이 없으면 화살을 날릴 수 없고, 날아간 화살 중 적중하는 것은 열 개 중 하나다.

굶주린 말들이 마구간에서 조용히 있다가도 옆에 풀이 던져지면 곧 다투는 마음이 생겨난다.

세 치의 작은 대나무 통도 밑이 없으면 천하를 다 동원해도 채울 수 없으나, 열 석들이 큰그릇도 밑이 있으면 백 되면 가득 채워진다.

먹줄에 따라서 자르면 지나침이 없고 저울대에 달아서 재면 착오가 없다.

---

20. 본말(本末)의 문제에 관한 언급이다. 말단은 항상 근본에 근거를 두고 있다. 때문에 현상적 사태의 원인은 그 근본에서 찾아야 한다는 것이다. 이하에서는 이러한 본말 문제에 대한 구체적 사례들을 나열하고 있다.

옛 법을 시행함에 있어서는 시대에 맞게 행하고, 형벌을 시행함에 있어서는 때에 합당하게 시행해야 한다. 때에 맞게 행하면 맞아 떨어지고, 때에 맞지 않게 행하면 어지러워진다.

농부가 수고하여 농사지으면 군자는 그것으로써 뭇 백성들을 양육한다.

우둔한 자가 말하면 지혜로운 자는 그 말을 잘 가려낸다. 즉 살펴보아서 그 말이 명백하면 옥이나 돌처럼 명확히 다루고, 보아서 그것이 모호하면 반드시 그 생각을 유보시킨다.

뭇 별들이 밝게 빛나도 달 빛 하나만 못하고, 열 개의 창문을 열어 놓아도 방문 하나 열어 놓는 것만큼 밝지 못하다.

맹독을 지닌 살무사에게 발까지 있어서는 안되며, 사나운 호랑이에게 날개까지 있어서는 안된다.

지금 여섯 자 짜리의 자리가 있다고 하자. 이것을 눕혀 놓으면 뛰어 넘는 재주가 없는 사람도 어렵지 않게 뛰어 넘을 수 있다. 그러나 이것을 세워 놓으면 그 재주가 뛰어난 사람도 쉽게 넘을 수 없다. 그것은 형세가 다르기 때문이다. 제사를 돕는 사람은 음식을 얻어 먹으나, 싸움을 말리는 사람은 상처를 입으며, 상서롭지 않은 나무 밑에 있으면 벼락을 맞게 된다.21

해와 달은 밝게 빛나고자 하나 구름이 가리우고, 강물은 맑고자 하나 모래나 흙이 더럽히며, 난초는 무성히 자라고자 하나 가을 바람이 시들게 하고, 사람의 성품은 평안하고자 하나 욕심이 해친다. 먼지를 뒤집어쓰고서 눈을 제대로 뜨고자 하면 밝게 뜰 수 없다.

---

21. 사람이 어떤 환경과 형세에 놓여 있느냐에 따라서 각각 받게 되는 이로움과 해로움이 다를 수 있다는 점을 말하고 있다.

거북 모양을 새긴 황금 끈이 있으면 현명한 사람은 그것으로 관복의 패(佩)를 만들고, 땅이 널리 널려 있으면 능력 있는 사람은 그것으로 부자가 된다. 그러므로 우매한 사람에게 금과 옥을 주는 것은 한 자의 흰 명주실을 주는 것만 못하다.

바퀴 통의 빈곳에 서른 개의 바퀴 살이 세워지면 각각 그 힘을 다한다. 그러나 가령 바퀴 축 하나만 놔두고 바퀴 살은 모두 버린다면 어떻게 먼 곳이나 가까운 곳에 도달할 수 있겠는가? 귤나무와 유자나무는 그들이 잘 자라는 지역이 있고, 물억새는 같은 무리끼리 무성하게 잘 자라며, 짐승은 같은 무리끼리 놀고, 새는 같은 무리끼리 함께 노닌다.

천하 전체를 얻고자 하면서도 발로는 천리를 다니지 않고 정치와 교육의 근본이 없다면, 만 백성 위에 군림하는 것이 어려울 것이다.

두려워하는 자는 잡히고, 떼지어 다니는 짐승은 활에 맞는다.

그러므로 '매우 밝은 것은 마치 더러운 것 같고, 넓은 덕은 마치 부족한 듯하다.'[22]

군자가 술을 마시면 소인은 부(缶)[23]를 쳐서 경계하는데, 비록 좋은 광경은 아니나 또한 나쁘다고도 할 수 없다.[24]

사람의 본성은 비단옷을 편안히 여기나 전쟁터에서는 갑옷을 입

---

22. 『노자』 41장에 나오는 말이다.
23. 질그릇의 일종으로, 배가 볼록하고 그 가운데에 목이 좁은 아가리가 있다. 옛날 진(秦)나라 사람들은 이것을 치면서 노래의 장단을 맞추기도 하였다고 한다.
24. 소인에 의해 군자가 깨우침을 당하는 상황을 말하고 있다. 일반적으로는 군자가 소인을 깨우쳐주는 것이 상도이므로 이러한 광경은 별로 좋은 모습이라 할 수 없다. 그러나 간혹 군자가 잠시 정도를 벗어날 때는 소인에 의해서라도 일깨움을 받을 수 있다는 것이다.

는다. 이처럼 경우에 따라서는 불편한 것이 오히려 편한 것이 될 수 있다.

서른 개의 바퀴 살이 하나의 바퀴 통으로 향한다. 이때 바퀴 살들은 각자 하나의 구멍에 배당되어 상호 간섭하지 않는다. 이것은 마치 신하들이 각자 자신들의 직책을 지키는 것과 같다. 사람을 잘 쓰는 사람도 이와 같이 한다. 즉 부리는 사람들이 매우 많아도 마치 노래기의 발과 같이 움직여 서로 해치지 않게 하며, 마치 혀와 이와 같이 작용하여 견고함과 부드러움이 서로 갈마들면서도 서로 손상시키지 않게 한다.

돌은 생겨나면서부터 딱딱하고 백지〔芷〕25는 나면서부터 향기가 있다. 이들은 작을 때에도 그러한 특성을 지니고 있으며 크면 그 성질이 더욱 뚜렷해진다.

부축하는 것과 잡아끄는 것, 물러나는 것과 사양하는 것, 얻는 것과 잃는 것, 승낙하는 것과 거절하는 것은 상호 천리 차이가 있다.

이미 수확한 것에서는 다시 결실을 볼 수 없고, 지나치게 일찍 자란 것은 서리를 맞지 않더라도 시들어 떨어진다.

콧등에 오물을 묻히고서 이마에 분을 칠하여 아름답게 보이고자 하는 것, 썩은 쥐를 섬돌에 놔둔 채 마루에 향을 피워 향기롭고자 하는 것, 물에 들어가면서 젖는 것을 싫어하는 것, 악취를 품고 있으면서 향기가 나기를 바라는 것, 이러한 것들은 비록 제아무리 교묘한 재주를 지닌 사람일지라도 이루어낼 수 없다.

나무가 바야흐로 왕성하게 성장할 때는 종일 캐어내도 다시 자라나지만, 가을 바람이 불고 서리가 내리면 하루 저녁에 다 얼어죽는

---

25. 향기가 강한 식물의 이름이다.

다. 표적이 크면 화살이 집중하고 산림이 무성하면 도끼가 모여든다. 누가 불러들인 것이 아니라 스스로의 형세가 그렇게 만든 것이다.

어미 개는 새끼를 보호하기 위해 호랑이도 물어뜯고, 알을 품는 닭은 알을 보호하기 위해 너구리도 할퀸다. 모두 모성애에 의한 행위들로 자신의 힘을 헤아리지 않기 때문이다.

무릇 이익 때문에 물에 빠진 사람을 구하는 자는 또한 반드시 이익 때문에 사람을 물에 빠뜨릴 것이다. 배가 뜨기도 하고 가라앉기도 하듯이 인간은 이익 때문에 살기도 하고 죽기도 하는데, 어리석은 자는 만족할 줄 모른다.

천리마라 할지라도 몰아도 나아가지 않고 당겨도 멈추지 않는다면, 군주는 이런 말을 타고 먼길을 갈 수 없다.

물은 비록 평평하나 반드시 잔물결이 있고, 저울은 비록 공정하나 반드시 약간의 착오가 있으며, 자는 비록 균일하나 반드시 부분적인 오차가 있을 수 있다. 그러나 곡자와 직각자가 아니면 원과 네모를 그릴 수 없고, 수준기와 먹줄이 아니면 굽은 것과 곧은 것을 바르게 할 수 없다. 그리고 곡자와 직각자를 쓰는 사람은 또한 곡자와 직각자와 같이 공정하고 바른 마음을 지니게 된다.[26]

태산과 같이 높은 것도 등지고 서면 볼 수 없고, 가을 터럭의 끝같이 미세한 것도 자세히 살피면 볼 수 있다. 대나무에는 불의 성질

---

26. 객관적으로 설정되는 도구 및 제도의 중요성에 관해 언급하고 있다. 인간에 의한 행위는 비록 공평 무사하고자 해도 어느 정도의 주관성을 완전히 배제할 수 없다. 따라서 인간 개개인의 능력에 의존하기보다는 객관적인 도구나 제도를 이용하여 세상을 운용하는 것이 보다 효율적이고 정확할 수 있다는 생각이다. 『문자』의 이같은 생각은 기계와 제도를 부정적으로 바라보는 노장의 시각과는 구별된다.

이 내재되어 있으나 꼬챙이로 비비지 않으면 불이 일어나지 않고, 땅 속에는 물이 들어 있으나 파지 않으면 물이 나오지 않는다. 화살은 빠르게 날아도 2리밖에 미치지 못하나, 쉬지 않고 걸으면 천 리 밖까지 도달할 수 있다. 또한 쉬지 않고 흙을 쌓으면 산도 이룰 수 있다. 강가에 서서 고기를 탐내고 있느니 차라리 집에 돌아가서 그물을 짜는 것이 낫다.27

활은 전체적인 균형을 잡는 것이 우선이고 튼튼한 것은 나중이며, 말은 순종하는 것이 우선이고 훌륭한 것은 나중이다. 마찬가지로 사람은 신용이 우선이고 유능한 것은 나중이다.28

뛰어난 대장장이도 나무를 녹일 수는 없고, 훌륭한 목수도 대패로 얼음을 깎을 수는 없다. 사물 중에는 어찌할 수 없는 것이 있는데, 군자가 어찌 이런 것에 주의하지 않을 수 있겠는가? 사람이 강을 건너지 않게 하는 것은 가능하지만 파도가 일지 않게 하는 것은 불가능하다.29

죄 없다고 말하지 말라. 원인이 없다면 시루가 결코 우물 속으로 떨어지지 않을 것이다.

---

27. 어떤 일을 이루기 위해서는 개인의 적극적인 태도와 노력이 필요하다는 점을 강조하고 있다. 또한 자연에 어떤 성질이 내재되어 있다 할지라도 그 자체로는 아무런 도움이 되지 않고 그것을 적극적으로 활용할 때 인간의 삶에 도움이 될 수 있다는 점을 말함으로써 자연을 적극적으로 활용해야 한다는 주장을 제시하고 있다. 『문자』에 나타나는 이러한 태도는 노장의 소극적인 무위 사상과 뚜렷한 차이가 있다.
28. 본말(本末)에 대한 인식을 주지시킨다.
29. 인간이 아무리 뛰어난 재주를 지니고 있어도, 자연의 객관적 상황이나 이치를 뛰어 넘을 수는 없다는 주장이다. 따라서 자연에 내재된 객관적 상황에 근거하여 일을 추진해야 한다는 점을 말함으로써 인간 능력의 한계 즉 명(命)을 인정하고 있다.

나의 행위를 흥보는 자는 나와 교제하기를 원하는 자이고, 나의 물건을 헐뜯는 자는 나와 거래하기를 바라는 자이다.

장기 한 수로는 장기를 잘 두는지를 알 수 없고, 현 하나를 뜯는 것으로는 슬픈 곡조를 완성할 수 없다.

지금 석탄 한 덩이가 불타고 있을 때 그것을 손으로 잡으면 손가락이 타 문드러진다. 그것은 손과 석탄이 서로 가깝기 때문이다. 그러나 만 개의 석탄 덩이가 한꺼번에 타오른다 해도 열 발자국밖에 떨어져 있으면 타 죽지 않는다. 같은 불기운이나 접촉 정도가 다르기 때문이다.

영화로움이 있으면 반드시 슬픔이 있고, 위에 고운 비단 명주 제품이 있으면 아래에 반드시 거친 마(麻) 제품이 있다.

큰 나무는 뿌리가 단단하고, 높은 산은 바닥이 든든하다.30

足所踐者淺, 然待所不踐而後能行; 心所知者褊, 然待所不知而後能明. 川竭而谷虛, 丘夷而淵塞, 脣亡而齒寒, 河水深而壞在山. 水靜則淸, 淸則平, 平則易, 易則見物之形, 形不可幷, 故可以爲正. 使葉落者, 風搖之也; 使水濁者, 物撓之也. 璧瑗之器, 礛磻之功也; 莫邪之斷割, 砥礪之力也. 虭與驥致千里而不飛, 無裹糧之資而不飢. 狡兔得而獵犬烹, 高鳥盡而良弓藏, 名成功遂身退, 天道然也. 怒出于不怒, 爲出于不爲. 視于無有則得所見, 聽于無聲則得所聞. 飛鳥反鄕, 兔走歸窟, 孤死首丘, 寒螿得木, 各依其所生也. 水火相憎, 鼎鬲在其間, 五味以和; 骨肉相愛也, 讒人間之, 父子相危也. 犬豕不擇器

---

30. 이상의 내용들은 『회남자』 「설림훈」(說林訓)에서 찾아 볼 수 있다.

而食，兪肥其體，故近死；鳳凰翔于千仞，莫之能致．椎固百內(柄)，[31] 而不能自椽(椓)[32]；目見百步之外，而不能見其眦．因高爲山卽安而不危，因下爲淵卽魚鱉歸焉．溝池潦卽溢，旱卽枯，河海之源淵深而不竭．鱉無耳而目不可以蔽，精于明也；瞽無目而耳不可以蔽，精於聰也．混混之水濁，可以濯吾足乎？泠泠之水淸，可以濯吾纓乎？紈之爲縞也，或爲冠，或爲襪．冠則戴枝之，襪則足蹍之．金之勢勝木，一刃不能殘一林；土之勢勝水，一掬不能塞江河；水之勢勝火，一酌不能救一車之薪．冬有雷，夏有雹，寒暑不變其節；霜雲麃麃，日出而流．傾易覆也，倚易軵也，幾易助也，濕易雨也．蘭芷以芳，不得見霜；蟾蜍辟兵，壽在五月之望．精泄者中易殘，華非時者不可食．舌之與齒，孰先弊焉？繩之與矢，孰先直焉？使影曲者形也，使響濁者聲也．與死同病者，難爲良醫；與亡國同道者，不可爲忠謀．使倡吹竽，使工捻竅，雖中節，不可使決，君形亡焉．聾者不歌，無以自樂；盲者不觀，無以接物．步于林者，不得直道；行于險者，不得履繩．海內其所出，故能大．日不并出，狐不二雄，神龍不匹，猛獸不群，鷙鳥不雙．蓋非橑不蔽日，輪非輻不追疾，橑輪未足恃也．張弓而射，非弦不能發，發矢之爲射，十分之一．飢馬在廄，漠然無聲，投芻其旁，爭心乃生．三寸之管無當，天下不能滿；十石而有塞，百斗而足．循繩而斷卽不過，懸衡而量卽不差．懸古法以類有時，而遂杖格之屬，有時而施．是而行之，謂之斷，非而行之，謂之亂．農夫勞

31. 『통현진경찬의』 및 『도장』칠권본에 근거하여 '예'(枘)로 고쳐 읽는다.
32. 『통현진경찬의』 및 『도장』칠권본에 근거하여 '椓'으로 고친다.

而君子養, 愚者言而智者擇. 見之明白, 處之如玉石, 見之黯
黮, 必留其謀. 百星之明, 不如一月之光; 十牖順畢開, 不如一
戶之明. 蝮蛇不可爲足, 虎不可爲翼. 今有六尺之席, 臥而越
之, 下才不難, 立而逾之, 上才不易, 勢施異也. 助祭者得嘗,
救鬪者得傷, 蔽于不祥之木, 爲雷霆所撲. 日月欲明, 浮雲蔽
之; 河水欲淸, 沙土穢之; 叢蘭欲脩, 秋風敗之; 人性欲平, 嗜
欲害之. 蒙塵而欲無眯, 不可得潔. 黃金龜紐, 賢者以爲佩; 土
壤布地, 能者以爲富. 故與弱者金玉, 不如與之尺素. 穀虛而
中立三十輻, 各盡其力; 使一軸獨入, 衆輻皆棄. 何近遠之能
至. 橘柚有鄕, 萑葦有叢, 獸同足者相從游, 鳥同翼者相從翔.
欲觀九州之地, 足無千里之行, 無政敎之原, 而欲爲萬民上者
難矣! 兇兇者獲, 提提者射. 故'大白若辱, 廣德若不足.'君子
有酒, 小人鞭缶, 雖不可好, 亦可以醜. 人之性, 便衣綿帛, 或
射之卽被甲. 爲所不便, 以得其便也. 三十輻共一穀, 各直一
鑿, 不得相入, 猶人臣各守其職也. 善用人者, 若蚳之足, 衆而
不相害; 若舌之與齒, 堅柔相磨而不相敗. 石生而堅, 芷生而
芳, 少而有之, 長而逾明. 扶之與提, 謝之與讓, 得之與失, 諾
之與已, 相去千里. 再生者不獲, 華太早者不須霜而落. 汚其
準, 粉其頯, 腐鼠在阼, 燒薰于堂, 入水而憎濡, 懷臭而求芳,
雖善者不能爲工. 冬冰可折, 夏木可結, 時難得而易失. 木方
盛, 終日采之而復生; 秋風下霜, 一夕而零. 質的張而矢射集,
林木茂而斧斤入, 非或召之也, 形勢之所致. 乳犬之噬虎, 伏
鷄之搏狸, 恩之所加, 不量其力. 夫待利而登溺者, 必將以利
溺之矣. 舟能浮能沉, 愚者不知足焉. 驥驅之不進, 引之不止,

人君不以求道里. 水雖平, 必有波; 衡雖正, 必有差; 尺雖齊,
必有危. 非規矩不能定方圓, 非準繩無以正曲直. 用規矩者,
亦有規矩之心. 太山之高, 倍而不見; 秋毫之末, 視之可察. 竹
木有火, 不鑽不熏; 土中有水, 不掘不出. 矢之疾, 不過二里;
跬步不休, 跛鱉千里; 累塊不止, 丘山從成. 臨河欲魚, 不若歸
而織網. 弓先調而後求勁, 馬先順而後求良, 人先信而後求能.
巧冶不能消木, 良匠不能斲冰, 物有不可, 如之何君子不留意.
使人無渡河可, 使無波不可. 無日不辜, 甀終不墮井矣. 刺我
行者, 欲我交; 呰我貨者, 欲我市. 行一棋不足以見知, 彈一弦
不足以爲悲. 今有一炭然, 掇之爛指, 相近也, 萬石俱熏, 去之
十步而不死, 同氣而異積也. 有榮華者, 必有愁悴; 上有羅紈,
下必有麻絻. 木大者根瞿, 山高者基扶.

노자가 말하였다.

북은 소리를 가두지 않기 때문에 소리를 낼 수 있고, 거울은 형체
를 간직하지 않기 때문에 사물의 형체를 비출 수 있다. 악기는 소리
를 지니고 있으나 치지 않으면 소리를 내지 않고, 피리는 음을 지니
고 있으나 불지 않으면 음이 나지 않는다. 그러므로 성인은 안으로
자신을 갈무리할 뿐 사물보다 앞서 나서지 않는다. 단지 일이 도래
하면 일을 제어하고, 사물이 이르면 사물에 응할 뿐이다.

하늘의 운행은 그침이 없으니 끝나면 다시 시작하므로 장구할 수
있고, 바퀴는 쉼 없이 구르기에 멀리까지 이를 수 있으며, 하늘의
운행은 한 치의 오차도 없으므로 지나침이 없다. 하늘의 기가 내려

오고 땅의 기가 올라가 음양의 기운이 상호 통하면, 만물이 고르게 자라고 군자가 일을 담당하며 소인은 물러나게 된다. 이것이 천지의 도이다. 하늘의 기가 내려오지 않고 땅의 기가 올라가지 않아 음양이 서로 통하지 않으면, 만물이 잘 자라지 않고 소인이 득세하며 군자는 물러나고 오곡은 자라지 않으며 도덕은 안으로 숨어들게 된다. 하늘의 도는 많은 것에서 덜어내어 적은 것에 보태주고, 땅의 도는 높은 것을 덜어내어 낮은 것을 채워주며, 귀신의 도는 교만하고 넘치는 것을 낮게 하고, 사람의 도는 많이 가진 자에게는 더 보태 주지 않으며,[33] 성인의 도는 낮으나 아무도 그 위에 설 수 없다.

하늘이 밝고 해가 밝은 이후에 사방이 환할 수 있고, 군주가 밝고 신하가 밝은 이후에 천하가 편안할 수 있다. 이 네 가지 밝음이 있으면 나라가 오래 보존될 수 있다. 이들 네 가지 밝음을 밝히면 그 교화되는 영역을 알 수 있다. 하늘의 도는 문(文)이고 땅의 도는 리

---

33. 『주역』 겸(謙)괘의 단사(彖辭)와 유사하다. 즉 겸괘의 단사에는 다음과 같은 말이 있다. "······하늘의 도는 가득 찬 것을 헐어 몸을 낮추는 것에 보태 주고, 땅의 도는 가득 찬 것을 낮은 곳으로 흘러가게 변화시키며, 귀신은 가득 찬 사람은 해치고 스스로 낮추는 사람에게 복을 주고, 인간의 도는 가득 찬 것을 싫어하고 겸손한 것을 좋아한다."[······天道虧盈而益謙, 地道變盈而流謙, 鬼神害盈而福謙, 人道惡盈而好謙.] 또한 여기서 언급되는 '인간의 도'는 『노자』에서 언급되는 인간의 도와는 차이가 있다. 즉 『노자』에서는 "하늘의 도는 남는 것을 덜어서 부족한 것에 보태어 주나, 인간의 도는 그렇지 않다. 즉 부족한 자에게서 덜어내 남는 자를 받든다"[天之道損有餘而補不足, 人之道則不然, 損不足以奉有餘] 라고 말함으로써 인간의 도를 부정적으로 기술하고 있다. 그러나 『문자』에서는 여기서 보듯이 인간의 도에 대해서도 자연의 도와 마찬가지로 긍정적으로 기술하고 있다. 『문자』에 나타나는 이 같은 특성은, 인간 사회를 보다 긍정적으로 바라보고 인간 세상에 보다 적극적으로 참여하려고 하는 황로학적 성격이 반영된 것으로 이해할 수 있다.

(理)이니, 천문과 지리가 하나로 조화되고 때에 맞게 부려지면 이로써 만물이 이루어진다. 이것을 도라고 한다.

도는 널리 편재해 있으니 나와 멀리 떨어져 있지 않다. 그것을 잡아내어 자기 자신을 닦으면 나의 덕이 참되게 되고, 그것을 사물에게 닦으면 사물의 덕이 끊어지지 않는다. 하늘은 만물을 덮어 주고 덕을 베풀고 길러주며 주기만 하고 빼앗지 않는다. 그러므로 정신은 하늘에 귀의한다.34 주기만 하고 빼앗지 않는 것이 최고의 덕[上德]이다. 이처럼 주기만 하고 빼앗지 않기 때문에 덕을 지니게 되는 것이다. 하늘보다 높은 것은 없고 연못보다 낮은 것은 없다. 성인은 이러한 하늘의 높음과 연못의 낮음을 본받아 존비(尊卑)의 질서를 세우니, 이에 천하가 안정된다.35 땅은 만물을 실어 주고 길러주며 주면서 또한 취한다. 그러므로 형체는 땅에 귀의한다.36 주면서 취하는 것은 낮은 덕[下德]이다. 낮은 덕은 덕을 잃지 않고자 하나, 오히려 이 때문에 덕이 없게 된다. 땅은 하늘을 받들기에 안정된다. 땅이 안정되면 만물이 이루어지고, 땅이 두터우면 만물이 모여든다. 안정되면 싣지 못하는 것이 없고, 넓고 두터우면 수용하지 못하는 것이 없다. 땅의 형세가 깊고 두텁기에 물과 샘이 모여들고, 땅의 도가 방정하고 넓기에 오래 지속될 수 있는 것이다. 그러므로 성인은 땅을 본받으니 그의 덕은 포용하지 못하는 것이 없다.

---

34. 사람이 죽으면 정신은 하늘에 올라간다고 생각한다.
35. 『문자』에서는 『노자』와 달리 사회상의 계급 질서를 인정한다. 자연 상에서 하늘은 높고 땅은 낮듯이 인간 사회에도 당연히 그러한 높고 낮음의 사회질서가 있을 수밖에 없다는 생각이며, 또 그래야만 사회가 안정될 수 있다고 본다. 이처럼 사회상의 신분질서 및 계층질서를 인정하는 태도는 황로 저작들에서 종종 나타난다.
36. 사람이 죽으면 육신은 땅으로 돌아간다고 생각한다.

음이 양을 어렵게 여기면 만물이 창성하고, 양이 음을 덮으면 만물이 즐거워한다.37 사물이 창성하면 넉넉하지 않은 것이 없고, 사물이 즐거워하면 즐겁지 않는 것이 없으며, 사물이 즐거우면 다스려지지 않는 것이 없다. 음이 사물을 해치면 양은 스스로 위축된다. 음이 나아가고 양이 물러나면 소인이 득세하고 군자는 해를 피해 달아나게 되니, 천도의 이치가 그러하다. 양기가 움직이면 만물이 이완되면서 각자 마땅한 바를 얻게 된다.38 그러므로 성인은 양의 도를 따른다.

무릇 사물의 자연스러운 이치를 따르는 자에 대해서는 사물 또한 그를 따르게 된다. 그러나 사물의 자연스러운 이치를 거스르는 자에 대해서는 사물 또한 그를 거스르게 된다. 그러므로 사물의 본성에 역행하지 말아야 한다. 연못에 물이 가득 차면 만물은 절기에 맞추어 성장하나, 연못이 마르면 만물은 조기에 꽃을 피우게 된다.39 그러므로 비가 내리지 않고 못이 마르면 천하가 망하게 된다.

양은 위로 올라갔다가 다시 아래로 내려오기 때문에 만물의 주인이 될 수 있고, 키워주면서도 소유하지 않기 때문에 끝나도 다시 시작할 수 있으며, 끝나도 다시 시작하기 때문에 오랠 수 있고, 오랠 수 있기 때문에 천하의 어미가 될 수 있다.40 양기가 쌓인 이후에

---

37. '양존음비'(陽尊陰卑)의 사고가 엿보인다.
38. 봄이 되면 만물이 추위로부터 풀려나 각자 생기를 발산하는 현상을 생각하면 된다.
39. 식물은 자라다가 가뭄이 들게 되면 본능적인 종족보존 욕구로 인해 서둘러 꽃을 피우고 열매를 맺게 된다. 그러나 가뭄이 극심하면 겨우 꽃만 피우고 열매는 맺지 못한다.
40. 여기서 언급되는 '양'은 『노자』에서 기술되는 '도'에 관한 표현과 상당히 유사하다. 즉 우리는 『노자』에서 도에 관한 기술 중 '낳아 주되 소유하지

베풀 수 있고, 음기가 쌓인 이후에 변화될 수 있다. 그러므로 양기가 쌓이지 않고서 변화될 수 있는 것은 일찍이 존재하지 않는다. 그러므로 성인은 양기를 쌓는 것을 중시한다. 양이 음을 멸하면 만물이 살찌고, 음이 양을 멸하면 만물이 쇠한다. 그러므로 통치자가 양의 도를 숭상하면 만물이 창성하고 음의 도를 숭상하면 천하가 망한다. 양이 음에게 자신을 낮추지 않으면 만물이 이루어지지 않고, 군주가 신하에게 자신을 낮추지 않으면 덕의 교화가 이루어지지 않는다.41 그러므로 군주가 신하에게 낮추면 총명하고 신하에게 낮추지 않으면 우둔하다.

해가 땅 위에 솟으면 만물이 번식하듯이, 통치자가 백성들 위에 군림하면 이로써 도덕이 밝혀진다. 그러나 해가 땅 속으로 들어가면 만물이 휴식하듯이, 소인이 백성들 위에 군림하면 사람들은 달아나고 숨어 버린다. 우레가 울면 만물이 동면에서 깨어나고, 비가 촉촉이 내리면 만물이 소생한다. 대인(大人)이 행위 하는 것도 이와 유사하다. 음양의 움직임에 일정한 절도가 있듯이, 대인의 행위도 사물을 극단으로 몰지 않는다. 우레가 땅을 울리면 만물이 서서히 생겨나고, 바람이 나무를 요동시키면 초목이 시든다.42 대인이

않는다〔生而不有〕, '멀리가면 돌아온다'〔逝曰遠, 遠曰反〕, '돌아오는 것은 도의 움직임이다'〔反者, 道之動〕, '천하의 어미가 된다'〔爲天下母〕 등의 표현들을 찾아 볼 수 있다. 이렇게 볼 때 『문자』에서 (적어도 「상덕」에서) '양'은 '도'에 상응하는 혹은 '도'에 준하는 것으로 존중된다는 점을 알 수 있다.

41. 여기서 군주는 '양'에, 신하는 '음'에 자리매김되고 있다. 이와 같이 군주와 신하의 관계, 나아가 아버지와 자식의 관계 등 사물상의 쌍범주를 양과 음의 관계로 각기 대응시키는 사고는 이후 동중서에 이르러 본격적으로 전개된다.

42. 봄비에 만물이 소생하고 가을 바람에 초목이 시드는 현상들을 말한다.

악을 제거하고 선으로 나아가면 백성들은 멀리 이사가지 않는다. 그러므로 백성들의 오고 감에 있어서, 떠나는 자가 많으면 오는 자는 더욱 적어진다. 바람이 불지 않으면 불이 생겨나지 않고, 대인이 말하지 않으면 소인은 떠들지 못한다. 불이 생겨나려면 반드시 땔나무가 있어야 하고 대인의 말에는 반드시 신뢰가 있다. 신뢰가 있고 참됨이 있다면 무엇을 행한들 이루어지지 않겠는가? 강이 깊은 것은 흙이 산에 쌓여 있기 때문이고, 구릉이 높은 것은 연못이 깊기 때문이다. 양기가 극성하면 변하여 음이 되고, 음기가 극성하면 변하여 양기가 된다. 그러므로 욕심은 가득 채우려고 해서는 안되고, 쾌락은 끝까지 즐기려고 해서는 안된다. 화가 나더라도 악담을 하지 않고 노여워도 얼굴 색을 변하지 않으면, 자신이 도모하는 것을 성취할 수 있다. 불은 위로 타오르고 물은 아래로 흐르니, 성인의 도는 동류로써 서로 구한다.43 성인이 양에 의지하면 천하가 조화롭게 되나, 음에 의지하면 천하가 물에 빠지게 된다.44

老子曰: 鼓不藏聲, 故能有聲; 鏡不沒形, 故能有形. 金石有聲, 不動不鳴; 管簫有音, 不吹無聲. 是以聖人內藏, 不爲物唱, 事來而制, 物至而應. 天行不已, 終而復始, 故能長久. 輪

---

43. 불이 위로 타오르는 것은 양이기 때문이며, 물이 아래로 흐르는 것은 음이기 때문이다. 이것은 '동류상응'(同類相應)의 현상을 말한다. 성인의 도는 양을 지향한다. 따라서 성인은 양을 숭상한다.
44. 이 단락에서는 특별히 '양존음비'(陽尊陰卑)의 사고가 드러나고 있다. 『노자』에서는 음을 상징하는 '계곡', '여성', '물' 등이 중시되었다. 그러나 『문자』에서는 이러한 노자 사상과는 상반되게 양(陽)이 중시되고 있다. 이 점은 바로 원시도가와 황로학 사이에 존재하는 중요한 차이점들 중의 하나가 될 것이다.

得其所轉, 故能致遠; 天行一不差, 故無過矣. 天氣下, 地氣上, 陰陽交通, 萬物齊同, 君子用事, 小人消亡, 天地之道也. 天氣不下, 地氣不上, 陰陽不通, 萬物不昌, 小人得勢, 君子消亡, 五穀不植, 道德內藏. 天之道, 裒多益寡; 地之道, 損高益下; 鬼神之道, 驕溢與下; 人之道, 多者不與; 聖人之道, 卑而莫能上也. 天明日明, 而後能照四方; 君明臣明, 城中乃安; 域有四明, 乃能長久. 明其施明者, 明其化也. 天道爲文, 地道爲理, 一爲之和, 時爲之使, 以成萬物, 命之曰道. 大道坦坦, 去身不遠. 修之於身, 其德乃眞; 修之于物, 其德不絶. 天覆萬物, 施其德而養之, 與而不取, 故精神歸焉. 與而不取者, 上德也, 是以有德. 高莫高于天也, 下莫下于澤也. 天高澤下, 聖人法之, 尊卑有敍, 天下定矣. 地載萬物而長之, 與而取之, 故骨骸歸焉. 與而取者, 下德也, '下德不失德, 是以無德.' 地承天, 故定寧; 地定寧, 萬物形; 地廣厚, 萬物聚. 定寧無不載, 廣厚無不容. 地勢深厚, 水泉入聚, 地道方廣, 故能久長. 聖人法之, 德無不容. 陰難陽, 萬物昌; 陽復陰, 萬物湛. 物昌無不瞻也, 物湛無不樂也, 物樂則無不治矣. 陰害物, 陽自屈, 陰進陽退, 小入得勢, 君子避害, 天道然也. 陽氣動, 萬物緩而得其所, 是以聖人順陽道. 夫順物者, 物亦順之; 逆物者, 物亦逆之. 故不失物之情性. 泠澤盈, 萬物節成; 泠澤枯, 萬物夭. 故雨澤不行, 天下荒亡. 陽上而復下, 故爲萬物主; 不長有, 故能終而復始. 終而復始, 故能長久. 能長久, 故爲天下母. 陽氣蓄而後能施, 陰氣積而後能化, 未有不蓄積而後能化者也. 故聖人愼所積. 陽減陰, 萬物肥; 陰減陽, 萬物衰. 故王公尙陽道則

萬物昌, 尙陰道則天下亡. 陽不下陰, 則萬物不成; 君不下臣,
德化不行. 故君下臣則聰明, 不下臣則闇聾. 日出于地, 萬物
蕃息, 王公居民上, 以明道德; 日入於地, 萬物休息, 小人居民
上, 萬物逃匿. 雷之動也萬物啓, 雨之潤也萬物解. 大人施行,
有似于此. 陰陽之動有常節, 大人之動不極物. 雷動地, 萬物
緩; 風搖樹, 草木敗. 大人去惡就善, 民不遠徙. 故民有去就
也, 去尤甚, 就少愈. 風不動, 火不出; 大人不言, 小人無述.
火之出也必待薪, 大人之言必有信. 有信而眞, 何往不成. 河
水深, 壤在山; 丘陵高, 下入淵. 陽氣盛, 變爲陰; 陰氣盛, 變
爲陽. 故欲不可盈, 樂不可極. 忿無惡言, 怒無作色, 是謂計
得. 火上炎, 水下流, 聖人之道, 以類相求. 聖人倞陽, 天下和
同, 倞陰, 天下溺沉.

노자가 말하였다.

얇은 것을 쌓으면 두꺼운 것이 되고, 낮은 것을 쌓으면 높은 것이
된다.45 군자는 날마다 부지런히 힘씀으로써 영광을 이루고, 소인
은 날마다 방종함으로써 욕됨에 이른다. 이러한 영욕의 부침(浮沈)
은 모름지기 눈으로 볼 수 없다. 그러므로 선한 것을 보면 마치 거
기에 미치지 못하는 듯이 부지런히 힘쓰고, 불선한 곳에 놓이면 마
치 상서롭지 않은 것을 대하듯이 삼가라. 진실로 선을 지향한다면
비록 과오가 있다 할지라도 원망 받는 일이 없을 것이고, 진실로 불
선을 지향한다면 비록 자신에게 충실하다 할지라도 악이 찾아올 것

---

45. 인간의 실천적이고 능동적 행위의 필요성을 언급하고 있다.

이다. 그러므로 남을 원망하기보다는 스스로를 원망하는 것이 낫고, 남에게 힘쓰기를 요구하기보다는 스스로 힘쓰는 것이 낫다. 평판은 스스로 초래하는 것이고, 같은 부류는 스스로 불러들이는 것이며, 칭호는 스스로에 의해 정해지는 것이다. 이처럼 사람은 모든 것을 스스로 관장하게 되는 것이니, 자기 자신에게서 말미암지 않는 것이 없다. 이것은 마치 칼끝을 잡고서 스스로를 찌르고 칼날을 잡고서 스스로를 치는 것과 같으니 어찌 남을 원망하겠는가? 그러므로 군자는 항상 미세한 부분을 신중히 한다. '만물은 음을 지고 양을 안고서 충기(沖氣)로써 조화를 삼으니',46 조화는 사물의 가운데에 있다. 이 때문에 나무 열매는 씨방에서 생겨나고, 풀의 열매는 꼬투리에서 생겨나며, 난생(卵生)과 태생(胎生)은 몸 가운데서 생겨난다. 난생도 태생도 아닌 것은 시간을 기다려 생겨난다.47 땅이 평평하면 물이 흐르지 않고, 무게가 균등하면 저울은 기울지 않으며, 사물의 생성과 변화는 감응에 의해 이루어진다.48

老子曰: 積薄成厚, 積卑成高. 君子日汲汲以成輝, 小人日快快以至辱. 其消息也雖未能見, 故見善如不及, 宿不善如不祥. 苟向善, 雖過無怨; 苟不向善, 雖忠來惡. 故怨人, 不如自怨; 勉求諸人, 不如求諸己. 聲自召也, 類自求也, 名自命也, 人自官也, 無非己者. 操銳以刺, 操刃以擊, 何怨於人. 故君子愼其微. 萬物負陰而抱陽, 沖氣以爲和, 和居中央. 是以木實

---

46. 『노자』 42장에서 나오는 말이다.
47. 화생(化生)을 말한다.
48. 이상의 내용은 『회남자』의 「무칭훈」 「설산훈」 등에서 찾아 볼 수 있다.

生於心, 草實生於莢, 卵胎生於中央, 不卵不胎, 生而須時. 地
平則水不流, 輕重均則衡不傾, 物之生化也, 有惑以然.

노자가 말하였다.

산은 높은 곳에 이르러야 구름과 비가 생겨나고, 물은 깊은 곳에
이르러야 교룡(蛟龍)이 생겨나며, 군자는 도에 이르러야 덕과 은택
이 흘러나온다. 무릇 남모르게 덕을 베푸는 사람은 반드시 드러나
는 보답을 받고, 은밀히 행하는 자는 반드시 그 이름이 드러난다.
보리를 심는 사람은 기장을 수확할 수 없고, 원망을 뿌린 사람은 덕
으로 보답 받을 수 없다.

　　老子曰: 山致其高而雲雨起焉, 水致其深而蛟龍生焉, 君子
致其道而德澤流焉.　夫有陰德者必有陽報,　有隱行者必有昭
名; 樹黍者不獲稷, 樹怨者無報德.

7. 은미한 밝은 지혜[微明]¹

노자가 말하였다.

도는 그것에 의해 약하게 될 수도 강하게 될 수도 있으며, 부드럽
게 될 수도 딱딱하게 될 수도 있으며, 양이 될 수도 음이 될 수도
있으며, 어둡게 될 수도 밝게 될 수도 있으며,² 천지를 감싸 안을

---

1. 도는 눈으로 볼 수 없고 귀로 들을 수 없는 무형(無形) 무상(無狀)이다.
   이러한 도를 알기 위해서는 형체 없는 형체를 볼 수 있고 소리 없는 소리
   를 들을 수 있는 밝은 지혜가 필요하다. 따라서 이러한 지혜를 '은미한 밝
   은 지혜'라고 이름하는 것이다.
2. 이 구절은『장자』「지북유」(知北遊)에서 취해 왔다. 「지북유」에서는 다음
   과 같이 말한다. "나는 도에 의해 귀하게 될 수도 천하게 될 수도 있으며,
   간략하게 모일 수도 널리 흩어질 수도 있다는 것을 안다.〔吾知道之可以
   貴, 可以賤, 可以約, 可以散.〕여기서 도는 다양한 사태나 사물 현상들의
   궁극적인 근거 혹은 본원으로 이해될 수 있다. 다시 말해 우주 만물 상에
   나타나는 모든 사건이나 현상들은 궁극적으로 도에 근거하는 것으로 이해
   된다. 이같이 도를 만물의 존재 근거로 보는 관점은 궁극적으로『노자』에
   서 취해 왔다. 즉『노자』39장에서는 다음과 같이 말하고 있기 때문이다.
   "하늘은 하나를 얻음으로써 맑아지고, 땅은 하나를 얻음으로써 안정되며,
   신은 하나를 얻음으로써 신령스러워지며, 계곡은 하나를 얻음으로써 가
   득 차고, 만물은 하나를 얻음으로써 생겨나며, 군주는 하나를 얻음으로써
   천하의 우두머리가 된다.〔天得一以淸, 地得一以寧, 神得一以靈, 谷得一
   以盈, 萬物得一以生, 侯王得一以爲天下貞.〕

수도 사방에 두루 응대할 수도 있다. 도를 안다는 것은 얕고 모른다는 것은 깊으며, 도를 안다는 것은 도의 표면에 머물러 있는 것이고 모른다는 것은 도의 중심에 있는 것이며, 도를 안다는 것은 대충 아는 것이고 모른다는 것은 상세하게 아는 것이다. 따라서 안다고 하는 것은 곧 모르는 것이고, 모른다고 하는 것은 곧 아는 것이다. 그러니 도를 아는 것이 모르는 것이고 모르는 것이 아는 것인 줄 누가 알겠는가! 무릇 도는 들을 수 없는 것이니 들을 수 있으면 도가 아니고, 도는 볼 수 없는 것이니 볼 수 있으면 도가 아니며, 도는 말할 수 없는 것이니 말할 수 있으면 도가 아니다. 형체를 형체 되게 하는 것은 형체가 아닌 줄을 그 누가 알겠는가![3] 그러므로 "천하 사람

---

3. 이상은 『장자』 「지북유」에 나오는 '태청'(泰淸)이 '무궁'(无窮), '무위'(无爲), '무시'(无始) 등과 나누는 대화에서 발췌하여 부분적으로 개작하고 있다. 「지북유」에는 다음과 같은 대화가 실려 있다.

태청이 무궁에게 물었다.
"그대는 도를 아는가?"
무궁이 대답했다.
"나는 모른다."
다시 무위에게 물었다. 무위가 대답했다.
"나는 도를 안다."
"그대가 도를 아는 데에는 어떤 수가 있는가?"
무위가 말했다.
"있다."
"그 수가 무엇인가?"
무위가 대답했다.
"도는 그것으로써 귀해질 수도 있고 천해질 수도 있으며 간략하게 할 수도 있고 흩어지게 할 수도 있다는 것을 나는 안다. 이것이 내가 아는 도의 수이다."
태청은 이것을 무시에게 말하고 물었다.
"이와 같다면 무궁의 도를 모른다는 것과 무위의 도를 안다는 것 중 어느

들은 모두 선(善)을 선으로 알고 있으나 그것은 곧 불선(不善)이다."4 "아는 자는 말하지 않고 말하는 자는 알지 못하기 때문이다."5

老子曰: 道可以弱, 可以强, 可以柔, 可以剛, 可以陰, 可以陽, 可以幽, 可以明, 可以包裹天地, 可以應待無方. 知之淺, 不知之深; 知之外, 不知之內; 知之粗, 不知之精. 知之乃不知, 不知乃知之, 孰知知之爲不知, 不知之爲知乎! 夫道不可

것이 옳고 어느 것이 그른가?"
무시가 말했다.
"모른다는 쪽이 깊고 안다는 쪽은 얕다. 모른다는 것은 도의 안에 있는 것이고 안다는 것은 도의 겉에 있는 것이기 때문이다."
이에 태청이 하늘을 우러러보며 탄식하며 말하였다.
"모르는 것이 곧 아는 것이요 아는 것이 곧 모르는 것이니, 누가 앎 아닌 앎을 알겠는가?"
무시가 말하였다.
"도는 들을 수 없는 것이니 들을 수 있으면 도가 아니고, 도는 볼 수 없는 것이니 볼 수 있으면 도가 아니며, 도는 말로 할 수 없는 것이니 말할 수 있으면 도가 아니다. 형체를 형체 되게 하는 것은 형체가 아니라는 사실을 안다면 도는 마땅히 이름할 수 없는 것이다."
〔泰淸問乎无窮曰: 子知道乎? 无窮曰: 吾不知. 又問乎无爲. 无爲曰: 吾知道. 曰: 子之知道, 亦有數乎? 曰: 有. 无爲曰: 吾知道之可以貴, 可以賤, 可以約, 可以散. 此吾所以知道之數也. 泰淸以之言也問乎无始曰: 若是, 則无窮之弗知與无爲之知, 孰是而孰非乎? 无始曰: 不知淺矣, 知之淺矣; 弗知內矣, 知之外矣. 於是泰淸中而歎曰: 弗知乃知乎! 知乃不知乎! 孰知不知之知? 无始曰: 道不可聞, 聞而非也; 道不可見, 見而非也; 道不可言, 言而非也. 知形形之不形乎! 道不當名.〕
4. 『노자』 2장의 "천하 사람들은 모두 아름다움을 아름다움으로 알고 있으나 그것은 곧 추한 것이요, 선을 선으로 알고 있으나 그것은 곧 불선이다"〔天下皆知美之爲美, 斯惡已, 皆知善之爲善, 斯不善已〕에서 나오는 말이다.
5. 『노자』 56장에 나오는 말이다.
이상의 내용은 『회남자』 「도응훈」에서도 찾아 볼 수 있다. 그리고 이 단락은 결국 『장자』를 인용하여 노자의 말을 풀이하고 있는 것으로 볼 수 있다.

聞, 聞而非也; 道不可見, 見而非也; 道不可言, 言而非也. 孰
知形之不形者乎! 故天下皆知善之爲善也, 斯不善矣! 知者不
言, 言者不知.

문자가 물었다.

"사람들은 은미한 말[微言]을 사용할 수 있습니까?"

노자가 말했다.

"어찌 가능하지 않겠는가. 오직 말이 가리키는 바를 알면 되지 않
겠는가? 무릇 말이 가리키는 바를 안다는 것은 '말로써 말하지 않는
것'6이다. 고기를 다투는 자는 물에 젖고 짐승을 쫓는 자는 수고롭
게 달린다. 이처럼 젖고 달리는 것은 즐거워서 하는 행위들이 아니
다. 그러므로 지극한 말은 말을 떠나고 지극한 행위는 행위를 떠난
다.7 얕게 아는 사람은 단지 말단만 쫓을 뿐이다. 무릇 '말에는 종지
가 있고 일에는 근본이 있다. 무릇 참으로 알지 못하기 때문에 나의
말을 모르는 것이다.'"8

---

6. 언어의 표면적 의미에만 매이지 않는 의사소통 방식을 말한다. 다시 말해,
   언어를 통해 의사소통을 하되 단지 언어 자체에 매달리지 않고 그 언어로
   의미하고자 하는 참된 의미를 아는 태도를 말한다.
7. '지극한 말', 즉 '참된 말'은 피상적인 언어 형식에 얽매이지 않는다. 때문
   에 '말을 떠난다'고 하는 것이다. '지극한 행위', 즉 '참된 행위'는 억지로
   행하거나 인위적으로 행하지 않는 행위를 말한다. 그러므로 '행위를 떠나
   다'라고 하는 것이니 곧 '무위'를 말한다.
8. 『노자』70장에 나오는 말이다. 단 글자 상에 약간의 차이가 있다. 『노자』
   70장에서는 다음과 같이 기술하고 있다. "말에는 종지가 있고 일에는 주
   된 것이 있다. 무릇 오직 참으로 알지 못하기 때문에 나를 알지 못하는
   것이다."[言有宗, 事有君. 夫唯無知, 是以不我知.]

文子問曰: 人可以微言乎? 老子曰, 何爲不可. 唯知言之謂
乎? 夫知言之謂者, 不以言言也. 爭魚者濡, 逐獸者趨, 非樂
之也. 故至言去言, 至爲去爲. 淺知之人, 所爭者末矣. 夫言
有宗, 事有君, 夫爲無知, 是以不吾知.'

문자가 물었다.

"나라를 다스리는 데 법이 필요합니까?"

노자가 말했다.

"지금 저 수레를 끄는 자가 앞에서 '영차' 하고 외치면 뒤에서도
'영차' 하고 받아치니, 이것은 수레를 끌 때 힘을 돋우는 노래다. 비
록 정(鄭)나라, 위(衛)나라, 호(胡)나라, 초(楚)나라의 음악이라
할지라도 그처럼 합당하지는 않을 것이다. 나라를 다스리는 데에는
예(禮)가 있으면 되지, 화려하게 꾸민 법은 필요치 않다. '법령이 많
아지면 도적이 더욱 많아지기 때문이다.'9"10

文子問曰: 爲國亦有法乎? 老子曰: 今夫挽車者, 前呼邪軒,
後亦應之. 此挽車勸力之歌也. 雖鄭衛胡楚之音, 不若此之義
也. 治國有禮, 不在文辯. 法令滋彰, 盜賊多.

---

9. 『노자』 57장에 나오는 말이다.
10. 여기서 정나라·위나라 음악 등은 시끄럽고 화려한 음악을 의미한다. 수레
    를 끄는 데는 이러한 화려한 음악이 필요한 것이 아니라, 단지 앞사람과
    뒷사람의 마음과 마음을 통하게 하는 '영차, 영차'하는 소리일 뿐이라고
    본다. 나라를 다스리는 데도 이와 마찬가지다. 국가를 경영하는 데는 통
    치자와 백성의 마음이 서로 통할 수 있으면 되지 번다한 법령으로 백성들
    을 얼기설기 얽어맬 필요는 없다는 것이다. 법령이 많으면 오히려 도적은
    더욱 많아지기 때문이다.

노자가 말하였다.

도는 바름[正] 자체는 아니나 사물을 바르게 할 수 있다. 그것은
마치 산림과 같다. 산림은 그 자체로는 재목이 아니나 재목을 만들어
낼 수 있다. 그러므로 재목은 산림에 미치지 못하고, 산림은 구름과
비에 미치지 못하며, 구름과 비는 음양에 미치지 못하고, 음양은 자
연의 조화에 미치지 못하며, 자연의 조화는 도에 미치지 못한다. "도
는 이른바 모습 없는 모습이요 형상 없는 형상이다."11 도는 그것의
의미는 알 수 없으나 천지 만물을 만들어내고 변화시킬 수 있다.12

　　老子曰: 道無正而可以爲正. 譬若山林而可以爲材, 材不及
　山林. 山林不及雲雨, 雲雨不及陰陽, 陰陽不及和, 和不及道.
　道者, 所謂無狀之狀, 無物之象也. 無達其意, 天地之間, 可陶
　冶而變化也.

노자가 말하였다.

성인이 가르침을 행하고 정치를 펼칠 때는 반드시 일의 처음과
끝을 관찰하며, 그 일로 인해 파생되는 은택을 살펴본다. 그러므로
백성들이 책을 알면 덕이 쇠퇴하고, 술수를 알면 인(仁)이 쇠퇴하
며, 계약 관계를 알면 신용이 쇠퇴하고, 편리한 기계를 알면 소박함

---

11. 『노자』 14장에 다음과 같은 말이 있다. "보아도 보이지 않는다. ……이어
　　지고 이어지는 데 이름할 수 없으니, 무로 돌아간다. 이것을 일러 모습 없
　　는 모습이요 형상 없는 형상이라고 한다."[視之不見, ……繩繩不可名, 復
　　歸於無物, 是謂無狀之狀, 無物之象.]
12. 이상의 내용은 『회남자』 「도응훈」에서 찾아 볼 수 있다.

이 쇠퇴한다. 가야금 자신은 소리를 내지 않으나 25현이 각자의 소리로 반응하며, 바퀴 축 자신은 움직이지 않으나 30개의 바퀴 살이 각각의 힘으로 돌아간다.13 가야금의 현은 빠른 소리와 느린 소리가 있은 이후에 하나의 곡을 이룰 수 있고, 수레는 수고하는 것과 편안한 것이 있은 이후에 멀리까지 도달할 수 있다.14 소리를 내게 하는 것은 소리가 없으며, 구르게 하는 것은 구르지 않는다. 이처럼 위아래는 각기 도가 다른 것이니,15 만약 그것의 위치를 바꾸어 다스리면 어지러워진다. 지위가 높고 그것을 맡은 사람의 도 역시 크면 일이 순조롭다. 그러나 일은 크나 그것을 맡은 사람의 도가 작으면 흉하게 된다.16 자잘한 덕을 베풀다 보면 큰 의(義)를 해치게 되고, 자잘한 선을 행하다 보면 큰 도(道)를 해치게 되며, 작은 것들을 따지다 보면 큰 정치를 해치게 되고, 지나치게 가혹하면 덕을 상하게 된다. 큰 정치는 험악하지 않으니 백성들이 쉽게 인도되고, 지극한 다스림은 빡빡하지 않으니 이에 백성들은 도둑질하지 않으며,

---

13. 정치에 비유하자면, 군주 자신은 가만히 있고 아래 신하들이 각기 역할을 맡아 분주히 움직이는 상황을 의미한다.
14. '수고하는 것'은 수레를 의미하고, '편안한 것'은 수레를 모는 마부를 말한다. 수레 자체만으로는 움직일 수 없고, 마부 또한 수레 없이는 멀리까지 나갈 수 없다. 이것은 국가의 경영에 비유될 수 있다. 국가의 방향을 지시하는 것은 통치자이고, 통치자의 지시를 받아 실제로 국가를 경영하는 것은 신하들이다. 따라서 통치자와 신하간의 상호 조화가 국가 경영의 기본 요건이 된다. 결국 하나의 음악이 형성되기 위해서는 빠른 음과 느린 음 모두가 필요하고 먼 곳까지 가기 위해서는 수레와 마부 모두가 필요하듯이, 국가의 경영에도 상하 모두가 합심하고 조화를 이루는 것이 필요하다는 얘기다.
15. 윗사람이 할 도리와 아랫사람이 할 도리가 각각 다르다는 것이다. 황로학의 무위정치론에서 군주는 무위하고 신하는 유위하는 것으로 설명된다.
16. 능력이 작은 사람이 감당하기에 벅찬 일을 맡는 경우를 말한다.

통치자가 지극히 충실하면 소박함을 회복하게 되니 이에 백성들은 거짓을 행하거나 속이는 일이 없다.[17]

老子曰: 聖人立教施政, 必察其終始, 見其造恩. 故民知書則德衰, 知數而仁衰, 知券契而信衰, 知機械而實衰. 琴不鳴而二十五弦各以其聲應, 軸不運于已而三十輻各以其力旋. 弦有緩急, 然後能成曲; 車有勞佚, 然後能致遠. 使有聲者, 乃無聲者也; 使有轉者, 乃無轉也. 上下異道, 易治卽亂. 位高而道大者從, 事大而道小者凶. 小德害義, 小善害道, 小辯害治, 苟悄傷德. 大正不險, 故民易導; 至治優游, 故下不賊; 至忠復素, 故民無僞匿.

노자가 말하였다.

연좌법이 만들어지면 백성들이 원망하고, 작록(爵祿)을 삭감하는 법령이 공포되면 공신들이 반란을 일으킨다. 그러므로 하급관리의 일에만 밝은 사람은 다스려지는 것과 어지러워지는 것의 근본을 알지 못하며, 전쟁터에서 진치는 일에만 익숙한 사람은 조정에서 작전 회의하는 법을 알지 못한다.[18] 성인은 겹겹이 닫혀 있는 문안에 있는 복을 미리 알고, 어둠 저편에 놓여 있는 환난을 미리 생각한다. 그러나 어리석은 사람은 작은 이익에 미혹되어 커다란 해로

---

17. 이상의 내용은 『회남자』 「태족훈」(泰族訓)에서 찾아 볼 수 있다.
18. 말단적인 일 혹은 지엽적인 일에만 능한 사람은 본질적이고 근원적인 일에 밝지 못하다. 따라서 본과 말 중 본에 보다 힘써야 한다는 점을 말하고 있다.

움을 잊는다. 그러므로 일에는, 작은 것에는 이로우나 큰 것에는 해로운 것이 있고, 이쪽에서는 이익이 되나 저쪽에서는 손해가 되는 것이 있다. 그러므로 남을 사랑하는 것보다 더 큰사랑이 없고, 남을 아는 것보다 더 큰 지혜가 없다. 남을 사랑하면 원망이나 형벌이 없고 남을 알면 어지러운 정치가 없다.19

老子曰: 相坐之法立, 則百姓怨; 減爵之令張, 則功臣叛. 故察於刀筆之迹者, 不知治亂之本; 習於行陣之事者, 不知廟戰之權. 聖人見福于重關之內, 慮患于冥冥之外. 愚者惑于小利而忘大害. 故事有利于小而害于大, 得于此而忘于彼. 故仁莫大于愛人, 智莫大于知人. 愛人卽無怨刑, 知人卽無亂政.

노자가 말하였다.

강물은 아무리 많다 해도 3일 이상 넘치지 않으며, 거센 비바람도 반나절을 넘지 못한다.20 덕을 쌓지 않고서도 염려하지 않는 자는 머지 않아 망하게 된다. 무릇 걱정하면 흥하게 되고 기뻐하면 망하게 된다. 그러므로 도를 잘 쓰는 사람은 약점을 장점으로 만들고 화를 복으로 전환시킨다. '도는 텅 비어 있는 듯하나 또한 아무리 사용해도 소진되지 않는다.'21

---

19. 이상의 내용은 『회남자』 「태족훈」(泰族訓)에서 찾아 볼 수 있다.
20. 이 말은 『노자』 23장에 나오는 "거센 바람은 아침나절을 넘기지 못하고 폭우는 하루를 넘기지 못한다"〔飄風不終朝, 驟雨不終日〕에 근거하고 있다.
21. 『노자』 4장에 나오는 말이다.
    이상의 내용은 『회남자』 「도응훈」에서 찾아 볼 수 있다.

老子曰: 江河之大, 溢不過三日; 飄風暴雨, 日中不出須臾
止. 德無所積而不憂者, 亡其及也. 夫憂者所以昌也, 喜者所
以亡也. 故善者, 以弱爲强, 轉禍爲福. 道沖而用之又不滿也.

노자가 말하였다.

맑고 고요하고 소박 담백한 것은 인간의 본성이며, 법도와 기구
는 일을 처리하는 기준이다. 인간의 본성을 알면 스스로를 수양하
여 본성에 어긋나지 않게 되며, 일을 처리하는 기준을 알면 행위에
일관성이 있게 된다. 하나의 단서[22]로부터 나와 무궁한 지경까지
흩어져 나갔다가 다시 하나로 모아지는 것이 마음[心]이며, 근본을
보면 말단을 알고 하나를 잡으면 만 가지에 응할 수 있는 것이 술수
[術]이다. 그리고 머물고 있을 때는 사물의 근본적인 까닭을 알고
행할 때는 어디로 가야할지를 알며, 일할 때는 무엇에 의지해야 할
지를 알고 움직일 때는 어디서 멈추어야 할지를 아는 것이 도[道]이
다. 타인이 나를 높이고 칭찬하는 것은 내 마음의 선한 힘 때문이
고, 타인이 나를 천시하고 비방하는 것은 내 마음의 허물 때문이다.
말은 일단 입 밖으로 나오면 통제할 수 없고, 행위는 이미 이루어지
면 어디까지 그 결과가 미칠지 모른다. 일은 이루기는 어려우나 그
르치기는 쉽고, 명예는 세우기는 어려우나 손상되기는 쉽다. 사람
들은 대개 작은 해를 가볍게 여기고 사소한 일을 쉽게 생각하다가
큰 근심에 이르게 된다. 무릇 화가 닥치는 것은 자기 스스로 생겨나

---

22. 원문은 '호'(號)로 되어 있으나 의미가 잘 통하지 않는다. 『회남자』 「인간
훈」에 근거하여 '단'(端)으로 고쳐 해석한다.

게 하는 것이고, 복이 오는 것도 자기 스스로 만드는 것이다. 화와 복은 같은 문에서 나오고 이익과 해로움은 함께 이웃하고 있으니, 매우 자세히 살피지 않으면 쉽게 분간할 수 없다. 그러므로 마음가짐은 화와 복의 문이고 행동거지는 이로움과 해로움의 관건이니, 마음가짐과 행동거지를 신중하게 하지 않을 수 없다.23

老子曰: 淸靜恬和, 人之性也; 儀表規矩, 事之制也. 知人之性則自養不悖, 知事之制則其擧措不亂. 發一號(端), 散無竟, 總一管, 謂之心; 見本而知末, 執一而應萬, 謂之術; 居知所以, 行知所之, 事知所乘, 動知所止, 謂之道. 使人高賢稱譽己者, 心之力也; 使人卑下誹謗己者, 心之過也. 言出于口, 不可禁于人; 行發于近, 不可禁于遠. 事者難成易敗, 名者難立易廢. 凡人皆輕小害, 易微事, 以至于大患. 夫禍之至也, 人自生之; 福之來也, 人自成之. 禍與福同門, 利與害同鄰, 自非至精, 莫之能分. 是故智慮者, 禍福之門戶也, 動靜者, 利害之權機也, 不可不愼察也.

노자가 말하였다.

사람들은 모두 나라가 다스려지고 어지러워지는 실마리는 알지만 아무도 자신의 생명을 온전히 하는 방법은 모른다. 그러므로 성인은 세상의 형편을 살펴서 일을 행하고, 일의 상황을 헤아려서 계획을 세운다. 성인은 양으로도 될 수 있고 음으로도 될 수 있으며,

23. 이상의 내용은 『회남자』「인간훈」(人間訓)에서 찾아 볼 수 있다.

부드럽게 될 수도 있고 딱딱하게 될 수도 있으며, 약하게 될 수도 있고 강하게 될 수도 있다. 즉 성인은 때에 따라 행동하고, 객관적 상황에 근거하여 공을 세우며, 사물의 진행 상황을 보고 그 결과를 예측하며, 일의 시초를 보고서 그것의 변화될 모습을 미리 예측한다. 그리하여 사물이 변화하면 그것의 모습을 파악하고 움직이면 거기에 맞게 반응한다. 이 때문에 성인은 종신토록 행하여도 곤경에 처하지 않는다. 그러므로 일에는 혹 말로 할 수는 있으나 실제로 행해서는 안되는 것이 있고, 혹 실제로 행할 수는 있으나 말로 할 수 없는 것이 있으며, 혹 시작하기는 쉬우나 완성하기는 어려운 것이 있고, 혹 이루기는 어려우나 훼손되기 쉬운 것이 있다. 이른바 실제로 행할 수는 있으나 말로 할 수 없는 것은 취사 선택의 문제이고, 말로 할 수는 있으나 실제로 행해서는 안되는 것은 속임수이며, 시작하기는 쉬우나 완성하기 어려운 것은 일이고, 이루기는 어려우나 훼손되기 쉬운 것은 명예이다. 이 네 가지는 성인이 특별히 마음을 쓰는 것들이니, 밝은 지혜를 지닌 자만이 홀로 그 이치를 깨달을 수 있다.24

老子曰: 人皆知治亂之機, 而莫知全生之具. 故聖人論世而
爲之事, 權事而爲之謀. 聖人能陰能陽, 能柔能剛, 能弱能强,
隨時動靜, 因資而立功, 睹物往而知其反, 事一而察其變, 化
則爲之象, 運則爲之應, 是以終身行之無所困. 故事或可言而
不可行者, 或可行而不可言者, 或易爲而難成者, 或難成而易
敗者. 所謂可行而不可言者, 取捨也; 可言而不可行者, 詐僞

---

24. 이상의 내용은 『회남자』 「범론훈」(氾論訓)에서 찾아 볼 수 있다.

也; 易爲而難成者, 事也; 難成而易敗者, 名也. 此四者, 聖人
之所留心也, 明者之所獨見也.

노자가 말하였다.

도를 체득한 사람은 사소한 것을 삼가고 행동에 때를 놓치지 않
으며, 생각이 백발백중해도 거듭 경계하니 이 때문에 화가 자라나
지 않는다. 그는 복에 대한 계산은 못 미치게 하고, 화에 대한 염려
는 지나치게 한다.25 같은 날 서리를 맞더라도 덮개를 쓰고 있는 자
는 상하지 않으니, 우둔한 사람도 예비를 하면 지혜로운 사람과 같
아진다.26 무릇 사랑을 쌓으면 복을 이루고 미움을 쌓으면 화를 이
룬다. 사람들은 모두 생겨난 환난을 제거할 줄은 알지만 환난이 생
겨나지 않게 할 줄은 모른다. 무릇 환난을 생겨나지 않게 하는 것은
쉬우나, 환난이 발생한 이후에 환난을 제거하는 것은 어렵다. 그런
데 지금 사람들은 환난을 생기지 않게 하는 데는 힘쓰지 않고 이미
발생한 환난을 제거하는 데만 힘쓰고 있으니, 비록 하느님이라 할
지라도 모든 환난을 다 제거할 수는 없다. 환난이 발생하는 경로는
일정하지 않다. 그러므로 성인은 깊이 칩거함으로써 환난을 피하고
조용히 침묵함으로써 때를 기다린다. 그러나 소인은 화와 복이 생
겨나는 문을 알지 못하여 움직일 때마다 형벌에 걸려드니, 비록 곡
진히 대비한다 해도 자기 몸을 온전히 보존하기에 부족하다. 그러

---

25. 가령 10개의 복이 예상된다면 단지 5개 정도만 염두에 두고, 5개 정도의
    화가 예상된다면 거기에 대에 10개 이상의 염려와 대비를 하라는 얘기다.
26. 결국 지혜로운 사람과 우둔한 사람의 구별은 다가올 일을 대비하고 걱정
    하느냐에 달려 있는 셈이다.

므로 지혜로운 선비는 먼저 환난을 피한 이후에 이익을 취하며, 먼저 욕됨을 멀리한 이후에 명예를 추구한다. 그러므로 성인은 항상 일이 구체적으로 드러나기 이전에 도모하고, 이미 이루어진 일에 대해서는 미련을 두지 않는다. 때문에 성인에게는 환난이 이를 수 없고 비난과 칭찬도 그에게 영향을 미칠 수 없다.

老子曰: 道者敬小微, 動不失時, 百射重戒, 禍乃不滋, 計福勿及, 慮禍過之. 同日被霜, 蔽者不傷, 愚者有備與智者同功. 夫積愛成福, 積憎成禍. 人皆知救患, 莫知使患無生. 夫使患無生易, 施于救患難. 今人不務使患無生, 而務施救于患, 雖神人不能爲謀. 患禍之所由來, 萬萬無方. 聖人深居以避患, 靜默以待時; 小人不知禍福之門, 動而陷于刑. 雖曲爲之備, 不足以全身. 故上士先避患而後就利, 先遠辱而後求名. 故聖人常從事于無形之外, 而不留心于已成之內. 是以禍患無由至, 非譽不能塵垢.

노자가 말하였다.

무릇 사람의 바른 도는 다음과 같아야 한다. 마음은 세심하게 하고자 하고, 뜻은 크게 하고자 하며, 지혜는 둥글게 하고자 하고, 행동은 바르게 하고자 하며, 능력은 많게 하고자 하고, 일은 적게 하고자 한다. 이른바 '마음을 세심하게 한다'는 것은, 환난이 생기기 이전에 미리 걱정하고 화를 경계하며 사소한 것에도 신중히 하여 감히 자신의 욕망을 쫓지 않는 것을 말한다. '뜻을 크게 하고자 한다'

는 것은, 뭇 나라들을 두루 포괄하여 각기 다른 풍속들을 하나로 통일하며 시비를 다투는 모든 사람들이 그에게로 달려와 귀의하게 하는 것을 말한다. '지혜를 둥글게 한다'는 것은, 지혜의 시작과 끝의 실마리를 찾아 볼 수 없고 지혜가 사방으로 멀리 흐르면서도 연못이나 샘처럼 고갈되지 않는 것을 말한다. '행동을 바르게 한다'는 것은, 올곧게 서서 동요되지 않고 품성을 깨끗이 하여 오염되지 않으며 궁해도 지조를 바꾸지 않고 영달해도 방자하지 않는 것을 말한다. '능력을 많게 한다'는 것은, 문무(文武)를 겸비하고 움직임과 머무름이 법도에 들어맞으며 사람을 쓰고 폐하는 것이 모두 이치에 합당한 것을 말한다. '일을 적게 한다'는 것은, 요점을 잡고서 주변 상황에 응하고 핵심을 잡음으로써 널리 다스리며 고요함에 처함으로써 시끄러움을 견제하는 것을 말한다.

그러므로 마음을 세심하게 하는 사람은 일이 발생하기 전에 미세한 조짐부터 예방하고, 뜻을 크게 하는 사람은 포용하지 못하는 것이 없으며, 지혜를 둥글게 하는 사람은 알지 못하는 것이 없고, 행동을 바르게 하는 사람은 가려서 행위하며, 능력을 많게 하는 사람은 다스리지 못하는 것이 없고, 일을 적게 하는 사람은 지키는 바를 간략히 한다. 그러므로 성인은 선한 일에 대해서는 그것이 아무리 작아도 실행하지 않는 것이 없고, 잘못에 대해서는 그것이 아무리 작아도 고치지 않는 것이 없다. 어떤 일을 할 때 무당을 쓰지 않으면 귀신이 감히 나서지 못하는 것이니, 이런 행위야말로 지극히 존귀한 행위라고 할 수 있다. 그러나 성인은 전전긍긍하면서 매일마다 삼가고 또 삼가니, 이 때문에 억지로 애쓰지 않아도 한결같이 이루어진다. 어리석은 사람은 그 지혜는 진실로 적은데도 그 행하는 일은 또한 많으니, 움직이면 반드시 막히게 된다. 그러므로 올바름으로 교화하면 그 형세가 용이하여 반드시 이루어지지만, 바르지 않은 것으로 교화하면 그 형세가 어려워 반드시 실패하게 된다. 쉽고 반드시 이루어지는 것을 버리고 어렵고 반드시 실패하는 것에 힘쓰는 것은 어리석음과 미혹됨의 소치다.27

老子曰: 凡人之道, 心欲小, 志欲大, 智欲圓, 行欲方, 能欲多, 事欲少. 所謂心小者, 慮患未生, 戒禍愼微, 不敢縱其欲也. 志欲大者, 兼包萬國, 一齊殊俗, 是非輻輳中爲之轂也. 智圓者, 終始無端, 方流四遠, 淵泉而不竭也. 行方者, 立直而不撓, 素白而不汚, 窮不易操, 達不肆意也. 能多者, 文武備具, 動靜中儀, 擧錯廢置, 曲得其宜也. 事少者, 秉要以偶衆, 執約以治廣, 處靜以持躁也. 故心小者, 禁于微也; 志大者, 無不懷也; 智圓者, 無不知也; 行方者, 有不爲也; 能多者, 無不治也; 事少者, 約所持也. 故聖人之于善也, 無小而不行; 其于過也, 無微而不改. 行不用巫覡, 而鬼神不敢先, 可謂至貴矣. 然而戰戰慄慄, 日愼一日, 是以無爲而一之成也. 愚人之智, 固已少矣, 而所爲之事又多, 故動必窮. 故以政敎化, 其勢易而必成; 以邪敎化, 其勢難而必敗. 舍其易而必成, 從事于難而必敗, 愚惑之所致.

노자가 말하였다.

27. 이상의 내용은 『회남자』「주술훈」(主術訓)에서 찾아 볼 수 있다.

복이 일어나는 것은 아주 은미하나 화가 생겨나는 것은 매우 무성하다. 화와 복이 생겨나는 도수는 미묘하여 쉽게 찾아 볼 수 없으나, 성인은 화와 복의 시작을 보면 그 결과를 안다. 때문에 세심하게 살펴보지 않을 수 없다. 현명한 군주는 상벌을 시행할 때 자신을 위하지 않고 나라를 위한다. 그러므로 군주 자신에게는 흡족하더라도 나라에 대해서 아무런 공이 없으면 상을 주지 않으며, 자신에게는 거슬리더라도 나라에 유익하면 벌을 주지 않는다. 그러므로 의 (義)를 합당하게 행하는 사람을 군자라고 하며, 의를 합당하게 행하지 않은 사람을 소인이라고 한다. 최고로 지혜로운 사람은 얻으면서도 수고롭지 않은 것이고, 그 다음은 수고롭되 병나지 않은 것이며, 최하는 병들면서 또한 수고로운 것이다. 옛 사람들은 도를 맛보면 놓지 않았는데, 요즘 사람들은 아예 놓아 버리고 맛도 보지 않는다. 주(紂)임금이 상아 젓가락을 만들자 기자(箕子)가 슬피 울었고,28 노나라 사람이 인형을 순장시키자 공자는 탄식하였다.29 그 시작을 보면 그 끝을 알 수 있기 때문이다.30

---

28. 『한비자』「유로」(喩老)에 다음과 같은 말이 있다. "옛날에 주임금이 상아 젓가락을 만들자, 기자가 걱정하며 생각하였다. '상아 젓가락은 반드시 흙으로 만든 그릇에 사용할 수 없고 옥으로 만든 술잔을 사용할 것이다. 상아 젓가락에 옥으로 만든 술잔을 쓰게 되면 반드시 채소국을 먹지 않고 쇠고기나 표범고기만을 먹게 될 것이다. 쇠고기와 표범고기를 먹으면 반드시 베로 만든 짧은 옷을 입거나 초가집에 살려고 하지 않을 것이다. 그러면 반드시 비단 옷에 구중궁궐이나 고대광실에 살려고 할 것이다. 나는 그 결과가 두렵기 때문에 일의 시초를 걱정한다." 이처럼 기자는 그 시초를 통해 그 결과를 예측할 수 있었기에 목놓아 통곡하였던 것이다.

29. 공자는 인형을 순장시키는 것으로부터 시작하여 결국에는 산 사람을 순장시키는 지경까지 이르게 될 것을 예견하였기 때문이다.

30. 이상의 내용은 『회남자』「무칭훈」에서 찾아 볼 수 있다.

老子曰: 福之起也綿綿, 禍之生也紛紛. 禍福之數微而不可見, 聖人 見其始終, 故不可不察. 明主之賞罰, 非以爲已, 以爲國也. 適于己而無功于國者, 不施賞焉; 逆于已而便于國者, 不加罰焉. 故義載乎宜謂之君子, 遺義之宜謂之小人. 通智得而不勞, 其次勞而不病, 其下病而亦勞. 古之人味而不舍也, 今之人舍而不味也. 紂爲象箸而箕子唏, 魯人偶人葬而孔子嘆. 見其所始, 卽知其所終.

노자가 말하였다.

인(仁)은 사람들이 사모하는 것이고 의(義)는 사람들이 존중하는 것이다. 사람들에 의해 사모되고 존중되면서도 자기 자신은 죽고 나라는 망하게 되는 것은 때에 합치되지 못하기 때문이다. 그러므로 인의만 알고 세상의 변화를 알지 못하는 사람은 도에 통달하지 못한다. 오제(五帝)는 덕을 귀하게 여겼고, 삼황(三皇)은 의를 사용하였으며, 오백(五伯)31은 무력에 의지하였다. 지금 제왕의 도를 취하면서 오백의 시대로 돌아가는 것은 마땅한 도가 아니다. 그러므로 선이나 불선이 동일하더라도 그것 때문에 비난받거나 칭찬 받는 것은 세속에 달려 있으며, 행하는 바는 동일하더라도 그 행위가 이치에 역행하는 것이냐 순종하는 것이냐 하는 것은 시대에 달려 있다. 하늘이 행하는 바를 알고 인간이 행하는 바를 알면 세상을 경영할 수 있을 것이다. 하늘만 알고 인간을 모르면 세속과 교유할 수

---

31. '오패'(五覇)를 말한다. 일반적으로 제환공(齊桓公), 진문공(晉文公), 진목공(秦穆公), 송양공(宋襄公), 초장왕(楚莊王)이 여기에 속한다.

없고, 인간만 알고 하늘을 모르면 도와 노닐 수 없다. 뜻을 곧게 하고 내면의 감정에만 충실하면 외물(外物)이 나를 해치게 되며, 외물을 쫓아 그것에 의해 부림 받게 되면 내면의 음양 기운32이 나를 훼손하게 된다.33 도를 체득한 사람은 외면은 변화하면서 내면은 변화하지 않는다. 외면이 변화하는 것은 사람들과 사귀기 위한 것이고, 내면이 변화하지 않는 것은 나의 몸을 온전히 하기 위한 것이다. 그러므로 안으로 일정하게 지키는 바가 있고 밖으로 변화에 부응하여 사물의 변화와 함께 하면, 그 어떠한 경우에도 곤경에 빠지지 않게 된다. 도를 귀하게 여기는 것은 곧 용과 같이 자유자재로 변화하는 것을 귀하게 여기기 때문이다. 하나의 절개만을 지키고 하나의 행위만 밀고 나아가 비록 가득 찼는데도 여전히 이전의 것을 바꾸지 않는 경우가 있다. 이것은 작은 개인적 취향에 구속되어 참된 도에 막혀 있는 모습이다.34

　도를 체득한 자는 허무 적막하여 사물에 대해 억지로 행위하지 않고 자기 자신에 대해서도 인위적으로 행위하지 않는다. 그러므로 일을 행할 때 도에 따른다는 것은, 도를 얻은 사람에 의해 이루어지는 행위가 아니라 도에 의해 베풀어지는 것이다.35

---

32. 슬퍼하거나 기뻐하는 마음의 변화를 의미한다.
33. 내면과 외면 어느 한쪽으로만 치우쳐서는 안된다는 점을 말하고 있다. 즉 내적인 수양만 중시하다 보면 타인과의 관계가 소홀히 되어 현실의 삶에 문제가 발생하게 되고, 현실적인 삶에만 몰두하여 정신없이 살다 보면 내면 세계가 황폐화된다.
34. 이상의 내용은 『회남자』 「인간훈」(人間訓)에서 찾아 볼 수 있다.
35. 도를 얻은 사람의 행위는 도를 따라서 하는 행위이니 곧 무위를 말한다. 따라서 이러한 행위 즉 도를 따르는 무위적인 행위에는 개인의 주관이 개입될 수 없다. 때문에 그러한 행위는 "도에 의해 베풀어진다"고 표현할 수밖에 없다.

천지가 덮고 싣는 것, 해와 달이 비추는 것, 음양이 따뜻한 기운을 내뿜는 것, 비와 이슬이 만물을 윤택하게 하는 것, 도덕이 사람들을 붙들어 주는 것, 이들은 모두 조화의 힘이다. 그러므로 하늘을 일 수 있는 것은 땅을 덮고, 맑은 하늘을 비출 수 있는 것은 큰 밝음을 보며, 대지에 설 수 있는 것은 큰 마루에 처하고, 그윽하고 그윽한 것에서 노닐 수 있는 것은 해와 달과 빛을 같이 한다. 그러므로 형체 있는 것은 형체 없는 것으로부터 나온다. 그러므로 진인은 마음에 의탁하고 사물의 시초, 즉 무형에 귀의하며, 그윽하고 그윽한 것을 보고 소리 없는 것을 들으니, 그윽하고 그윽한 가운데서 홀로 밝게 빛나고 적막한 가운데 홀로 비춘다. 쓸모 있다는 것은 곧 쓸모 없는 것이니 쓸모 없는 이후에 참으로 쓸모 있게 되며,36 안다는 것은 곧 알지 못하는 것이니 알지 못한 이후에 참으로 알 수 있다.37

도는 사물이 말미암는 길이고, 덕은 생명이 의지하는 것이며, 인은 은혜를 쌓는 징표이고, 의는 자기 마음에 부합되고 타인들의 마음에 합치되는 것이다. 도가 사라지면 덕이 흥하고, 덕이 쇠하면 인의가 생겨난다. 그러므로 이상적인 최고의 시대에는 도만 있고 덕은 없었고, 그 다음 시대에는 덕을 지킬 뿐 그것을 가슴에 품지 않았으며, 말세에는 오직 인의를 잃을까 두려워한다. 그러므로 군자는 의가 아니면 살 수 없으니, 의를 잃으면 그가 살아갈 근거를 잃기 때문이다. 소인은 이익이 아니면 살아갈 수 없으니, 이익을 잃으면 그가 살아갈 근거를 잃기 때문이다. 그러므로 군자는 의를 잃을

---

36. 장자가 말하는 이른바 '무용지용'(無用之用)을 말한다.
37. 『노자』 56장에 "아는 자는 말하지 않고, 말하는 자는 알지 못한다"〔知者不言, 言者不知〕라고 하였다.
    이 단락의 내용은 『회남자』 「숙진훈」에서 찾아 볼 수 있다.

까 두려워하고 소인은 이익을 잃을까 두려워한다. 그 두려워하는
바를 보면 군자와 소인 각자가 화와 복으로 여기는 것이 다르다는
것을 알 수 있다.[38]

老子曰: 仁者人之所慕也, 義者人之所高也. 爲人所慕, 爲
人所高, 或身死國亡者, 不周于時也. 故知仁義而不知世權者,
不達于道也. 五帝貴德, 三皇用義, 五伯任力. 今取帝王之道,
于五伯之世, 非其道也. 故善否同, 非譽在俗; 趨行等, 逆順在
時. 知天之所爲, 知人之所行, 卽有以經于世矣. 知天而不知
人, 卽無以與俗交; 知人而不知天, 卽無以與道游. 直志適情,
卽堅强賊之; 以身役物, 卽陰陽食之. 得道之人, 外化而內不
化. 外化所以知人也, 內不化所以全身也. 故內有一定之操,
而外能屈伸, 與物推移, 萬擧而不陷. 所貴乎道者, 貴其龍變
也. 守一節, 推一行, 雖以成滿猶不易, 拘于小好而塞于大道.
道者, 寂寞以虛無, 非有爲于物也, 不以有爲于己也. 是故擧
事而順道者, 非道者之所爲也, 道之所施也. 天地之所覆載,
日月之所照明, 陰陽之所煦, 雨露之所潤, 道德之所扶, 皆同
一和也. 是故能戴大圓者覆大方, 鏡太淸者暞大明, 立太平者
處大堂, 能游于冥冥者, 與日月同光, 無形而生于有形. 是故
眞人托期于靈臺, 而歸居于物之初, 暞于冥冥, 聽于無聲, 冥
冥之中獨有曉焉, 寂寞之中獨有照焉. 其用之乃不用, 不用而
後能用之也, 其知之乃不知, 不知而後能知之也. 道者, 物之
所道也; 德者, 生之所扶也; 仁者, 積恩之證也; 義者, 比于心

---

38. 이 단락의 내용은 『회남자』「무칭훈」에서 찾아 볼 수 있다.

而合于衆適者也. 道減而德興, 德衰而仁義生. 故上世道而不
德, 中世守德而不懷, 下世繩繩唯恐失仁義. 故君子非義無以
生, 失義則失其所生, 小人非利無以活, 失利則失其所以活.
故君子懼失義, 小人懼失利, 觀其所懼, 禍福異矣.

노자가 말하였다.

일에는 혹 이롭게 하고자 한 것이 결과적으로 해치게 되는 경우
가 있고, 혹 해롭게 하고자 한 것이 결과적으로 이롭게 만드는 경우
가 있다. 무릇 습기로 인한 병에는 뜨거운 것을 먹이고 갈증으로 인
한 병에는 찬 것을 먹이는 것이 일반 사람들의 양생법이다. 그러나
훌륭한 의사는 그 같은 방법을 오히려 병을 악화시키는 것으로 본
다.39 어리석은 사람들은 눈에 즐겁고 마음에 즐거운 것을 이롭게
여기나 도를 지닌 사람은 이것들을 피한다. 성인은 먼저 거스르나
나중에 합치하며, 일반 사람들은 먼저 합치하나 나중에 거스른다.
그러므로 화복(禍福)이 들고나는 문과 이해(利害)의 상반성은 잘
살피지 않을 수 없다.

老子曰: 事或欲利之, 適足以害之; 或欲害之, 乃足以利之.
夫病濕而强食之熱, 病渴而强飮之寒, 此衆人之所養也, 而良
醫所以爲病也. 悅于目, 悅于心, 愚者之所利, 有道者之所避.
聖人者, 先迎而後合, 衆人先合而後迕. 故禍福之門, 利害之
反, 不可不察也.

---

39. 병을 치료하기 위한 행위가 오히려 병을 악화시키는 행위가 되는 경우를
    제시하고 있다.

노자가 말하였다.

인의(仁義)를 벗어난 사람은 공이 있어도 의심을 받으나, 인의가 있는 사람은 죄가 있어도 필연적으로 신뢰를 받는다. 그러므로 인의는 모든 일이 근거해야 할 변함 없는 이치이며 천하의 존귀한 작위이다. 비록 도모하는 것이 이루어지고 꾀가 적중하며 근심을 해소시킬 방도를 생각하고 국가를 보존시킬 일을 도모한다 해도, 그 일이 인의를 벗어난다면 결코 공이 이루어지지 않는다. 말은 비록 계책에 적중하지 않고 꾀는 나라에 이익이 되지 않아도, 그의 마음이 군주에게 부합되고 그의 행위가 인의에 합치되는 사람은 필연적으로 살아난다. 그러므로 말한다. 백 마디 말과 백 가지 꾀가 항상 적중하지 못하는 사람은 그것들을 버리고 차라리 인의에 힘쓰는 것만 못하다고.40

老子曰: 有功離仁義者卽見疑, 有罪有仁義者必見信. 故仁義者, 事之常順也, 天下之尊爵也. 雖謀得計當, 慮患解圖國存, 其事有離仁義者, 其功必不遂也. 言雖無中于策, 其計無益于國, 而心周于君, 合于仁義者, 身必存. 故曰百言百計常不當者, 不若舍趨而審仁義也.

노자가 말하였다.

---

40. 이 단락에서는 특별히 인의를 중시하고 있다. 황로학은 노장철학과 달리 유가의 인의 사상을 적극적으로 수용하는 편이다. 그리고 이상의 내용은 『회남자』「인간훈」에서 찾아 볼 수 있다.

가르침을 행하는 것은 군자의 근본인데 소인이 그 혜택을 입고, 이익을 추구하는 것은 소인의 근본인데 군자가 그 공을 누린다. 군자와 소인이 각자 자신들에게 마땅한 일을 얻게 하면, 상호의 공을 소통시켜 서로 먹고 살 수 있다.41 이렇게 하면 인간 사회의 도가 잘 통하게 될 것이다. 사람이 욕심이 많으면 의를 상하게 되고 근심이 많으면 지혜를 해치게 된다. 그러므로 잘 다스려지는 나라는 나라가 보존되는 원인을 즐기게 되고, 백성들을 못살게 구는 나라는 나라가 망하게 되는 원인을 즐기게 된다. 물은 아래로 흐르므로 넓고 크게 되고, 군주는 자신을 신하에게 낮추므로 총명해진다. 군주가 신하와 다투지 않으면 다스림의 도가 원활하게 소통될 것이다. 그러므로 군주는 뿌리이고 신하는 가지와 잎사귀와 같은 것이니,42 뿌리가 실하지 않고서 가지와 잎사귀가 무성한 경우는 없다.43

---

41. 현대적인 관점에서 말하자면, 지식인과 노동자가 각자의 역할을 다할 때 전체 사회가 원활하게 돌아갈 수 있다는 일종의 사회 분업론을 말하고 있는 셈이다. 이것은 맹자의 분업론과 통하는 측면이 있다. 『맹자』「등문공상」(滕文公上)에서는 다음과 같이 말한다. "어떤 사람은 마음을 수고롭게 하고, 어떤 사람은 육체를 수고롭게 한다. 마음을 수고롭게 하는 사람은 남을 다스리고, 육체를 수고롭게 하는 사람은 남에게서 다스림을 받는다. 다스림을 받는 사람은 남을 먹여 살리고 다스리는 사람은 밥을 얻어먹는 것이 천하의 공통된 도리이다."〔或勞心, 或勞力; 勞心者治人, 勞力者治於人; 治於人者食人, 治人者食於人: 天下之通義也.〕 또한 다음과 같은 말도 한다. "그대가 자신이 이룬 것을 소통시키고 일을 바꾸어 남는 것으로써 부족한 것을 보충하지 않는다면, 농부에게는 곡식이 남아 돌 것이고 여인네에게는 베가 남아 돌 것이다. 그대가 만약 이들 남는 물건들을 소통시킨다면 목수나 기술자들 모두 그대에게서 얻어먹을 수 있을 것이다."〔子不通功易事, 以羨補不足, 則農有餘粟, 女有餘布; 子如通之, 則梓匠輪輿皆得食於子.〕
42. 군주는 본이고 신하는 말이라는 본말론적 사고를 보이고 있다.
43. 이상의 내용은 『회남자』「무칭훈」에서 찾아 볼 수 있다.

老子曰: 教本乎君子, 小人被其澤; 利本乎小人, 君子享其功. 使君子小人各得其宜, 則通功易食而道達矣. 人多欲卽傷義, 多憂卽害智. 故治國, 樂所以存; 虐國, 樂所以亡. 水下流而廣大, 君下臣而聰明, 君不與臣爭而治道通. 故君根本也, 臣枝葉也. 根本不美而枝葉茂者, 未之有也.

노자가 말하였다.

아버지가 자식을 사랑하는 것은 자식으로부터 어떤 보답을 구하기 위해서가 아니다. 자식을 사랑하는 마음을 풀어버릴 수 없기 때문이다. 군주가 백성을 길러주는 것은 자신을 위해 부리기 위해서가 아니다. 본성상 어쩔 수 없기 때문이다. 그러나 자신의 힘을 자랑하고 자신의 공로를 의식하면 반드시 궁하게 된다. 의도적인 목적44을 지니면 은혜가 상실되기 때문이다. 그러므로 대중들이 좋아하는 일을 행하면 대중들의 힘을 얻고, 대중들이 기뻐하는 일을 행하면 대중들의 마음을 얻는다. 그러므로 그 시작을 보면 그 끝을 알게 된다.45

老子曰: 慈父之愛子者, 非求其報, 不可內解于心; 聖主之養民, 非爲己用也, 性不能已也. 及悖其力, 賴其功勛而必窮, 有以爲則恩不接矣. 故用衆人之所愛, 則得衆人之力; 擧衆人之所喜, 則得衆人之心. 故見其所始, 則知其所終.

---

44. 자식으로부터 보답을 구하고, 백성을 부리고자 하는 목적을 말한다.
45. 이상의 내용은 『회남자』「무칭훈」에서 찾아 볼 수 있다.

노자가 말하였다.

사람은 의(義)에 의해 서로 사랑하게 되고, 집단은 무리에 의해 강해진다. 그러므로 덕을 베푸는 것이 넓을수록 위엄이 더 멀리 미치며, 의가 더해지는 것이 엷을수록 힘에 의해 제어되는 범위도 작아진다.46

老子曰: 人以義愛, 黨以群强. 是故德之所施者博, 卽威之
所行者遠; 義之所加者薄, 則武之所制者小.

노자가 말하였다.

의롭지 않게 얻었으면서도 또한 그것을 남에게 베풀지 않으면 환난이 자기에게 미칠 것이며, 남을 위할 줄도 모르고 또한 자기 자신을 위하지도 않는다면 어리석은 사람이라 할 것이다. 이런 사람은 올빼미가 그 자식을 사랑하는 것과 다르지 않다.47 그러므로 '재화를 지니고서 또한 가득 채우니 차라리 그런 행위를 멈추는 것이 낫고, 칼끝을 두드려 더욱 날카롭게 하면 오래 보존할 수 없다.'48

---

46. 이상의 내용도 『회남자』「무칭훈」에서 찾아 볼 수 있다.
47. 올빼미는 새끼를 길러주나, 새끼는 나중에 오히려 그 어미를 잡아먹는다고 한다. 여기서 올빼미는 '어리석은 사람'을 상징한다. 어리석은 사람은 의롭지 않게 얻고도 그것을 남에게 베풀 줄 모르고 남을 위할 줄도 모르고 자기 자신도 위할 줄 모르며, 이 때문에 궁극적으로는 화가 자기에게 미치게 된다. 그러나 그럼에도 불구하고 그는 깨닫지 못한다. 이런 사람은 자기 새끼를 길러 주고 결국에는 그 새끼에게 자기 자신이 잡아먹히는 올빼미의 모습과 동일하다는 것이다.
48. 『노자』 9장에 나오는 말이다.

덕 가운데 도가 있고 도 가운데 덕이 있으니 그 변화는 끝이 없다. 양 가운데 음이 있고 음 가운데 양이 있으니 만사가 모두 다 그와 같아 이루 다 밝힐 수 없다. 복이 이를 때는 조짐이 있으며 화가 이를 때도 조짐이 앞선다. 그러나 복이 오는 조짐이 있더라도 선을 행하지 않으면 복이 오지 않고, 상서롭지 않은 조짐이 있더라도 선을 행하면 화가 이르지 않는다. 이익과 해로움은 같은 문에서 나오고 화와 복은 이웃하고 있으니, 신묘한 지혜가 아니면 분별할 수 없다. 그러므로 '화는 복에 의지하고 있고, 복은 화에 숨어 있으니 누가 그 궁극을 알겠는가?'49

　사람이 아프려고 하면 먼저 생선이나 고기 맛이 달게 느껴지고, 국가가 망하려고 하면 먼저 충신의 말이 싫어진다. 그러므로 병이 심해져 죽을 지경에 이르면 훌륭한 의사도 소용없고, 국가가 망하려고 하면 충성스러운 간언도 소용없다.

　자신을 닦은 이후에 백성을 다스릴 수 있고, 집안이 다스려진 이후에 관청의 우두머리가 될 수 있다. 그러므로 '그 도를 나에게 닦으면 나의 덕이 참되어지고, 그 도를 집안에 닦으면 집안의 덕이 넘치며, 그 도를 나라에 닦으면 나라의 덕이 풍부해진다.'50

　백성이 살아가는 바탕은 의복과 음식이다. 따라서 행하는 일이 의복과 음식을 얻는 데 합치되면 공이 있고, 의복과 음식을 얻는 데 합치되지 않으면 공이 없다. 일에 공이 없으면 덕은 오래 유지될 수 없다. 그러므로 때에 따랐음에도 공이 이루어지지 않는다 해서 기존의 형법을 바꾸지 말고, 때에 쫓았는데도 공이 이루어지지 않는

---

49. 『노자』 58장에 나오는 말이다.
50. 『노자』, 54장에 나오는 말이다. 단 문자상 약간의 차이가 있다.

다 해서 기존의 이치를 변경하지 말라. 그것에 합당한 때는 다시 나타나기 때문이다. 이것이 다스리는 도의 핵심이다.

제왕은 백성을 부유하게 하고, 패왕(霸王)은 영토를 풍부하게 하며, 위태로운 국가는 관리를 부유하게 한다. 다스려지는 나라는 마치 부족한 것 같으나 (어지러운 나라는 마치 여유 있는 것 같고), (보존되는 나라는 창고가 가득 차 있으나) 망하는 나라는 창고가 텅비어 있다.51 그러므로 '위에서 간섭하지 않으면 백성은 저절로 부유해지고, 위에서 무위하면 백성은 저절로 교화된다'52라고 말하는 것이다. 군대 십만을 일으키면 하루의 비용이 천금이 들고, 군대가 지나간 뒤는 반드시 흉년이 든다. 그러므로 '병기는 상서롭지 않은 물건이며 군자의 보배가 아니다.'53

큰 원한은 화해한다 해도 반드시 남는 원망이 있게 된다. 그러니 남의 원망을 사는 나쁜 짓을 할 수 있겠는가? 옛 사람들은 가까운 사람을 친근히 할 때나 멀리 있는 사람을 오게 할 때 말로 드러내지 않았다. 그럼에도 불구하고 가까운 사람은 기뻐하고 멀리 있는 사람은 스스로 찾아 왔다.54 백성과 욕망을 함께 하면 서로 화합하게

---

51. 『문자』 원문에는 괄호 부분이 빠져 있으나, 앞 뒤 말이 연결되지 않으므로 『태평어람』(太平御覽)에 근거하여 일부 보충하였다.
52. 『노자』 57장에 나오는 말과 유사하나 일부 내용이 다르다. 『노자』에서는 다음과 같이 말한다. "내가 무위하니 백성들이 저절로 교화되고, 내가 고요함을 좋아하니 백성들이 저절로 바르게 되며, 내가 일을 벌이지 않으니 백성들이 저절로 부유해진다."〔我無爲而民自化, 我好靜而民自正, 我無事而民自富.〕
53. 『노자』 31장에는 "병기는 상서롭지 않은 물건이니 군자의 물건이 아니다"〔兵者, 不祥之器, 非君子之器〕로 되어 있어 일부 문자가 다르다. 즉 『문자』에서는 『노자』와 달리 뒤의 '물건'〔器〕이 '보배'〔寶〕로 되어 있다.
54. 이것은 덕에 의한 교화, 즉 '덕화'(德化)를 의미한다. 풍부한 덕이 갖추어지면 굳이 말이 필요 없는 상황에 이르게 된다는 뜻이다.

되고, 백성과 지키는 것을 함께 하면 견고해지며, 백성과 생각을 같이하면 지혜로워진다. 백성의 힘을 얻는 자는 부유해지고, 백성의 칭찬을 얻는 자는 드러나게 된다.

행위에는 도적을 불러들이는 꼬투리가 들어 있고, 말에는 화를 초래하는 단서가 들어 있다. 따라서 남에 앞서 말하지 말고 남의 뒤에 설뿐이며, 귓속말도 천리까지 전해지니 항상 말을 조심하라. 말은 화(禍)의 근원이고 혀는 화의 계기가 된다. 입 밖으로 내뱉은 합당하지 않은 말은 네 마리 말이 끄는 수레로도 쫓아가지 못한다.

옛날에 중황자(中黃子)55가 말하였다. "하늘에는 오방(五方)56이 있고, 땅에는 오행(五行)57이 있으며, 소리에는 오음(五音)58이 있고, 사물에는 오미(五味)59가 있으며, 색에는 오색(五色)60이 있고, 사람에게는 오위(五位)61가 있다. 그러므로 천지 사이에는 25종류의 사람이 있다. 위로는 신인(神人), 진인(眞人), 도인(道人), 지인(至人), 성인(聖人)이 있고, 다음으로는 덕인(德人), 현인(賢人), 지인(智人), 선인(善人), 변인(辯人)이 있으며, 중간으로는 공인(公人), 충인(忠人), 신인(信人), 의인(義人), 예인(禮人)이 있고, 그 다음으로는 사인(士人), 공인(工人), 우인(虞人), 농인(農人), 상인(商人)이 있으며, 아래로는 중인(衆人), 노인(奴人),

---

55. 옛날의 진인(眞人)이다.
56. 동·서·남·북·중앙의 다섯 방위를 말한다.
57. 금목수화토(金木水火土)를 말한다.
58. 궁상각치우(宮商角微羽)의 다섯 가지 소리를 말한다.
59. 단맛(甘), 쓴맛(苦), 매운맛(辛), 신맛(酸), 짠맛(鹹)의 다섯 가지 맛을 말한다.
60. 청색·황색·적색·백색·흑색의 다섯 가지 색깔을 말한다.
61. 공작·후작·백작·후작·남작의 다섯 등급을 말한다.

우인(愚人), 육인(肉人), 소인(小人)이 있다." 제일 위의 다섯 종류의 사람과 제일 아래의 다섯 종류의 사람은, 사람과 소 말 사이만큼의 차이가 있다. 성인은 눈으로 보고 귀로 들으며 입으로 말하고 발로 다닌다. 그러나 진인은 보지 않아도 밝게 보고, 듣지 않아도 밝게 들으며, 발로 걷지 않아도 따르고, 말하지 않아도 공정하다. 그러므로 성인이 천하를 움직이는 것에 대해서는 진인은 일찍이 거들떠보지도 않으며, 현인이 세속에서 뽐내는 일에 대해서는 성인은 일찍이 눈여겨보지도 않는다.62 이른바 도는 앞도 없고 뒤도 없으며 왼쪽도 없고 오른쪽도 없으며, 만물은 가물한 하나이기에 옳음도 그름도 없다.

老子曰: 以不義而得之, 又不布施, 患及其身. 不能爲人, 又無以自爲, 可謂愚人, 無以異于梟愛其子也. 故持而盈之, 不如其已, 揣而銳之, 不可長保. 德之中有道, 道之中有德, 其化不可極; 陽中有陰, 陰中有陽, 萬事盡然, 不可勝明. 福至祥存, 禍至祥先. 見祥而不爲善, 則福不來; 見不祥而行善, 則禍不至. 利與害同門, 禍與福同鄰, 非神聖莫之能分. 故曰禍兮福所倚, 福兮禍所伏, 孰知其極. 人之將疾也, 必先甘魚肉之味; 國之將亡也, 必先惡忠臣之語. 故疾之將死者, 不可爲良醫; 國之將亡者, 不可爲忠謀.. 修之身, 然後可以治民; 居家理治, 然後可移官長. 故曰修之身, 其德乃眞, 修之家, 其德乃

62. 진인·성인·현인은 그 경지가 차등적이다. 따라서 현인이 하는 일은 성인의 눈에는 대수롭지 않게 보이고, 또한 성인이 하는 일도 그보다 높은 경지의 진인에게는 하찮게 보인다는 것이다.

餘, 修之國, 其德乃豊. 民之所以生活, 衣與食也. 事周于衣食
則有功, 不周于衣食則無功, 事無功德不長. 故隨時而不成,
無更其刑; 順時而不成, 無更其理. 時將復起, 是謂道紀. 帝王
富其民, 覇王富其地, 危國富其吏. 治國若不足, 亡國困倉虛.
故曰上無事而民自富, 上無爲而民自化. 起師十萬, 日費千金,
師旅之後, 必有凶年. 故兵者不祥之器也, 非君子之寶也. 和
大怨必有餘怨, 奈何其爲不善也. 古者親近不以言, 來遠不以
言, 使近者悅, 遠者來. 與民同欲則和, 與民同守則固, 與民同
念者知. 得民力者富, 得民譽者顯. 行有召寇, 言有致禍, 無先
人言, 後人已. 附耳之語, 流聞千里. 言者禍也, 舌者機也, 出
言不當, 駟馬不追. 昔者中黃子曰, 天有五方, 地有五行, 聲有
五音, 物有五味, 色有五章, 人有五位, 故天地之間有二十五
人也. 上五有神人, 眞人, 道人, 至人, 聖人; 次五有德人, 賢
人, 智人, 善人, 辯人; 中五有公人, 忠人, 信人, 義人, 禮人;
次五有士人, 工人, 虞人, 農人, 商人; 下五有衆人, 奴人, 愚
人, 肉人, 小人. 上五之與下五, 猶人之與牛馬也. 聖人者, 以
目視, 以耳聽, 以口言, 以足行. 眞人者, 不視而明, 不聽而聰,
不行而從, 不言而公. 故聖人所以動天下者, 眞人未嘗過焉,
賢人所以矯世俗者, 聖人未嘗觀焉. 所謂道者, 無前無後, 無
左無右, 萬物玄同, 無是無非.

8. 자연(自然)

노자가 말하였다.

맑음과 텅 빔은 하늘이 밝게 빛날 수 있는 본원이요, 무위는 다스림의 불변하는 법도이다. 은혜로운 체 하는 태도를 버리고 지혜로운 체 하는 짓을 하지 말며, 능력 있는 체 하는 자를 물리치고 어질고 의로운 체 하는 자를 내쫓으며, 의도적인 일을 없애고 말 잘하는 자를 끊어 버리며, 간교하고 거짓된 행위를 금지시켜라. 그러면 유능한 사람이나 무능한 사람이나 모두 도의 자리에서 하나가 될 것이다. 고요하면 만물과 하나가 되고 텅 비우면 만물과 통하게 된다. 그러므로 지극한 덕을 지닌 사람은 무위하여 만물을 두루 포용한다. 이러한 텅 빔과 고요함의 도를 지니면 천지처럼 영원할 수 있으며, 또한 그것은 신묘하고 미묘하여 만물을 두루 채우나 만물을 주재하지 않는다. 일 년 열두 달의 운행은 끝없이 순환하여 끝나면 다시 시작한다. 금·목·수·화·토의 오행은 형세 상으로는 서로 해치나[1]

---

1. 오행의 상극 현상을 말한다. 즉 음양오행론자들은 쇠는 나무를 이기고[金克木], 나무는 흙을 이기며[木克土], 흙은 물을 이기고[土克水], 물은 불을 이기며[水克火], 불은 쇠를 이긴다[火克金]는 오행상극론(五行相克

그 궁극적인 도는 서로 돕는 것이다.2 그러므로 지나친 추위는 사물을 해치나 그렇다고 추위가 아예 없어서는 안되며, 지나친 더위는 사물을 해치나 그렇다고 더위가 아예 없어서는 안된다. 그러므로 '긍정적인 것'이나 '부정적인 것' 모두 필요하다. 때문에 위대한 도는 긍정하지 않는 것이 없으니, 긍정한다는 것은 이치에 합당하기 때문이다. 그러므로 긍정적인 것을 보아도 일부러 달려가 쫓지 않고, 부정적인 것을 보아도 애써 그것을 멀리하지 않는다. 긍정과 부정은 상호 짝이 되며 상호 안팎이 되기 때문이다.3

무릇 일의 핵심은 반드시 '하나'〔一〕로부터 시작하고 '때'〔時〕를 그것의 기틀로 삼는다. 이 이치는 옛날부터 지금까지 일찍이 변하거나 바뀐 적이 없었으니 이름하여 '자연의 이치'〔天理〕라고 한다. 윗사람이 밝은 지혜를 지니고 있으면 아랫사람들도 자연히 밝게 된다. 도는 만물을 낳고 음양을 다스리며, 변하여 사계절이 되고 나뉘어져 오행이 된다. 이들 음양 사계절 오행은 각각 그 마땅함을 얻어 합당한 시기와 더불어 운행한다. 법도가 일정하면 아래로 능력 없는 자에게까지 그 혜택이 미치게 되니, 군주의 도가 기울어지지 않으면 뭇 신하들은 한 뜻이 된다.

천지의 도는 무위하여도 갖추어지고 구하지 않아도 얻게 된다.

論)을 주장하였다.
 2. 오행의 상생(相生) 현상을 말한다. 즉 쇠는 물을 낳고〔金生水〕, 물은 나무를 낳으며〔水生木〕, 나무는 불을 낳고〔木生火〕, 불은 흙을 낳으며〔火生土〕, 흙은 쇠를 낳는다〔土生金〕는 오행상생론(五行相生論)이다.
 3. 선악(善惡), 미추(美醜), 이해(利害), 시비(是非) 등은 모두 긍정과 부정의 개념들로 구성된 쌍범주들이다. 그러나 우리는 이들 중 어느 하나만 취하고 다른 하나를 버릴 수 없다. 하나는 또 다른 하나의 또 다른 모습에 지나지 않기 때문이다.

"이 때문에 무위하면 이로움이 있다는 것을 안다."4

老子曰: 淸虛者, 天之明也; 無爲者, 治之常也. 去恩慧, 舍
聖智, 外賢能, 廢仁義, 減事故, 棄佞辯, 禁姦僞, 則賢不肖者
齊于道矣. 靜則同, 虛則通, 至德無爲, 萬物皆容, 虛靜之道,
天長地久, 神微周盈, 與物無宰. 十二月運行, 周而復始, 金木
水火土, 其勢相害, 其道相待. 故至寒傷物, 無寒不可; 至暑傷
物, 無暑不可, 故可與不可皆可. 是以大道無所不可, 可在其
理. 見可不趨, 見不可不去; 可與不可, 相爲左右, 相爲表裏.
凡事之要, 必從一始, 時爲之紀, 自古及今, 未嘗變易, 謂之天
理. 上執大明, 下用其光, 道生萬物, 理於陰陽, 化爲四時, 分
爲五行, 各得其所, 與時往來. 法度有常, 下及無能, 上道不
傾, 群臣一意, 天地之道無爲而備, 無求而得. 是以知其無爲
而有益也.

노자가 말하였다.

박(樸)은 지극히 큰 것이어서 형상이 없으며, 도(道)는 지극히
큰 것이어서 그 크기를 잴 수 없다. 그러므로 하늘의 둥글기는 곡자
로도 잴 수 없고, 땅의 네모나기는 직각자로도 잴 수 없다. 과거와
미래 옛날과 지금의 시간적 흐름을 주(宙)라고 하고, 동서남북의
사방과 상하의 공간을 우(宇)라고 한다. 도는 이러한 시간과 공간

---

4. 『노자』 43장에 나오는 말이다. 『노자』에는 "나는 이 때문에 무위가 유익
하다는 것을 안다"〔吾是以知無爲之有益〕로 되어 있다.

가운데 존재하나 아무도 그것의 소재를 알지 못한다. 그러므로 멀리 내다보지 못하는 사람과는 큰 것에 관해 말할 수 없고, 지식이 넓지 못한 사람과는 지극한 것에 관해 논의할 수 없다. 무릇 도를 품부받고 사물에 통달한 사람들은 서로 배척하지 않는다. 그러므로 삼황오제(三皇五帝)는 그들의 법도와 제도는 서로 달랐으나 그들 모두 백성의 마음을 얻었다는 점에서는 동일하다. 가령 곡자와 직각자, 그리고 곱자와 먹줄은 기술의 도구이지 기술 자체는 아니다. 그러므로 악기가 없으면 사문(師文)5과 같은 훌륭한 연주자도 곡을 연주할 수 없으니, 단지 악기만으로는 슬픈 곡이 될 수 없다. 그러므로 악기는 슬픔의 도구이지 슬픔 자체는 아니다. 훌륭한 연주자는 마음과 손 사이에 조화로운 정신이 노니는 경지에 이르고, 자신의 생각을 풀어내고 정신을 표현하여 음의 조리가 변하면 악기에서도 그대로 나타난다. 이것은 아버지가 자식에게 가르쳐 줄 수 없고 자식 또한 아버지에게 전해 줄 수 없는 전할 수 없는 도이다.6 그러므로 볼 수 없음은 볼 수 있음의 본원이고, 적막함은 소리의 주인이다.7

---

5. 고대에 가야금을 잘 타는 것으로 유명했던 사람이다.
6. 「상인」(上仁)에도 다음과 같은 말이 나온다. "도는 지극히 미묘한 것이어서 아버지가 자식에게 가르쳐 줄 수 없고, 자식 또한 아버지에게서 받을 수 없다. 그러므로 말할 수 있는 도는 참된 도가 아니다." 『문자』에 나타나는 이 같은 발언들은 『장자』 「천도」(天道)에 등장하는 '수레바퀴 깎는 노인'[輪扁]의 다음과 같은 말과 연관이 있다. "수레바퀴를 깎을 때 지나치게 깎으면 헐거워 고정되지 못하고, 덜 깎으면 빡빡하여 들어가지 않습니다. 지나치지도 모자라지도 않게 깎으면 손끝에서 느껴져 마음으로 전해집니다. 이것은 말로 표현할 수는 없으나 그 사이에 어떤 도수가 존재합니다. 저는 이 도수를 저의 자식에게 가르쳐 줄 수 없고 저의 자식 또한 저에게서 그것을 전수 받을 수 없습니다."[斲輪, 徐則甘而不固, 疾則苦而不入, 不徐不疾, 得之於手而應於心, 口不能言, 有數存焉於其間. 臣不能以喩臣之子, 臣之子亦不能受之於臣.]

老子曰: 樸, 至大者, 無形狀: 道, 至大者, 無度量. 故天圓
不中規, 地方不中矩. 往古來今謂之宙, 四方上下謂之宇, 道
在其中, 而莫知其所. 故見不遠者, 不可與言大; 知不博者, 不
可與論至. 夫稟道與物通者, 無以相非, 故三皇五帝法籍殊方,
其得民心一也. 若夫規矩鉤繩, 巧之具也, 而非所以爲巧也.
故無絃雖師文不能成其曲, 徒絃則不能獨悲. 故絃悲之具也,
非所以爲悲也. 至于神和, 游于心手之間, 放意寫神, 論變而
形于絃者, 父不能以教子, 子亦不能受之于父, 此不傳之道也.
故肅者形之君也, 而寂寞者音之主也.

노자가 말하였다.

천지의 도는 덕을 중심으로 삼고 도에 따르는 것이니, 사물은 이
러한 천지의 도에 의해 저절로 바르게 된다. 또한 천지의 도는 지극
히 은미하여 안이 없으며 세속적인 일을 귀하게 여기지 않는다. 그
러므로 천지의 도는 공을 기다리지 않고도 세워지고, 세속의 지위
를 존귀하게 여기지 않으며, 명예를 기다리지 않고도 드러나고, 예
(禮)를 기다리지 않고도 장중하며, 군대를 쓰지 않아도 강하다. 그
러므로 도를 세울 뿐 가르치지 않고 밝게 비추어줄 뿐 세밀하게 살
피지 않는다.8 도를 세울 뿐 가르치지 않는다는 것은 사람들의 타고
난 재능을 빼앗지 않는다는 것이며, 밝게 비추어줄 뿐 세밀히 살펴

---

7. 이상의 내용은 『회남자』「제속훈」에서 찾아 볼 수 있다.
8. 가르치고 살핀다는 것은 남에게 일일이 간섭하고 참견하는 행위를 의미한
다. 천지의 도는 사물이나 인간에게 일일이 간섭하는 일이 없다.

지 않는다는 것은 사람들의 일을 해치지 않는다는 것이다.9 무릇 가르치는 행위는 덕에 역행하는 것이고 사물을 해치는 것이다. 그러므로 음양과 사계절 그리고 금·목·수·화·토의 오행은 그 기본적인 운행의 도는 같으나 각기 운행하는 구체적 이치는 서로 다르며, 만물은 모두 본질적인 실정은 동일하나 구체적 형상은 다르다. 때문에 지혜로운 사람들은 서로 가르치지 않고, 능력 있는 사람들은 서로 받지 않는다. 그러므로 성인은 법을 세워 법으로써 백성의 마음을 인도하여 각자 스스로 그러하게 한다.10 그러므로 생명을 얻는 자도 덕으로 여기지 않고 죽임을 당하는 자도 원망하지 않는다. '천지는 어질지 않으니 만물을 풀 강아지[芻狗]로 여기고, 성인은 어질지 않으니 백성을 풀 강아지로 여긴다.'11 무릇 자애나 인의는 가깝고 좁은 도이다.12 좁은 것은 큰 것에 들어가면 헤매고, 가까운 것은 멀리가면 미혹된다. 성인의 도는 큰 것에 들어가도 헤매지 않고 멀리가도 미혹되지 않으며, 항상 텅 비움으로써 자신을 지켜 지극해질 수 있다. 이것을 '하늘의 덕'이라고 한다.

---

9. 도가 서 있으면 일이 가르치지 않아도 사람들 스스로 자신들의 재능에 따라 자기를 실현해 간다. 따라서 성인이 할 일은 단지 개인이 각자의 잠재된 능력을 찾을 수 있도록 '등불'을 환하게 비추어 주는 일이다.
10. 이것은 법치를 통한 무위정치의 실현을 말한다. 통치자는 일단 법을 세워 놓으면 모든 구체적인 통치 행위를 법에 따라 시행하면 되므로 굳이 따로 신경 쓸 필요가 없다. 백성들 또한 일일이 통치자의 명령을 받는 것이 아니라, 법에 근거하여 자신의 행위를 전개함으로써 마치 스스로의 의지에 의해 자주적인 삶을 영위해 가는 형식이 된다. 이렇게 하면 통치자나 피통치자 모두 법을 근간으로 하여 무위를 실현할 수 있게 된다.
11. 『노자』 5장에 나오는 말이다.
12. 자애와 인의는 주로 자기 주변 사람들과의 관계에서 요구되는 도리이다. 따라서 이것은 거리 상으로 볼 때 '가깝다'고 할 수 있고, 또한 그 범위상 '좁다'고 할 수 있다.

老子曰: 天地之道, 以德爲主, 道爲之命, 物以自正. 至微甚
內, 不以事貴, 故不待功而立, 不以位爲尊, 不待名而顯, 不須
禮而莊, 不用兵而强. 故道立而不教, 明照而不察. 道立而不
教者, 不奪人能也; 明照而不察者, 不害其事也. 夫教道者, 逆
于德, 害于物, 故陰陽四時, 金木水火土, 同道而異理, 萬物同
情而異形. 智者不相教, 能者不相受. 故聖人立法, 以導民之
心, 各使自然. 故生者無德, 死者無怨. 天地不仁, 以萬物爲芻
狗, 聖人不仁, 以百姓爲芻狗. 夫慈愛仁義者, 近狹之道也. 狹
者入大而迷, 近者行遠而惑. 聖人之道, 入大不迷, 行遠不惑,
常虛自守, 可以爲極. 是謂天德.

노자가 말하였다.

성인은 하늘과 땅처럼 덮고 실으며, 해와 달처럼 두루 비추고, 음
양처럼 조화하며, 사계절처럼 변화한다. 그리하여 성인은 만물을
두루 품어 획일화하지 않고, 옛 사람과 새로운 사람을 차별하지 않
으며, 특별히 소원한 사람도 친한 사람도 없다. 그러므로 자연을 본
받는 사람은, 자연에 하나의 계절만 존재하지 않고 땅에 하나의 재
목만 있지 않듯이, 인간 세상에서도 하나의 일만 고집하지 않는다.
왜냐하면 일의 발생에는 여러 가지 실마리가 있을 수 있고, 그것을
시행하는 데에도 여러 가지 방법이 있을 수 있기 때문이다. 그러므
로 군대를 부리는 자들 중에는 혹 적을 가볍게 여기기는 자도 있고,
혹 신중하게 대하는 자도 있으며, 혹 탐욕스러운 자도 있고, 혹 청
렴한 자도 있다. 이들 네 사람들의 태도는 서로 상반되기는 하나 어

느 한 사람만을 취해서는 안된다. 적을 가볍게 여기는 자는 군대를 발동시키고자 하고, 신중한 자는 멈추고자 하며, 탐욕스러운 자는 취하고자 하고, 청렴한 자는 정당하게 얻은 것이 아니면 이롭게 여기지 않는다. 그러므로 용감한 자는 나아가 싸우게 할 수 있으나 굳게 지키게 할 수는 없고, 신중한 자는 굳게 지키게 할 수 있으나 적을 무찌르게 할 수는 없으며, 탐욕스러운 자는 공격하여 취하게 할 수 있으나 재물을 나누어주게 할 수는 없고, 청렴한 자는 분수를 지키게 할 수 있으나 나아가 취하게 할 수는 없으며, 성실한 자는 약속을 지키게 할 수 있으나 임기응변하게 할 수는 없다. 성인은 이 다섯 종류의 사람들을 아울러 등용하여 각기 그 재주에 따라서 부린다.[13] 무릇 천지는 하나의 사물만 품지 않고 음양은 한 가지 종류만 생산하지 않는다. 그러므로 바다는 적은 물들을 사양하지 않기 때문에 큰 바다를 이룰 수 있고, 산림은 굽고 흰 나무들을 사양하지 않기 때문에 높은 산을 이룰 수 있으며, 성인은 나무꾼의 말도 거절하지 않기 때문에 그 이름을 드넓힐 수 있다. 무릇 한 귀퉁이만 지키고 나머지 것들은 방치하고 하나의 사물만 취하고 그 나머지는 버린다면, 얻는 것은 적고 다스리는 영역은 좁을 것이다.[14]

老子曰: 聖人天覆地載, 日月照臨, 陰陽和, 四時化, 懷萬物而不同, 無故無新, 無疏無親. 故能法天者, 天不一時, 地不一材, 人不一事. 故緒業多端, 趣行多方. 故用兵者, 或輕或重, 或貪或廉, 四者相反, 不可一也. 輕者欲發, 重者欲止, 貪者欲取, 廉者不利非其有也.

---

13. 성인은 인재등용에 있어서 천지 자연을 본받기에 어느 한 사람 그냥 헛되이 버리는 경우가 없다.
14. 이상의 내용은 『회남자』「태족훈」에서 찾아 볼 수 있다.

故勇者可令進鬪, 不可令持堅; 重者可令固守, 不可令淩敵; 貪者可令攻取, 不可令分財; 廉者可令守分, 不可令進取; 信者可令持約, 不可令應變. 五者, 聖人兼用而材使之. 夫天地不懷一物, 陰陽不産一類. 故海不讓水潦以成其大, 山材不讓枉撓以成其崇, 聖人不辭其負薪之言以廣其名. 夫守一隅而遺萬方, 取一物而棄其餘, 則所得者寡, 而所治者淺矣.

노자가 말하였다.

하늘이 덮고 땅이 실으며 해와 달이 비추는 만물은 각각 그 형체가 다르고 본성도 틀리다. 사람들 역시 각자 편안하게 여기는 것들이 다르다. 따라서 자신에게 즐거움이 되는 것으로 남을 즐기게 하면 그것은 곧 상대방에게 슬픔이 될 수도 있으며, 자신에게 편안한 것으로 남을 편안하게 하면 그것은 곧 상대방에게 위험이 될 수도 있다. 그러므로 성인이 백성들을 기를 때는, 각자 자신들의 본성에 편하게 하고 각자 자신들의 거처에 편안하게 하며 각자 자신들이 합당하게 여기는 곳에 놓이게 하고 각자의 재능을 발휘하게 하며 각자 적합한 일을 하게 하고 각자 마땅한 일을 행하게 한다. 이렇게 하면 만물이 고르게 되어 서로 지나친 것이 없게 된다. 천하 만물은 귀한 것도 없고 천한 것도 없다.[15] 그 귀한 측면에 입각하여 귀하게 여기

---

15. 이러한 생각은 장자 사상의 중요한 한 분야인 '제물론'(齊物論)의 관점을 계승하고 있는 것으로 보인다. 즉 세상에 존재하는 모든 사물들은 각자 나름의 가치를 지니고 있기에 어느 것 하나 소홀히 할 수 없다는 생각이다. 그리고 이 구절은 구체적으로 『장자』 「추수」에서 취해 왔다. 「추수」에서는 다음과 같이 말하고 있다. "도의 관점에서 보면 사물 가운데는 귀하고 천한 것이 없다. 그러나 사물들 각자의 관점에서 보면 자신은 귀하고 상대방은

면 귀하지 않은 사물이 없으며, 그 천한 측면에 입각하여 천하게 대
하면 천하지 않은 사물이 없다. 그러므로 '재주 있는 자를 숭상하지
말라'16는 말은, 물고기를 나무에 방목하지 말고 새를 연못에 빠뜨
리지 말라는 말이다.17

　옛날에 요(堯)임금이 천하를 다스릴 때에는, 순(舜)을 법무부 장
관[司徒]으로 삼고, 설(契)을 국방부 장관[司馬]으로 삼았으며, 우
(禹)를 건설부 장관[司空]으로 삼고, 후직(后稷)을 농림부 장관[田
疇]으로 삼았으며, 해중(奚仲)을 기술부 장관[工師]으로 삼았다.
그리고 백성들을 지도할 때는, 물가에 사는 사람들은 물고기를 잡
게 하고, 숲에 사는 사람들은 나무를 채벌하게 하며, 계곡에 사는
사람들은 가축을 기르게 하고, 육지에 사는 사람들은 밭을 갈게 하
였다. 또한 토지의 형질에 따라 그곳에 합당한 일을 하게 하고, 일
에는 그것에 마땅한 기계를 쓰게 하며, 기계에는 그것에 마땅한 재
목을 쓰게 하였다. 그리하여 늪에서는 그물을 짜게 하며, 비탈에서
는 밭을 갈게 하였다. 이렇게 하니 백성들은 자신들이 지니고 있는
것으로 자신들에게 없는 것을 바꿀 수 있었고, 자신들이 잘하는 것
으로 자신들이 못하는 것을 바꿀 수 있었다. 이 때문에 배반하는 사
람들은 적었고 따르고 복종하는 사람들은 많았다. 그것은 마치 바

천하게 여겨진다."〔以道觀之, 物无貴賤; 以物觀之, 自貴而相賤.〕
16. 『노자』 3장에 "재주 있는 자를 숭상함으로써 백성들을 다투게 하지 말라"
　　〔不尙賢, 使民不爭〕는 말이 있다.
17. 물고기는 물에서 살고 새는 나무에서 사는 것이 자연스러운 이치이다. 이
　　러한 것은 특별한 재능이나 능력이 될 수 없다. 각자에게 내재된 본능을
　　실현하게 하는 것일 뿐이기 때문이다. 그러므로 '재주 있는 자를 숭상하지
　　말라'는 것은, 각자의 본성에 어긋나는 능력을 요구하지 말고 각자의 능력
　　에 맞는 적합한 일을 맡기라는 의미로 볼 수 있다.

람이 풀 위를 지나가는 것과 같아,18 홀연히 감응하여 각자의 맑거나 탁한 본성으로써 반응하였다. 그리하여 사물들은 모두 자신들이 이롭게 여기는 쪽으로 나아가고 해롭게 여기는 것은 피하게 되었다. 이 때문에 이웃 나라가 서로 바라다 보이고 개 닭소리가 서로 들려도, 발자취가 이웃 나라 국경에 닿지 않으며 수레바퀴가 천리 밖으로 이어지지 않았다.19 모두들 자신이 처한 바에 편안함을 느꼈기 때문이다.

그러므로 어지러운 나라는 마치 번성한 것 같고 다스려지는 나라는 텅 빈 것 같으며, 망하는 나라는 부족한 듯하고 존속하는 나라는 여유 있는 듯하다. 텅 비었다는 것은 사람이 없기 때문이 아니라 각자 자신의 직책을 지키고 있기 때문이고, 번성하다는 것은 사람이 많기 때문이 아니라 모두 말단을 쫓느라 바쁘게 왔다갔다하기 때문이며, 여유가 있다는 것은 재물이 많기 때문이 아니라 욕심을 절제하여 추구하는 일이 적기 때문이고, 부족하다는 것은 재화가 없는 것이 아니라 백성은 적고 소비는 많기 때문이다. 그러므로 선왕의 법은 의도적으로 행하는 것이 아니라 객관적인 상황에 따르는 것이다. 또한 선왕이 금지하고 주살 하는 행위들은, 백성들을 죽이는 행위가 아니라 백성들을 예방하여 지키는 행위이다. 이것이 최고의 덕[上德]을 행하는 길이다.20

---

18. 『논어』「안연」(顔淵)에 다음과 같은 말이 있다. "군자의 덕은 바람이요, 소인의 덕은 풀이다. 풀 위로 바람이 불면 풀은 반드시 눕는다."[君子之德風, 小人之德草. 草上之風, 必偃.]

19. 『노자』 80장에 다음과 같은 말이 있다. "이웃 나라가 서로 바라다 보이고 닭소리 개소리가 서로 들려도, 백성들은 죽을 때까지 서로 왕래하지 않는다."[隣國相望, 鷄犬之聲相聞, 民至老死不相往來.]

20. 이상의 내용은 『회남자』「제속훈」에서 찾아 볼 수 있다.

老子曰: 天之所覆, 地之所載, 日月之所照, 形殊性異, 各有所安. 樂所以爲樂者, 乃所以爲悲也; 安所以爲安者, 乃所以爲危也. 故聖人之牧民也, 使各便其性, 安其居, 處其宜, 爲其所能, 周其所適, 施其所宜. 如此卽萬物一齊, 無由相過. 天下之物, 無貴無賤. 因其所貴而貴之, 物無不貴; 因其所賤而賤之, 物無不賤. 故不尙賢者, 言不放魚於木, 不沈鳥於淵. 昔堯之治天下也, 舜爲司徒, 契爲司馬, 禹爲司空, 后稷爲田疇, 奚仲爲工師. 其導民也, 水處者漁, 林處者采, 谷處者牧, 陵處者田; 地宜事, 事宜其械, 械宜其材, 皐澤織網, 陵坂耕田. 如是則民得以所有易所無, 以所工易所拙. 是以離叛者寡, 所從者衆, 若風之過蕭, 忽然而感之, 各以淸濁應, 物莫不就其所利, 避其所害. 是以鄰國相望, 鷄狗之音相聞, 而足迹不接於諸侯之境, 車軌不結於千里之外, 皆安其居也. 故亂國若盛, 治國若虛, 亡國若不足, 存國若有餘. 虛者, 非無人也, 各守其職也; 盛者, 非多人也, 皆徼於末也; 有餘者, 非多財也, 欲節而事寡也; 不足者, 非無貨也, 民鮮而費多也. 故先王之法, 非所作也, 所因也; 其禁誅, 非所爲也, 所守也. 上德之道也.

노자가 말하였다.

도로 천하를 다스린다는 것은, 사람들의 천성을 바꾸고 변화시키는 일이 아니다. 단지 각 개인들이 이미 지니고 있는 선천적 바탕에 근거하여 그들의 재능을 보다 계발시켜 주는 일이다. 그러므로 백성들의 선천적 바탕에 근거하여 행하면 크게 이루어지고 인위적으로 행위하면 작게 이루어진다. 옛날에 물을 대는 사람은 물의 흐름에 근거하였고, 곡식을 기르는 사람은 토질의 마땅한 특성에 따랐으며, 정벌하는 사람은 백성들의 욕구에 근거하였다. 이처럼 사물의 본 바탕에 근거하여 행하면 천하에 대적할 자가 없다. 사물은 반드시 자연적 바탕 위에 인간의 행위가 더해져야 한다.21 그러므로 선왕이 법을 제정할 때는 백성의 본성에 근거하여 구체적 조문들을 만들었다. 본성에 근거하지 않으면 따르게 하거나 가르칠 수 없으며, 본성이 있더라도 바탕이 없으면 도를 따르게 할 수 없다.

인간의 본성에는 인의(仁義)의 바탕이 있으나, 성인이 백성들을 위해 법도를 만들지 않으면 백성들이 올바른 방향을 잡을 수 없다.22 따라서 백성들이 싫어하는 마음에 근거하여 간사함을 금지하기 때문에 형벌을 사용하지 않아도 그 위엄은 신묘하다. 백성들의 본성에 근거하면 천하가 잘 따르게 되나, 본성에 역행하면 아무리 법도를 제정해도 쓸 수가 없다. 도덕(道德)은 공과 명예를 세우는 근본이고 백성들이 마음속으로 사모하는 것이다.23 따라서 백성들

---

21. 황로학에서는 이처럼 자연(自然)을 바탕으로 인사(人事)가 행해지는 것을 '무위'로 규정한다.
22. 제도의 중요성을 말하고 있다. 인간이 선천적으로 바른 성품을 지니고 있다 할지라도 그 바른 성품을 길러주기 위해서는 거기에 합당한 제도가 뒷받침되어야 한다는 생각이다. 이처럼 황로학에서는 원시도가와 달리 단지 인간의 타고난 본성뿐만 아니라 사회적 제도의 중요성을 인식하였다.
23. 원시도가에서 '도덕'(道德)과 '공명'(功名)은 양립하기 힘든 항목들이었다. 그러나 황로학에서는 '도덕을 바탕으로 공명을 세운다'는 원칙을 제시하고 있다. 따라서 공과 명예는 더 이상 도와 덕의 완성을 위해서 멀리하고 지양해야 할 부정적 대상이 아니라, 그것들은 우리가 도덕에 바탕을 둔다면 적극적으로 추구해야 할 긍정적 대상으로 간주되게 되었다. 이렇게 하여 황로학에서는 유가나 법가에서나 추구되었던 공과 명예와 같은 현실적 가치들이 긍정적으로 수용될 계기를 마련하였다.

의 사모함을 받으면 자연히 공과 명예가 세워진다.

옛날에 임금 노릇 잘하는 자는 강과 바다를 본받았다. 강과 바다는 무위함으로써 그 거대함을 이루었고 자신을 낮춤으로써 그 광대함을 이루었다. 이 때문에 강과 바다는 영원히 지속될 수 있는 것이니, "천하의 계곡이 되면 그 덕이 곧 충만하다."24 강과 바다는 무위하기 때문에 뭇 냇물들을 취할 수 있고, 일부러 구하지 않기 때문에 얻을 수 있으며, 일부러 가지 않기 때문에 도달할 수 있다. 이 때문에 천하를 다 취하면서도 하는 일이 없다. 강과 바다는 스스로 귀하게 여기지 않기 때문에 부귀해지고, "스스로 드러내지 않기 때문에 밝게 드러나며, 스스로 자랑하지 않기 때문에 우두머리가 되고",25 무소유의 자리에 처하기 때문에 천하의 왕이 되며, "다투지 않기 때문에 아무도 그와 다툴 수 없고",26 "끝내 크게 되고자 하지 않기 때문에 오히려 그 광대함을 이룰 수 있다".27 이처럼 강과 바다는 도에 가깝기에 천지와 더불어 영원히 지속되고 보존될 수 있다.

왕(王)과 공(公)이 도를 닦으면 공이 이루어져도 소유하지 않는다. 공을 소유하지 않으면 강해지며, 강해져도 그 강함으로써 사람들에게 포악하게 굴지 않는다. 도가 깊어지면 덕이 깊어지고, 덕이

---

24. 『노자』 28장에 나오는 말이다. 단 왕필본에는 '항상된 덕'〔常德〕으로 되어 있으나 『문자』에는 '그 덕'〔其德〕으로 되어 있는 차이가 보인다.
25. 『노자』 24장에 나오는 말이다.
26. 『노자』 22장에 나오는 말이다.
27. 『노자』 34장 및 63장에 나오는 말과 유사하다. 즉 34장에는 "그것이 끝내 스스로 위대하다 여기지 않기 때문에 그 위대함을 이룰 수 있다"〔以其終不自爲大, 故能成其大〕라는 말이 있고, 63장에는 "이 때문에 성인은 끝내 큰 것을 행하지 않기 때문에 그 큰 것을 이룰 수 있다"〔是以聖人終不爲大, 故能成其大〕라는 말이 있다.

깊어지면 공명이 이루어진다. "이것을 현묘한 덕[玄德]이라고 한다. 깊도다! 멀도다! 그것은 사물과 더불어 근본으로 돌아간다."28

천하에는 시작이 있으나 아무도 그 이치를 알지 못하며, 오직 성인만이 그것을 알 수 있다. 그것은 수컷도 암컷도 아니며 영원히 존재하여 죽지 않는다. 천지도 그것에 의해 이루어지고 음양도 그것에 의해 형성되며 만물도 그것에 의해 생존한다. 그러므로 음이 있으면 양이 있고, 둥근 것이 있으면 네모난 것이 있으며, 짧은 것이 있으면 긴 것이 있고, 존재하는 것이 있으면 사라지는 것이 있다. 이들은 모두 도에 의해 이루어진다. 그러한 일들은 그윽하고 심오하여 특별히 일삼는 바가 없는 것 같으며, 마음에 있어서는 매우 은미하나 도에 있어서는 매우 타당하다. 죽음과 삶은 같은 이치이니 만물의 변화는 궁극적으로 도에 합치된다. 삶을 가볍게 여기고 죽음을 잊는다면 어디를 간들 장수하지 않을 것인가? 함부로 일삼는 것과 함부로 말하는 것을 버리고 삼가 무위할 뿐이다. 도를 잘 지켜 사물에 대해 그것의 이치를 따라서 행할 뿐 주재하지 않는다.

지극히 은미한 것은 형체가 없으니 천지의 시작이 되고, 만물은 모두 하나의 도로부터 근원하나 형체는 각기 달리한다. 지극히 은미한 것은 구체적인 사물로 존재하지 않기 때문에 만물을 두루 사랑할 수 있으며, 지극히 큰 것은 밖이 없기 때문에 만물을 다 덮을 수 있으며, 지극히 미세한 것은 안이 없기 때문에 만물 가운데 귀한 것이 될 수 있다. 도에 의해 생명을 보존하고 덕에 의해 형체를 편안

---

28. 『노자』 65장에서는 다음과 같이 말한다. "이것을 일러 현묘한 덕이라고 하네. 현묘한 덕은 깊도다 멀도다, 사물과 더불어 근본으로 돌아가네!" [是謂玄德, 玄德深矣遠矣, 與物反矣.]

히 한다. 지극한 도에 이르면 좋아하는 것도 싫어하는 것도 없고 지식도 기교도 없으며, 뜻은 편안하고 마음은 조화로워 도와 거스르는 일이 없다.

무릇 천지는 오롯하게 합치면 하나가 되고 나뉘어지면 음양이 되며, 돌아가 다시 합하면 상하가 하나로 조화된다. 천지는 오롯하게 합치면 하나가 되고 나뉘어지면 금·목·수·화·토의 오행이 되며, 돌아가 다시 합치면 반드시 곡자와 직각자에 들어맞는다. 무릇 도는 지극히 친근하여 소원하게 할 수도 없고, 지극히 가까워 멀리할 수도 없다. 따라서 멀리서 도를 구하려는 자는 멀리 나갔다가 결국 다시 돌아오게 된다.29

老子曰: 以道治天下, 非易人性也, 因其所有而條暢之. 故因卽大, 作卽小. 古之瀆水者, 因水之流也; 生稼者, 因地之宜也; 征伐者, 因民之欲也. 能因則無敵於天下矣. 物必有自然而後人事有治也. 故先王之制法, 因民之性而爲之節文. 無其性, 不可使順敎; 有其性, 無其資, 不可使遵道. 人之性有仁義之資, 其非聖人爲之法度, 不可使向方. 因其所惡以禁奸, 故刑罰不用, 威行如神. 因其性卽天下聽從, 拂其性卽法度張而不用. 道德者則功名之本也, 民之所懷也, 民懷之則功名立. 古之善爲君者法江海. 江海無爲以成其大, 窊下以成其廣, 故能長久, 爲天下溪谷, 其德乃足. 無爲故能取百川, 不求故能得, 不行故能至. 是以取天下而無事. 不自貴故富, 不自見故明, 不自矜故長. 處不有之地, 故爲天下王; 不爭, 故莫能與之

---

29. 이상의 내용은 『회남자』 「태족훈」 등에서 찾아 볼 수 있다.

爭; 終不爲大, 故能成其大. 江海近於道, 故能長久, 與天地相
保. 王公修道, 則功成不有. 不有卽强固, 强固而不以暴人. 道
深卽德深, 德深卽功名遂成. 此謂玄德, 深矣! 遠矣! 其與物
反矣. 天下有始, 莫知其理, 唯聖人能知所以. 非雄非雌, 非牝
非牡, 生而不死, 天地以成, 陰陽以形, 萬物以生. 故陰與陽,
有圓有方, 有短有長, 有存有亡, 道爲之命, 幽沉而無事, 於心
甚微, 於道甚當. 死生同理, 萬物變化, 合於一道, 簡生忘死,
何往不壽, 去事與言, 愼無爲也. 守道周密, 於物不宰. 至微無
形, 天地之始, 萬物同於道而殊形, 至微無物, 故能周恤. 至大
無外, 故爲萬物蓋; 至細無內, 故爲萬物貴. 道以存生, 德以安
形. 至道之度, 去好去惡, 無有知故, 易意和心, 無以道迕. 夫
天地專而爲一, 分而爲二, 反而合之, 上下不失. 專而爲一, 分
而爲五, 反而合之, 必中規矩. 夫道至親不可疏, 至近不可遠.
求之遠者, 往而復反.

노자가 말하였다.

황제〔帝〕는 이름은 있으나 아무도 그의 실정을 모른다.[30] 황제는

---

30. 이 말은 두 가지 의미로 이해할 수 있다. 첫째는 아래에서 인용되는『노
    자』의 "최고의 시대에는 백성들은 단지 군주가 존재하고 있다는 것만을
    안다"와 연결시키는 것이다. '제'〔帝〕는 인간 세상에 존재하는 통치자 중
    가장 높은 최고의 통치자를 말한다. 이러한 최고 통치자가 지향해야 할
    정치 형태는 바로 무위정치이며, 무위정치를 행하게 될 때 아래 백성들은
    단지 그의 존재만 알고 있을 뿐 그의 직접적인 통치 행위를 느끼지 않게
    된다는 것이다. 그만큼 통치자의 간섭이 적다는 의미가 된다. 둘째는 한
    비자의 법가적 통치술과 연결지어 이해할 수 있다. 한비자에 의하면 유능

덕을 숭상하고 왕은 의를 숭상하며 패자(覇者)는 사물의 이치에 통달한다. 성인의 도는 사물에 대해 소유하는 것이 없다. 도가 궁색해진 이후에 지식에 의존하고, 덕이 얇아진 이후에 형벌에 의존하며, 밝은 지혜가 얕아진 이후에 살핌에 의존한다. 지식에 의존하면 마음이 어지럽게 되고, 형벌에 의존하면 위아래가 서로 원망하게 되며, 살핌에 의존하면 아랫사람들은 듣기 좋은 말로 윗사람을 섬기게 되니 윗사람의 안목이 가려진다. 이 때문에 성인은 천지의 변화를 따라 행할 뿐이니, 그 덕은 곧 하늘을 덮고 땅을 실을 정도가 된다. 또한 성인은 백성들을 때에 맞추어 잘 지도하기에 백성들의 삶이 풍족해지며, 백성들의 삶이 풍족해지면 잘 다스려진다. 비록 신묘한 성인이 있다 할지라도 무엇으로 이것을 대신할 수 있겠는가? 이리저리 재단하는 마음을 없애고 형벌을 가볍게 하여 맑고 깨끗한 마음을 회복하면 사물은 저절로 바르게 될 것이다.

도가 만물의 우두머리가 되는 것은 마치 시동(尸童)31과 같다. 즉 도는 시동처럼 단지 엄숙하고 그윽이 침묵하고 있을 뿐이며, 그러면 천하 만물은 그의 복을 받게 된다. 그 복은 한 사람이 받으면 부족하나 만 사람이 받으면 오히려 남는다. 그러므로 정도 이상으

한 통치자는 자신의 태도를 신중히 하여 그의 의중을 신하들이 쉽게 알아차리지 못하게 한다. 만약 신하들이 군주의 생각을 읽을 수 있게 되면, 아랫사람들이 단지 군주의 뜻에 영합하는 행위를 하게 되어 바른 정치가 이루어질 수 없다고 보기 때문이다. 때문에 법가적 통치술에서는 '허정'(虛靜)이 중시되며, 군주가 허정을 굳게 지키면 세상 사람들은 단지 통치자의 이름이나 알 뿐 아무도 그의 실정을 알지 못하게 된다.

31. 고대에 제사를 지낼 때는 신위(神位) 대신 어린아이를 제사상 앞에 앉혔는데, 이 어린아이를 '시동'이라고 부른다. 이때 시동은 단지 엄숙한 모습으로 앉아 있기만 하는데, 이렇게 함으로써 제사를 주관하는 역할을 한다.

로 은혜를 베풀거나 지나치게 포악하게 구는 행위는 도를 거스르는 일이다. 은혜를 베풀 때 공이 없는데도 후하게 상을 주고 수고가 없는데도 높은 작위를 준다면, 직분에 충실하던 사람은 일에 나태해지고 한가로이 노는 자가 오히려 빨리 승진하게 될 것이다. 무릇 포악한 자가 함부로 살상하여 무고한 사람을 죽이고 바른 도를 행하는 사람이 오히려 형벌을 받는다면, 자기 수양에 힘쓰는 사람은 착한 일을 권하지 않을 것이고 사악한 행위를 하는 자는 쉽게 윗사람을 범하게 될 것이다. 그러므로 지나치게 은혜를 베풀면 간사함이 생겨나고, 지나치게 포악하면 난리가 발생한다. 간사함과 난리가 횡행하는 것은 나라가 망할 조짐이다.

그러므로 나라에 죽임을 당하는 자가 있어도 그것은 군주의 노여움 때문에 죽는 것이 아니어야 하고, 조정에 상 받는 자가 있어도 그 상은 군주가 특별히 사랑하여 베푸는 것이 아니어야 한다. 이렇게 되면 죽임을 당하는 사람도 군주를 원망하지 않게 될 것이니, 그것은 죄에 대한 정당한 대가이기 때문이다. 또한 상 받는 사람도 윗사람을 고맙게 여기지 않을 것이니, 그것은 자신의 공에 대한 당연한 대가로 생각하기 때문이다. 그 결과 백성들이 받는 상과 벌은 모두 백성들 스스로에 의해 생겨나는 것이 된다. 그러므로 백성은 모두 자신들의 일에 몰두할 뿐 타인으로부터의 은혜를 기대하지 않게 된다. 이 때문에 조정에는 잡초가 무성할 정도로 인적이 없으나 논밭은 잘 정리되어 잡초가 없게 된다.[32] 그러므로 '최고의 시대에는

---

32. 조정에 잡초가 무성하다는 것은, 통치자에게 잘 보이려고 궁궐을 자주 드나드는 사람들이 없다는 것을 의미한다. 이것은 『노자』 53장에서 언급되는 "조정은 매우 잘 정돈되어 있으나 밭에는 풀이 무성하다"[朝甚除, 田甚蕪]와 상반되는 상황이다.

백성들은 단지 군주가 존재하고 있다는 것만을 알뿐이다.'[33]

왕도 정치를 펴는 군주는, 무위를 행하고 말없는 가르침을 베풀며 맑고 고요함을 유지하여 함부로 움직이지 않는다. 또한 제도를 통일하여 자주 변경하지 않고, 아랫사람의 능력에 따라 일을 맡기며, 일이 이루어지도록 감독만 할 뿐 몸소 수고하지 않는다. 그 결과 도모하는 일에는 실수가 없고 실행하는 일에는 어긋나는 것이 없으며, 말에는 화려한 수식이 없고 행위에는 꾸밈이 없으며, 나아가고 물러나는 것은 때에 들어맞고 움직이고 멈추는 것은 이치에 합당하며, 아름다운 사람과 추한 사람에 대해서는 개인적인 감정으로 좋아하거나 싫어하지 않으며, 상벌을 시행할 때에도 좋고 싫어하는 사사로운 감정으로 행하지 않는다. 따라서 명칭〔名〕은 사물의 본성에 따라서 스스로 정해지고, 사물에 대한 분류〔類〕는 사물 각자의 특성에 따라서 이루어지며, 일〔事〕은 스스로 그러한 자연의 이치에 말미암을 뿐이다. 그 결과 아무것도 개인적 주관으로부터 나오지 않는다. 때문에 잡고자 하면 놓치게 되고, 꾸미고자 하면 해치게 된다.

하늘의 기운은 혼(魂)이 되고, 땅의 기운은 백(魄)이 된다. 이들을 현묘한 데로 되돌려 각자의 자리를 굳게 지켜 잃지 않게 하면 위로 태일(太一)[34]과 통하게 되니, 태일의 정기는 천(天)에 통하고 합치된다. 하늘의 도는 소리도 없고 형상도 없다. 그것은 너무나 커

33.『노자』17장에 나오는 말이다. 무위정치는 통치자가 가능한 백성들에게 간섭하지 않는 정치를 말한다. 따라서 백성들은 단지 자신들의 직분에만 충실할 뿐 누가 왕인지 대통령인지 의식하지 않게 된다. 이처럼 아래 백성들이 위의 통치자들을 인식하지 않게 되는 정치가 바로 도가에서 꿈꾸는 최고의 이상 정치이다.
34. 천지 만물을 형성한 원기(元氣)를 의미하기도 하고, 또는 도를 지칭하기도 한다.

서 끝이 없고 너무나 깊어서 헤아릴 수 없으며, 항상 사람과 더불어 변화하나 지혜로도 파악할 수 없고, 둥글둥글하여 실마리를 찾을 수 없으나 사물을 화육(化育)시키는 것은 매우 신묘하며, 자신을 텅 비우고 자연의 이치를 따르기에 항상 뒤설 뿐 앞서지 않는다. 이러한 하늘의 도를 본받아 군주가 정치를 행하여 마음을 비우고 주관을 약화시키면 정치가 밝게 이루어질 것이다. 그러면 뭇 신하들이 앞 다투어 몰려 나와 우둔한 사람이나 능력 있는 사람이나 할 것 없이 모두들 자기 능력을 다하게 될 것이다. 이렇게 하여 군주는 신하들을 제어하는 방법을 얻고 신하는 군주를 섬길 방법을 얻으면, 통치의 도가 밝혀질 것이다.[35]

老子曰: 帝者有名, 莫知其情. 帝者貴其德, 王者尙其義, 霸者通於理. 聖人之道, 於物無有. 道狹然後任智, 德薄然後任刑, 明淺然後任察. 任智者中心亂, 任刑者上下怨, 任察者下求善以事上卽弊. 是以聖人因天地之變化, 其德乃天覆而地載, 道之以時, 其養乃厚, 厚養卽治, 雖有神聖, 夫何以易之. 去心智, 省刑罰, 反淸靜, 物將自正. 道之爲君如尸, 儼然玄默, 而天下受其福. 一人被之褒, 萬人被之不褊. 是故重爲慧, 重爲暴, 卽道迂矣. 爲惠者布施也, 無功而厚賞, 無勞而高爵, 卽守職者懈於官, 而游居者亟於進矣. 夫暴者妄誅, 無罪而死亡, 行道者而被刑, 卽修身者不勸善, 而爲邪行者輕犯上矣. 故爲惠者卽生奸, 爲暴者卽生亂. 姦亂之俗, 亡國之風也. 故國有誅者而主無怒也, 朝有賞者而君無與也. 誅者不怨君, 罪

---

35. 이상의 내용은 『회남자』 「주술훈」에서 찾아 볼 수 있다.

之當也; 賞者不德上, 功之致也. 民之誅賞之來, 皆生於身, 故務功修業, 不受賜於人, 是以朝廷蕪而無迹, 田墅(野)辟而無穢, 故太上, 下知而有之. 王道者, 處無爲之事, 行不言之教, 清靜而不動, 一度而不搖, 因循任下, 責成而不勞, 謀無失策, 擧無過事, 言無文章, 行無儀表, 進退應時, 動靜循理, 美醜不好憎, 賞罰不喜怒. 名各自命, 類各自以, 事由自然, 莫出於己. 若欲狹之, 乃是離之; 若欲飾之, 乃是賊之. 天氣爲魂, 地氣爲魄, 反之玄妙, 各處其宅, 守之勿失, 上通太一, 太一之精, 通合於天. 天道嘿嘿, 無容無則, 大不可極, 深不可測, 常與人化, 智不能得, 輪轉無端, 化逐如神, 虛無因循, 常後而不先. 其聽治也, 虛心弱志, 清明不暗. 是故群臣輻輳并進, 無愚智賢不肖, 莫不盡其能. 君得所以制臣, 臣得所以事君, 卽治國之所以明矣.

노자가 말하였다.

아는 것이 많으면서도 남에게 묻기를 좋아하는 사람은 성인이고, 용감하면서도 남에게 묻기를 좋아하는 사람은 승리자이다. 여러 사람의 지혜를 쓰는 사람은 감당하지 못하는 일이 없고, 여러 사람의 힘을 쓰는 사람은 이기지 못하는 것이 없다. 여러 사람의 힘을 쓰는 사람에게는 오획(烏獲)36과 같은 장사도 당해내지 못하며, 여러 사

---

36. 진(秦)나라 무왕(武王) 때의 장사이다. 무왕이 그의 힘을 시험하기 위해 거대한 솥을 들게 하였는데, 팔이 퉁겨져 나올 때까지 힘썼으나 결국 들지 못하였다. 『맹자』「고자」(告子)에도 그에 관한 언급이 나온다.

람들의 세를 타고 있는 사람은 천하도 손쉽게 다룰 수 있다. 권력이 없으면 세력이 형성될 수 없다. 권력이 없으면서도 사물의 이치를 따르지 않는다면 비록 신묘한 성인이라 할지라도 공을 이룰 수 없다. 그러므로 성인이 일을 할 때는 항상 사물의 객관적 바탕에 근거한다. 따라서 사람에게 어떤 공이 있으면 그 공에 합당한 지위에 앉히고, 어떤 능력이 있으면 그 능력에 적당한 일에 종사하게 한다. 개인의 힘이 그가 맡은 일을 감당할 수 있으면 그 일을 수행하는 것이 힘들지 않으며, 개인의 능력이 그 일을 충분히 해낼 수 있으면 그 일을 수행하는 것이 어렵지 않다. 이처럼 성인은 버리는 것 없이 두루 아울러 쓴다. 그러므로 "사람 가운데는 버릴 사람이 없고 사물 가운데는 버릴 물건이 없다."[37]

老子曰: 知而好問者聖, 勇而好問者勝. 乘衆人之智者卽無不任人, 用衆人之力者卽無不勝也. 用衆人之力者, 烏獲不足恃也; 乘衆人之勢者, 天下不足用也. 無權不可爲之勢, 而不循道理之數, 雖神聖人不能以成功. 故聖人擧事, 未嘗不因其資而用之也. 有一功者處一位, 有一能者服一事. 力勝其任, 卽擧者不重也; 能勝其事, 卽爲者不難也. 聖人兼而用之, 故人無棄人, 物無棄材.

---

37. 『노자』 27장에 다음과 같은 말이 있다. "성인은 항상 사람을 잘 부릴 줄 알기에 버리는 사람이 없으며, 항상 사물을 잘 쓸 줄 알기에 버리는 물건이 없다."〔聖人常善求人, 故無棄人, 常善救物, 故無棄物.〕
이상의 내용은 『회남자』 「주술훈」에서 찾아 볼 수 있다.

노자가 말하였다.

이른바 무위란, 끌어당겨도 오지 않고 밀어내어도 가지 않으며 일이 급박해도 반응하지 않고 감응이 있어도 움직이지 않으며 굳게 응체되어 흐르지 않고 똘똘 뭉쳐져 펴지지 않는 것을 말하지 않는다.[38] 무위란, 개인의 사사로운 생각이 공적인 일에 끼여들지 않고, 개인적인 욕망으로 인해 바른 도리가 왜곡되지 않으며, 이치에 따라 일을 행하고, 객관적 바탕에 근거하여 공을 세우며, 자연스러운 형세를 밀고 나아가고, 기교가 허용되지 않으며, 일이 이루어져도 스스로 자랑하지 않고, 공이 이루어져도 명예를 소유하지 않는 것을 말한다. 가령 물에서 배를 사용하고 사막에서 가죽신을 신으며 진흙탕에서 썰매를 이용하고 산에서 등산화를 사용하며 여름에 도랑을 파고 겨울에 비탈을 만들며 높은 곳에 근거하여 산을 쌓고 낮은 곳에 근거하여 못을 파는 것, 이것들은 내가 말하는 인위가 아니다.[39] 성인은 자기 몸이 비천한 것을 부끄러워하지 않고 도가 실행되지 않는 것을 싫어하며, 자신의 명이 짧은 것을 걱정하지 않고 백성이 가난한 것을 근심한다. 그러므로 성인은 항상 자신을 비우고 무위하며 소박함을 유지하여 외물에 휩쓸리지 않는다.[40]

　　老子曰: 所謂無爲者, 非謂其引之不來, 推之不去, 迫而不

---

38. '무위'에 대한 일반인들의 오해를 해소하려는 의도에서 발언한 부분이다. 사람들은 '무위'하면 그저 팔짱이나 끼고 아무것도 하지 않는 소극적 태도로 이해하기 쉬운 데, 실상은 그것이 아니라는 것이다. 아래에서 '무위'에 대한 구체적 정의를 내리고 있으며, 또한 그러한 '무위'의 구체적 사례들도 제시하고 있다.
39. 결국 이러한 사례들은 모두 '무위'로 규정될 수 있다는 주장이다.
40. 이상의 내용은 『회남자』 「수무훈」에서 찾아 볼 수 있다.

應, 感而不動, 堅滯而不流, 捲握而不散, 謂其私志不入公道,
嗜欲不挂正術, 循理而擧事, 因資而立功, 推自然之勢, 曲故
不得容, 事成而身不伐, 功立而名不有. 若夫水用舟, 沙用㼝,
泥用輴, 山用樏, 夏瀆冬陂, 因高爲山, 固下爲池, 非吾所〔謂〕
爲也. 聖人不恥身之賤, 惡道之不行也, 不憂命之短, 憂百姓
之窮也. 故常虛而無爲, 抱素見樸, 不與物雜.

노자가 말하였다.

옛날에 제왕을 세운 것은 제왕의 욕망을 봉양하기 위해서가 아니
었으며, 성인이 제위에 오르는 것은 성인 자신의 안락함을 위해서
가 아니었다. 천하 백성들 중 강한 자가 약한 자를 능멸하고 다수가
소수를 못살게 굴며 사기꾼이 우둔한 자를 속이고 힘센 자가 나약한
자를 침범하기 때문에, 또한 지식을 품고서도 서로 가르치지 않고
재물을 쌓고서도 서로 나누지 않기 때문에, 천자를 세움으로써 이
들의 불평등한 상황을 바르게 하였던 것이다. 그러나 한 사람의 밝
은 지혜로는 천하를 고르게 비출 수 없었기에 삼공(三公)과 구경
(九卿)의 관리들을 세워 천자를 보좌하게 하였다. 또한 멀리 떨어
져 있는 나라와 풍속이 다른 지역을 위해 제후를 세워 그들을 가르
치게 하였다. 이 때문에 천지 자연과 사계절의 운행이 순조로웠고,
관리들은 은밀하게 감추는 일이 없었다. 그리고 나라에는 따로 남
겨지는 이윤이 없었으니, 추운 자를 입히고 주린 자를 먹이며 노약
자를 기르고 수고로운 자를 휴식케 하기 위해 이윤이 모두 사용되었
기 때문이다.

신농(神農)은 백성들에게 농사법을 가르치느라 용모가 초췌해졌고, 요(堯)임금은 국정에 힘쓰느라 몸이 수척해졌으며, 순(舜)임금은 천하를 두루 살피느라 얼굴이 거무티티해졌고, 우(禹)임금은 홍수를 다스리느라 손발에 목이 박혔으며, 이윤(伊尹)은 솥을 메고 다니면서 탕(湯)임금에게 쓰여지길 구하였고,41 여상(呂尙)은 칼을 두드려 노래를 부름으로써 주나라 조정에 들어갔으며,42 백리해(百里奚)는 양 다섯 마리에 팔렸고,43 관중(管仲)은 죄수의 신분에서 등용되었으며,44 공자(孔子)는 그의 집 굴뚝에 그을음이 낄 사이 없이 천하를 주유하였고, 묵자(墨子)는 앉은자리가 데워질 사이 없이 천하를 위해 돌아다녔다. 그들이 그렇게 수고한 것은 재물을 탐하거나 지위를 원해서가 아니었다. 그것은 천하 사람들의 이익을 도모하고 만 백성의 재해를 제거하기 위해서였다. 천자로부터 일반 백성들에게 이르기까지 팔다리를 움직이지 않고서 또한 정신을 수고롭게 하지 않고서 넉넉하기를 바랬다는 것은 일찍이 들어본 적이 없다.45

---

41. 이윤은 음식의 맛을 잘 맞춤으로써 탕임금에게 등용될 수 있었다고 한다.
42. 여상은 본래 푸주간의 칼잡이였다.
43. 백리해는 춘추시대 진목공(秦穆公)의 어진 재상이다. 그는 본래 우(虞)나라의 대부였는데, 진나라에 의해 우가 멸망하자 포로가 되어 진목공 부인의 시종이 되었다. 백리해는 이것을 부끄럽게 여겨 달아났으나 초나라 사람들에게 잡혔다. 진목공은 그가 현명하다는 소문을 듣고 양가죽 다섯 장으로 그의 몸을 사서 풀어주었으며, 나중에 그에게 국정을 맡겼다.
44. 관중은 춘추시대 제(齊)나라 환공(桓公)의 재상이다. 그는 처음에는 제나라의 공자 규(糾)를 섬겼으나 세력 다툼에서 패하여 노나라로 달아났다가 사로잡혀 제환공에게 보내졌다. 환공은 그의 유능함을 인정하여 국정을 맡겼으며, 이후 관중은 제환공을 도와 천하를 제패하였다.
45. 이상의 내용은 『회남자』「수무훈」에서 찾아 볼 수 있다.

老子曰: 古之立帝王者, 非以奉養其欲也, ;聖人踐位者, 非
以逸樂其身也. 爲天下之民强陵弱, 衆暴寡, 詐者欺愚, 勇者
侵怯, 又爲其懷智詐不以相敎, 積財不以相分, 故立天子以齊
一之. 爲一人之明, 不能遍照海內, 故立三公九卿以輔翼之;
爲絶國殊俗, 不得彼澤, 故立諸侯以敎誨之. 是以天地四時無
不應也, 官無隱事, 國無遺利, 所以衣寒食飢, 養老弱, 息勞
倦, 無不以也. 神農形悴, 堯瘦癯, 舜黧黑, 禹胼胝, 伊尹負鼎
而干湯, 呂望鼓刀而入周, 百里奚傳賣, 管仲束縛, 孔子無黔
突, 墨子無煖席. 非以貪祿慕位, 將欲事起天下之利, 除萬民
之害也. 自天子至於庶人, 四體不勤, 思慮不困, 於事求贍者,
未之聞也.

노자가 말하였다.

이른바 천자란 천도(天道)를 지니고서 천하에 서는 사람이다. 천
자는 천하의 바른 도를 세우고, 하나[道]를 잡음으로써 자신을 보
존하며, 본원의 무위로 돌아가고, 자신을 텅 비움으로써 소유하는
것이 없다. 그리하여 천자는 그 모습이 황홀하여 한계가 없고, 아득
히 멀어 경계가 없으며, 보아도 형체가 없고 들어도 소리가 없다.
이것이 큰 도를 체득한 사람의 모습이다.

老子曰: 所謂天子者, 有天道以立天下也. 立天下之道, 執
一以爲保, 反本無爲, 虛靜無有. 忽恍無際, 遠無所止, 視之無
形, 聽之無聲. 是謂大道之經.

노자가 말하였다.

무릇 도는, 원을 따르면서 네모를 본받고, 음을 짊어지면서 양을 안으며, 왼쪽은 부드럽고 오른쪽은 강하며, 어둠을 밟고 있으면서 밝음을 이고 있다. 이처럼 도는 변화 무상하니 하나의 근원을 얻음으로써 온갖 것에 반응한다. 그러므로 신명(神明)스럽다고 한다. 하늘은 둥글고 둥글어 시작과 끝의 실마리가 없으니 그것의 형상을 찾아볼 수 없다. 땅은 네모지되 그 한계가 없으니 아무도 그것의 출입구를 엿볼 수 없다. 하늘은 만물을 변화 성장시키나 형상이 없고, 땅은 만물을 생장시키나 그 도수(度數)를 헤아릴 수 없다. 무릇 사물은 이길 수 있으나 오직 도만은 이길 수 없다. 도를 이길 수 없는 이유는 도에는 고정된 형세가 없기 때문이다. 도는 무궁하게 돌고 도니 마치 해와 달의 운행과 같다. 그것은 마치 봄 여름 가을 겨울의 사계절이 번갈아 변화하는 것과 같고 해와 달이 갈마들어 밤과 낮이 번갈아 나타나는 것과 같다. 즉 그것은 끝나면 다시 시작하고 밝으면 다시 어두워진다. 형체를 만들어내는 것은 형체가 없으며, 이 때문에 오히려 공을 이룰 수 있다.[46] 사물을 사물 되게 하는 것은 사물이 아니니, 이 때문에 그것을 이겨도 굴복시킬 수 없다.

조정에 앉아 전략을 세우는 자는 황제이고, 신묘한 교화를 행하는 자는 왕이다. 조정에서 전략을 세우는 자는 천도를 본받고, 신묘

---

46. '형체를 만들어 내는 것'은 곧 도를 의미한다. 현상적으로 존재하는 모든 형체는 그 존재의 근거를 도에 두고 있다. 그러나 도 자체는 아무런 형체가 없다. 만약 도가 어떤 구체적 형체로 존재한다면 그것은 이미 그 형체로 고착됨으로써 더 이상 다른 형체를 만들어 낼 수 없다. 이처럼 도는 구체적 형체로 존재하지 않으나, 오히려 그렇기 때문에 뭇 형체들을 만들어 낼 수 있다. 다음에 말하는 '사물을 사물 되게 하는 것' 또한 마찬가지다.

한 교화를 행하는 자는 사계절의 변화 이치에 밝다. 궁궐 내에서 바른 정치를 행하면 멀리 변방에 있는 사람들까지 그의 덕을 사모하고 아직 전쟁이 일어나기도 전에 적을 제압하게 되니, 제후들이 자발적으로 복종하여 귀의하게 된다. 옛날에 도를 얻은 자는, 고요히 머물 때는 천지를 본받고 움직일 때는 해와 달의 이치를 따랐다. 그리하여 기뻐하고 노여워하는 것은 사계절에 합치되고, 호령은 우레보다 빠르며, 목소리는 팔풍(八風)47과 어긋나지 않았고, 굽히고 펴는 행위는 다섯 가지 법도를 위반하지 않았다. 또한 그는 백성의 욕구에 따르고 백성의 힘에 근거하여 백성을 위해 잔악한 것을 제거하고 해를 없앴다. 무릇 이익을 같이 하는 사람들끼리는 서로를 위해 죽을 수 있고, 정을 같이하는 사람들은 상호 이루어주며, 행동을 같이 하는 사람들은 서로 돕는다. 그러나 자신의 욕망만을 따른다면 천하가 서로 다투게 된다. 그러므로 용병을 잘하는 사람은 자발적으로 쓰여지길 원하는 자들48을 쓰고, 용병을 잘 하지 못하는 사람은 자기 자신만을 위하는 자들을 쓴다. 자발적으로 쓰여지길 원하는 자들을 쓰면 천하에 쓸 수 없는 사람이 없으나, 자기 자신만을 위하는 자들을 쓰면 한 사람도 쓸 수 없다.49

老子曰: 夫道者, 體圓而法方, 背陰而抱陽, 左柔而右剛, 履幽而載明, 變化無常, 得之一原, 以應無方, 是謂神明. 天圓而無端, 故不得觀其形; 地方而無涯, 故莫窺其門. 天化遂無形

---

47. 여덟 방향에서 불어오는 바람을 말한다.
48. 백성들의 욕구에 따르는 전쟁이라면 모두들 자발적으로 쓰이고자 할 것이다.
49. 이상의 내용은 『회남자』「병략훈」(兵略訓)에서 찾아 볼 수 있다.

狀, 地生長無計量. 夫物有勝, 唯道無勝. 所以無勝者, 以其無
常形勢也. 輪轉無窮, 象日月之運行, 若春秋之代謝, 日月之
晝夜, 終而復始, 明而復晦. 制形而無形, 故功可成; 物物而不
物, 故勝而不屈. 廟戰者帝, 神化者王. 廟戰者法天道, 神化者
明四時. 修正於境內, 而遠方懷德; 制勝於未戰, 而諸侯賓服
也. 古之得道者, 靜而法天地, 動而順日月, 喜怒合四時. 號令
比雷霆, 音氣不戾八風, 詘伸不獲五度. 因民之欲, 乘民之力,
爲之去殘除害. 夫同利者相死, 同情者相成, 同行者相助. 循
己而動, 天下爲鬪. 故善用兵者, 用其自爲用; 不能用兵者, 用
其爲己用. 用其自爲用, 天下莫不可用, 用其爲己用, 無一人
之可用也.

9. 낮은 덕[下德]

노자가 말하였다.

몸을 다스리는 최상은 정신을 기르는 것[養神]이고, 그 다음은 형체를 기르는 것[養形]이다. 정신이 맑고 뜻이 평안하면 온갖 뼈 마디가 모두 편안하게 되는 것이니, 이것이 양생의 근본이다. 그러나 피부를 윤택하게 하고 배와 창자를 채우며 욕망을 충족시키는 것은 양생의 말단이다.1 나라를 다스리는 상책은 '교화를 증진시키는 것'이고, 그 다음이 '법을 바르게 하는 것'이다. 백성들이 서로 사양하고 낮은 곳에 처하기를 다투며, 재물과 이익을 적게 받고자 다투고, 힘을 다해 수고로운 자리로 앞다투어 나아가고자 하며, 날로 변화하여 선하게 되나 그렇게 되는 까닭을 알지 못하는 것, 이것이 다스림의 근본이다. 그러나 단지 상을 좋아하여 선을 행하고 형벌을 두려워하여 감히 나쁜 짓을 못하며, 위에서 법령이 바르게 서야만 백성이 그 아래에 복종하는 것, 이것은 다스림의 말단이다. 옛날에

---

1. 육신을 기르는 것보다 정신을 기르는 것을 우위에 두고 있다. 따라서 정신을 기르는 것은 근본이 되고, 육신을 기르는 것은 말단이 된다. 이같은 양생관은 다시 나라를 다스리는 문제에도 그대로 적용된다.

는 근본을 숭상하였으나 말세에는 말단을 일삼는다.[2]

老子曰: 治身, 太上養神, 其次養形. 神淸意平, 百節皆寧,
養生之本也; 肥肌膚, 充腹腸, 供嗜欲, 養生之末也. 治國, 太
上養化, 其次正法. 民交讓爭處卑, 財利爭受少, 事力爭就勞,
日化上而遷善, 不知其所以然, 治之本也. 利賞而勸善, 畏刑
而不敢爲非, 法令正于上, 百姓服于下, 治之末也. 上世擧本,
而下世事末.

노자가 말하였다.

나라를 잘 다스리고자 하는 선한 군주는 한 세대에 한 사람 나오
기 힘들고, 함께 나라를 다스릴 만한 훌륭한 신하는 만 명 중에 한
사람 있을까 말까 한다. 한 세대에 하나 나오기 힘든 군주로써 만
명 중에 한 사람 있을까 말까 한 신하를 구하는 것, 이것이 태평성
세가 천 년에 한 번 있기 힘든 이유이다. 대개 패왕(霸王)의 공은
대대로 세워지기 힘들다. 그러나 백성의 선한 뜻을 쫓아 그것을 길
러주고 사악한 마음을 미연에 방지하면서 백성과 한 마음이 된다면,
백성들은 선해지고 풍속은 아름다워질 수 있다. 성인을 귀하게 여
기는 것은, 그가 죄를 쫓아 형벌을 가하기 때문이 아니라 어지러움

---

2. 몸을 다스리고 나라를 다스리는 데 있어서의 본말 문제에 관해 기술하고
   있다. 『문자』 전편을 통해 본말 문제가 지속적으로 제기되고 있는데, 이
   본말 문제는 이후 『회남자』와 『노자지귀』(老子指歸)를 거쳐 왕필의 '숭본
   식말론'(崇本息末論)으로 발전해 간다.
   이상의 내용은 『회남자』 「태족훈」에서 찾아 볼 수 있다.

이 생겨나는 원인을 미리 알고 대처하기 때문이다. 만약 방자하게 될 단서와 음탕하게 될 실마리를 열어 놓고서 그 방자하고 음탕한 행위를 좇아 법으로 다스리고 형벌로 추궁한다면, 비록 천하 사람들을 모두 벌주고 죽인다 해도 백성들의 간악한 행위를 멈추게 하지 못할 것이다.3

老子曰: 欲治之主不世出, 可與治之臣不萬一. 以不世出求不萬一, 此至治所以千歲不一也. 蓋覇王之功不世立也, 順其善意, 防其邪心, 與民同出一道, 則民可善, 風俗可美. 所貴聖人者, 非貴其隨罪而作刑也, 貴其知亂之所生也. 若開其銳端, 而縱之放僻淫佚, 而棄之以法, 隨之以刑, 雖殘賊天下不能禁其奸矣.

노자가 말하였다.

몸은 강과 바닷가에 있으면서도 마음은 대궐 아래에 가 있다면, 우선 생명을 중시하라. 생명을 중시하면 이익을 경시하게 될 것이다. 그러나 이익을 향하는 마음을 도저히 억제할 수 없다면 그러한

---

3. 이 단락에서는 우선 훌륭한 위정자 혹은 현명한 관리가 나오기를 기다려 천하가 태평성세에 이르기를 바란다는 것은 어렵다는 점을 제시하고 있다. 그리고 백성들이 악에 빠진 이후에 사후 수습에 힘쓰기 보다는 악으로 빠지기 이전에 예방 정책을 펴는 것이 중요하다는 점을 역설하고 있다. 이러한 주장은 『맹자』「양혜왕」(梁惠王)에 제시되는, "죄에 빠진 이후에 쫓아가 형벌을 주는 것은 백성들을 그물질하는 것이다"〔及陷於罪, 然後從而刑之, 是罔民也〕라는 말과 같은 맥락에 속한다.
이상의 내용은 『회남자』「태족훈」에서 찾아 볼 수 있다.

마음을 따르라. 그렇게 하면 정신 건강을 해치지 않을 것이다. 스스로 억제할 수 없는데도 억지로 따르지 않는 것, 이것을 "거듭 상하게 한다"고 말한다. 거듭 상한 사람은 오래 살 수 없다.4 그러므로 말한다. '조화를 아는 것을 늘 그러함이라고 하고, 늘 그러함을 아는 것을 지혜롭다고 한다. 억지로 생명을 더하는 것을 상서롭지 않다고 하며, 마음이 본능적 욕구를 부리는 것을 억지부린다고 한다.'5 이것을 현동(玄同)이라고 한다.6 '지혜의 빛을 사용하여 본연의 밝은 지혜로 복귀하라!'7

---

4. 이상의 내용은 『장자』 「양왕」(讓王)에서 취해 왔다. 「양왕」에는 다음과 같은 이야기가 실려 있다.
   중산공자모(中山公子牟)가 첨자(瞻子)에게 말했다.
   "몸은 강과 바닷가에 있는데 마음은 대궐에 가 있으니 어떻게 해야 합니까?"
   첨자가 말하였다.
   "생명을 중시하라. 생명을 중시하면 이익을 가볍게 여기게 될 것이다."
   중산공자모가 말했다.
   "비록 그것을 알지만 아직 제 마음을 억제할 수 없습니다."
   첨자가 말하였다.
   "스스로 억제할 수 없으면 그 마음을 쫓아라. 그러면 정신에 괴로움이 없을 것이다. 스스로 억제할 수 없으면서 강제로 따르는 것, 이것을 거듭 상하게 한다고 말한다. 거듭 상한 사람은 오래 살 수 없다."
   〔中山公子牟謂瞻子曰: 身在江海之上, 心居乎魏闕之下, 奈何? 瞻子曰: 重生. 重生則輕利. 中山公子牟曰: 雖知之, 未能自勝也. 瞻子曰: 不能自勝則從之, 神无惡乎. 不能自勝而强不從者, 此之謂重傷. 重傷之人, 无壽類矣.〕
5. 『노자』 55장에서 인용하고 있다.
6. '현동'은 『노자』 56장의 "그 드러나는 빛을 감추고 세속과 하나가 된다. 이것을 현동이라고 한다"〔和其光, 同其塵, 是謂玄同〕라는 구절에서 나오는 말이다. 『노자』에서 '현동'의 의미는 '가물하게 도와 하나가 된다'는 의미다. 그러나 『문자』의 이 문장에서 쓰인 '현동'은 앞뒤 맥락과 잘 연결되지 않는다.
7. 『노자』 52장에 다음과 같은 말이 나온다. "그 빛을 이용하여 그 밝음으로 복귀하면 몸에 재앙이 없을 것이다. 이것을 일러 늘 그러한 도를 익힌다

老子曰: 身處江海之上, 心在魏闕之下, 卽重生. 重生卽輕
利矣. 猶不能自勝, 卽從之, 神無所害也. 不能自勝, 而强不
從, 是謂重傷. 重傷之人, 無壽類矣. 故曰, 知和曰常, 知常曰
明, 益生曰祥, 心使氣曰强, 是謂玄同. 用其光, 復歸其明.

노자가 말하였다.

천하에 선(善)을 행하는 것보다 더 쉬운 것은 없고, 불선(不善)
을 행하는 것보다 더 어려운 것은 없다. 이른바 선을 행하는 것이
쉽다는 것은,8 고요히 무위하면서 자신이 필요한 만큼만 취하여 나
머지는 사양하면 유혹되는 바가 없고, 자기 본성을 쫓아 참된 본성
을 보존하면 자신에게 아무런 변화가 일어나지 않기 때문이다. 그
러므로 선을 행하는 것이 쉽다고 하는 것이다.9 이른바 불선을 행하
는 것이 어렵다는 것은, 남의 자리를 빼앗고 윗사람을 시해하며 교
만하고 음탕한 짓을 행하는 것은 사람의 선천적 본성이 아니기 때문
이다. 그러므로 불선을 행하는 것은 어렵다고 하는 것이다. 지금 큰
근심이라고 생각되는 것은 만족할 줄 모르는 욕심으로부터 생겨난

고 한다."〔用其光, 復歸其明, 無遺身殃. 是爲習常.〕『문자』의 이 말은『노
자』의 이 구절에서 취해 온 것으로 보인다.
　　이상의 내용은『회남자』「도응훈」에서 찾아 볼 수 있다.
　8. 원문은 "所謂爲善者"로 되어 있는데, 이렇게 되면 다음에 나오는 "所謂爲
不善難者"와 문맥이 잘 통하지 않는다. 앞 뒤 내용으로 볼 때 '善' 다음에
'易'자가 첨가되는 것이 합당하다. 따라서『통현진경찬의』에 근거하여 "所
謂爲善易者"로 고쳐 해석한다.
　9. 결국 선을 행한다는 것은 인간의 선천적 본성을 그대로 따르는 것이다.
단지 본성을 있는 그대로 따르면 되기에 "선을 행하는 것은 쉽다"고 말할
수 있다.

다. 그러므로 이익이 되는지 해로움이 되는지 그리고 화가 되는지 복이 되는지를 잘 살펴지 않을 수 없다. 성인은 특별히 욕심내는 것도 없고 특별히 피하는 것도 없다. 일 가운데 혹 욕심나는 것이 생기면 그것은 곧 잃기에 충분하다고 생각하고, 일 가운데 혹 피하고자 하는 것이 있으면 그것은 곧 행하기에 충분하다고 생각하며, 뜻에 하고자 하는 욕망이 생기면 아예 행위 자체를 잊는다. 그러므로 성인은 머무르고 나아가는 변화를 잘 살피고, 주는 것과 받는 것의 도수를 적절하게 하며, 좋아하고 미워하는 감정을 잘 다스리고, 기뻐하고 노여워하는 것을 적절히 조화시킨다.

무릇 머무름과 나아감이 합당하면 근심이 침범하지 않고, 주고받는 도수가 적절하면 죄가 쌓이지 않으며, 좋아하고 싫어하는 감정을 잘 다스리면 걱정이 사라지고, 기뻐하고 노여워하는 마음을 조화시키면 남으로부터 원망 받지 않는다. 도를 체득한 사람은 구차하게 얻지도 않고 화를 사양하지도 않으니, 자신의 것이면 버리지 않고 남의 것이면 취하지 않는다. 그는 항상 만족하나 넘치지 않고, 항상 비어 있기에 채우기가 쉽다. 그러므로 도에 의해 스스로의 양을 조절하면, 먹는 것은 배고픔을 채울 정도이고 입는 것은 추위를 막을 정도면 배부르고 따뜻한 것으로 만족한다. 그러나 도에 의해 자신의 양을 한정하지 않고 스스로 존귀해지기를 요구한다면, 천자의 권세로도 만족시킬 수 없고 천하의 부유함으로도 즐겁게 할 수 없다. 그러므로 성인의 마음은 평온하며 안으로 정신을 갈무리하기에 물질적인 것이 그를 유혹할 수 없다.[10]

---

10. 이상의 내용은 『회남자』「범론훈」에서 찾아 볼 수 있다.

老子曰: 天下莫易于爲善, 莫難于爲不善. 所謂爲善〔易〕者, 靜而無爲, 適情辭餘, 無所誘惑, 循性保眞, 無變于己, 故曰爲善易也. 所謂爲不善難者, 簒殺矯詐而多欲, 非人之性也, 故曰爲不善難也. 今之以爲大患者, 由無常厭度量生也. 故利害之地, 禍福之際, 不可不察. 聖人無欲也, 無避也. 事或欲之, 適足以失之; 事或避之, 適足以就之; 志有所欲, 卽忘其所爲. 是以聖人審動靜之變, 適受與之度, 理好憎之情, 和喜怒之節. 夫動靜得卽患不侵也, 受與適卽罪不累也, 理好憎卽憂不近也, 和喜怒卽怨不犯矣. 體道之人, 不苟得, 不讓禍, 其有不棄, 非其有不制, 恒滿而不溢, 常虛而易贍. 故自當以道術度量, 卽食充虛, 衣圍寒, 足以溫飽七尺之形; 無道術度量, 而以自要尊貴, 卽萬乘之勢不足以爲快, 天下之富不足以爲樂. 故聖人心平志易, 精神內守, 物不能惑.

노자가 말하였다.

'남을 이기는 사람은 힘이 세다고 할 수 있으나, 스스로를 이기는 사람이야말로 참으로 강하다.'[11] 참으로 강한 사람은 반드시 남의 힘을 이용하고, 남의 힘을 이용할 수 있는 사람은 반드시 남의 마음을 얻으며, 남의 마음을 얻을 수 있는 사람은 반드시 스스로를 얻는다. 일찍이 스스로를 얻으면서 남의 마음을 잃는 사람은 없으며, 스스로를 잃으면서 남의 마음을 얻는 사람 또한 없다. 그러므로 다스림의 근본은 사람들을 편안하게 하는 데 있고, 사람들을 편안하게

---

11. 『노자』 33장에서 인용하고 있다.

하는 근본은 사람들이 충분히 쓸 수 있게 하는 데 있으며, 충분히 쓸 수 있게 하는 근본은 농사철의 마땅한 시기를 빼앗지 않는 데 있고, 마땅한 시기를 빼앗지 않는 근본은 일을 간소하게 하는 데 있으며, 일을 간소하게 하는 근본은 쓰는 것을 아끼는 데 있고, 쓰는 것을 아끼는 근본은 교만을 제거하는 데 있으며, 교만을 제거하는 근본은 자신을 비우는 데 있다. 그러므로 삶의 본질을 아는 사람은 삶 가운데 어찌 할 수 없는 것에 대해서는 힘쓰지 않으며, 운명의 본질을 아는 사람은 운명 가운데 어쩔 수 없는 것에 대해서는 근심하지 않는다.12

눈은 화려한 색을 좋아하고, 입은 맛있는 음식을 생각하며, 귀는 화려한 소리에 탐닉하고, 신체의 일곱 구멍은 서로 다툰다. 이것들로 인해 본성을 해치고 날마다 삿된 욕망을 끌어들여 '자연의 조화로운 기운'(天和)을 소진시킨다면, 자기 몸도 다스릴 수 없을 것인데 하물며 천하를 다스릴 수 있겠는가! 이른바 천하를 얻는다는 것은, 권세와 지위를 밟고 존귀한 칭호를 얻는 것을 말하는 것이 아니다. 그것은 천하 사람들의 마음을 움직이고 천하 사람들의 힘을 얻는 것을 말한다. 임금이라는 명칭은 있으나 한 사람의 존경도 얻지 못한다면 이것은 천하를 잃은 것이다. 그러므로 걸(桀)과 주(紂)는

---

12. 이 구절은 『장자』 「달생」(達生)의, "삶의 본질을 꿰뚫은 사람은 삶 가운데 어쩔 수 없는 부분에 대해서는 힘쓰지 않으며, 운명의 본질을 꿰뚫은 사람은 운명 가운데 어찌할 수 없는 부분에 대해서는 힘쓰지 않는다"(達生之情者, 不務生之所无以爲; 達命之情者, 不務命之所无奈何)를 인용하고 있다. 단 원문에서 '達'자가 '知'자로 바뀌어져 있다. 그리고 이 문장은 사실상 『장자』 내편 중 「인간세」 및 「덕충부」에서 제시되는 "그 어찌할 수 없음을 알고 운명에 편안히 처한다"(知其不可奈何, 而安之若命)는 장자의 사상을 부연 설명하고 있는 것으로 볼 수 있다.

결국 왕 노릇을 하지 못하였고, 탕(湯)과 무(武)는 쫓겨나지 않았던 것이다.13 그러므로 천자가 도를 얻으면 변방의 오랑캐들까지 복종시킬 수 있으나 도를 잃으면 겨우 제후들이나 복종시키게 되며, 제후가 도를 얻으면 사방 국경까지 지킬 수 있으나 도를 잃으면 겨우 좌우 신하들만 지킬 수 있다. 그러므로 말하기를, 내가 빼앗기지 않고자 하는 것14을 믿지 말고 나로부터 빼앗을 수 없는 것15에 의지하라고 한다. 본인 스스로가 빼앗길 수 있는 도를 행하면서,16 찬탈하고 시해하는 역적 행위를 비난하는 것은 천하를 지키는 데 도움이 되지 못한다.17

老子曰: 勝人者有力, 自勝者強. 能強者, 必用人力者也; 能用人力者, 必得人心者也; 能得人心者, 必自得者也. 未有得己而失人者也; 未有失己而得人者也. 故爲治之本, 務在安人; 安人之本, 在于足用; 足用之本, 在于不奪時; 不奪時之本, 在于省事; 省事之本, 在于節用; 節用之本, 在于去驕; 去驕之本, 在于虛無. 故知生之情者, 不務生之所無以爲; 知命之情者, 不憂命之所無奈何. 目悅五色, 口惟滋味, 耳淫五聲, 七竅交爭. 以害一性, 日引邪欲竭其天和, 身且不能治, 奈治天下何! 所謂得天下者, 非謂其履勢位, 稱尊號, 言其運天下

---

13. 본래 걸과 탕, 주와 무는 각기 군신 관계였다. 그러나 걸과 주가 포악한 정치를 자행하자 탕 및 무가 그들을 쫓아내고 대신 왕노릇하게 되었다.
14. 권세와 존호(尊號)를 말한다.
15. 백성의 마음을 말한다.
16. 백성의 마음을 잃는 것을 말한다.
17. 이상의 내용은 『회남자』「태족훈」에서 찾아 볼 수 있다.

心, 得天下力也. 有南面之名, 無一人之譽, 此失天下也. 故桀
紂不爲王, 湯武不爲放. 故天下得道, 守在四夷, 天下失道, 守
在諸侯; 諸侯得道, 守在四境, 諸侯失道, 守在左右. 故曰無恃
其不吾奪也, 恃吾不可奪也. 行可奪之道, 而非簒殺之行, 無
益于持天下矣.

노자가 말하였다.

나라를 잘 다스리는 사람은 옛 풍속을 함부로 변화시키지 않고
일상적인 법도를 바꾸지 않는다. 무릇 화를 잘 내는 사람은 덕을 해
친다. 병기는 흉기이며, 다투기를 좋아하는 사람은 사람들을 어지
럽게 한다. 은밀히 도모하여 덕을 해치고 흉기 쓰기를 좋아하여 어
지러운 남의 나라를 침략하는 것은, 극히 순리에 역행하는 짓이다.
남을 해치지 않으면 자신에게도 화가 생길 수 없다. 그러나 이것은
"날카로움을 무디게 하고 얽힌 것을 풀며 드러나는 빛을 감추고 세
속과 하나가 되는 것"18만 못하다.

사람은 본성 상 모두 남들이 자신을 능력 있다고 생각하기를 바
라고 자기가 남만 못한 것을 싫어한다. 남들이 나를 잘났다고 생각
해주기를 바라면 다투는 마음이 생겨나고, 내가 남만 못한 것을 싫
어하면 원망과 다툼이 생겨난다. 원망과 다툼이 생겨나면 마음이
어지럽고 기가 거꾸로 흐른다. 그러므로 옛날의 현명한 왕은 다툼
과 원망을 없앴으니, 다툼과 원망이 생기지 않으면 마음은 다스려
지고 기는 순조로워진다. 그러므로 "잘난 이를 숭상함으로써 백성들

18. 『노자』 4장에 나오는 말이다.

이 다투지 않도록 하라"[19]고 말한다.[20]

老子曰: 善治國者, 不變其故, 不易其常. 夫怒者, 逆德也;
兵者, 凶器也; 爭者, 人之所亂也. 陰謀逆德, 好用凶器, 治人
之亂, 逆之至也. 非禍人不能成禍, 不如挫其銳, 解其紛, 和其
光, 同其塵. 人之性情皆願賢已而疾不及人. 願賢已則爭心生,
疾不及人則怨爭生, 怨爭生則心亂而氣逆. 故古之聖王退爭
怨, 爭怨不生則心治而氣順. 故曰不尙賢, 使民不爭.

노자가 말하였다.

사물을 다루는 사람은 단지 사물 자체에만 얽매이지 않고 사물의
조화 문제로 접근해야 하며, 사물의 조화 문제를 다루는 사람은 단
지 조화 문제에만 매이지 않고 인간의 문제로 접근해야 하며, 인간
의 문제를 다루는 사람은 단지 인간 문제에만 매이지 않고 통치자를
어떻게 세울 것인가 하는 문제로 접근해야 하며, 통치자의 문제를
다루는 사람은 단지 통치자의 문제에만 국한하지 않고 욕망을 어떻
게 다스릴 것인가 하는 문제로 접근해야 하며, 욕망의 문제를 다루
는 사람은 단지 욕망의 문제에만 매이지 않고 본성을 어떻게 다스릴
것인가 하는 문제로 접근해야 하며, 본성의 문제를 다루는 사람은
단지 본성의 문제에만 매달리지 않고 덕을 어떻게 회복할 것인가 하
는 문제로 접근해야 하며, 덕의 문제를 다루는 사람은 단지 덕의 문

---

19. 『노자』 3장에 나오는 말이다.
20. 이상의 내용은 『회남자』「도응훈」에서 찾아 볼 수 있다.

제에만 매달리지 않고 도의 문제로 접근해야 한다.

　도의 관점에서 보면 사람의 본성은 본래 사악하거나 오염된 것이 없다. 그러나 본성이 오랫동안 사물 속에 잠겨 있으면 그것의 근본을 잊게 되어, 사물에 오염된 본성이 마치 본래의 본성인 것처럼 여기게 된다. 먹고 입는 것에 관한 예절과 풍속은 사람의 선천적인 본성이 아니라 외부 환경에 의해 부여받은 것이다. 그러므로 사람의 본성은 본래 평온함을 바라나 욕심이 이것을 해친다. 오직 도를 지닌 사람만이 외적인 상황에 얽매이지 않고 자신의 본성을 회복할 수 있다. 스스로 도에 비추어 보면 사물의 소박한 실정을 잃지 않는다. 그러나 그러한 자기 반성이 없으면 움직일 때마다 미혹되고 현혹된다.

　무릇 욕망을 따르고 본성을 상실하면 움직일 때마다 바르지 않게 된다. 이러한 상태로 몸을 다스리면 몸을 잃고 나라를 다스리면 백성을 어지럽힌다. 그러므로 도를 듣지 못한 사람은 본성을 회복할 길이 없다. 옛날의 성인은 자신의 본성을 회복하였기에 명령하면 실행되고 금지하면 멈춰졌다. 무릇 일을 행하는 자는 반드시 먼저 생각을 평온케 하고 정신을 맑게 해야 한다. 정신이 맑고 생각이 평온하면 사물을 바르게 할 수 있다. 귀가 비난과 칭찬에 쏠리고 눈이 현란한 색에 빠지면서 일이 바로 되기를 바라는 것은 어렵다. 이 때문에 텅 비움을 귀하게 여기는 것이다. 그러므로 물을 치면 물결이 일어나고 기를 어지럽히면 지혜가 혼미해진다. 물결이 일어나면 평온할 수 없듯이 지혜가 혼미해지면 바르게 될 수 없다. 그러므로 현명한 군주는 '하나'[一]를 잡음으로써 사물의 성정(性情)을 다스린다. 무릇 '하나'는 지극히 귀하여 천하에 대적할 것21이 없다. 현명

---

　21. 원문은 '適'으로 되어 있으나 의미가 잘 통하지 않는다. '適'은 아마 '敵'의

한 왕은 이 대적할 수 없는 것에 의탁하기에 천하를 명령할 수 있다.

老子曰: 治物者, 不以物以和; 治和者, 不以和以人; 治人者, 不以人以君; 治君者, 不以君以欲; 治欲者, 不以欲以性; 治性者, 不以性以德; 治德者, 不以德以道. 以道本人之性無邪穢, 久湛于物卽忘其本, 卽合于若性. 衣食禮俗者, 非人之性也, 所受于外也. 故人性欲平, 嗜欲害之. 唯有道者能遺物反己. 有以自鑒, 則不失物之情; 無以自鑒, 則動而惑營. 夫縱欲失性, 動未嘗正. 以治身則失身, 以治國則亂人. 故不聞道者, 無以反性. 古者聖人得諸己, 故令行禁止. 凡擧事者, 必先平意淸神. 神淸意平, 物乃可正. 聽失于非譽, 目淫于采色, 而欲得事正卽難矣. 是以貴虛. 故水激則波起, 氣亂則智昏. 昏智不可以爲正, 波水不可以爲平. 故聖王執一, 以理物之情性. 夫一者, 至貴無適(敵)于天下. 聖王托于無適(敵), 故爲天下命.

노자가 말하였다.

음양이 만물을 만들어낼 때 만물은 모두 '일기'(一氣)22를 타고 생겨난다. 윗사람과 아랫사람의 마음이 서로 마음이 떠나면 기는 솟구쳐 오르고, 군주와 신하가 불화하면 곡식이 익지 않는다. 봄철에 초목이 시들고 가을철에 무성하게 자라며, 겨울에 우레가 치고 여름에

오자 혹은 가차자인 것 같다. 다음 구절의 경우도 마찬가지다.
22. 우주 만물을 생성하는 최초의 기운을 말한다. 후대에는 '원기'(元氣)로 불려지기도 한다.

서리가 내리는 것은 모두 '적기'(賊氣)23로 인해 생겨난다. 천지 사이는 한 사람의 몸이며, 천지 사방의 안은 한 사람의 형체이다.24 그러므로 본성에 밝은 사람은 천지가 위협할 수 없고, 자연계와 인간계 사이에 나타나는 감응현상에 밝은 사람은 괴이한 현상에 의해 미혹되지 않는다. 성인은 가까운 것에 근거하여 먼 것까지 알고, 만가지 다른 현상들을 한 가지로 여긴다. 기운이 천지에 고르게 퍼지게 되면, 비록 예의염치25의 준칙들을 세우지 않아도 백성들은 서로 침범하거나 못살게 굴지 않는다.26 이때 사람들은 모든 것이 두루뭉수리하여 상호간의 분별이 없는 순박한 상태에 있기 때문이다.

염치가 쇠해져서 세상이 쇠퇴기에 이르게 되면, 소비는 많으나

---

23. 시절에 합당하지 않은 기로, 사물에 해로움을 끼치고 천지 운행에 악 영향을 미치는 기운을 말한다.

24. 고대 중국에서 말하는 '천지'는 오늘날의 우주를 의미한다. 따라서 우주 전체를 살아 있는 한 사람의 몸에 비유하고 있는 것이다. 이것은 현대적 의미로 따지면 유기체적 세계관에 해당된다. 일반적으로 동양의 세계관을 유기체적 세계관이라고 하는 데, 중국철학에서 이러한 유기체적 사고가 구체적 언어로 정형화되는 것은 엄밀히 따지자면 기론적 사유가 보편화되는 전국말 한초 이후라고 해야 할 것이다.

25. 예의염치는 이미 『관자』에서 국가의 네 가지 기틀로 간주되고 있다. 『관자』 「목민」(牧民)에서는 다음과 같이 말한다: "나라에는 네 가지 기틀이 있다. ……하나는 예이고 둘은 의이고 셋은 청렴함이고 넷은 부끄러움이다."〔國有四維, ……一曰禮, 二曰義, 三曰廉, 四曰恥.〕

26. 원문은 "萬民莫不相侵暴虐"으로 되어 있으나, 의미가 통하지 않는다. 『통현진경찬의』에 근거하여 '莫'자를 생략하고 해석한다. 참고로 『회남자』 「본경훈」(本經訓)에도 이것과 같은 구절이 나오는데, 거기에는 '不'자가 없는 "萬民莫相侵暴虐"으로 되어 있다.
한편, 이 구절을 통해 볼 때 인성의 선악은 기의 상태로 인식되고 있다는 점을 알 수 있다. 따라서 천지의 기운이 어느 한 쪽으로 치우치거나 급격한 변화가 없으면 그 속에서 살아가는 인간의 성격도 안정되고 균형을 이루게 된다고 본다. 때문에 "천지 사이에 기가 고르게 퍼지면" 백성들도 서로 화합하면서 살게 된다는 것이다.

재화는 적고 일은 수고로우나 먹을거리는 부족하여 백성들은 가난에 시달리고 분쟁이 생겨나게 된다. 이 때문에 인(仁)을 중시하게 된다. 또한 사람들의 신분이 차등화 되고 친한 사람들끼리 무리를 짓게 되면, 각자 자신들에게 호의적인 사람을 추대하고 간교한 마음을 품게 된다. 이 때문에 의(義)를 중시하게 된다. 남녀가 무리지어 함께 거처하면 서로 뒤섞이어 구별이 없게 된다. 이 때문에 예(禮)를 중시하게 된다. 사람들의 감정이 지나치게 흐르고 상호 압박하는 상황이 지속되면 서로 불화하게 된다. 이 때문에 음악을 중시하게 된다. 그러므로 인의예악은 잘못된 상황들을 구제하기 위한 수단이지 언제 어느 곳에서나 통하는 통치의 도는 아니다. 진실로 천하에서 신명(神明)이 바르게 정해지고 사람들의 마음이 본래 상태로 돌아간다면, 백성들의 성품은 착하게 될 것이다. 백성들의 성품이 착해지면 그에 따라 천지와 음양이 백성들을 따뜻하게 감싸게 될 것이다. 그렇게 되면 재화는 넉넉해지고 사람은 풍족하게 될 것이니, 탐욕스럽고 다투는 마음도 생겨나지 않을 것이다. 이 같은 시기에는 인의가 쓰이지 않더라도 도덕이 천하에 바르게 정해질 것이니, 백성들은 현란한 것에 빠져들지 않는다. 그러므로 덕이 쇠한 이후에 인의를 꾸미고, 조화를 잃은 이후에 목소리를 꾸미며, 예가 타락한 이후에 용모를 꾸민다. 그러므로 도덕을 안 이후에 인의가 행하기에 부족한 줄 알고, 인의를 안 이후에 예악이 닦을 만하지 않은 것인 줄 알게 된다.27

老子曰: 陰陽陶冶萬物, 皆乘一氣而生. 上下離心, 氣乃上

---

27. 이상의 내용은 『회남자』 「본경훈」에서 찾아 볼 수 있다.

蒸; 君臣不和, 五穀不登; 春肅秋榮, 冬雷夏霜. 皆賊氣之所
生也. 天地之間, 一人之身也; 六合之內, 一人之形也. 故明于
性者, 天地不能脅也; 審于符者, 怪物不能惑也. 聖入由近以
知遠, 以萬里(異)²⁸爲一同. 氣蒸乎天地, 禮義廉恥不設, 萬
民莫不相侵暴虐, 由在乎混冥之中也. 廉恥陵遲, 及至世之衰,
用多而財寡, 事力勞而養不足, 民貧苦而忿爭生, 是以貴仁.
人鄙不齊, 比周朋黨, 各推其與, 懷機械巧詐之心, 是以貴義.
男女群居, 雜而無別, 是以貴禮. 性命之情, 淫而相迫于不得
已, 則不和, 是以貴樂. 故仁義禮樂者, 所以救敗也, 非通治之
道也. 誠能使神明定于天下, 而心反其初, 則民性善, 民性善
則天地陰陽從而包之, 則財足而人贍, 貪鄙忿爭之心不得生
焉. 仁義不用, 而道德定于天下, 而民不淫于采色. 故德衰然
後飾仁義, 和失然後飾聲, 禮淫然後飾容. 故知道德, 然後知
仁義不足行也, 知仁義, 然後知禮樂不足修也.

노자가 말하였다.

맑고 고요한 무위정치는, 온화하고 적막하며 질박하고 소박하며
여유 있고 조급하지 않으며 안으로는 도(道)와 합치되고 밖으로는
의(義)와 일치된다. 그 같은 정치를 행하는 사람의 말은 간략하고
순리적이며, 그의 행위는 사람들을 기쁘게 하고 사람들의 실정에

---

28. 원문의 '리'(里)로는 의미가 통하지 않는다. '리'(里)와 '이'(異)는 글자 형
태가 상호 유사하다. 아마 옮겨 적는 과정에서 착오가 있었던 것 같다. 본
서 「九守·守樸」에도 "以萬異爲一宗"이라는 표현이 있는 것으로 볼 때 '이'
(異)가 타당하다.

합치되며, 그의 마음은 온화하고 거짓되지 않으며, 그가 하는 일은 소박하고 꾸밈이 없다. 그는 일의 시작을 미리 도모하지 않고 그 결과에 대해서는 왈가왈부하지 않으며, 마음에 편안하면 머무르고 거스르면 떠나며, 천지와 통하고 음양과 정기를 같이 하며, 사계절과 조화하고 그 지혜는 해와 달과 같이 밝으며, 도와 더불어 변하는 자와 벗하고 일체의 기교와 거짓을 마음에 싣지 않는다. 이 때문에 하늘은 덕으로 덮고 땅은 즐거움으로 실으며, 사계절은 질서를 잃지 않고 비바람은 지나치지 않으며, 해와 달은 맑고 고요히 빛나고 뭇별들은 그 운행을 잃지 않는다. 이러한 것들은 모두 맑고 고요한 무위정치로 인한 것이다.29

老子曰: 淸靜之治者, 和順以寂寞, 質眞而素樸, 閑靜而不躁. 在內而合乎道, 出外而合乎義; 其言略而循理, 其行悅而順情, 其心和而不僞, 其事素而不飾; 不謀所始, 不議所終; 安卽留, 激則行; 通體乎天地, 同精乎陰陽; 一和乎四時, 明朗乎日月; 與道化者爲人, 機巧詐僞莫載乎心. 是以天覆以德, 地載以樂; 四時不失序, 風雨不爲虐; 日月淸靜而揚光, 五星不失其行. 此淸靜之所明也.

노자가 말하였다.

잘 다스려지는 세상에서는 직책은 지키기 쉽고 일은 수행하기 쉬우며, 예법은 실천하기 쉽고 업무는 상 받기 쉽다. 이 때문에 다스

---

29. 이상의 내용은 『회남자』 「본경훈」에서 찾아 볼 수 있다.

려지는 세상에서 사람들은 관직을 겸하지 않고, 관직은 업무30를 겸하지 않으며, 선비·농부·기술자·상인들은 각기 사는 곳을 달리한다. 그러므로 농부들끼리는 곡식을 갈무리하는 것에 관해 얘기하고, 선비들끼리는 의로운 행위에 관해 얘기하며, 기술자들끼리는 기술에 관해 얘기하고, 상인들끼리는 셈에 관해 얘기한다. 이 때문에 선비는 놓치는 행위가 없고, 기술자는 힘든 일이 없으며, 농부는 망치는 농사가 없고, 상인은 손해보는 경우가 없다. 각자의 직업이 그들의 본성에 알맞기 때문이다. 그러므로 각양각색의 사람들이 서로 다른 일을 해도 일은 수월하고 어그러지지 않으니, 자신의 본업을 잃으면 천해지고 자신의 뜻을 얻으면 귀해진다.

무릇 미리 알고 멀리 내다보는 것은 뛰어난 재능이나, 그러한 재능은 잘 다스려지는 세상에서는 요구되지 않는다. 널리 듣고 잘 기억하며 언변이 뛰어난 것은 넘치는 능력이나, 지혜로운 군주는 그러한 재능을 아랫사람들에게 요구하지 않는다. 세상에 대해 오만하고 남을 경시하며 세상의 풍속을 따르지 않는 것은 선비의 기개 있는 행위이나, 잘 다스려지는 세상에서는 그러한 선비들을 써 백성들을 교화시키지 않는다. 그러므로 너무 높아 미칠 수 없는 것은 사람들의 표준이 되지 못하고, 도달할 수 없는 행위는 나라의 풍속이 될 수 없다. 그러므로 개인적인 재능은 전적으로 믿고 쓸 수 있는 표준이 될 수 없으나, 도와 기술은 대대로 세상에 전해질 수 있다. 그러므로 나라가 잘 다스려지면 우둔한 자와도 나라를 지킬 수 있

---

30. 원문은 '선비'(士)로 되어 있으나 다른 문헌들에 근거하여 '업무'(事)로 고쳐 해석한다. 『회남자』「제속훈」, 『신자』(愼子)「위덕」(威德), 『한비자』「난일」(難一)에 모두 '事'로 되어 있다.

고, 군대도 군법을 통해 일사불란하게 통제할 수 있다. 옛날의 영웅 준걸을 기다리지 않고서도 사람들이 스스로 만족할 수 있는 것은, 이미 있는 것들에 말미암아 그것들을 고루고루 쓰기 때문이다. 말세의 법은 기준을 높게 해 놓고서는 그 기준에 미치지 못하는 자를 죄 주고, 임무를 무겁게 하고서는 그 임무를 감당하지 못하면 벌주며, 어려운 일을 더욱 위태롭게 해 놓고서는 그 일을 감히 수행하지 못하면 죽인다. 백성들이 이 세 가지의 곤경에 처하게 되면 기교와 거짓이 증가하고 나쁜 짓을 범하며 위태로운 짓을 행하게 된다. 그렇게 되면 비록 준엄한 법과 형벌을 쓴다 하여도 간교한 행위들을 금지시킬 수 없다. 짐승도 궁하면 들이받고 새도 궁하면 쪼며 사람도 궁하면 속인다고 하는데, 바로 이것을 일컫는 말이다.31

老子曰: 治世之職易守也, 其事易爲也, 其禮易行也, 其責易償也. 是以人不兼官, 官不兼士(事), 士農工商, 鄕別州異. 故農與農言藏, 士與士言行, 工與工言巧, 商與商言數. 是以士無遺行, 工無苦事, 農無廢功, 商無折貨, 各安其性. 異形殊類, 易事而不悖, 失業而賤, 得志而貴. 夫先知遠見之人, 才之盛也, 而治世不以責于人; 博聞强志, 口辯辭給, 人知之溢也, 而明主不求于下; 敖世賤物, 不從流俗, 士之伉行也, 而治世不以爲化民. 故高不可及者, 不以爲人量; 行不可逮者, 不可爲國俗. 故人才不可專用, 而度量道術可世傳也. 故國治可與愚守也, 而軍旅可以法同也. 不待古之英俊, 而人自足者, 因其所有而並用之. 末世之法, 高爲量而罪不及也, 重爲任而罰

31. 이상의 내용은 『회남자』「제속훈」에서 찾아 볼 수 있다.

不勝也, 危爲其難而誅不敢也. 民困于三責, 卽飾智而詐上,
犯邪而行危, 雖峻法嚴刑, 不能禁其奸. 獸窮卽觸, 鳥窮卽啄,
人窮卽詐, 此之謂也.

노자가 말하였다.

우레 소리는 종과 북을 통해 형용할 수 있고, 비바람의 변화는 음률로 묘사할 수 있다. 볼 수 있는 큰 것은 그 크기를 측량할 수 있고, 볼 수 있는 밝은 것은 그 빛을 가릴 수 있으며, 들을 수 있는 소리는 가락을 맞출 수 있고, 관찰할 수 있는 색깔은 구별할 수 있다. 그러나 지극히 큰 것은 천지로도 담을 수 없고, 지극히 작은 것은 신명(神明)의 눈 밝음으로도 볼 수 없다. 달력을 제정하고 색깔들을 구별하며 맑고 탁한 소리를 가르고 단맛 쓴맛을 분별하는 데에 이르면, 최초의 소박한 상태가 무너지고 다양한 현상이 출현하는 상태가 된다.[32] 인의를 세우고 예악을 닦으면, 도덕이 변질되어 거짓이 출현한다. 백성들이 기교를 꾸밈으로써 우둔한 사람을 놀라게 하고 속임수로써 윗사람을 기만하면, 천하를 근근히 유지할 수는 있으나 온전히 다스릴 수는 없다. 무릇 기교가 많아질수록 덕은 더욱더 쇠해지기 때문이다. 이 때문에 지인(至人)은 순박함을 지켜 흐트러트리지 않는다.

무릇 지인의 다스림은 허무 적막하여 욕망을 드러내지 않고 마음은 정신과 함께 어울리며 육신은 본성과 조화를 이룬다. 그리하여 머무를 때는 덕을 체득하고 움직일 때는 이치에 통하니, 저절로 그

32.『노자』28장의 "박이 흩어져 기가 된다"〔樸散爲器〕를 설명하고 있다.

러한 도리를 따르고 부득이함에 따라 행위한다. 지인은 고요히 무위하여도 천하가 조화를 이루고, 담박하게 욕심이 없으니 백성들은 저절로 순박해지며, 다투지 않아도 재물이 충분하다. 이에 베푸는 사람도 덕으로 여기지 않고 받는 사람도 사양하지 않으며, 덕이 백성들에게 돌아가도 아무도 그것을 은혜로 여기지 않는다. '말 아닌 말'〔不言之辯〕과 '도 아닌 도'〔不道之道〕가 통하는 것을 '하늘 창고'〔天府〕라고 한다. 하늘 창고는 취하여도 적어지지 않고 퍼내어도 고갈되지 않으나, 아무도 그것이 어디로부터 나오는지 알지 못한다. 이것을 '요광'(搖光)33이라고 한다.34 요광은 만물을 길러주는 바탕이다.35

老子曰: 雷庭之聲可以鍾鼓象也, 風雨之變可以音律知也, 大可睹者, 可得而量也, 明可見者, 可得而弊也. 聲可聞者, 可得而調也; 色可察者, 可得而別也. 夫至大, 天地不能函也; 至微, 神明不能見也. 及至建律歷, 別五色, 異淸濁, 味甘苦, 卽樸散而爲器矣. 立仁義, 修禮樂, 卽道德遷而爲僞矣. 民飾智以敬愚, 設詐以攻上, 天下有能持之, 而未能有治之者也. 夫智能彌多, 而德滋衰. 是以至人淳樸而不散. 夫至人之治, 虛無寂寞, 不見可欲. 心與神處, 形與性調; 靜而體德, 動而理

---

33. 별의 이름으로, 북두칠성 가운데 일곱 번째 별을 말한다.
34. 북두칠성은 국자 모양으로 되어 있다. 따라서 고대인들은 이 별자리에서 무엇을 퍼내는 모습을 연상해 낸 것으로 보인다.
35. 우주 안의 온갖 사물들은 모두 자연이라고 하는 '하늘 창고'에서 국자(북두칠성)로 퍼냄으로써 생겨나는 것으로 묘사되고 있다. 그리고 이 하늘 창고는 아무리 퍼내도 줄어들거나 고갈되지 않는 것으로 간주된다. 이상의 내용은 『회남자』 「본경훈」에서 찾아 볼 수 있다.

通; 循自然之道, 緣不得已矣. 漠然無爲而天下和, 淡然無欲
而民自樸, 不忿爭而財足. 施者不得, 受者不讓. 德反歸焉, 而
莫之惠. 不言之辯, 不道之道, 若或通焉, 謂之天府. 取焉而不
損, 酌焉而不竭, 莫知其所求由出, 謂之搖光. 搖光者, 資糧萬
物者也.

노자가 말하였다.

하늘은 그것의 정기를 아끼고, 땅은 그것의 안정됨을 아끼며, 사
람은 자신의 성정을 아낀다. 하늘의 정기는 해·달·별·우레·비·바람
으로 나타나고, 땅의 안정은 물·불·쇠·나무·흙으로 드러나며, 사람
의 성정은 사려(思慮)·총명(聰明)·희로(喜怒)로 나타난다. 그러므
로 마음·입·귀·눈의 네 가지 기관의 작용을 폐쇄하고, 다섯 가지 감
각적 통로36를 막으면 도와 하나가 된다. 신명(神明)을 무형에 간
직하고 정기를 본연의 순수함으로 회복케 하라. 그리고 눈이 밝아
도 눈으로 보지 말고, 귀가 밝아도 귀로 듣지 말며, 입이 바르다해
도 입으로 말하지 말고, 마음이 통달한 것 같아도 마음으로 생각하
지 말라. 그리하여 주어진 상황에 내맡긴 채 인위적으로 행하지 말
고, 아는 것이 있어도 자랑하지 말며, 생명의 실정에 그대로 따르
라. 그러면 인위적인 기교가 해를 끼치지 못할 것이다. 정기가 눈에
있으면 보는 것이 밝고, 귀에 있으면 듣는 것이 총명하며, 입에 있
으면 말하는 것이 합당하고, 마음에 있으면 그 사려가 두루 통달하
게 된다. 그러므로 마음·입·귀·눈의 네 가지 기관을 폐하면 종신토

36. 신체상의 오관을 의미하는 것 같다.

록 근심이 없고 사지(四肢)와 구규(九竅)의 육신은 죽지도 살지도 않으니, 이러한 사람을 진인(眞人)이라 한다. 땅이 재화를 생산해 내는 데 그 주요 근본은 오행(五行)에 지나지 않는다. 성인이 이 오행을 절도 있게 쓰면 나라가 잘 다스려져 황폐해지지 않을 것이다.[37]

老子曰: 天愛其精, 地愛其平, 人愛其情. 天之精, 日月星辰, 雷庭風雨也; 地之平, 水火金木土也; 人之情, 思慮聰明喜怒也. 故閉四關, 止五道, 卽與道淪. 神明藏于無形, 精氣反于眞. 目明而不以視, 耳聰而不以聽, 口當而不以言, 心條通而不以思慮. 委而不爲, 知而不矜, 直性命之情, 而知故不得害. 精存于目卽其視明, 存于耳卽聽聰, 留于口卽其言當, 集于心卽其慮通. 故閉四關卽終身無患, 四肢九竅莫死莫生, 是謂眞人. 地之生財, 大本不過五行, 聖人節五行, 卽治不荒.

노자가 말하였다.

저울은 좌우에 대해 사사로이 무겁거나 가볍지 않기 때문에 공평할 수 있고, 먹줄은 안팎에 대해 사사로이 굽거나 곧지 않기에 공정할 수 있으며, 군주는 법에 대해 개인적으로 좋아하고 싫어함이 없기에 명령을 내릴 수 있다. 덕을 드러내지도 않고 원망도 간직하지 않는 것, 이것이 도에 맡기고 사람들의 마음에 합치되는 방법이다. 그러므로 통치자는 개인의 주관을 정치에 개입시키지 않는다. 배가 거센 물결에 의해 깨뜨려지고 바퀴 축이 돌에 부딪쳐 부러지더라도,

---

37. 이상의 내용은 『회남자』 「본경훈」에서 찾아 볼 수 있다.

사람들은 물이나 돌38을 원망하지 않고 배나 수레를 만든 기술이 부족한 것을 탓하게 된다. 물이나 돌에 주관이 실려 있지 않기 때문이다. 그러므로 도에 주관이 개입되면 어지러워지고, 덕에 사사로운 마음이 끼여들면 음험해지며, 마음이 눈을 통해 사물을 바라보면 미혹된다.39 무릇 저울과 잣대는 일정하여 변하지 않고 항상됨이 있어 사특하지 않으며 바르게 행하기를 멈추지 않는다. 때문에 이들은 한 번 만들어지면 대대로 전해지니, 무위로 행하기 때문이다. 하나〔一〕란 무위이니, 이것은 여러 왕들이 사용하여 대대로 전하였으며, 일단 그것을 행하면 바꾸지 않는다.40

老子曰: 衡之于左右, 無私輕重, 故可以爲平; 繩之于內外, 無私曲直, 故可以爲正; 人主之于法, 無私好憎, 故可以爲令. 德無所立, 怨無所藏, 是任道而合人心者也. 故爲治者, 知不與焉. 水戾破舟, 木擊折軸, 不怨木(水)石而罪巧拙者, 智不載也. 故道有智則亂, 德有心則險, 心有眼則眩. 夫權衡規矩, 一定而不易, 常一而不邪, 方行而不留. 一日形之, 萬世傳之, 無爲之爲也. 一者無爲也, 百王用之, 萬世傳之, 爲而不易也.

노자가 말하였다.

38. 원문은 '木石'으로 되어 있으나 앞 뒤 문맥으로 볼 때 '水石'으로 고쳐 해석하는 것이 타당하다.
39. 눈과 같은 감각기관은 일정한 한계를 지니고 있다. 따라서 사물을 온전히 인식하려면 감각기관에 의존하지 말고 도에 근거해야 한다.
40. 이상의 내용은 『회남자』 「주술훈」에서 찾아 볼 수 있다.

사람들은 말한다: "나라에 망한 군주가 있었어도 세상에는 도가 없던 적이 없다." 사람은 궁하게 되는 경우가 있어도 이치는 통하지 않는 경우가 없기 때문이다. 그러므로 무위는 도의 종주(宗主)이니, 도의 종주를 얻으면 무궁하게 응변할 수 있다. 그러므로 도에 따르지 않고 전적으로 자신의 능력에만 의지한다면 머지 않아 궁하게 될 것이다. 무릇 군주가 '문 밖을 나서지 않아도 천하를 안다'[41]는 것은, 사물에 말미암아 사물을 인식하고 사람에 말미암아서 사람을 안다는 것을 의미한다.

그러므로 사람들의 힘을 축적하면 감당하지 못할 일이 없고, 사람들의 지혜를 모으면 이루지 못할 일이 없다. 천 사람이 합하면 양식이 떨어지지 않고, 만 사람의 힘을 모으면 공로가 끊어지지 않는다. 이때 기술자는 자기 기술 외에는 곁눈질하지 말고 선비는 관직을 겸하지 말아야 한다. 즉 각자 자신들의 직책을 지켜 서로 간섭하지 말아야 한다. 그러면 사람들은 각자 마땅한 일을 얻고 사물들은 각기 편안한 바를 얻게 된다. 이 때문에 기계는 불필요한 것으로 미움받지 않고,[42] 각자에게 부여된 일은 소홀히 되지 않는다. 무릇 책임이 적으면 상 받기 쉽고, 직무가 작으면 지키기 쉬우며, 임무가 가벼우면 권유하기 쉽다. 윗사람은 간략한 직분을 잡고 있고 아랫사람은 행하기 쉬운 일에 힘쓴다면, 이로 인해 군주와 신하는 오랫토록 서로 싫증내지 않게 될 것이다.[43]

---

41. 『노자』 47장에 나오는 말이다.
42. 노자나 장자의 관점에서 기계는 인간의 순수한 본성을 파괴하기 쉬운 것으로 가능한 멀리해야 할 대상으로 간주된다.
43. 이상의 내용은 『회남자』 「주술훈」에서 찾아 볼 수 있다.

老子曰: 人之言曰, 國有亡主, 世亡亡道. 人有窮而理無不通. 故無爲者, 道之宗也. 得道之宗, 竝應無窮. 故不因道理之數, 而專己之能, 其窮不遠也. 夫人君不出戶, 以知天下者, 因物以識物, 因人以知人. 故積力之所擧, 卽無不勝也; 衆智之所爲, 卽無不成也. 千人之衆無絶糧, 萬人之群無廢功. 工無異伎, 士無兼官, 各守其職, 不得相干, 人得所宜, 物得所安. 是以器械不惡, 職事不慢也. 夫債少易償也, 職寡易守也, 任輕易勸也. 上操約少之分, 下效易爲之功, 是以君臣久而不相厭也.

노자가 말하였다.

황제는 태일(太一)44을 체득하였고, 왕은 음양을 본받았으며, 패자(覇者)는 사계절을 본받았고, 제후들은 법을 사용하였다.

태일을 체득한 자는 천지의 실정에 밝았고 도덕에 통달하였다. 그의 총명함은 해와 달보다 밝았고 정신은 만물에 통하였으며, 움직임과 머무름은 음양에 들어맞았고 기뻐함과 노여워함은 사계절에 합치되었다. 또한 만물을 덮어 주고 윤택하게 하는 행위는 모두 도에 합치하였고 사물에 두루 미쳐 사사로움이 없었다. 따라서 기고 날며 꿈틀거리는 모든 생물들이 그의 덕에 의지하여 생겨났으니, 그 덕은 세상 밖까지 흘렀고 그 명성은 후세에까지 전해졌다.

음양을 본받은 자는 천지의 조화를 받들었다. 그 덕은 천지와 함께 하였고 그 빛은 해와 달과 맞먹었으며, 그 정신은 귀신과 신령스

---

44. 천지 음양이 분화되기 이전의 상태를 뜻한다. 또는 도를 지칭하기도 한다.

러움을 겨루었다. 위로는 하늘을 받들고 아래로는 땅을 밟고서 세상의 준칙을 품은 채, 안으로는 자기 몸을 다스리고 밖으로는 사람들의 마음을 얻었다. 이에 호령을 발하자 천하가 바람처럼 따랐다.

사계절을 본받은 자는, 봄에는 생성하고 여름에는 길러주며 가을에는 걷어들이고 겨울에는 갈무리하였다. 그의 취하고 베풂에는 절도가 있었고 걷어들임과 지출함에는 일정한 양이 있었으며, 기뻐함과 노여워함 강함과 부드러움은 이치를 벗어나지 않았다. 따라서 부드러워도 지나치게 무르지 않았고, 강해도 부러지지 않았으며, 관대하여도 느슨하지 않았고, 엄숙하여도 도리에 어긋나지 않았다. 그들은 한가로이 자연에 따름으로써 뭇 사물들을 길렀으니, 그 덕은 어리석은 자도 포용하고 무능한 자도 용납하여 편애함이 없었다.

법률을 쓰는 자는 살리는 것과 죽이는 것, 상주는 것과 벌주는 것, 베푸는 것과 빼앗는 것이 모두 법률에 따르지 않는 것이 없었다. 그들은 난리를 정벌하고 포악한 행위를 금지시키며, 어진 이를 발탁하고 무능한 자를 폐하며, 잘못된 것을 바로잡고 험악한 것을 물리쳐 평온케 하고, 굽은 것을 교정하여 바르게 하였다. 그리하여 그들은 베풂과 버림, 열어줌과 닫음의 도에 밝았고 때와 형세를 잘 따랐으니, 이렇게 함으로써 사람들의 마음을 복종시켰다.

황제가 음양을 본받지 않으면 아랫사람들로부터 침범을 당하고, 왕이 사계절을 본받지 않으면 영토가 깎이며, 패자가 법률을 쓰지 않으면 모욕을 당하고, 제후가 법률을 잃으면 폐해진다. 그러므로 작으면서 큰 것을 행하면 궁색하여 친하지 못하고, 크면서 작은 것을 행하면 협소하여 용납되지 못한다.[45]

---

45. 이상의 내용은 『회남자』「본경훈」에서 찾아 볼 수 있다.

老子曰: 帝者體太一, 王者法陰陽, 霸者則四時, 君者用六律. 體太一者, 明于天地之情, 通于道德之倫, 聰明照于日月, 精神通于萬物, 動靜調于陰陽, 喜怒和于四時, 覆露皆道, 溥洽而無私, 蜎飛蠕動, 莫不依德而生, 德流方外, 名聲傳于後世. 法陰陽者, 承天地之和, 德與天地參, 光明與日月並照, 精神與鬼神齊靈, 戴圓履方, 抱表寢繩, 內能理身, 外得人心, 發施號令, 天下從風. 則四時者, 春生夏長, 秋收冬藏, 取與有節, 出入有量, 喜怒剛柔, 不離其理, 柔而不脆, 剛而不折, 寬而不肆, 肅而不悖, 優游委順, 以養群類, 其德含愚而容不肖, 無所私愛也. 用六律者, 生之與殺也, 賞之與罰也, 與之與奪也, 非此無道也, 伐亂禁暴, 興賢良, 廢不肖, 匡邪以爲正, 攘險以爲平, 矯枉以爲直, 明于施舍, 開塞之道, 乘時因勢, 以服役人心者也. 帝者不體陰陽卽侵, 王者不法四時卽削, 霸者不用六律卽辱, 君者失準繩卽廢. 故小而行大卽窮塞而不親, 大而行小卽狹隘而不容.

노자가 말하였다.

영토가 넓고 인구가 많은 것으로는 강한 나라가 될 수 없고, 갑옷이 단단하고 무기가 날카로운 것으로는 승리를 기대할 수 없으며, 성이 높고 해자가 깊은 것으로는 견고할 수 없고, 형벌이 엄하고 법이 준엄한 것으로는 위엄을 유지할 수 없다. 흥하는 정치를 행하는 나라는 비록 나라가 작더라도 반드시 보존되고, 망하는 정치를 행하는 나라는 비록 나라가 크더라도 반드시 망한다. 그러므로 잘 지키는 자는 제어할 수 없고 잘 싸우는 자와는 싸울 수 없으니, 때와 형세를 잘 이용하고 백성의 욕구에 따르면 천하가 복종한다. 그러므로 정치를 잘하는 자는 덕을 쌓고, 군대를 잘 부리는 자는 노여움을 쌓는다. 덕을 쌓으면 백성을 부릴 수 있고, 노여움을 쌓으면 위엄을 세울 수 있다. 그러므로 문치를 베풀면 베풀수록 그 권세에 복종되는 영역이 커지고, 덕을 베푸는 것이 넓으면 넓을수록 그 위엄에 의해 제어되는 범위가 넓어진다. 넓으면 나는 강하고 적은 약하게 된다. 군대를 잘 부리는 자는 먼저 적을 약하게 한 이후에 싸운다. 그러므로 비용은 절반인데도 공은 열 배가 된다. 그러므로 제후의 나라도 문치와 덕치를 베풀면 왕이 될 수 있고, 천자의 나라도 전쟁을 좋아하면 망하게 된다. 왕도 정치를 펴는 나라의 군대는 먼저 이긴 후 전쟁을 하나, 망하는 나라의 군대는 먼저 싸운 후에 승리를 구한다. 도에 밝지 못하기 때문이다.46

老子曰: 地廣民衆, 不足以爲强；甲堅兵利, 不可以持勝；城高池深, 不足以爲固；嚴刑峻法, 不足以爲威. 爲存政者, 雖小必存焉；爲亡政者, 雖大必亡焉. 故善守者, 無與禦；善戰者, 無與鬪. 乘時勢, 因民欲, 而天下服. 故善爲政者, 積其德；善用兵者, 畜其怒. 德積而民可用者, 怒畜而威可立也. 故文之所加者深, 則權之所服者大；德之所施者博, 則威之所制者廣. 廣則我强而適弱. 善用兵者, 先弱敵而後戰, 故費不半而功十倍. 故千乘之國, 行文德者王；萬乘之國, 好用兵者亡. 王兵先勝而後戰, 敗兵先戰而後求勝, 此不明于道也.

---

46. 이상의 내용은 『회남자』「병략훈」에서 찾아 볼 수 있다.

10. 최고의 인[上仁]

노자가 말하였다.

군자의 도는 고요히 몸을 닦고 검소하게 생명을 기르는 것이다. 고요하면 백성들이 어지럽지 않고 검소하면 백성이 원망하지 않는다. 백성들이 어지러우면 정치가 혼란하고 백성들이 원망하면 덕이 각박해진다. 정치가 혼란하면 능력 있는 사람이 군주를 위해 머리를 쓰지 않고 용감한 사람이 군주를 위해 싸우지 않는다. 어지러운 군주는 군자와 다르다. 어지러운 군주는 하루아침에 천하의 부를 다 소유하고 절대 권력을 휘두르며, 백성의 힘을 소진시켜 자신의 욕망을 충족시킨다. 그의 생각은 오로지 궁궐과 누대를 짓고 연못을 파고 동산을 만들며 맹수와 괴상한 보물을 모으는 데 있다. 그리하여 백성들은 헐벗고 굶주리는 데도 사육하는 호랑이는 고기에 싫증을 내며, 백성들은 추위에 벌벌 떠는 데도 궁궐은 화려한 비단으로 휘감고 있다. 그러므로 군주가 쓸모 없는 것들을 기르면 천하 사람들은 삶이 편안하지 못하다.[1]

---

1. 이상의 내용은 부분적으로 『회남자』 「주술훈」에서 찾아 볼 수 있다.

老子曰: 君子之道, 靜以修身, 儉以養生. 靜卽下不擾, 下不擾卽民不怨; 下擾卽政亂, 民怨卽德薄. 政亂, 賢者不爲謀; 德薄, 勇者不爲鬪. 亂主則不然. 一日有天下之富, 處一主之勢, 竭百姓之力, 以奉耳目之欲. 志專于宮室臺樹, 溝池苑囿, 猛獸珍怪. 貧民飢餓, 虎狼厭芻豢; 百姓凍寒, 宮室衣綺繡. 故人主畜玆無用之物, 而天下不安其性命矣.

노자가 말하였다.

담박하지 않으면 덕을 밝게 할 수 없고, 고요하지 않으면 생각이 멀리까지 미칠 수 없으며, 관대하지 않으면 두루 포용할 수 없고, 공평하지 않으면 남을 판단할 수 없다. 현명한 군주는 천하의 눈으로 보고 천하의 귀로 들으며 천하의 마음으로 생각하고 천하의 힘으로 싸운다. 때문에 호령은 아래 백성들에게까지 미칠 수 있고, 신하들의 실정을 들을 수 있으며, 뭇 관리들은 자신들을 닦아 업무에 통달하고, 뭇 신하들은 앞다투어 몰려든다. 기쁘다고 함부로 상을 내리지 말고, 화난다고 죄 없는 사람을 벌주거나 죽이지 말라. 법령은 밝게 하되 가혹하지 않게 하고, 눈과 귀는 총명케 하여 어둡지 않게 하며, 옳고 그른 실정들이 날마다 눈앞에 전개되어도 역정내지 말라. 이렇게 하면 현명한 사람들은 자신의 지혜를 다하고 우둔한 사람들은 자신의 힘을 다하며, 가까운 사람들은 편안함을 느끼고 멀리 있는 사람들은 군주의 덕을 사모하게 된다. 이렇게 하면 사람 부리는 방법을 얻게 된다.

무릇 수레를 탄 사람은 몸소 수고하지 않아도 천리 밖까지 도달하고, 배를 탄 사람은 헤엄치지 않아도 강과 바다를 건넌다. 가령 말하는 것이 옳다면 비록 나무꾼의 말이라도 버릴 수 없고, 말하는 것이 그르다면 비록 군주와 대신의 말이라도 쓸 수 없다. 즉 옳으냐 그르냐 하는 것은 귀천과 존비로 말할 수 없다. 따라서 현명한 군주는 어떤 사람의 생각이 옳다면 그 지위의 높고 낮음을 가리지 않고, 그 말이 행할 만하다면 말의 유창함과 어눌함을 따지지 않는다. 그러나 어리석은 군주는 그렇지 않다. 어리석은 군주는 정성과 충성을 다하는 신하들을 쓰는 경우가 드물고 사악하고 아첨하는 자를 가까이 한다. 그리하여 어진 자는 군주를 만나 볼 수 없고, 소원하고 비천한 사람은 힘껏 충성을 다해도 그의 말을 군주에게 들리게 할수 없다. 또 그 같은 군주는 말을 하는 자는 말로써 궁하게 하고, 간언하는 자는 죄를 주어 죽인다. 이와 같이 하면서 천하 사람들을 편안케 하고 국가를 보존코자 한다면 결코 총명하다고 할 수 없을 것이다.2

老子曰: 非淡漠無以明德, 非寧靜無以致遠, 非寬大無以竝覆, 非正平無以制斷. 以天下之目視, 以天下之耳聽, 以天下之心慮, 以天下之力爭. 故號令能下究, 而臣情得上聞, 百官修達, 群臣輻湊. 喜不以賞賜, 怒不以罪誅; 法令察而不苟, 耳目聰而不暗; 善否之情, 日陳于前而不逆. 故賢者盡其智, 不肖者竭其力; 近者安其性, 遠者懷其德. 得用人之道也. 夫乘輿馬者, 不勞而致千里; 乘舟楫者, 不游而濟江海. 使言之而是, 雖商夫芻蕘, 猶不可棄也; 言之而非, 雖在人君卿相, 猶不

2. 이상의 내용은 『회남자』「주술훈」에서 찾아 볼 수 있다.

可用也. 是非之處, 不可以貴賤尊卑論也. 其計可用, 不差其
位; 其言可行, 不貴其辯. 暗主則不然. 群臣盡誠效忠者, 希不
用其身也; 而親習邪枉, 賢者不能見也; 疏遠卑賤, 竭力盡忠
者不能聞也. 有言者, 窮之以辭; 有諫者, 誅之以罪. 如此而欲
安海內, 存萬方, 其離聰明亦以遠矣.

노자가 말하였다.

생명을 존중하는 사람은, 비록 부유하고 귀하다 할지라도 몸을
기르는 것으로 몸을 상하게 하지 않고, 비록 가난하고 비천하다 할
지라도 이익 때문에 육신에 누를 끼치지 않는다.3 지금 사람들은 조
상의 유산을 받으면 반드시 그것을 잃을까 걱정한다. 그런데 생명
은 그 유래가 오래 되었는데도 그것을 가볍게 잃는다면 어찌 미혹된
짓이 아니겠는가! 그러므로 "자기 몸을 귀하게 여기는 태도로 천하
를 다스린다면 천하를 맡길 수 있고, 자기 몸을 아끼는 자세로 천하
를 다스린다면 천하를 의탁할 수 있다."4

---

3. 이 구절은 『장자』 「양왕」(讓王)에서 취해 왔다. 「양왕」에는 다음과 같은
   말이 있다. "생명을 존중하는 사람은 비록 부귀하다 할지라도 몸을 기르는
   것—의식주 따위—으로써 몸을 상하게 하지 않으며, 비록 가난하고 천하
   다 할지라도 이익 때문에 몸에 누를 끼치지 않는다. 그러나 지금 사람들
   가운데 높은 관직과 벼슬에 있는 사람들은 모두 이익 잃는 것을 두려워하
   여, 이익을 보면 가벼이 자기 몸을 망치니 어찌 미혹된 짓이 아니겠는
   가!"〔能尊生者, 雖貴富不以養傷身, 雖貧賤不以利累形. 今世之人居高官尊
   爵者, 皆重失之, 見利輕亡其身, 豈不惑哉!〕
4. 『노자』 13장에 나오는 말이다.
   이 단락은 '생명 중시' 사상을 펼치고 있다. 생명은 그 무엇보다도 중요하
   기에 부귀나 이익으로도 바꿀 수 없다는 것이니, 양주의 중생(重生) 사상

老子曰: 能尊生, 雖富貴不以養傷身, 雖貧賤不以利累形. 今受先祖之遺爵, 必重失之. 生之所由來久矣, 而輕失之, 豈不惑哉. 貴以身治天下, 可以寄天下, 愛以身治天下, 所以托天下.

문자가 나라 다스리는 근본에 대해 물었다.

노자가 말하였다.

"정치의 근본은 자기 자신을 다스리는 데 있다. 일찍이 자기 자신이 다스려졌는데 나라가 어지러워졌다는 말은 들어보지 못하였다. 자기 자신이 어지러운데 나라가 잘 다스려진다는 일은 있을 수 없다. 그러므로 말하길, '도를 자기 자신에게 닦으면 그 덕은 참되다'5고 하였다. 도는 지극히 미묘해서 아버지도 자식에게 가르칠 수 없고, 자식 또한 아버지에게 드릴 수 없다. 그러므로 '말할 수 있는 도는 참된 도가 아니며, 이름할 수 있는 이름은 참된 이름이 아니다.'6"7

文子問治國之本. 老子曰: 本在于治身, 未嘗聞身治而國亂

과도 통한다. 그리고 이처럼 자기 생명을 중시하는 사람이라야 천하의 일을 맡길 수 있다고 하는데, 이것은 정치의 바탕을 양생에 두는 귀생주의(貴生主義)라고 할 수 있다.

5. 『노자』 54장에 나오는 말이다.
6. 『노자』 1장에 나오는 말이다.
7. 이 단락에서는 『대학』의 '수신제가치국평천하'(修身齊家治國平天下)의 관점과 『노자』의 '도가도비상도'(道可道非常道)의 이론을 하나로 종합하고 있다. 즉 먼저 정치의 근본은 자기 수양에 있다는 점을 밝히고 있고, 그리고 이러한 자기 수양의 도는 그 누구로부터 전해 받거나 얻을 수 있는 것이 아니라 오로지 자기 체험에 의해서만 알 수 있는 것으로 설명되고 있다.

者也. 身亂而國治者, 未有也, 故曰, 修之身, 其德乃眞. 道之
所以至妙者, 父不能以敎子, 子亦不能受之于父. 故道可道,
非常道也, 名可名, 非常名也.

문자가 물었다.

"어떻게 행해야 백성들이 윗사람과 친하게 됩니까?"

노자가 말했다.

"백성을 부릴 때에는 시기에 맞추어 부리고, 백성을 공경하기를
마치 깊은 연못가에 서 있듯이 하고 마치 얇은 얼음을 밟듯이 하라.
천하 백성들에게 잘 대해 주면 그들 또한 나를 길러 주고, 잘 대해
주지 못하면 그들은 나의 원수가 된다. 옛날 하나라와 상나라의 신
하들은 각기 걸과 주를 원수로 삼아 반대하고 탕임금과 무왕을 섬겼
으며, 공공(工共)의 백성들은 스스로 자신들의 군주를 공격하고 신
농씨(神農氏)에게 귀의하였다. 그러므로 '남들이 두려워하는 것을
나 또한 두려워하지 않을 수 없다.'[8]"[9]

文子問曰, 何行而民親其上? 老子曰, 使之以時而敬愼之,
如臨深淵, 如履薄氷. 天地之間, 善卽吾畜也, 不善卽吾仇也,
昔者夏商之臣, 反仇桀紂, 而臣湯武, 宿沙之民, 自攻其君, 歸

---

8. 『노자』 20장에서 나오는 말이다.
9. 이 단락에서는 백성들과 군주가 친할 수 있는 방법에 관해 말하고 있는데,
   그 핵심은 군주가 백성들을 공경하고 두렵게 여기는 것이라고 한다. 만약
   백성들을 공경하고 두렵게 여기지 않으면 군주는 백성들에 의해 쫓겨날
   수 있다는 점을 옛 사례들을 들어 밝히고 있다.

神農氏, 故曰, 人之所畏, 不可不畏也.

노자가 말하였다.

큰 것을 다스리고자 하면 다스리는 도가 작아서는 안되고, 땅이 넓으면 좁은 것으로는 제어할 수 없으며, 지위가 높으면 일이 번거 러워서는 안되고, 사람들이 많으면 다스리는 법이 가혹해서는 안된 다. 일이 번거러우면 다스리기 어렵고, 법이 가혹하면 지키기 어려 우며, 구하는 것이 많으면 만족시키기 어렵기 때문이다. 밀리미터 (mm)로 재면 1미터10에 이르러 반드시 오차가 생기게 되고, 그램 (g)으로 달면 1킬로그램(kg)11에 이르러 반드시 착오가 나타난다. 그러나 애초에 '킬로그램'으로 달고 '미터'로 재면 정확하여 오차가 적어진다. 따라서 대략적으로 그 핵심만 잡는 것은 지혜롭다고 할 수 있으나, 세밀하게 살피는 것은 지혜롭다고 할 수 없다.12 그러므 로 다스림에는 도움이 되지 않고 어지러움에만 도움이 되는 일은 성 인이 하지 않으며, 쓰임에는 도움이 되지 않고 낭비에만 도움이 되 는 것은 지혜로운 사람이 하지 않는다. 그러므로 공은 간략할수록 좋고, 일은 간소할수록 좋으며, 구하는 것은 적을수록 좋다. 공이 간략하면 이루기 쉽고, 일이 간소하면 다스리기 쉬우며, 구하는 것

---

10. 원문에는 '촌'(寸), '장'(丈)으로 되어 있으나, 현대적 감각에 맞추어 '밀리 미터'(mm), '미터'(m)로 바꾸었다.
11. 이것도 원문에는 '수'(銖), '석'(石)으로 되어 있으나, 편의상 '그램'(g), '킬 로그램'(kg)으로 바꾸었다.
12. 어떤 일을 할 때 커다란 원칙만 지키고 세세한 부분에 얽매이지 말라는 뜻이다. 큰 일을 하면서 작은 부분들에 지나치게 집착하고 매달린다면 결 코 그 일을 제대로 수행할 수 없기 때문이다.

이 적으면 만족케 하기 쉽고, 여러 사람들에게 맡기면 완성하기 쉽기 때문이다. 그러므로 어줍잖은 달변은 의(義)를 해치며, 사소한 의리는 대도(大道)를 깨뜨린다. 도가 작으면 반드시 통하지 못하고, 통하더라도 반드시 엉성하다.

강은 구불구불하게 흘러가므로 멀리까지 이를 수 있고, 산은 완만하게 펼쳐지므로 높게 솟을 수 있으며, 도는 자취가 없이 한가롭고 여유 있기에 만물을 변화시킬 수 있다. 무릇 하나의 기술에만 통하고 하나의 일에만 상세하며 하나의 능력에만 정통하면, 부분적으로는 자세히 말할 수 있으나 폭넓게 대응할 수 없다. 무릇 음을 조율하는 사람은 작은 현은 팽팽하게 하고 큰 현은 느슨하게 하며, 일을 기획하는 사람은 미천한 자는 수고롭게 하고 귀한 자는 편하게 한다.13

도라는 것은 심원하고 가물가물하며 하늘의 위엄에 근거하고 하늘과 기를 같이 한다. 하늘과 기를 같이 하는 자는 황제가 되고, 세상과 의리를 같이 하는 자는 왕이 되며, 백성들과 공을 함께 나누는 자는 패자가 된다. 그러나 이것들 중 아무 것도 지니지 못한 자는 망한다. 그러므로 말하지 않아도 믿고 베풀지 않아도 어질다고 여겨지며 노하지 않아도 위엄이 서려 있는 자는, 하늘의 마음[天心]으로써 움직이고 교화시키는 사람이다.14 베풂으로써 어질고 말함

---

13. 개인의 위치와 신분에 따라 거기에 합당한 역할을 부여한다는 것이다. 이러한 진술에서 우리는 『문자』에서 차등적 신분질서가 인정되고 있다는 사실을 확인할 수 있다.
14. "하늘의 마음으로써 감화시킨다"는 것은 위에서 언급된 "하늘과 기를 같이 한다"라는 말과 통한다. 이러한 사람은 곧 자연과 합일되어 자연의 변화에 따라 세상을 다스리는 사람을 말한다.

으로써 믿고 노함으로써 위엄 있는 자는, 정성(精誠)으로써 행하는 자이다.15 베풀어도 어질지 않고 말하여도 믿지 않으며 노하여도 위엄이 없는 자는, 외형으로써 행하는 사람이다.16 그러므로 도로 다스리면 비록 법이 적더라도 잘 다스릴 수 있으나, 도가 없이 다스리면 비록 법이 많다 할지라도 어지러워진다.17

　　老子曰: 治大者, 道不可以小; 地廣者, 制不可以狹; 位高者, 事不可以煩; 民衆者, 敎不可以苛. 事煩難治, 法苛難行, 求多難贍. 寸而度之, 至丈必差; 銖而稱之, 至石必過; 石稱丈量, 徑而寡失. 大較易爲智, 曲辯難爲慧. 故無益于治, 有益于亂者, 聖人不爲也; 無益于用者, 有益于費者, 智者不行也. 故功不厭約, 事不厭省, 求不厭寡. 功約易成, 事省易治, 求寡易贍, 任于衆人則易. 故小辯害義, 小義破道, 道小必不通, 通必簡.　河以逶迤故能遠,　山以陵遲故能高,　道以優游故能化. 夫通于一伎, 審于一事, 察于一能, 可以曲說, 不可以廣應也. 夫調音者, 小弦急, 大弦緩; 立事者, 賤者勞, 貴者佚. 道之言曰, 芒芒昧昧, 因天之威, 與天同氣. 同氣者帝, 同義者王, 同功者霸, 無一焉者亡. 故不言而信, 不施而仁, 不怒而威, 是以天心動化者也. 施而仁, 言而信, 怒而威, 是以精誠爲之者也.

---

15. 정성스러운 마음으로 천하 사람들을 감화시키는 통치자를 지칭한다. 구체적으로는 앞서 언급된 '세상의 의리와 같이 하는 왕'을 말하며, 그는 덕화(德化)를 베푼다.
16. 패자를 말한다. 패자는 힘으로 다스리기에 백성들의 복종은 단지 외형적인 것이 된다. 따라서 패자의 다스림 또한 외형적인 것에 지나지 않게 된다.
17. 이상의 내용은 『회남자』「태족훈」에서 찾아 볼 수 있다.

施而不仁，言而不信，怒而不威，是以外貌爲之者也．故有道
以理之，法雖少，足以治；無道以理之，法雖衆，足以亂．

노자가 말하였다.

고래도 물을 벗어나면 땅강아지나 개미에게 당한다. 마찬가지로
군주도 자신의 직분을 버리고 신하들과 일을 다투면 신하들에게 제
어 당한다. 군주가 몸소 행하는 것으로 자신의 직분을 삼으면,18 관
리들은 군주의 귀에 부합되는 말로써 아첨하게 되며, 유능한 신하
들은 지혜를 감추고 드러내지 않게 된다. 그렇게 되면 결과적으로
군주가 일을 도맡게 된다. 군주가 능력 있는 자에게 맡기지 않고 몸
소 행하기를 좋아한다면, 군주의 지혜는 날로 곤궁해지고 군주 자
신이 모든 책임을 지게 된다. 그리고 아랫사람에 비해 수(數)가 궁
하면 아랫사람을 다스릴 수 없으며, 행동이 지위에 걸맞지 않으면
통제권을 유지할 수 없다. 그리하여 지혜가 남을 다스릴 수 없고 위
엄이 형벌을 행사할 수 없으면 천하 사람들과 교류할 수 없다.19 기
뻐하고 노하는 군주의 마음이 드러나고 군주의 욕망이 밖으로 표출
되면, 직책을 맡은 자들은 정도(正道)를 벗어나 군주에게 아첨하고
관리들은 법을 굽혀 군주의 기분에 영합하게 된다. 상이 공에 합당
하지 않고 벌이 죄에 상응하지 않으면, 위아래가 서로 마음이 어긋
나고 군주와 신하가 서로 원망하게 된다. 이렇게 되면 뭇 관리들이

---

18. 원문은 '以無爲恃位'로 되어 있으나 문맥상 의미가 통하지 않는다. 『통현
    진경찬의』에 근거하여 '以自爲恃位'로 고쳐 해석한다.
19. 지혜가 궁해지고 위엄이 떨어지면 천하 백성들을 다스릴 수 없다는 말이다.

어지러워도 군주의 지혜로는 해결할 수 없고, 비난과 칭찬이 생겨나도 그것들을 올바르게 판단할 수 없으며, 자신의 잘못을 비난하고 자책하게 되면 군주는 더욱 수고롭게 되고 신하는 더욱 편안하게 된다. 이것은 목수를 대신해 나무를 깎는 것과 같다. "무릇 목수를 대신해 나무를 깎는 사람치고 자기 손을 다치지 않는 사람이 드물다."20 사람이 말과 함께 달리면 힘줄이 끊어져도 따라잡을 수 없다. 그러나 수레를 타고 고삐를 잡으면 오히려 말이 수렛대 아래에서 지쳐 죽게 된다. 백락(伯樂)21이 말의 관상을 보고 왕량(王良)22이 고삐를 잡고 현명한 군주가 수레를 타면, 말을 몰고 말의 관상을 보는 수고로움이 없이도 천 리 밖까지 다다를 수 있다. 이것은 인재를 잘 이용하기 때문이다.23

군주의 도는 몸소 행하는 것이 없되 주어진 조건을 잘 이용해야 하며, 통치자의 자리에 서되 사사로이 좋아하는 것이 없어야 한다. 행위가 드러나면 행위에 대한 시비 논란이 생기고, 개인적으로 좋아하는 것이 있으면 신하들이 아첨하기 때문이다. 행위에 대한 시비 논란이 있게 되면 군주의 지위를 빼앗길 수 있고, 신하들이 아첨하면 거기에 미혹될 수 있다. 무릇 몸소 일을 행함으로써 남에게 제

---

20. 『노자』 74장에 나오는 말이다.
21. 진(秦)나라 목공(穆公)시대의 사람으로, 말의 관상을 잘 보았던 사람으로 유명하였다.
22. 춘추시대 진(晉)나라 사람으로, 말을 잘 모는 것으로 유명하다.
23. 여기서는 인재등용의 중요성에 관해 언급하고 있다. 유가에서는 통치자의 솔선수범을 중시한다. 그러나 황로학에서는 통치자가 솔선 수범하여 아랫사람들의 모범을 보이는 것이 중요한 것이 아니라, 천하의 인재들을 잘 선택하여 그들을 적재적소에 배치할 수 있는 능력을 중시한다. 통치자 한 사람의 힘으로는 모든 일을 감당할 수 없고, 또한 위계질서에 따라 상하 각자가 맡아야 할 일이 각기 다르다고 보기 때문이다.

어 당하는 사람은 나라를 지킬 수 없다. 그러므로 "잘 세우는 것은 뽑히지 않는다"[24]고 한다. 이 말은 형체가 드러나지 않게 일을 행한다는 말이다.[25] 오직 '신묘하게 교화하는 자'[神化者]만을 아무도 이길 수 없다. 내면의 욕구가 밖으로 나오지 못하게 하는 것을 '빗장을 건다'라고 말하고, 외부의 사악한 것이 들어가지 못하게 하는 것을 '문을 폐쇄한다'라고 말한다. 내면에 빗장을 걸고 외부를 폐쇄하면 그 어떤 것이 절도 있게 통제되지 않겠는가? 외부의 사악한 것을 폐쇄하고 내면의 욕구에 빗장을 걸면 그 어떤 일이 이루어지지 않겠는가? 그러므로 이처럼 하면 사용하지 않아도 사용하지 못하는 것이 없고 몸소 행하지 않아도 이루지 못하는 것이 없게 된다. 신하에 앞서 말하지 말고 신하의 일을 도맡아 하지 말라. 단지 신하들의 직책을 쫓아서 그들이 행한 일의 내용만을 감독하라. 그리고 관리들에게 전적으로 맡겨 놓고 '모른다'[不知]를 통치 방법으로 삼고, '어찌 하리오'[奈何]26를 통치의 핵심으로 삼아라.[27] 이렇게 하면 뭇 관리들의 일을 하나하나 자세히 살펴 볼 수 있게 될 것이다.[28]

---

24. 『노자』 54장에서 나오는 말이다.
25. 노자가 말한 '잘 세운다'는 것은 곧 무형(無形)에 세우는 것을 말한다. 만약 형체가 드러나면 언젠가는 훼손되거나 뽑힐 수 있으나, 형체가 드러나지 않으면 그 누구도 감히 훼손시킬 수 없다. 결국 이 말은 군주의 마음과 행위가 밖으로 드러나지 않아야 한다는 것이며, 그렇게 될 때 아래의 신하들이 군주를 농락하는 일이 없게 된다는 것이다.
26. 원문은 '禁苟'로 되어 있으나, 문맥상으로 볼 때 '奈何'로 고쳐 해석하는 것이 타당하다. '禁'과 '奈'는 글자 형태가 유사하므로 옮겨 쓰는 과정에 착오가 있었을 수 있다.
27. 최고 통치자는 개별적인 정사에 간섭하지 않아야 한다는 점을 말하고 있다. 국가 경영의 실질적인 업무에 대해 통치자가 일일이 모두 다 알 수가 없으니, 그 누가 통치의 구체적인 업무나 방향에 관해 물어오면 단지 '모른다' 혹은 '어찌 하리오'를 연발할 수밖에 없는 것이다.

老子曰: 鯨魚失水, 則制于螻蟻; 人君舍其所守, 而與臣爭
事, 則制于有司. 以無(自)爲恃位, 守職者以聽從取容, 臣下
藏智而不用, 反以事專其上. 人君者, 不任能而好自爲, 則智
日困而自負責; 數窮于下, 則不能申理; 行墮于位, 則不能持
制. 智不足以爲治, 威不足以行刑, 則無以與天下交矣. 喜怒
形于心, 嗜欲見于外, 則守職者離正而阿上, 有司枉法而從風.
賞不當功, 誅不應罪, 則上下乖心. 君臣相怨, 百官煩亂而智
不能解, 非譽萌生而明不能照, 非己之失而反自責, 則人主愈
勞, 人臣愈佚. 是代大匠斲也. 夫代大匠斲者, 希有不傷其手
矣. 與馬逐走, 筋絶不能及也; 上車攝轡, 馬死衡下. 伯樂相
之, 王良御之, 明主乘之, 無御相之勞而致千里, 善乘人之資
也. 人君之道, 無爲而有就也, 有立而無好也. 有爲卽議, 有好
卽諛. 議卽可奪, 諛卽可誘. 夫以建而制于人者, 不能持國. 故
善建者不拔, 言建之無形也. 唯神化者, 物莫能勝. 中欲不出
謂之扃, 外邪不入謂之閉. 中扃外閉, 何事不節; 外閉中扃, 何
事不成. 故不用之, 不爲之, 而有 用之, 而有爲之. 不伐之言,
不奪之事, 循名責實, 使自有司, 以不知爲道, 以奈(禁)苛爲
主. 如此, 則百官之事, 各有所考.

노자가 말하였다.

먹을거리는 백성의 근본이고, 백성은 나라의 기초이다. 그러므로
군주는 위로는 '천시'(天時)를 따르고 아래로는 '지리'(地利)를 최대

---

28. 이상의 내용은 『회남자』「주술훈」에서 찾아 볼 수 있다.

한 활용하며 가운데로는 '인력'(人力)을 이용한다. 이 때문에 뭇 생물들은 성장하고 만물은 번식한다. 봄에는 마른나무와 풀을 잘라 곡식을 뿌리고, 여름에는 온갖 과일들을 거두어들이며, 가을에는 채소와 곡식을 저장하고, 겨울에는 땔나무를 준비한다. 이렇게 함으로써 백성들의 생활 조건이 마련되니, 살아서는 쓰는 데 부족함이 없고 죽어서는 시신이 들판에 뒹구는 일이 없게 된다. 옛 선왕의 법도는 다음과 같다. 짐승 무리를 모조리 잡지 않고 큰놈들만 취하며, 연못을 바싹 말려서 고기 잡는 짓을 하지 않으며, 숲 전체를 태우면서 사냥하지 않는다. 또한 승냥이가 짐승을 제사지내기 전에는 들판에 그물을 치지 않고, 수달이 물고기를 제사지내기 전에는 그물을 물에 들이지 않으며,29 매가 새들을 낚아채기 전에는 그물을 높은 곳에 펼치지 않고, 초목에 낙엽이 지기 전에는 도끼를 산림에 들이지 않으며, 곤충이 칩거하기 전에는 화전을 일구지 않고, 임신한 짐승은 죽이지 않으며, 새의 새끼와 알은 꺼내지 않고, 물고기는 30cm 정도가 되지 않으면 잡지 않으며, 개와 돼지는 태어난 지 일년이 되지 않으면 잡아먹지 않는다. 이렇게 하기 때문에 만물은 마치 수증기처럼 무성하게 생성 번식한다. 이처럼 선왕이 적절한 시기에 따라서 백성들의 생활 환경을 준비하는 것은, 나라를 부유하게 하고 백성을 이롭게 하는 길이다. 이것은 군주가 직접 살피고 발로 뛰면서 행해야 하는 일이 아니다. 백성을 이롭게 하고자 하는 마음을 군주가 항상 잊지 않고 있으면 백성들이 스스로 갖추게 된다.

---

29. 늦가을이 되면 승냥이나 수달은 많은 짐승과 물고기를 잡아 산기슭이나 물가에 늘어놓고 겨울을 준비한다고 한다. 이러한 행위는 마치 사람들이 제사를 지내는 모습과 유사하다고 하여 '제사지낸다'는 표현을 하는 것이다.

老子曰: 食者民之本也, 民者國之基也. 故人君者, 上因天時, 下盡地理, 中用人力. 是以群生以長, 萬物蕃殖. 春伐枯槁, 夏收百果, 秋畜蔬食, 冬取薪蒸, 以爲民資, 生無乏用, 死無傳尸. 先王之法, 不掩群而取殀夭, 不沽澤而漁, 不焚林而獵. 豺未祭獸, 置罘不得通于野; 獺未祭魚, 網罟不得入于水; 鷹隼未擊, 羅網不得張于皋; 草木未落, 斤斧不得入于山林; 昆蟲未蟄, 不得以火田. 育孕不殺, 鷇卵不探; 魚不長尺不得取, 犬豕不期年不得食. 是故萬物之發生若蒸氣出. 先王之所以應時修備, 富國利民之道也, 非目見而足行之也. 欲利民不忘乎心, 則民自備矣.

노자가 말하였다.

옛날의 밝은 군주는 백성들에게 거둬들일 때에는 절도가 있었고 자기 자신을 봉양하는 데에는 일정한 도수가 있었다. 즉 반드시 그 해의 작황을 계산하여 세금을 거둬들였고, 백성들의 비축 량을 살펴 남는지 부족한지를 헤아린 이후에 자신에게 필요한 것을 취했다. 이렇게 하면 백성들은 천지 자연으로부터 얻어먹을 수 있고, 굶주림과 추위의 근심으로부터 벗어날 수 있다. 그러므로 군주는 백성들의 고통에 대해 아파하고 슬퍼한다. 즉 나라에 굶주리는 자가 있으면 맛있는 음식을 먹지 않고, 백성 가운데 추위에 떠는 자가 있으면 겨울에 털옷을 입지 않는다. 이처럼 백성들과 함께 괴로워하고 즐거워하면 천하에 슬픈 백성이 없다.

그러나 어리석은 군주는 그렇지 않다. 즉 어리석은 군주는 백성들의 역량을 헤아리지 않고 취하고, 백성들의 비축 량을 살피지 않고 요구한다. 때문에 남녀 백성들은 힘써 밭 갈고 길쌈질해도 윗사람의 요구에 맞출 수가 없다. 힘은 지치고 재물은 소진되며 일을 시작하는 아침만 있을 뿐 휴식할 저녁이 없으니, 위아래가 서로 미워하게 된다. 또한 사람의 생활이란, 한 사람이 농사를 지을 수 있는 농토는 2,400평30을 넘지 못하고, 중간 토질의 밭에서 나오는 수확량은 40말31에 지나지 않는다. 처자식과 노부모가 이것을 바라보고 먹고 사는 데, 혹 때로 재해라도 있으면 윗사람의 요구에 응할 수 없다. 어진 군주라면 이것을 가엽게 여길 것이다. 그러나 탐욕스럽고 포악한 군주는 백성들을 끝까지 짜냄으로써 자신의 끝없는 욕심을 채운다. 그 결과 백성들은 천지 자연의 조화로운 기와 은덕을 입지 못한다.

老子曰: 古之明君, 取下有節, 自養有度. 必計歲而收, 量民積聚, 知有餘不足之數, 然後取奉. 如此, 卽得承所受于天地, 而離于飢寒之患. 其慘怛于民也, 國有飢者, 食不重味, 民有寒者, 冬不被裘. 與民同苦樂, 卽天下無哀民. 暗主卽不然. 取民不裁其力, 求下不量其積. 男女不得耕織之業, 以供上求. 力勤財盡, 有旦無暮, 君臣相疾. 且人之爲生也, 一人蹠耒而耕, 不益十畝. 中田之收不過四石, 妻子老弱仰之而食, 或時有災害之患, 無以供上求, 卽人主憫之矣. 貪主暴君, 涸漁其

---

30. 원문에는 '십무'(十畝)로 되어 있다. 무(畝)는 고대의 면적 단위로 1무는 약 240평방 미터가 된다.
31. 원문에는 '사석'(四石)으로 되어 있다. 석(石)은 고대의 수량 단위로 1석은 약 열 말에 해당된다.

下, 以適無極之欲, 則百姓不被天和履地德矣.32

노자가 말하였다.

천지의 기운 가운데 화기(和氣)33보다 큰 것이 없다. 화기를 얻
으면 음양이 고르게 되고 밤과 낮이 균등하게 된다. 그러므로 만물
은 밤과 낮의 길이가 균등한 춘분에 생겨나고 추분에 완성되는 것이
니, 생성과 완성은 반드시 화기의 정수를 얻는다. 그러므로 음기만
쌓이면 생성되지 않고 양기만 쌓이면 변화하지 않는다. 즉 음기와
양기가 서로 적절히 접해야만 조화를 이루어 만물을 생성 변화시킬
수 있다. 이 때문에 성인의 도는 관대하면서도 엄하고, 엄하면서도
온화하며, 부드러우면서도 강직하고, 용맹하면서도 자애롭다. 무릇
너무 강하면 꺾여지고 너무 부드러우면 돌돌 말리는 것이니, 도는
바로 강함과 부드러움 사이에 존재한다. 무릇 먹줄은, 둘둘 말아 한
주먹에 품을 수 있으나 또한 끌어 당겨 곧게 펼칠 수 있으며, 길어
도 중간에서 끊어지지 않고 짧아도 궁색하지 않으며 곧아도 강하지
않다. 그러므로 성인은 먹줄을 본받는다. 무릇 은혜만 베풀면 나약
하고 나약하면 위엄이 없으며, 위엄만 추구하면 사납고 사나우면
온화하지 않으며, 사랑만 베풀면 백성들이 방자해지고 방자해지면

---

32. 이상의 내용은 『회남자』 「주술훈」에서 찾아 볼 수 있다.
33. '화기'(和氣)는 만물을 생성하고 조화하게 하는 기운이다. 『노자』 42장에
　　서는 다음과 같이 말한다. "만물은 음기를 지고 양기를 끌어안으며, 텅빈
　　기운으로 화기를 삼는다."〔萬物負陰而抱陽, 冲氣以爲和.〕 또한 『순자』 「
　　천론」(天論)에서는 다음과 같이 말한다. "만물은 각각 그 화기를 얻음으
　　로써 생겨난다."〔萬物各得其和以生.〕

명령을 따르지 않으며, 형벌만 펴면 백성들에게 화가 미치고 화가 미치면 친하지 않게 된다. 이 때문에 화기를 귀하게 여긴다.34

老子曰: 天地之氣, 莫大于和. 和者, 陰陽調, 日夜分. 故萬物春分而生, 秋分而成, 生與成, 必得和之精. 故積陰不生, 積陽不化, 陰陽交接, 乃能成和. 是以聖人之道, 寬而栗, 嚴而溫, 柔而直, 猛而仁. 夫太剛則折, 太柔則卷, 道正在于剛柔之間. 夫繩之爲度也, 可卷而懷之, 引而申之, 可直而布也, 長而不橫, 短而不窮, 直而不剛, 故聖人體之. 夫恩推卽懦, 懦卽不威; 嚴推卽猛, 猛卽不和; 愛推卽縱, 縱卽不令; 刑推卽禍, 禍卽無親. 是以貴和也.

노자가 말하였다.

나라가 보존되는 까닭은 도를 얻기 때문이며, 나라가 망하는 까닭은 도리가 막히기 때문이다. 따라서 성인은 사물의 변화를 보고서 그 징조를 미리 안다. 덕에는 창성하는 것과 쇠하는 것이 있는데 거기에는 미리 어떤 조짐이 있다. 그러므로 생성하는 도를 얻으면 비록 작더라도 반드시 크게 되고, 망할 징조가 있으면 비록 이루어도 반드시 실패한다. 국가가 망할 때는 그것이 크다고 해서 믿을 만하지 못하며, 나라에 도가 행해질 때는 그것이 작다고 해서 경시할 수 없다. 그러므로 국가가 존속되는 것은 도를 얻는 것에 있지 국가의 규모가 큰 것에 달려 있지 않고, 국가가 망하는 것은 도를 잃는

---

34. 이상의 내용은 『회남자』「주술훈」에서 찾아 볼 수 있다.

것에 있지 국가의 규모가 작은 것에 달려 있지 않다. 그러므로 어지러운 나라의 군주는 땅을 넓히는 데 힘쓰면서 인의에 힘쓰지 않고, 높은 지위를 얻는데 힘쓰면서 도덕에 힘쓰지 않는다. 이것은 보존되는 길을 버리고 망하는 길로 나아가는 것이다. 만약 위로 해와 달과 별과 같은 밝은 지혜를 어지럽히고 아래로 만백성의 마음을 잃는다면, 누가 군주의 자리를 빼앗아 차지하지 않겠는가? 그러므로 자기 자신을 깊이 성찰하는 사람은 남이 나의 자리를 빼앗지 않을까 걱정하지 않는다.

옛날의 군주가 깊이 행한 것은 도덕(道德)이고 얕게 행한 것은 인의(仁義)이며 얇게 행한 것은 예지(禮智)이다. 이들 여섯 가지는 국가를 지탱하는 바탕들이다. 깊이 도덕을 행하면 두텁게 복을 얻고 얕게 인의를 행하면 얇게 복을 얻으며, 도덕과 인의 그리고 예지 모두 다 실행하면 천하가 복종한다. 옛날에 도덕을 닦으면 천하를 바르게 하였고, 인의를 닦으면 한 나라를 바르게 하였으며, 예지를 닦으면 한 마을을 바르게 하였다. 덕이 두터운 사람은 크게 되고 덕이 얇은 사람은 작게 되었다. 그러므로 군주의 도는, 수컷의 거침과 무력으로 서지 않고 굳고 강함으로 승리하지 않으며 탐욕과 경쟁으로 얻지 않는다. 군주의 자리에 서기 위해서는 천하가 자신을 추대해야 하고, 승리하기 위해서는 천하가 스스로 복종해야 한다. 따라서 얻는 것은 천하가 주는 것이지 스스로 취하는 것이 아니다. 그러므로 암컷의 부드러움을 행하면 군주의 자리에 서게 되고, 부드럽고 유연하면 승리하며, 인의를 행하면 얻고, 다투지 않으면 천하에 아무도 그와 다툴 수 없다. 따라서 천하에 있어서 도는 비유하자면 강이나 바다와 같다.35

하늘의 도는 억지로 행하고자 하는 자는 실패하게 하고, 기필코 잡으려고 하는 자는 놓치게 한다. 무릇 큰 명성을 바라서 그것을 구하고 다투면 얻을 수 없으며, 설사 그것을 얻는다 해도 오래 유지하지 못한다. 무릇 명성은 구해서 얻을 수 있는 것이 아니라 천하가 부여해야만 한다. 천하가 부여한다는 것은 천하 사람들이 그에게 귀의한다는 것이며, 천하 사람들이 귀의하는 요인은 덕이다. 그러므로 다음과 같이 말한다. "'최고의 덕'〔上德〕을 지닌 사람에게는 천하가 귀의하고, '최고의 인'〔上仁〕을 지닌 사람에게는 사해(四海)가 귀의하며, '최고의 의'〔上義〕를 지닌 사람에게는 한 나라가 귀의하고, '최고의 예'〔上禮〕를 지닌 사람에게는 한 마을이 귀의한다. 이 네 가지가 없는 사람에게는 아무도 귀의하지 않는다.'" 백성들이 귀의하지 않는다고 해서 군대를 쓰면 군주의 도는 위태롭게 된다. 그러므로 '병기는 상서롭지 않은 물건이니, 부득이한 경우에만 사용한다.'36 사람을 죽이고 다치게 하면 승리하여도 자랑하지 말라. 그러므로 '군대가 지나간 죽음의 땅에는 가시가 생겨나니, 애통함으로써 곡하고 상례로써 대한다.'37 이 때문에 군자는 도덕에 힘쓸 뿐 군대 쓰는 것을 중시하지 않는다.38

---

35. 우선 강과 바다는 가장 낮은 곳에 처함으로 물의 '왕'이 된다는 특성을 지닌다. 또한 물은 남과 다투지 않는다는 특성을 지닌다. 그러므로 강과 바다는 도에 비유될 수 있는 것이다. 그러므로『노자』8장에서는 다음과 같이 말한다. "물은 만물을 잘 이롭게 하나 다투지 않으며, 남들이 싫어하는 곳에 처한다. 그러므로 도에 가깝다."〔水善利萬物而不爭, 處衆人之所惡, 故幾於道.〕
36. 『노자』31장에 나오는 말이다.
37. 『노자』30장과 31장의 말을 혼합하였다.
38. 이상의 내용은『회남자』「범론훈」에서 찾아 볼 수 있다.

老子曰: 國之所以存者, 得道也; 所以亡者, 理塞也. 故聖人見化以觀其徵. 德有昌衰, 風爲先萌. 故得生道者, 雖小必大; 有亡徵者, 雖成必敗. 國之亡也, 大不足恃; 道之行也, 小不可輕. 故存在得道, 不在于小; 亡在失道, 不在于大. 故亂國之主, 務于地廣, 而不務于仁義, 務在高位, 而不務于道德. 是舍其所以存, 造其所以亡也. 若上亂三光之明, 下失萬民之心, 孰不能承? 故審其己者, 不備諸人也. 古之爲君者, 深行之謂之道德, 淺行之謂之仁義, 薄行之謂之禮智. 此六者, 國之綱維也. 深行之則厚得福, 淺行之則薄得福, 盡行之天下服. 古者修道德卽正天下, 修仁義卽正一國, 修禮智卽正一鄕. 德厚者大, 德薄者小. 故道不以雄武立, 不以堅强勝, 不以貪競得. 立在天下推己, 勝在天下自服, 得在天下與之, 不在于自取. 故雌牝卽立, 柔弱卽勝, 仁義卽得, 不爭卽莫能與之爭. 故道之在于天下也, 譬猶江海也. 天之道, 爲者敗之, 執者失之. 夫欲名之大而求之爭之, 吾見其不得已, 而雖執而得之, 不留也. 夫名不可求而得也, 在天下與之, 與之者歸之. 天下所歸者, 德也. 故云上德者天下歸之, 上仁者海內歸之, 上義者一國歸之, 上禮者一鄕歸之. 無此四者, 民不歸也. 不歸用兵, 卽危道也. 故曰兵者, 不祥之器, 不得已而用之. 殺傷人勝而勿美. 故曰死地, 荊棘生焉, 以悲哀泣之, 以喪禮居之. 是以君子務于道德, 不重用兵也.

문자가 물었다.

"인의예지는 어째서 도덕보다 얇은 것입니까?"

노자가 말하였다.

어떤 사람이 인(仁)을 행하는지 아닌지는 반드시 그가 무엇을 슬퍼하고 기뻐하는가로 말할 수 있고, 의(義)를 행하는지 아닌지는 반드시 그가 어떻게 취하고 베푸는가로 밝힐 수 있다. 그러나 천하에 슬픔과 기쁨을 두루 미치게 할 수는 없고, 궁궐 곳간의 재화를 다 베풀어도 만백성을 만족시킬 수는 없다.39 그러므로 인의를 행하는 것이 도덕을 닦고 행하는 것만 못하다는 것을 안다. 천지의 본성에 따르면 만물은 저절로 바르게 되고 천하는 스스로 만족케 되며, 이에 인의는 부수적으로 따르게 되기 때문이다. '그러므로 대장부는 그 두터운 것40에 거처하지 그 얇은 것41에 거처하지 않는다.'42

무릇 예(禮)는 실질의 겉치장이며, 인(仁)은 은혜가 밖으로 드러난 것이다. 그러므로 예는 사람의 실정에 따라서 제정하여 그 실질을 넘쳐서는 안되고, 인은 은혜의 실질을 넘치지 않도록 하여 슬픔은 인간의 감정에 들어맞고 장례는 사람의 도리에 합당하면 된다. 무릇 생명을 기름에 있어서는, 사람들이 도달할 수 없는 것을 강요해서는 안되고, 또한 사람들이 끊을 수 없는 것을 억지로 끊게 해서도 안된다. 단지 사물의 실정을 헤아려 그 적합한 바를 잃지 않으면 되고, 그러면 비난이나 명예가 생겨나지 않는다. 그러므로 음악을 만들 때는 사람을 기쁘게 하면 되는 것이니, 조화를 벗어나지 않고

---

39. 인과 의는 세상을 바르게 하는 근본적인 처방이 되지 못한다. 세상 사람들에게 일일이 인의(仁義)를 실천하는 데에는 한계가 있기 때문이다.
40. 도와 덕을 말한다.
41. 인·의·예·지를 말한다.
42. 『노자』 38장에 나오는 말이다.

삶과 죽음의 구분에 밝게 하며 사치와 검소의 적절한 경계를 깨닫게
하면 된다.

그러나 말세는 그렇지 않다. 말과 행위는 서로 어긋나고 실정과
겉모습은 상반되며 예는 번거롭게 꾸미고 음악은 지나치게 어지럽
다. 그리하여 풍속은 지나치게 세속화되고 조정에는 남을 헐뜯고
칭찬하는 말들만 무성하게 모인다.43 그러므로 참된 사람〔至人〕은
이러한 예와 음악을 폐기하고 쓰지 않는다.44

사람이 천리마와 달리면 천리마를 이길 수 없다. 그러나 사람이
수레에 몸을 실으면 천리마가 사람을 이길 수 없다. 그러므로 도를
잘 쓰는 사람은 인적 자원을 활용함으로써 공을 세우고, 자신이 잘
할 수 있는 것으로 자신의 부족한 부분을 보충한다.45 군주가 백성
들로 하여금 농사철을 잘 맞추게 지도하면 백성들은 수확한 곡식으
로 보답하고, 군주가 백성들을 예로 대하면 백성들은 죽음으로 보
답한다. 그러므로 위태로운 나라에는 편안한 군주가 없고, 근심에
쌓인 군주에게는 즐거운 신하가 없다. 자신의 지위보다 덕이 높으
면 존귀해지나, 자신의 덕보다 봉록이 많으면 흉하게 된다.

덕으로 존귀해지면 그 지위가 아무리 높아도 높은 것이 아니며,
의로 취하면 아무리 많이 취해도 많지 않다. 그러나 덕으로 귀해지
지 않으면 지위를 훔치는 것이요, 의로 취하지 않으면 남의 재물을

---

43. 예악의 본질적 의미를 밝히고 있으며, 동시에 예악이 지나치게 됨으로써
   나타나는 폐단에 대해 지적하고 있다.
44. 이상의 내용들은 『회남자』 「제속훈」에서 찾아 볼 수 있다.
45. 여러 사람의 재능을 잘 활용하면, 혼자의 힘으로 불가능한 일도 충분히
   해 낼 수 있으며 자신의 부족한 부분을 채울 수 있다는 점을 밝히고 있다.
   통치자의 입장에서 인재등용의 중요성에 관해 언급하고 있다.

도둑질하는 것이다. 성인은 가난을 편안히 여기고 도를 즐길 뿐, 욕심으로 인해 생명을 상하게 하거나 이익으로 인해 자신의 몸에 누를 끼치지 않는다. 그러므로 성인은 의를 위반하면서까지 함부로 취하지 않는다. 옛날에는 덕이 없으면 존귀해지지 않았고, 능력이 없으면 관직에 등용되지 않았으며, 공이 없으면 상을 받지 못했고, 죄가 없으면 벌을 받지 않았다.46 또한 사람을 등용할 때는 예로 대접하였고, 사람을 물러나게 할 때는 의에 합치되게 하였다. 소인의 세상에는 사람을 등용할 때는 마치 하늘처럼 받드나, 사람을 물러나게 할 때는 마치 연못 속에 빠뜨리듯이 한다. 이처럼 옛날의 일을 말하는 것은 옛날의 일로써 오늘날의 일을 풍자하기 위한 것이다.

말의 관상을 볼 때 빠지기 쉬운 실수는 말의 수척함을 문제삼는 것이고, 선비를 선발할 때 범하기 쉬운 실수는 그 사람의 가난함을 문제삼는 것이다. 살찐 돼지는 주방을 채울 수 있으나 골이 빈 사람은 관직에 등용될 수 없다. 군자는 실질을 살피기에 헐뜯는 말을 믿지 않는다. 군주가 잘못했는데도 그 잘못을 지적하지 않으면 충신이 아니고, 잘못을 지적하였는데도 듣지 않으면 밝은 군주가 아니며, 백성이 도탄에 빠졌는데도 근심하지 않으면 현명한 군주가 아니다. 그러므로 절개를 지키고 어려운 일에 목숨을 바치는 것은 신하의 직책이고, 추운 사람에게 옷을 입혀주고 굶주린 사람에게 먹여주는 것은 자애로운 아버지와 같은 군주의 은혜이다. 큰 지위를 지니고서 작은 지위를 지닌 사람을 섬기는 사람을 '상도를 변질시키는 사람'이라 하고, 작은 지위의 사람이 큰 지위의 사람을 범하는 것을 '천리를 거스른다'고 한다. 이러한 사람은 처음에는 비록 하늘처

---

46. 명실(名實)에 관한 논의가 될 수 있다.

럼 높이 오른다고 해도 나중에는 반드시 깊은 연못에 빠지듯이 추락하고 만다.

　그러므로 마을에서는 나이로 대우하여 늙고 궁핍해도 버리지 말고, 조정에서는 작위로 대하여 존귀함과 비천함의 차등을 둔다. 무릇 존귀한 자를 숭상하는 것은 그가 군주에 가깝기 때문이고, 노인네를 존중하는 것은 그가 부모에 가깝기 때문이며, 어른을 공경하는 것은 그가 형에 가깝기 때문이다. 태어나면서부터 존귀한 사람은 교만하고, 태어나면서부터 부자인 사람은 사치스럽다. 그러므로 부귀한 사람이 밝은 도로 스스로를 비추어 보지 않고서 잘못을 저지르지 않을 수 있는 사람은 드물다.47 배움에 싫증을 내지 않으면 자신을 다스릴 수 있고, 가르침에 권태를 느끼지 않으면 백성을 다스릴 수 있다. 현명한 스승과 훌륭한 친구가 있는데도 잘못을 저지르는 사람은 드물다. 현명한 사람을 알아보는 것을 '지혜롭다'고 하고, 현명한 사람을 아끼는 것을 '어질다'고 하며, 어진 이를 존중하는 것을 '의롭다'고 하고, 현명한 사람을 존경하는 것을 '예절바르다'고 하며, 현명한 사람이 있는 것을 즐거워하는 것을 '즐길 줄 안다'고 한다.

　옛날에 천하를 잘 다스리는 사람은 무위하여도 하지 못하는 것이 없었다. 그러므로 천하에 용납되었다. 그 용납됨을 얻을 수 있으면 무위하여도 공이 있고, 그 용납됨을 얻지 못하면 움직일 때마다 반드시 흉하게 된다. 천하에 용납되는 것은 다음과 같이 하기 때문이다. "머뭇머뭇 거리네, 마치 겨울에 큰 냇물을 건너듯이. 주저주저하네, 마치 사방의 이웃을 두려워하는 듯이. 엄숙하기도 하네, 마치

---

47. 『노자』 9장에서는, "부귀하면서 교만하면 스스로 허물을 남기게 된다"〔富貴而驕, 自遺其咎〕라고 말함으로, 부귀하면서 교만한 것을 경계하고 있다.

손님처럼. 사르르 풀리네, 마치 얼음 녹듯이. 순박하기도 하네, 마치 통나무처럼. 흐릿하기도 하네, 마치 탁한 물처럼. 텅 비었네, 마치 계곡처럼."[48] 이상과 같이 행위하기에 천하에 용납되는 것이다.

"머뭇머뭇 거리네, 마치 겨울에 큰 냇물을 건너듯이"라는 것은 감히 함부로 행위하지 못한다는 것을 말하고, "주저주저하네, 마치 사방의 이웃을 두려워하는 듯이"라는 것은 사방으로부터 손상당하는 것을 두려워한다는 말이며, "엄숙하네, 마치 손님처럼"라는 것은 겸손하고 공경한다는 것을 말하고, "사르르 풀리네, 마치 얼음 녹듯이"라는 것은 감히 축적하거나 저장하지 못한다는 것을 말하며, "순박하기도 하네, 마치 통나무처럼"라는 것은 감히 모나게 이루지 않는다는 것을 말하고, "흐릿하기도 하네, 마치 탁한 물처럼"라는 것은 감히 밝고 맑지 못한다는 것을 말하며, "텅 비었네, 마치 계곡처럼"라는 것은 감히 가득 채우지 못한다는 것을 말한다.

"'감히 행하지 못한다'는 것은 물러날 때 감히 앞장서지 못한다는 말이고, "사방으로부터 손상당하는 것[49]을 두려워한다"는 것은 유약함을 지키면서 감히 뽐내지 못한다는 것을 말하며, "겸손하고 공경한다"는 것은 자신을 낮추고 남을 존경한다는 말이고, "감히 축적하거나 저장하지 못한다"는 것은 스스로를 덜어내고 가려서 감히 견고하게 하지 못한다는 말이며, "감히 모나게 이루지 못한다"는 것은 스스로를 훼손하여 감히 온전하게 하지 못한다는 말이고, "감히 밝고 맑지 못한다"는 것은 탁하고 욕된 곳에 처하여 감히 새롭고 신선

---

48. 『노자』15장에 나오는 말이다.
49. 원문은 '自傷'으로 되어 있으나, 이전에 나오는 문장에 근거하여 '四傷'으로 고쳐 해석한다.

하게 되지 못한다는 말이며, "감히 가득 채우지 못한다"는 것은 자신
의 부족함을 보고서 감히 스스로 현명하다고 자처하지 않는다는 말
이다.

무릇 도는 물러나기에 앞설 수 있고, 유약함을 지키기에 엄숙할
수 있으며, 스스로 낮추기에 남보다 높을 수 있고, 스스로 덜어내고
가리기에 실하고 견고할 수 있으며, 스스로 훼손하기에 온전할 수
있고, 탁하고 욕된 곳에 처하기에 새롭고 신선할 수 있으며, 자신의
부족함을 알기에 현명할 수 있다. 그러므로 도는 무위하여도 하지
못하는 것이 없다.

文子問: 仁義禮智何以爲薄于道德也? 老子曰: 爲仁者, 必
以哀樂論之; 爲義者, 必以取與明之. 四海之內, 哀樂不能遍.
竭府庫之財貨, 不足以贍萬民. 故知不如修道而行德, 因天地
之性, 萬物自正而天下贍, 仁義因附, '是以大丈夫居其厚, 不
居其薄.' 夫禮者, 實之文也; 仁者, 恩之效也. 故禮因人情而
制, 不過其實, 仁不溢恩, 悲哀抱于情, 送死稱于仁. 夫養生不
强人所不能及, 不絶人所不能已, 度量不失其適, 非譽無由生
矣. 故制樂足以合歡, 不出于和, 明于死生之分, 通于侈儉之
適也. 末世卽不然. 言與行相悖, 情與貌相反. 禮飾以煩, 樂擾
以淫, 風俗溺于世, 非譽萃于朝. 故至人廢而不用也. 與驥逐
走, 卽人不勝驥. 托于車上, 卽驥不勝人. 故善用道者, 乘人之
資以立功, 以其所能, 托其所不能也. 主與之以時, 民報之以
財; 主遇之以禮, 民報之以死. 故有危國無安君, 有憂主無樂
臣. 德過其位者尊, 祿過其德者凶; 德貴無高, 義取無多. 不以

德貴者, 竊位也; 不以義取者, 盜財也. 聖人安貧樂道, 不以欲傷生, 不以利累己. 故不違義而妄取. 古者無德不尊, 無能不官, 無功不賞, 無罪不誅. 其進人也以禮, 其退人也以義. 小人之世, 其進人也若上之天, 其退人也若內之淵. 言古者以疾今也. 相馬失之瘦, 選士失之貧. 豚肥充廚, 骨骴不官. 君子察實, 無信讒言. 君過而不諫, 非忠臣也; 諫而不聽, 君不明也, 民沉溺而不憂, 非賢君也. 故守節死難, 人臣之職也; 衣寒食飢, 慈父之恩也. 以大事小謂之變人, 以小犯大謂之逆天, 前雖登天, 後必入淵. 故鄉里以齒, 老窮不遺; 朝廷以爵, 尊卑有差. 夫崇貴者, 爲其近君也; 尊老者, 謂其近親也; 敬長者, 謂其近兄也. 生而貴者驕, 生而富者奢. 故富貴不以明道自鑒, 而能無爲非者寡矣. 學而不厭, 所以治身也; 教而不倦, 所以治民也. 賢師良友, 舍而爲非者寡矣. 知賢之謂智, 愛賢之謂仁, 尊仁之謂義, 敬賢之謂禮, 樂賢之謂樂. 古之善爲天下者, 無爲而無不爲也, 故爲天下有容. 能得其容, 無爲而有功; 不得其容, 動作必凶. 爲天下有容者, '豫兮其若冬涉大川, 猶兮其若畏四隣, 儼兮其若容, 渙兮其若冰之液, 敦兮其若樸, 混兮其若濁, 廣兮其若谷,' 此爲天下容. 豫兮其若冬涉大川者, 不敢行也; 猶兮其若畏四隣者, 恐四傷也; 儼兮其若容者, 謙恭敬也; 渙兮其若冰之液者, 不敢積藏也; 敦兮其若樸者, 不敢廉成也; 混兮其若濁者, 不敢明清也; 廣兮其若谷者, 不敢盛盈也. 進不敢行者, 退不敢先也; 恐自(四)傷者, 守柔弱不敢矜也; 謙恭敬者, 自卑下尊敬入也; 不敢積藏者, 自損弊不敢堅也; 不敢廉成者, 自虧缺不敢全也; 不敢清明者, 處濁辱不敢新鮮也; 不敢盛盈者, 見不足而不敢自賢也. 夫道, 退故能先, 守柔弱故能矜, 自卑下故能高人, 自損弊故實堅, 自虧缺故盛全, 處濁辱故新鮮, 見不足故能賢. 道無爲而無不爲也.

11. 최상의 의[上義]

노자가 말하였다.

무릇 배우는 사람은 천도(天道)와 인사(人事) 사이의 관계1에 밝고, 다스려지고 어지러워지는 근본 이치를 깨달을 수 있어야 한다. 그리고 마음은 맑고 깨끗이 보존하여 원인과 결과의 상관 관계를 파악하고 무형의 경지2로 돌아갈 수 있어야 한다. 이렇게 하면 통달했다고 할 수 있을 것이다. 다스림의 근본은 인의(仁義)이고 말단은 법령이다. 사람을 살게 하는 것이 근본이고 죽게 하는 것이 말단이다. 그러나 근본과 말단은 한 몸이니, 이들 양자를 사랑하는 것이 본성이다. 근본을 앞세우고 말단을 뒤로하는 사람을 군자라 하고, 말단을 앞세우고 근본을 뒤로하는 사람을 소인이라 한다.

---

1. 천도와 인사의 관계란 구체적으로 말하자면, 인사는 천도를 본받고 따라야 한다는 것이다. 즉 인간의 여러 행위는 자연 질서를 파악하여 그것에 근거하여 수행될 때 가장 이상적일 수 있다고 본다. 이처럼 천도를 미루어 인사를 밝힌다〔推天道明人事〕라는 사유는 도가, 특히 황로학의 중심 사상 중의 하나이다.
2. 도는 무형 무상이다. 따라서 '무형의 경지'란 도를 깨달은 자리 혹은 도에 가까운 상태를 의미한다.

법이 생겨난 것은 의를 보충하기 위해서이다. 그런데 법만 중시하고 의를 버린다면, 이것은 관과 신발을 귀하게 여기면서 머리와 발을 잊는 것과 같다. 인의는 넓히고 높여야 하는 것이다. 그러나 인의는 그것을 두텁게 하지 않고 넓히기만 하면 훼손되고, 그 기초를 탄탄하게 하지 않고 높이기만 하면 뒤집어진다. 그러므로 기둥을 크게 하지 않으면 무거운 것을 감당할 수 없다. 무거운 것을 감당하는 데는 기둥 만한 것이 없고, 국가를 감당하는 데는 덕 만한 것이 없다. 군주에게 백성이 있는 것은, 성에 기초가 있는 것과 같고 나무에 뿌리가 있는 것과 같다. 뿌리가 깊지 못하면 뿌리가 말라 버리나, 기초가 두터우면 위가 편안하다. 그러므로 도덕에 근본하지 않는 일은 본받을 만하지 못하고, 선왕의 다스림에 합치되지 않는 말은 법도가 될 수 없다. 교묘한 말로 한 가지 행위만 주워 모으는 일체의 술수는 천하에 두루 통하는 도가 아니다.3

老子曰: 凡學者, 能明于天人之分, 通于治亂之本, 澄心淸意以存之, 見其終始, 反于虛無, 可謂達矣. 治之本, 仁義也; 其末, 法度也. 人之所生者, 本也; 其所不生者, 末也. 本末, 一體也, 其兩愛之, 性也. 先本後末, 謂之君子; 先末後本, 謂之小人. 法之生也, 以輔義. 重法棄義, 是貴其冠履而忘其首足也. 仁義者, 廣崇也. 不益其厚而張其廣者毁, 不廣其基而增其高者覆. 故不大其棟, 不能任重. 任重莫若棟, 任國莫若德. 人主之有民, 猶城中之有基, 木之有根. 根深卽本固, 基厚卽上安. 故事不本于道德者, 不可以爲經, 言不合于先王者,

---

3. 이상의 내용은 『회남자』 「태족훈」에서 찾아 볼 수 있다.

不可以爲道. 便說掇取一行, 一切之術, 非天下通道也.

　노자가 말하였다.

　사람을 다스리는 도는 조보(造父)4가 수레를 모는 것과 같이 해
야 한다. 조보는 수레를 몰 때, 말의 고삐와 재갈을 고르게 하고 가
슴걸이를 바르게 맞추며, 안으로는 마음의 중심을 잡고 밖으로는
말의 뜻과 합치하였다. 그러므로 길을 나서 멀리까지 달려가도 말
의 기력에는 여유가 있었고, 나아가고 물러나며 빙그르르 도는 일
체의 행위가 자신의 뜻과 합치되지 않는 것이 없었다. 조보는 진실
로 말 모는 기술을 얻었다고 할 수 있다.

　무릇 권세는 군주의 수레이고 대신들은 수레를 끄는 네 마리 말
들이다. 이때 군주의 몸은 편안한 수레 밖으로 벗어나서는 안되고,
손은 네 마리 말들의 마음을 잃어서는 안된다. 그러므로 네 마리 말
들이 상호 조화하지 못하면 조보도 길을 나설 수 없듯이, 군주와 신
하가 불화하면 성인도 다스릴 수 없다. 도를 잡고서 다스리면 중간
재능의 사람들도 자신들의 재능을 다 발휘할 수 있고, 각자가 맡은
직분을 명확히 하여 살피면 간사한 행위를 그치게 할 수 있다. 사물
이 이르면 그 변화를 살피고, 일이 도래하면 그 변화에 응할 뿐이
다. 가까운 것이 다스려지면 멀리 있는 것도 다스려진다. 우연한 일
시적인 가르침을 사용하지 않고, 변함 없는 자연의 도를 얻어 다스
리면 만사가 잘 이루어질 것이다.5

---

　4. 주(周)나라 사람으로, 수레를 잘 모는 것으로 유명하였다.
　5. 이상의 내용은 『회남자』 「주술훈」에서 찾아 볼 수 있다.

老子曰: 治人之道, 其猶造父之御駟馬也. 齊輯之乎轡銜,
正度之乎胸膺, 內得于中心, 外合乎馬志. 故能取道致遠, 氣
力有餘, 進退還曲, 莫不如意, 誠得其術也. 今夫權勢者, 人主
之車輿也; 大臣者, 人主之駟馬也. 身不可離車輿之安, 手不
可失駟馬之心. 故駟馬不調, 造父不能以取道; 君臣不和, 聖
人不能以爲治. 執道以御之, 中才可盡; 明分以示之, 姦邪可
止. 物至而觀其變, 事來而應其化. 近者不亂卽遠者治矣. 不
用適然之敎, 而得自然之道, 萬擧而不失矣.

노자가 말하였다.

무릇 도를 행하는 사람은 사악한 길을 막아서 미연에 방지한다.
그리고 자신이 옳다는 것을 중시하지 않고, 사람들이 잘못된 짓을
할 수 없게 하는 것을 중시한다. 그러므로 말한다. "사람들을 근본
적으로 욕심을 낼 수 없게 만들면 굳이 '탐하지 말라'고 말하지6 않
아도 되고, 근본적으로 빼앗을 수 없게 만들면 굳이 '다투지 말라'고
말하지7 않아도 된다."8 이같이 하면 사람들의 욕심은 사라지고 공

---

6. 원문은 '日'로 되어 있으나 문맥이 통하지 않는다. 따라서 '日'자를 '曰'자로
   고쳐 해석한다.
7. 위와 마찬가지다.
8. 사람들의 욕망 자체를 해소시키면 "남의 물건을 탐내지 말아라" 혹은 "다
   투지 말아라" 하는 등의 가르침을 펼 필요가 없다는 점을 제시하고 있다.
   만약 사람들의 욕망은 그대로 놔둔 채 '이렇게 하라', '저렇게 하라'하면서
   도덕적 가르침에만 힘쓴다면 몇몇 사람들은 교화될 수 있을지언정 천하
   사람들을 모두 바른 길로 인도할 수는 없을 것이다. 따라서 욕망이 생긴
   이후에 그것을 교정하려고 하느니 차라리 욕망이 발생하기 이전에 욕망
   자체를 해소시키는 쪽에 힘써야 한다는 주장이다.

정하고 바른 도가 행해질 것이다. 그 결과 부자는 적당한 선에서 만족할 줄 알게 되고, 가난한 사람은 부자들로부터 얻어 쓸 수 있게 될 것이다. 이에 천하는 하나로 통일될 수 있다. 무릇 자신의 직분에 충실한 사람의 말은 제껴두고 남의 말이나 하는 사람에게 귀기울이고, 공로 있는 사람들은 버리고 패거리 짓는 자들이나 등용한다고 하자. 그러면 괴이한 기능들만 하늘 높이 자라나고 자기 직분을 지키는 자들은 등용되지 못하며, 나라의 풍속은 어지러워지고 공신들은 조정에서 다투게 될 것이다. 그러므로 도가 있으면 남을 부리나, 도가 없으면 남에게 부림을 당한다.9

老子曰: 凡爲道者, 塞邪隧, 防未然, 不貴其自是也, 貴其不得爲非也. 故曰勿使可欲, 無日(曰)不求; 勿使可奪,`無日(曰)不爭. 如此則人欲釋, 而公道行矣. 有餘者止于度, 不足者逮于用, 故天下可一人也. 夫釋職事而聽非譽, 棄功勞而用朋黨, 卽奇伎天長, 守職不進, 民俗亂于國, 功臣爭于朝. 故有道以御人, 無道則制于人矣.

노자가 말하였다.
나라를 다스리는 데는 일정한 도가 있으니 백성을 이롭게 하는 것이 근본이며, 정치에는 도가 있으니 명령이 행해지는 것이 우선10

---

9. 이상의 내용은 『회남자』 「주술훈」에서 찾아 볼 수 있다.
10. 원문은 '古'로 되어 있으나, 『통현진경찬의』본에 근거하여 '右'로 고쳐 해석한다.

이다. 진실로 백성들에게 이롭다면 굳이 옛 것을 본받을 필요가 없고, 진실로 일에 합당하다면 굳이 세속을 따를 필요가 없다. 그러므로 성인의 법은 시대와 더불어 변화하고 예는 풍속과 더불어 변화한다. 그리고 의복과 기계는 각각 그 용도에 편리하면 되고, 법령과 제도는 각각 그 마땅한 이치를 따르면 된다. 그러므로 옛 것을 바꾸었다고 해서 비난할 필요가 없고, 세속을 따른다고 해서 칭찬할 필요도 없다. 선왕의 책을 암송하는 것은 성인의 말을 듣는 것만 못하며, 또한 선왕의 말을 듣는 것은 그 말의 본질을 파악하는 것만 못하다. 그러나 말의 본질을 파악하는 것은 언어를 통해서는 가능하지 않다. 그러므로 "말할 수 있는 도는 참된 도가 아니며, 이름할 수 있는 이름은 참된 이름이 아니다." 따라서 성인이 말미암는 근본은 도(道)이고 〔구체적으로 행하는 것은 사(事)이다. '도'는〕11 금석(金石)12과 같아서 한 번 음이 정해지면 변경할 수가 없으나, '사'는 거문고와 같아서 하나의 곡이 끝나면 음조를 바꾼다. 법제와 예악은 다스림의 도구이지 다스림의 본질이 아니다. 그러므로 부분만 아는 선비와는 지극한 도를 말할 수 없다. 그 같은 사람은 세속에 깊이 빠져 있고 세속적 가르침에 묶여 있기 때문이다.13

老子曰: 治國有常而利民爲本, 政教有道而令行爲古(右).
苟利于民, 不必法古; 苟周于事, 不必循俗. 故聖人法與時變,
禮與俗化, 衣服器械, 各便其用, 法度制令, 各因其宜. 故變古

---

11. 이 부분은 원문에 빠져 있으나, 『문선』(文選) 및 『회남자』에 근거하여 보충한다.
12. 종이나 경쇠와 같은 타악기들이다.
13. 이상의 내용은 대부분 『회남자』「범론훈」에서 찾아 볼 수 있다.

未可非, 而循俗未足多也. 誦先王之書, 不若聞其言; 聞其言,
不若得其所以言. 得其所以言者, 言不能言也, 故道可道, 非
常道也, 名可名, 非常名也. 故聖人所由曰道, 〔所爲曰事, 道〕
猶金石也, 一調不可更, 事猶琴瑟也, 曲終改調. 法制禮樂者,
治之具也, 非所以爲治也. 故曲士不可與論至道, 訊寤于俗而
束于敎也.

노자가 말하였다.

천하에 어찌 고정 불변하는 법이 있겠는가! 세상일에 합당하고
인간의 이치에 부합되고 천지에 따르고 귀신의 일에 상세한 법이라
면 그것으로 천하를 바르게 다스릴 수 있을 것이다. 옛날 삼황(三
皇) 시대에는 법이 없어도 백성들이 따랐고, 오제(五帝)시대에는
법은 있으나 형벌이 없었으며, 하후씨(夏后氏)[14]시대에는 말을 하
면 그대로 믿었고, 은나라 사람들은 맹세를 하였으며, 주나라 사람
들은 맹약을 하였다.[15] 이후 말세에는 수치를 참았고 모욕을 가볍
게 여겼으며 탐욕스럽게 얻고서도 부끄러워할 줄 몰랐다.

그러므로 법이라는 것은 백성의 수준에 따라 완급을 조절해야 하
고, 기계와 도구는 시대의 변화에 따라서 합당하게 만들어야 한다.
무릇 법에 속박되는 사람과는 더불어 일할 수 없고, 예에 구속당하
는 사람은 변화를 쫓아서 적절하게 대응할 수 없다. 반드시 탁월하
게 눈 밝고 뛰어나게 귀 밝은 이후에야[16] 오롯하게 도를 따라 행할

---

14. 하(夏)나라의 우(禹)임금을 말한다.
15. 시대가 내려올수록 세상이 쇠퇴되는 현상에 대해 기술하고 있다.

수 있다. 무릇 법이 생겨난 근본을 알면 시대에 따라 변화할 수 있다. 그러나 통치술의 근원을 알지 못하면 비록 처음에는 잘 다스려지더라도 끝내는 어지러워진다. 지금 배움에 힘쓰는 자는 선왕의 사업을 답습하고 선왕의 전적(典籍)을 움켜지고 선왕의 법 조항을 굳게 지킨다. 이렇게 함으로써 다스림을 행하고자 하니, 이들이 없으면 마치 나라를 다스릴 수 없는 것처럼 생각한다. 그러나 이 같은 태도는 마치 네모난 자루를 둥근 구멍에 집어넣으려는 것과 같아서 결코 합당하지 않다. 무릇 위태로운 국가를 보존하고 어지러운 세상을 다스리는 일은 지혜롭지 않으면 할 수 없으나, 옛 것을 따르고 좇는 것은 비록 우둔한 자도 충분히 할 수 있다. 그러므로 성인은 쓸모 없는 법은 행하지 않으며, 현명한 군주는 효험이 없는 말에 귀 기울이지 않는다.[17]

老子曰: 天下幾有常法哉! 當于世事, 得于人理, 順于天地, 詳于鬼神, 卽可以正治矣. 昔者三皇無制令而民從, 五帝有制令而無刑罰, 夏后氏不負言, 殷人誓, 周人盟. 末世之衰也, 忍垢而輕辱, 貪得而寡羞. 故法度制令者, 論民俗而節緩急; 器械者, 因時變而制宜適. 夫制于法者, 不可與達擧; 拘禮之人, 不可使應變. 必有獨見之明, 獨聞之聰, 然後能擅道而行. 夫知法之所由生者, 卽應時而變; 不知治道之源者, 雖循終亂. 今爲學者, 循先襲業, 握篇籍, 守文法, 欲以爲治, 非此不治, 猶持方柄而內圓鑿也, 欲得宜適亦難矣. 夫存危治亂, 非智不

---

16. 세상의 실정과 시대의 변화를 올바로 파악할 수 있는 지혜를 말한다.
17. 이상의 내용은 『회남자』「범론훈」에서 찾아 볼 수 있다.

能; 道先稱古, 雖愚有餘. 故不用之法, 聖人不行也; 不驗之
言, 明主不聽也.

문자가 물었다.

"법은 어디에서 생겨납니까?18

노자가 말하였다.

법은 의(義)에서 생겨나고, 의는 많은 사람들이 적합하게 여기는
것에서 생겨나며, 많은 사람들이 적합하게 여긴다는 것은 곧 사람
들의 마음에 합치된다는 의미이다. 이것이 다스림의 핵심이다. 법
은 하늘에서 떨어지는 것도 땅에서 솟아나는 것도 아니다. 그것은
사람들 사이에서 발생하여 자기 자신에게로 되돌아와 다시 자신을
바르게 하는 것이다. 진실로 법의 근본을 깨달으면 말단에서 헤매
지 않고, 법의 핵심을 알면 의심나는 곳에서 헷갈리지 않는다. 나에
게 있다고 하여 남을 비난하지 말고, 나에게 없으면 남에게서 구하
지 말며, 백성들에게 세운 법은 윗사람들에게도 적용시키고, 백성
들에게 금지시킨 것은 자신도 행하지 말라. 따라서 군주가 법을 제
정할 때는 먼저 자기 자신에게 검증해 본다. 그러므로 입법자 자신
이 법령을 실천할 수 있으면, 법의 시행과 명령은 백성들에게 저절
로 행하여진다.

무릇 법은 천하의 표준이며 군주의 준칙이다. 법을 공포하는 것
은 법을 지키지 않는 사람을 법에 따라 처리하기 위한 것이다. 그러

---

18. 원문은 '主'로 되어 있으나, 『통현진경찬의』본과 『사부총간』본에 근거하여
'生'으로 고쳐 해석한다. 그래야 뒤의 '法生于義'와 연결될 수 있기 때문이다.

므로 법이 정해진 이후에는, 법을 지키는 사람은 상을 주고 법을 지키지 않는 사람은 벌을 준다. 상을 줄 때는 비록 존귀한 사람도 그 상을 가볍게 하지 않고, 벌을 줄 때는 비천한 사람도 그 형벌을 무겁게 하지 않는다. 법을 범한 사람은 비록 유능한 사람이라 해도 반드시 죽이고, 법에 합치되는 사람은 비록 무능한 사람이라 해도 죄를 주지 않는다. 이렇게 함으로써 공공의 도는 시행되고 사리사욕은 막히게 된다.

옛날에 관리를 세운 것은 백성들이 방자하게 행동하지 못하게 하기 위한 것이었고, 군주를 세운 것은 관리를 통제하여 관리가 제멋대로 하지 못하게 하기 위한 것이었으며, 법과 도는 군주를 제한하여 군주가 함부로 판단하지 못하게 하기 위한 것이었다. 사람들이 아무도 방자하게 행동하지 않을 수 있으면, 통치의 도가 행해지고 통치의 이치에 밝게 될 것이다. 그 결과 소박한 무위의 경지를 회복하게 될 것이다. 이때 무위는 꼼짝 않고 가만히 있는 것을 말하는 것이 아니라, 그 무엇도 개인의 주관으로부터 나오지 않는 것을 말한다.19

文子問曰: 法安所主(生)? 老子曰, 法生于義, 義生于衆適, 衆適合乎人心, 此治之要也. 法非從天下也, 非從地出也, 發乎人間, 反己自正. 誠達其本, 不亂于末; 知其要, 不惑于疑; 有諸己, 不非于人; 無諸己, 不責于所立; 立于下者不廢于上,

---

19. 원문은 "言其從己出也"로 되어 있으나 의미가 통하지 않는다. 『회남자』에 근거하여 '其' 다음에 '莫'을 첨가하여 해석한다.
    이상의 내용은 대부분 『회남자』 「주술훈」에서 찾아 볼 수 있다.

禁于民者不行于身. 故人主之制法也, 先以自爲檢式, 故禁勝
于身, 卽令行于民. 夫法者, 天下之準繩也, 人主之度量也. 懸
法也, 法不法也. 法定之後, 中繩者賞, 缺繩者誅. 雖尊貴者不
輕其賞, 卑賤者不重其刑. 犯法者, 雖賢必誅, 中度者, 雖不肖
無罪. 是故公道而行, 私欲塞也. 古之置有司也, 所以禁民使
不得恣也; 其立君也, 所以制有司使不得專行也; 法度道術,
所以禁君使無得橫斷也. 人莫得恣卽道勝而理得矣, 故反樸無
爲. 無爲者, 非謂其不動也, 言其〔莫〕從己出也.

노자가 말하였다.

상을 잘 주는 사람은 비용은 적게 들이면서도 권유하는 것은 많
고, 벌을 잘 주는 사람은 형벌은 적으면서도 간사한 행위를 금지시
킨다. 주는 것을 잘 하는 사람은 들어가는 것은 적으면서도 덕을 이
루며, 취하는 것을 잘 하는 사람은 들어오는 것은 많으면서도 원망
은 없다. 그러므로 성인은 백성들이 좋아하는 것에 근거하여 선을
권하고, 백성들이 싫어하는 것에 근거하여 간사함을 금지시킨다.
그 결과 한 사람을 상 주어도 천하 사람들이 달려가고, 한 사람을
벌주어도 천하가 두려워한다. 그러므로 지극한 상은 비용이 들지
않고, 지극한 형벌은 함부로 벌을 남용하지 않는다. 성인은 지키는
것은 작아도 다스려지는 영역은 넓다고 하는 데, 바로 이것을 가리
키는 말이다.[20]

---

20. 이상의 내용은 대부분 『회남자』 「범론훈」에서 찾아 볼 수 있다.

老子曰: 善賞者, 費少而勸多; 善罰者, 刑省而姦禁; 善與者, 用約而爲德; 善取者, 入多而無怨. 故聖人因民之所喜以勸善, 因民之所憎以禁姦. 賞一人而天下趨之, 罰一人而天下畏之. 是以至賞不費, 至刑不濫. 聖人守約而治廣, 此之謂也.

노자가 말하였다.

신하의 길이란, 옳은 일을 의론하고 일을 합당하게 처리하며, 일을 처리할 때는 앞장서 나서고 자기가 맡은 일은 책임 한계를 분명히 밝히며, 또한 이렇게 함으로써 공을 이루는 것이다. 그러므로 군주와 신하가 길을 달리하면 다스려지고 길을 같이 하면 어지러워진다. 각각 자신에게 합당한 자리를 얻어야만 위아래가 서로 부릴 수 있기 때문이다. 그러므로 가지는 줄기보다 클 수 없고, 말단은 근본보다 강할 수 없다. 즉 가벼운 것과 무거운 것, 큰 것과 작은 것이 상호 제어할 수 있어야 한다는 말이다.

무릇 위엄과 형세를 얻는 자는 지키는 것은 매우 작아도 감당하는 일은[21] 매우 크며, 지키는 것은 매우 간략해도 통치 범위는 매우 넓다. 열 아름의 나무는 삼만 근의 지붕을 지탱할 수 있는 데, 그것은 세(勢)를 얻었기 때문이다. 오 촌(寸)의 빗장은 열고 닫는 일을 관장할 수 있는 데, 그것은 핵심적 위치를 차지하고 있기 때문이다. 반드시 행해야 할 명령을 내렸으면, 그 명령을 따르는 자에게는 이익을 주고 따르지 않는 자에게는 손해를 주라. 그러면 천하에 따르

---

21. 원문은 '所在'로 되어 있으나 의미가 통하지 않는다. 『통현진경찬의』본과 『사부총간』본에 근거하여 '所任'으로 고쳐 해석한다.

지 않는 자가 없을 것이니 그것은 원칙에 따르기 때문이다. 명령하면 행해지고 금지하면 멈춰지는 것은 다수로 세를 삼기 때문이다. 의로운 사람은 천하 사람들을 모두 다 이롭게 할 수는 없으나, 한 사람을 이롭게 하면 천하가 따르게 된다. 포악한 사람은 천하의 사람들을 모두 다 해롭게 할 수는 없으나, 한 사람을 해롭게 하면 천하가 반역한다. 그러므로 등용하고 물리치는 일은 깊이 살피지 않을 수 없다.[22]

老子曰: 臣道者, 論是處當, 爲事先唱, 守職明分, 以立成功. 故君臣異道卽治, 同道卽亂. 各得其宜, 處得其當, 卽上下有以相使也. 故枝不得大于幹, 末不得强于本, 言輕重大小有以相制也. 夫得威勢者, 所持甚小, 所在(任)甚大, 所守甚約, 所制甚廣. 十圍之木, 持千鈞之屋, 得所勢也; 五寸之關, 能制開闔, 所居要也. 下必行之令, 順之者利, 逆之者害. 天下莫不聽從者, 順也; 發號令行禁止者, 以衆爲勢也. 義者, 非能盡利于天下之民也, 利一人而天下從之; 暴者, 非能盡害于海內也, 害一人而天下叛之. 故擧措廢置, 不可不審也.

노자가 말하였다.

1밀리미터(mm)를 굽혀서 1미터(m)[23]를 펼 수 있고 작게 굽혀

---

22. 이상의 내용은 대부분 『회남자』「주술훈」에서 찾아 볼 수 있다.
23. 원문은 각기 촌(寸) 및 척(尺)으로 되어 있으나, 편의상 현대적 단위로 바꾸어 번역하였다.

서 크게 바르게 된다면 성인은 행한다. 지금 군주가 신하를 평가할 때 그 사람이 이룬 큰 공을 고려하거나 그의 행위 전반을 개략으로 판단하지 않고, 자잘한 방면의 장점만 요구한다면 어진 이를 잃게 될 것이다. 그러므로 어떤 사람에게 두터운 덕이 있으면 그의 작은 절개를 따지지 말며, 어떤 사람에게 크게 잘한 것이 있으면 작은 허물들을 탓하지 말라. 무릇 사람들은 작은 단점들을 지니지 않은 사람이 없다. 따라서 그의 대체적인 행위가 올바르다면 비록 작은 과실들이 있다 할지라도 그것을 허물로 삼지 말아야 한다. 그러나 그의 대체적인 행위가 그르다면 동네에서 행하는 작은 선행들은 칭찬할 만하지 못하다. 그러므로 작은 일에 지나치게 신중한 사람은 큰 공을 이루지 못하고, 남의 작은 단점을 허물하는 사람은 많은 사람을 용납하지 못한다. 몸체가 큰 사람은 뼈마디가 엉성하고, 도량이 큰 사람은 명성이 멀리까지 미친다. 이것이 신하를 판단하는 방법이다.24

老子曰: 屈寸而申尺, 小枉而大直, 聖人爲之. 今人君之論臣也, 不計其大功, 總其略行, 而求其小善, 卽失賢之道也. 故人有厚德, 無間其小節; 人有大譽, 無疵其小故. 夫人情莫不有所短. 成其大略是也, 雖有小過, 不以爲累也; 成其大略非也, 閭里之行, 未足多也. 故小謹者無成功, 訾行者不容衆, 體大者節疏, 度巨者譽遠, 論臣之道也.

---

24. 이상의 내용은 대부분 『회남자』 「범론훈」에서 찾아 볼 수 있다.

노자가 말하였다.

옛날부터 지금까지 자신의 행위를 완벽하게 할 수 있는 사람은 없다. 그러므로 군자는 한 사람에게 모든 것을 다 갖출 것을 요구하지 않는다. 군자는 '반듯하면서도 남을 자르지 않고, 청렴하면서도 남을 상처 내지 않으며, 곧으면서도 뻗대지 않고',25 널리 통달하면서도 방자하지 않다. 따라서 군자는 한 사람이 도덕과 문무를 모두 갖추기를 억지로 요구하지 않으며, 단지 자기 수양에 힘쓴다. 한 사람에게 모든 것을 갖추기를 요구하지 않으면 상 주기가 쉽고, 자기 수양에 힘쓰면 허물이 없다. 무릇 하후씨의 옥에도 흠이 없을 수 없고, 야명주(夜明珠)에도 티가 없을 수 없다. 그러나 천하 사람들이 그것들을 보물로 여기는 것은 작은 흠이 큰 아름다움을 방해하지 않기 때문이다. 지금 남의 단점만 염두에 두고 남의 장점은 잊은 채 천하의 어진 이를 구한다면 찾기 어려울 것이다. 무릇 대중들이 눈여겨보는 것은, 지위가 높은가 낮은가 신분이 귀한가 천한가 그리고 하는 일이 깨끗한가 더러운가 등일 뿐 전체를 보지 못한다. 그러므로 사람을 평가하는 방법은 다음과 같이 한다. 존귀한 사람의 경우는 그가 사람을 등용하는 태도를 보고, 부유한 사람의 경우는 그가 남에게 베푸는 행위를 보며, 가난한 사람의 경우는 그가 남으로부터 도움을 받는 태도를 보고, 천한 사람의 경우는 그가 수행하는 일을 본다. 그리고 어려운 일에 대처하는 행위를 봄으로써 그가 용감한지 아닌지를 알고, 기쁨과 즐거움에 반응하는 태도를 봄으로써 그가 지키는 지조를 관찰하며, 남에게 재물을 베푸는 태도로써 그가 어진지 아닌지를 관찰하고, 두려움에 떠는 정도로써 그가 절개

25. 『노자』 58장에 나오는 말이다.

있는지 아닌지를 살펴본다. 이상과 같이 하면 사람들의 실정을 파악할 수 있을 것이다.26

老子曰: 自古及今, 未有能全其行者也, 故君子不責備于一人. 方而不割, 廉而不劌, 直而不肆, 博達而不訾. 道德文武, 不責備于人以力, 自修以道. 而不責于人, 易賞也; 自修以道, 則無病矣. 夫夏后氏之璜, 不能無瑕; 明月之珠, 不能無穢. 然天下寶之者, 不以小惡妨大美. 今志人之所短, 忘人之所長, 而欲求賢于天下, 卽難矣. 夫衆人之見, 位之卑, 身之賤, 事之汚辱, 而不知其大略. 故論人之道, 貴卽觀其所擧, 富卽觀其所施, 窮卽觀其所受, 賤卽觀其所爲. 視其所患難, 以知其所勇; 動以喜樂, 以觀其守; 委以貨財, 以觀其仁; 振以恐懼, 以觀其節. 如此, 則人情可得矣.

노자가 말하였다.

굽히는 것은 펴기 위한 것이요, 구부리는 것은 곧아지기 위한 것이다. 1밀리미터를 굽혀서 1미터를 펴고 작게 굽혀서 크게 곧아진다면 군자는 행한다. 뭇 냇물이 함께 흘러도 바다로 흘러가지 않으면 계곡이 되지 못하듯이, 행위 하는 바가 각기 달라도 선으로 복귀하지 않으면 군자가 되지 못한다. 선한 말은 실행할 만한 것을 귀하게 여기고, 선한 행위는 인의를 귀하게 여긴다. 군자의 허물은, 일식이나 월식이 해와 달의 밝음을 해치지 않는 것과 같다. 그러므로

---

26. 이상의 내용은 대부분 『회남자』 「범론훈」에서 찾아 볼 수 있다.

지혜로운 사람은 망령되이 행위하지 않고 용감한 사람은 함부로 죽이지 않는다. 이들은 옳은 것을 선택하여 행하고 예에 합당한지를 헤아려 행한다. 그러므로 지혜로운 사람은 일이 이루어지면 그것을 자랑할 만하고, 그가 죽으면 그 명예를 칭찬할 만하다. 비록 지혜와 능력을 지녔어도 반드시 인의를 근본으로 삼은 이후에 세상에서 높이 세워지는 것이니, 지혜와 능력이 아울러 행해지면 성인은 오로지 인의로써 표준으로 삼는다. 때문에 표준에 들어맞으면 군자가 되고 들어맞지 않으면 소인이 된다. 군자는 비록 죽어도 그 이름은 사라지지 않으며, 소인은 비록 세(勢)를 얻더라도 그 죄는 없어지지 않는다. 왼손으로 천하의 지도를 잡게 하고 오른손으로 그의 목을 베게 하면, 비록 어리석은 사람도 하지 않는다.27 자신의 목숨이 천하보다 귀하기 때문이다. 그러나 군주와 부모의 어려움을 위해 죽을 때는 죽는 것을 마치 고향으로 돌아가는 것처럼 여긴다. 그것은 의를 자기 목숨보다 중하게 여기기 때문이다. 그러므로 천하는 큰 이익이나, 자기 목숨에 비하면 작다. 또한 목숨은 중요하나 인의에 비하면 가볍다.28 이것은 인의를 표준으로 삼기 때문이다.29

---

27. 자신의 생명은 천하와도 바꿀 수 없다는 생각이다. 이것은 양주의 귀생(貴生) 혹은 중생(重生) 사상과 통한다.

28. 여기서 문자는 양주의 귀생 사상을 수용하면서 이것을 다시 인의(仁義)의 문제와 연결시키고 있다. 즉 비록 자기 생명이 천하보다 소중하고 중요하기는 하지만, 또한 그것은 인의에 비하면 오히려 가볍다는 것이다. 이렇게 볼 때 문자는 단지 양주의 귀생 사상에만 머무르지 않고, 이것을 인의의 중요성을 부각시키기 위한 하나의 방편으로 활용하고 있다. 이러한 점이 바로 문자 사상과 원시도가 사상과의 차이점이 될 것이다.

29. 이상의 내용은 대부분 『회남자』「태족훈」에서 찾아 볼 수 있다.

老子曰: 屈者所以求申也, 枉者所以求直也. 屈寸申尺, 小枉大直, 君子爲之. 百川竝流, 不注海者不爲谷; 趨行殊方, 不歸善者不爲君子. 善言貴乎可行, 善行貴乎仁義. 君子之過, 猶日月之蝕, 不害于明. 故智者不妄爲, 勇者不妄殺; 擇是而爲之, 計禮而行之. 故事成而足恃也, 身死而名足稱也. 雖有智能, 必以仁義爲本而後立; 智能竝行, 聖人一以仁義爲準繩. 中繩者謂之君子, 不中繩者謂之小人. 君子雖死亡, 其名不滅; 小人雖得勢, 其罪不除. 左手據天下之圖, 而右手刎其喉, 雖愚者不爲, 身貴于天下也. 死君親之難者, 視死如歸, 義重于身也. 故天下大利也, 比之身卽小. 身之所重也, 比之仁義卽輕, 此以仁義爲準繩者也.

노자가 말하였다.

도덕을 갖춘 사람은 해와 달이 온 세상을 골고루 비추듯이 세상에 널리 영향을 미치게 된다. 때문에 동쪽 오랑캐나 북쪽 오랑캐, 그리고 남쪽 오랑캐 땅에서도 그를 흠모하는 마음을 끊지 못한다. 나아가고 물러남의 행위가 동일하다면 비난받거나 칭찬 받는 것은 세상 사람들의 평가에 달려 있으며, 뜻과 행위가 균일하다면 궁벽하거나 영달하는 것은 때에 달려 있다. 즉 행하는 일이 세상 사람들의 마음에 들어맞으면 공이 이루어지는 것이고, 힘쓰는 바가 때에 적합하면 명예가 세워지는 것이다. 그러므로 공과 명예를 세우는 사람은 세상을 잘 선택하고 때에 신중하다. 마땅한 때가 이르는 것은 잠깐 사이이기 때문이다.[30]

옛날에 군대를 부리는 사람은 토지를 이롭게 여기거나 보물을 탐하지 않았으며, 망한 나라를 보존하고 난리를 평정하여 백성들의 해를 제거하고자 하였다. 당시에 탐욕스러운 사람이 천하 사람들을 죽이고 해치자 백성들은 어지럽혀져 아무도 자기 자리에 편안히 머무를 수 없었다. 이에 성인이 우뚝 일어나 포악한 자들을 토벌하고 어지러운 세상을 평온케 하였다. 그리고 천하의 해를 제거하고 탁한 것을 맑게 하고 위태로운 것을 안정되게 하기 위해서는 부득불 포악한 자들의 목숨을 끊을 수밖에 없었다. 때문에 적제(赤帝)31가 화재를 일으켰으므로 황제(黃帝)가 그를 사로잡았으며, 공공(共工)32이 수해를 일으켰으므로 전욱(顓頊)이 그를 잡아 죽였다.

성인은 사람들을 도로 가르치고 덕으로 인도하였으며, 그래도 듣지 않으면 위엄과 무력으로써 대하였고, 그렇게 하여도 따르지 않으면 군대로써 제압하였다. 죄 없는 사람을 죽이고 의롭지 않은 군주를 받드는 것보다 더 큰 해는 없으며, 천하의 재물을 모아서 한 사람의 욕심을 채우는 것보다 더 심한 화는 없다. 한 사람의 욕망을 펼치기 위해 천하의 근심을 키우는 것은 하늘이 원하는 바가 아니다. 군주를 세우는 것은 포악함과 난리를 그치게 하기 위한 것이다.

---

30. 이상의 내용은 대부분 『회남자』「제속훈」에서 찾아 볼 수 있다.

31. 염제(炎帝)라고 부르기도 한다. 중국 고대 전설상의 인물로 신농(神農)임금시대 말기에 살았다고 한다. 이때 황제(黃帝)와 판천(阪泉)이라는 들판에서 싸웠는데 결국 황제에게 패하였다고 한다.

32. 전설상의 천신(天神)이다. 『회남자』「천문훈」에는 공공과 전욱이 싸운 다음과 같은 얘기가 기록되어 있다. "옛날에 공공이 전욱과 제위(帝位)를 놓고 싸웠다. 공공이 화가 나 부주산(不周山)을 들이받으니 하늘 기둥이 부러지고 땅의 끈이 끊어져 하늘이 서북쪽으로 기울게 되었다. 그러므로 해와 달 그리고 별들은 서북쪽으로 쏠리게 되었고 땅은 동남쪽이 비게 되었다. 때문에 물과 흙먼지들은 동남쪽으로 흘러들어가게 되었다."

지금 뭇 백성들의 힘에 의지해서 오히려 백성들을 해치는 것은, 호랑이에게 날개를 달아주는 것과 같다. 어찌 이것을 제거하지 않을 수 있겠는가? 무릇 물고기를 기르는 사람은 반드시 수달을 제거하고, 짐승을 키우는 사람은 반드시 승냥이와 이리를 제거한다. 하물며 백성을 기름에 있어서랴! 이 때문에 군대를 일으키는 것이다.33

· 老子曰: 道德之備猶日月也, 夷狄蠻貊不能易其指. 趣舍同卽非譽在俗, 意行均卽窮達在時. 事周于世卽功成, 務合于時卽名立. 是故立功名之人, 簡于世而謹于時. 時之至也, 卽間于容息. 古之用兵者, 非利土地而貪寶略也, 將以存亡平亂爲民除害也. 貪饕多欲之人, 殘賊天下, 萬民騷動, 莫寧其所. 有聖人勃然而起, 討强暴, 平亂世, 爲天下除害, 以濁爲淸, 以危爲寧, 故不得不中絶. 赤帝爲火災, 故黃帝擒之; 共工爲水害, 故顓頊誅之. 敎人以道, 導之以德而不聽, 卽臨之以威武, 臨之不從, 則制之以兵革. 殺無罪之民, 養不義之主, 害莫大也; 聚天下之財, 贍一人之欲, 禍莫深焉. 肆一人之欲, 而長海內之患, 此天倫所不取也. 所以立君者, 以禁暴亂也. 今乘萬民之力, 反爲殘賊. 是以虎傅翼, 何爲不除. 夫畜魚者, 必去其蝙獺; 養禽獸者, 必除其豺狼. 又況牧民乎! 是故兵革之所爲起也.

노자가 말하였다.

---

33. "옛날에 군대를 부리는 사람은, ……"부터 여기까지의 내용은 대부분 『회남자』 「병략훈」에서 찾아 볼 수 있다.

나라를 다스리는 도는 다음과 같아야 한다. 군주는 가혹한 법령이 없어야 하고, 관리는 번잡한 정치가 없어야 하며, 선비는 거짓된 행위가 없어야 하고, 기술자는 지나친 기교가 없어야 하며, 일은 감당할 만할 뿐 번거롭지 않아야 하고, 도구는 완전할 뿐 꾸밈이 없어야 한다. 어지러운 세상에는 그렇지 않다. 행위하는 자들34은 서로 높임으로써 고상한 체하고, 예를 행하는 자들은 서로 치켜세움으로써 위선자가 되며, 수레는 심하게 조각하고, 도구는 현란하게 아로새겨지며, 재화를 쫓는 자는 얻기 어려운 것을 보배로 삼고, 글로 남을 비방하는 자는 세상을 혼란스럽게 하는 것을 중요시하고 궤변을 일삼아 오래 생각해도 풀리지 않게 한다. 이 같은 행위들은 다스림에는 도움이 되지 않고 어지러움이나 조장할 뿐이다. 한편 기술자들은 오랜 시간이 걸려야만 완성되는 기이한 물건을 만드는데, 이것은 실용적이지 못하다. 그러므로 신농(神農)의 법은 다음과 같이 말한다. "남정네가 밭 갈지 않으면 천하에 굶주리는 사람이 생기고, 아낙네가 길쌈하지 않으면 천하에 추위에 떠는 자가 생긴다." 그러므로 신농 자신이 몸소 밭을 갈고 그의 처와 첩이 길쌈함으로써 천하에 모범을 보였다. 그리고 백성들을 이끌 때는, 얻기 어려운 재화를 귀하게 여기지 않았고 쓸모 없는 물건을 중시하지 않았다. 그러므로 밭가는 자가 힘쓰지 않으면 가족들의 생명을 기를 수 없고, 길쌈하는 자가 힘쓰지 않으면 가족들의 몸뚱이를 덮을 수 없다. 그러므로 집안 사정에 여유가 있든 없든 먹고 입는 문제는 각자 스스로 책임지게 한다. 먹고 입는 것이 풍족하면, 간사함이 생기지 않고 안락 무사(無事)하여 천하가 화평하게 된다. 이러한 화평의 시대에

34. 주로 지조 있고 기개 있는 행위를 한다고 하는 '선비'들을 말한다.

는 꾀 많은 자도 그의 계책을 펼 곳이 없고, 힘센 자도 그의 위세를 드러낼 곳이 없다.35

老子曰: 爲國之道, 上無苛令, 官無煩治, 士無僞行, 工無淫巧, 其事任而不擾, 其器完而不飾. 亂世卽不然. 爲行者相揭以高, 爲禮者相矜以僞, 車輿極于雕琢, 器用遂于刻鏤, 求貨者爭難得以爲寶, 訛文者逐煩撓以爲急, 事爲詭辯, 久稽而不決, 無益于治, 有益于亂, 工爲奇器, 歷歲而後成, 不周于用. 故神農之法曰, 丈夫丁壯不耕, 天下有受其飢者; 婦人當年不織, 天下有受其寒者. 故身親耕, 妻親織, 以爲天下先. 其導民也, 不貴難得之貨, 不重無用之物. 是故耕者不强, 無以養生; 織者不力, 無以衣形. 有餘不足, 各歸其身. 衣食饒裕, 姦邪不生, 安樂無事, 天下和平. 智者無所施其策, 勇者無所錯其威.

노자가 말하였다.

패왕(覇王)의 도는, 꾀를 쓰고 책략을 사용하고 의를 명분으로 내걸며, 단순히 자기 보존만을 도모하는 것이 아니라 망한 나라를 다시 이어주는 것을 임무로 삼는다. 그러므로 적국의 군주가 백성들을 못살게 군다는 소리를 들으면, 군대를 일으켜 국경에 이르러 그 의롭지 않은 짓을 나무라고 잘못된 행위들을 꾸짖는다. 그리고 군대가 그 근교에 이르면 군사들에게 다음과 같이 명령한다. "나무를 자르지 말고 분묘를 파내지 말며, 곡식을 망가뜨리지 말고 쌓아

35. 이상의 내용은 대부분 『회남자』「제속훈」에서 찾아 볼 수 있다.

둔 재물을 불사르지 말며, 백성을 포로로 잡지 말고 가축을 취하지 말라." 그리고 적국에 대해 또 다음과 같이 호령한다. "이 나라의 군주는 천지의 이치를 거스르고 귀신을 모욕하며 판결이 공평하지 않고 죄 없는 자를 살육하였다. 이에 하늘이 죽이려 하고 백성들이 원수로 여긴다."

군대를 일으키는 것은 의롭지 않은 자를 폐하여 덕 있는 자에게 주기 위한 것이다. 그러므로 감히 천도를 거역하고 백성을 어지럽히는 자는 그 본인을 잡아죽이고 가족을 멸족시킨다. 그러나 집안을 이끌고 항복해 오면 한 집안에 해당되는 봉록을 주고, 마을을 이끌고 항복해 오면 한 마을에 해당되는 상을 주며, 고을을 이끌고 항복해 오면 그 고을의 책임자로 봉하고, 현을 이끌고 항복해 오면 그 현의 수령으로 삼는다. 무도한 나라는 무찌르되 피해가 백성들에게까지 미치지 않게 한다. 그 나라의 군주를 폐하고 그 정치를 바꾸되, 그 나라의 뛰어난 선비는 존중하고 어진 자는 등용하며 고아와 과부를 도와주고 가난하고 곤궁한 자를 구제하며 죄수들을 풀어 주고 공 있는 자는 상을 준다. 그러면 백성들은 문을 열고 환영하고 쌀을 씻어 바치게 되니, 단지 점령군이 빨리 오기만을 학수고대하게 된다. 의로운 군대가 국경에 이르면 싸우지 않고도 전쟁이 그치게 되나, 의롭지 않은 군대가 이르면 시체가 즐비하고 핏물이 흐르도록 치열하게 서로 싸우게 된다. 그러므로 영토를 위해 싸우는 자는 왕이 될 수 없고, 자기 자신을 위해 싸우는 자는 공을 세울 수 없다. 일을 일으킬 때 남을 위하는 사람은 백성들이 도우나, 자기 자신을 위하는 사람은 백성들이 떠나간다. 백성들이 도우면36 비록

36. 원문에는 '動'으로 되어 있으나, 『통현진경찬의』에 근거하여 '助'로 고쳐

약해도 반드시 강해지며, 백성들이 떠나가면 비록 강대해도 반드시
망한다.37

　老子曰: 霸王之道, 以謀慮之, 以策圖之, 挾義而動, 非以圖
存也, 將以存亡也. 故聞敵國之君, 有暴虐其民者, 卽擧兵而
臨其境, 責以不義, 刺以過行. 兵至其郊, 令軍帥曰: '無伐樹
木, 無掘墳墓, 無敗五穀, 無焚積聚, 無捕民虜, 無聚六畜.' 乃
發號施令曰: '其國之君, 逆天地, 侮鬼神, 決獄不平, 殺戮無
罪, 天之所誅, 民之所仇也.' 兵之來也, 以廢不義而授有德也.
有敢逆天道, 亂民之賊者, 身死族滅. 以家聽者祿以家, 以里
聽者賞以里, 以鄕聽者封以鄕, 以縣聽者侯其縣. 剋其國不及
其民, 廢其君易其政, 尊其秀士, 顯其賢良, 振其孤寡, 恤其貧
窮, 出其囹圄, 賞其有功. 百姓開戶而內之, 漬米而儲之, 唯恐
其不來也. 義兵至于境, 不戰而止. 不義之兵, 至于伏尸流血,
相交以前. 故爲地戰者, 不能成其王; 爲身求者, 不能立其功.
擧事以爲人者, 衆助之; 以自爲者, 衆去之; 衆之所動(助),
雖弱必强; 衆之所去, 雖大必亡.

　노자가 말하였다.
　최상의 의(義)는 다음과 같다. 국가를 다스리고 영토를 관장하며
인의를 행하고 덕과 은혜를 베풀며 바른 법을 세우고 사악한 도를

　　해석한다.
　37. 이상의 내용은 대부분 『회남자』 「병략훈」에서 찾아 볼 수 있다.

막는다. 그러면 뭇 신하들이 친하게 따르고 백성들이 화합하며, 위아래가 한 마음이 되고 뭇 신하들이 힘을 합치며, 제후들이 그 위엄에 복종하고 사방의 변방 사람들이 그 덕을 사모하게 된다. 조정의 일을 닦아 바르게 처리하고 적군을 격퇴하여 천 리 밖으로 물리치며 호령을 발하여 명령을 시행하면, 천하가 메아리처럼 반응한다. 이것이 최상의 의이다.

땅이 넓고 백성이 많으며 군주는 현명하고 장수는 어질며 나라는 부유하고 병사는 강하며 약속은 신용이 있고 명령이 밝으면, 적과 대치하여 아직 병기가 부딪치기 이전에 적군은 달아난다. 이것이 그 다음의 의이다.

토지의 적절한 용도를 알고 험한 곳과 좁은 곳의 지형적 이점을 익히며 정도[正]와 변칙[奇]의 변화에 밝고[38] 진법에 세밀하면, 칼날들이 맞부딪치고 나는 화살들이 서로 부딪치며 죽은 자를 수레에 가득 싣고 부상자를 부축하며 핏물이 천 리까지 이르고 들판에 해골이 가득 차게 된다. 이것은 의 가운데 최하가 된다.

전쟁의 승패는 전적으로 정치에 달려 있다. 정치가 백성들을 압도하여 아랫사람들이 윗사람에게 복종하면 군사력이 강하게 된다. 백성들이 정치에 승복하지 못하여 아랫사람들이 윗사람에게 반란을 일으키면 군사력이 약해진다. 따라서 의는 천하 백성들을 품기에 충분하고, 업무를 수행하는 것은 천하의 급한 것을 감당하기에 충

---

38. 원문은 "明萌政之變"으로 되어 있다. 원문대로 읽으면 의미 연결이 자연스럽지 않다. 원문의 '萌'는 '奇'의 오자로 그리고 '政'은 '正'의 오자로 볼 수 있다. 이들 모두 글자 형태가 상호 유사함으로 인해 나타난 착오일 가능성이 있다. 『군서치요』(群書治要)의 인용문에도 '奇正'으로 되어 있다. 따라서 '萌政'을 '奇正'으로 고쳐 해석한다.

분하며, 인재등용은 어진 선비의 마음을 얻기에 충분하고, 사려는 가볍고 무거움을 결정하기에 충분해야 한다. 이것이 최고의 의를 실현하는 길이다.[39]

老子曰: 上義者, 治國家, 理境內, 行仁義, 布德施惠, 立正法, 塞邪道, 群臣親附, 百姓和輯, 上下一心, 群臣同力, 諸侯服其威, 四方懷其德, 修正廟堂之上, 折冲千里之外, 發號行令而天下響應, 此其上也. 地廣民衆, 主賢將良, 國富兵强, 約束信, 號令明, 兩敵相當, 未交兵接刃, 而敵人奔亡, 此其次也. 知土地之宜, 習險隘之利, 明苛政(奇正)之變, 察行陣之事, 白刃合, 流矢接, 輿死扶傷, 流血千里, 暴骸滿野, 義之下也. 兵之勝敗皆在于政. 政勝其民, 下附其上, 卽兵强; 民勝其政, 下叛其上, 卽兵弱. 義足以懷天下之民, 事業足以當天下之急, 選擧足以得賢士之心, 謀慮足以決輕重之權, 此上義之道也.

노자가 말하였다.

나라를 강하게 하는 것은 백성들로 하여금 '죽음을 무릅쓰게 하는 것'이고, 죽음을 무릅쓰게 하는 것은 의(義)이며, 의가 행해지게 하는 것은 위엄이다. 그러므로 문(文)으로 명령하고 무(武)로 고르게 하면 반드시 승리할 수 있으며, 위엄과 의가 병행하면 반드시 강해진다. 칼날이 맞부딪치고 화살과 돌이 비처럼 쏟아지는데도 군사가

---

39. 이상의 내용은 대부분 『회남자』「병략훈」에서 찾아 볼 수 있다.

앞다투어 나아가는 것은, 상과 벌이 신뢰할 수 있고 명확하기 때문이다. 윗사람이 아랫사람을 자식처럼 여기면 아랫사람은 윗사람을 부모와 같이 섬기며, 윗사람이 아랫사람을 동생처럼 여기면 아랫사람은 윗사람을 형처럼 섬긴다. 윗사람이 아랫사람을 자식처럼 여기면 반드시 천하의 왕이 되고, 아랫사람이 윗사람을 부모처럼 섬기면 반드시 천하를 다스리게 된다. 윗사람이 아랫사람을 동생처럼 여기면 반드시 어려운 경우에 아랫사람이 윗사람을 위해 죽음을 무릅쓰게 되고, 아랫사람이 윗사람을 형처럼 섬기면 어려운 경우에 반드시 윗사람을 위해 죽을 수 있다. 때문에 위아래가 상호 부모 형제의 관계에 있는 상대는 더불어 싸울 수 없다. 그러므로 의로운 군주는 안으로 정치를 닦음으로써 덕을 쌓고, 밖으로 사악한 행위를 막음으로써 형세에 밝게 되며, 백성들이 수고로운지 편안한지를 잘 살피고 그들이 굶주리는지 배부른지의 실정을 파악한다. 그리하여 전쟁이 일어나면 오래지 않아 전쟁이 끝나고, 백성들은 죽는다는 것을 마치 고향으로 돌아가는 것처럼 여기게 된다. 이것은 군주가 은혜를 베풀었기 때문이다.40

老子曰: 國之所以强者必死也, 所以必死者義也, 義之所以行者威也. 是故令之以文, 齊之以武, 是謂必取, 威義竝行, 是謂必强. 白刃交接, 矢石若雨, 而士爭先者, 賞信而罰明也. 上視下如子, 下事上如父; 上視下如弟, 下事上如兄; 上視下如子, 必王四海; 下事上如父, 必政天下; 上視下如弟, 卽必難爲之死; 下事上如兄, 卽必難爲之亡. 故父子兄弟之寇, 不可

---

40. 이상의 내용은 대부분 『회남자』「병략훈」에서 찾아 볼 수 있다.

與之鬪. 是故義君內修其政, 以積其德, 外塞于邪, 以明其勢, 察其勞佚, 以知飢飽, 戰期有日, 視死若歸, 恩之加也.

12. 최고의 예[上禮]

　노자가 말하였다.

　옛날의 진인(眞人)은 대자연의 음양 기운을 호흡하였으며, 뭇 생물들은 모두 다 그의 덕을 숭상함으로써 상호 조화하고 온순하게 살았다. 이 때에는 다스림이 은밀하게 이루어져 사람들은 스스로 순박함을 유지하였으며,1 아직 순박함이 흩어지지 않았기에 만물은 크게 넉넉하였다.

　세상이 쇠퇴하여 복희씨에 이르러서는, 사람들이 아직 그런 대로 순박한 상태는 유지하고 있었으나, 모두 어린아이의 마음으로부터 벗어나 천지 사이의 일에 대해 알고자 하였다. 때문에 그들의 덕성은 번잡하여 순수하지 않았다. 신농(神農) 및 황제(黃帝)에 이르러서는, 천하는 엄격히 통솔되고 사계절에 맞춰 다스려졌으며, 인간 생활은 자연의 음양 변화에 따르게끔 요구되었다. 이에 만백성은

---

　1. 통치의 행위가 노골화될수록 피치자의 순박함은 사라지게 된다. 최고의
　　이상 시대에는 통치 행위가 없었으며, 또 있다 하더라도 겉으로 드러나지
　　않았다. 때문에 백성들은 그 본연의 순박함을 그대로 유지할 수 있었다는
　　것이다.

모두 다 엄숙한 태도로 생각하고 삼가 군주의 말을 듣고 따랐다. 때문에 천하는 다스려졌으나 조화롭지는 못하였다. 아래로 하(夏)나라 은(殷)나라에 이르러서는, 사물에 대한 욕망이 일어나고 눈과 귀가 바깥 사물에 유혹되면서 순박한 본성을 점차 상실하게 되었다. 주(周)나라에 이르러서는, 순박함이 옅어지고 흩어지면서 도를 벗어나 거짓을 행하고 덕을 훼손하였다. 그리하여 기교가 싹트고 교활한 학문으로 성인인 체하며, 허황된 말로 사람들을 겁주고 시경과 서경을 배우고 익힘으로 명예를 사고, 각자 기교와 허위를 행함으로 세상 사람들의 환심을 사고자 하였다. 이러한 행위들은 사물의 본질을 상실한 것이다. 그러므로 세상 사람들의 순박한 본성이 상실되고 쇠퇴하기 시작한지 오래되었다.

이 때문에 지인(至人)의 학문은 자신의 본성을 최초의 순수한 상태인 무(無)로 되돌리고 마음을 텅 빈 경지에서 노닐게 하고자 한다. 그러나 세속의 학문은 억지로 덕(德)과 성(性)을 뽑아내고 안으로 오장육부를 단속하며 함부로 행위하고 지식을 드날림으로써 세상의 명성을 불러들이고자 한다. 이러한 것들은 지인이 하지 않는다. 억지로 덕을 뽑아낸다는 것은 스스로를 드러내 보이고자 하는 행위요, 성을 뽑아낸다는 것은 생명을 해치는 행위이다. 그러나 지인의 경우는 삶과 죽음에 대한 생각이 확립되어 있고 영예와 욕됨의 이치에 통달해 있다. 때문에 세상 사람들이 모두 칭찬해도 권유할 수 없고 온 세상이 비난해도 막을 수 없다. 도의 핵심을 얻었기 때문이다.[2]

---

2. 이상의 내용은 대부분 『회남자』 「숙진훈」에서 찾아 볼 수 있다.

老子曰: 上古眞人, 呼吸陰陽, 而群生莫不仰其德以和順.
當此之時, 領理隱密, 自成純樸, 純樸未散, 而萬物大優. 及世
之衰也, 至伏羲氏, 昧昧懋懋, 皆欲離其童蒙之心, 而覺悟乎
天地之間, 其德煩而不一. 及至神農·黃帝, 核領天下, 紀綱四
時, 和調陰陽. 于是萬民莫不竦身而思, 戴聽而視, 故治而不
和. 下至夏·殷之世, 嗜欲達于物, 聰明誘于外, 性命失其眞.
施及周室, 澆醇散樸, 離道以爲僞, 險德以爲行, 智巧萌生, 狙
學以擬聖, 華誣以脅衆, 琢飾詩書, 以賈名譽, 各欲以行其智
僞, 以容于世, 而失大宗之本. 故世有喪性命, 衰漸所由來久
矣. 是故至人之學也, 欲以反性于無, 游心于虛. 世俗之學, 擢
德攪性, 內愁五藏, 暴行越知, 以譊名聲于世, 此至人所不爲
也. 擢德自見也, 攪性絶生也. 若夫至人定乎死生之意, 通乎
榮辱之理. 擧世譽之而不益勸, 擧世非之而不加沮. 得至道之
要也.

노자가 말하였다.

옛날의 통치자는 머리카락을 늘어뜨리고 권령(卷領)3이 없는 옷
을 입었으나 천하에서 왕 노릇하였다. 그의 덕은 남을 살릴 뿐 죽일
줄 몰랐으며 남에게 베풀 뿐 빼앗을 줄 몰랐다. 천하 사람들은 비록
그의 복장은 비웃었으나 그의 덕은 사모하였다. 이 때에는 음양의
기운이 화평하여 만물이 번식하였다. 그리하여 새집도 몸을 굽혀

---

3. 목 부분의 옷깃을 밖으로 뒤집는 것을 '권령'이라고 한다. 옛날 사람들은
   이것을 원시적인 복장이라고 생각하였다.

뒤져볼 수 있었고,[4] 들판의 짐승들도 끈으로 묶어 데리고 다닐 수 있었다.

그러나 세상이 쇠퇴해지면서 새와 짐승, 벌레와 뱀 등이 사람을 해치게 되었다. 때문에 사람들은 쇠를 주조하고 칼을 만들어 그 어려운 상황을 극복하였다. 그러므로 백성들은 어려움에 닥치게 되면 편리함을 구하게 되고, 환난이 있으면 그것에 대해 대비를 하게 된다. 그리하여 각각 자신들의 지혜로 해로운 상황을 제거하고 이익 되는 쪽으로 나아간다. 그러므로 고정된 법규는 따를 수 없고 옛날의 도구는 그대로 사용할 수 없다.[5] 때문에 선왕의 법령과 제도는 변화해야 한다. 그러므로 '이름할 수 있는 이름은 참된 이름이 아니다.'[6]

오제(五帝)는 각자 도가 달랐으나 그들의 덕은 모두 천하를 덮었고, 삼왕(三王)은 각자 힘쓰는 것들이 달랐으나 그들의 이름은 후세에 남았다. 시대에 따라서 변하였기 때문이다. 이것은 비유하자면 사광(師曠)이 오음을 고르게 조화시키는 것과 같다. 그는 음악을 연주할 때 손을 위아래로 분주하게 옮겨 고정된 위치가 없으나 음이 조화되지 않는 경우가 없다. 그러므로 음악의 실정에 통달한 사람이라야 음악을 작곡할 수 있다. 마음에 중심이 있고, 그리고 법도가 각기 쓰이는 바를 아는 사람이라야 백성들을 다스릴 수 있다. 그러므로 선왕의 제도도 마땅하지 않으면 폐하고 말세의 일도 좋으면 드러낸다. 그러므로 성인의 경우 예악을 만들어내는 사람은 예

---

4. 새가 사람들을 무서워하지 않아 낮은 곳에 집을 지었으며, 이에 사람들은 쉽게 새집을 살펴 볼 수 있었다. 이것은 사람이나 짐승이나 모두 순박함을 상실하지 않았음을 상징한다.
5. 법이나 도구는 시대와 상황에 따라 변해야 하기 때문이다.
6. 『노자』 1장에 나오는 말이다.

악에 구속되지 않고, 기물(器物)을 만들어내는 사람은 기물에 속박되지 않으며, 법을 만들어내는 사람은 옛 법에 얽매이지 않는다. 그러므로 "도라고 말할 수 있는 도는 참된 도가 아니다."7

老子曰: 古者被髮而無卷領, 以王天下. 其德生而不殺, 與而不奪; 天下非其服, 同懷其德. 當此之時, 陰陽和平, 萬物蕃息, 飛鳥之巢, 可俯而探也, 走獸可繫而從也. 及其衰也, 鳥默蟲蛇, 皆爲民害, 故鑄鐵煅刃, 以禦其難. 故民迫其難則求其便, 因其患則操其備. 各以其智, 去其所害, 就其所利. 常故不可循, 器械不可因, 故先王之法度, 有變易者也. 故曰名可名, 非常名也. 五帝異道而德覆天下, 三王殊事而名後世, 因時而變者也. 譬猶師曠之調五音也, 所推移上下, 無常尺寸以度, 而靡不中者. 故通于樂之情者能作音, 有本主于中, 而知規矩鉤繩之所用者能治人. 故先王之制, 不宜卽廢之, 末世之事, 善卽著之. 故聖人之制禮樂者, 而不制于禮樂. 制物者, 不制于物; 制法者, 不制于法. 故曰道可道, 非常道也.

노자가 말하였다.

옛날의 성왕(聖王)은 위로는 하늘에서 자연 현상을 파악하였고, 아래로는 땅에서 지리의 이치를 이해하였으며, 가운데로는 사람들에게서 세상의 법칙을 터득하였다. 성인은 음양의 기운에 순응하고

7.『노자』1장에 나오는 말이다.
　　이상의 내용은 대부분『회남자』「범론훈」에서 찾아 볼 수 있다.

사계절의 질서에 따르며, 토지의 비옥 정도와 하천의 높낮이를 관찰하여 각각에 합당한 것이 무엇인지 살폈다. 이것을 바탕으로 일을 추진하고 재화를 생산해내어, 백성들이 굶주림과 추위에 떠는 근심을 덜어내고 질병과 열병의 재난을 피하게 하였다. 가운데로는 인간사의 일을 살펴, 예악을 제정하고 인의의 도를 행하여 인류을 다스렸다. 즉 금·목·수·화·토 오행의 상생과 상극의 성질을 살펴 부자 사이의 친소 관계를 세우고 이것을 통해 집안 질서를 확립하였으며, 오음(五音)의 청탁과 육률(六律)[8]의 상생하는 이치를 들어 살펴 군신 사이의 의리 관계를 세우고 이것에 의해 나라의 질서를 확립하였으며, 사계절의 초순·중순·하순의 질서를 살펴 어른과 아이 사이의 절도 있는 관계를 세우고 이것에 의해 관청의 질서를 확립하였으며, 영토를 나누어 주(州)를 구획하고 제후국을 분봉하여 천하를 다스렸으며, 대학을 세워 백성들을 가르쳤다. 이러한 것들이 통치의 기틀이다. 도를 얻으면 흥하고 도를 잃으면 망한다. 무릇 사물은 모두 성장하면 시들고 극도로 융성하면 쇠락해진다. 그러나 오직 성인만은 융성해도 쇠락하지 않는다.

성인이 처음에 음악을 지은 것은 신(神)에게 귀의하고 음란함을 막아 자연스러운 본래의 마음〔天心〕을 회복시키기 위해서였다. 그러나 음악이 쇠퇴해지는 지경에 이르러서는, 흘러가기만 할 뿐 돌아올 줄 몰라[9] 음탕하고 호색적인 것으로 변질되었으며, 이 때문에 군주는 정치를 돌보지 않고 결국에는 나라를 망하게 하는 지경까지

---

8. 황종(黃鐘), 태족(太族), 고세(姑洗), 유빈(蕤賓), 이칙(夷則), 무사(無射)의 여섯 가지 음률을 말한다.
9. 본래의 소박함을 회복하지 못하였다는 점을 말한다.

이르게 되었다. 글을 만든 것은 온갖 일들을 처리하고 우둔한 자는 잊어 먹지 않게 하며 지혜로운 자는 일을 기록하게 하기 위해서였다. 그러나 글이 쇠퇴해지는 지경에 이르러서는, 간사하고 거짓된 행위를 일삼아 이로써 죄 있는 자를 풀어 주고 죄 없는 사람들을 죽이는 데 쓰이게 되었다. 동산[囿]10을 만든 것은 종묘 제사에 쓰이는 제물들을 준비하고 사병들을 선발하며 사람들이 나태해지는 것을 경계하기 위한 것이었다. 그러나 그것이 쇠퇴해지는 지경에 이르러서는, 말 타고 사냥하면서 백성들의 농사철을 빼앗고 이로써 백성들을 피곤케 하게 되었다. 어진 이를 높이는 것은 백성들을 고르게 교화시키고 송사(訟事)를 바르게 행하기 위한 것이었다. 어진 사람이 높은 자리에 앉아 있고 능력 있는 사람이 관직을 맡고 있으면, 은택이 아래에까지 베풀어지고 만백성은 윗사람들의 덕을 사모하게 된다. 그러나 그것이 쇠퇴하는 지경에 이르러서는, 사람들은 패거리를 만들어 자신들과 뜻을 같이 하는 자를 추천하였으니, 공정한 태도를 버리고 사사로운 감정으로 안팎으로 같은 패거리끼리 서로 추천하는 지경에 이르렀다. 그 결과 간사한 자가 높은 자리에 앉고 어진 사람은 은둔하게 되었다.

천지의 도는 극에 이르면 돌아오고 가득 차면 덜어진다. 그러므로 성인은 정치가 피폐해지면 제도를 바꾸고 하나의 일이 끝나면 행위를 바꾼다. 그의 장점은 조화에 있고 그의 단점은 권도(權道)에 있다. 성인의 도는 말한다. "예의를 닦지 않으면 염치가 서지 않고, 백성들에게 염치가 없으면 다스릴 수 없으며, 예의를 모르면 법으로도 바르게 할 수 없다. 선한 것을 숭상하고 추한 것을 폐하지 않

---

10. 고대에 천자나 제후들이 이곳에 동물들을 놓아 키웠다.

으면 백성들이 예의로 향하지 않게 되고, 법이 없으면 다스릴 수 없으며, 예의를 모르면 법을 집행할 수 없다. 법은 불효자를 죽일 수 있으나 사람들을 효도하게 할 수는 없으며, 도둑을 벌 줄 수는 있으나 사람들을 염치 있게 할 수는 없다." 성인이 위에 있으면 선악을 밝혀 사람들에게 보여 주고, 비난과 명예를 분별시켜 사람들을 바르게 인도하며, 어진 사람을 가까이 하여 등용시키고11 못난 사람을 천시하여 퇴진시킨다. 그러면 형벌은 놓아두고 쓰여지지 않게 된다. 그것은 예의를 닦고 어질고 덕 있는 사람을 임명하기 때문이다.

그러므로 천하의 높은 관원은 삼공(三公)이고, 주(州)의 높은 관원은 구경(九卿)이며, 국(國)의 높은 관원은 27명의 대부(大夫)이고, 고을[鄕]의 높은 관원은 81명의 원사(元士)이다. 지혜가 만 사람을 능가하는 사람을 '영'(英)이라 하고, 천 사람을 능가하는 사람을 '준'(俊)이라 하며, 백 사람을 능가하는 자를 '걸'(杰)이라 하고, 열 사람을 능가하는 자를 '호'(豪)라고 한다. 천지의 도에 밝고 인간 세상의 이치에 통달하며 뭇 사람들을 용납할 정도로 도량이 크고 멀리 있는 사람까지 품을 정도로 은혜로우며 권도를 알 정도로 지혜로우면 '사람들 중의 영'[人英]이다. 덕은 교화를 베풀 만하고 행위는 의로운 자를 숨겨줄 만하며 신용은 대중의 마음을 얻을 만하고 지혜는 아랫사람들을 밝게 비출 만하면 '사람들 중의 준'[人俊]이다. 행위는 사람들의 모범이 될 수 있고 지혜는 의심스러운 것을 결단할 만하며 신용은 약속을 지킬 만하고 염치는 재물을 나누게 할 만하며

---

11. 원문에는 단지 "親而進之"으로만 되어 있으나, 다음의 대응 구절인 "賤不肖而退之"와 비교해 볼 때 '親' 다음에 '賢'자가 있는 것이 타당하다. 따라서 『통현진경찬의』본에 근거하여 '賢'자를 추가하여 해석한다.

일을 행하는 것은 본받을 만하고 내뱉는 말은 의론할 만하면 '사람들 중의 걸'〔人杰〕이다. 직책을 맡기면 폐기하지 않고 의로운 일을 처리할 때 공정하며 어려움을 보면 구차히 면하고자 하지 않고 이익을 보아도 구차히 얻지 않으면 '사람들 중의 호'〔人豪〕이다.

이들 영준호걸(英俊豪杰)을 각기 그 크고 작은 재능에 따라 합당한 지위를 부여하여, 본(本)으로부터 말(末)로 흐르게 하고 무거운 것으로 가벼운 것을 제어하게 하면, 위에서 제창하면 아래에서 화답하여 천하가 한 마음으로 귀의하게 될 것이다. 그 결과 사람들은 탐욕과 비루함을 버리고 인의로 향하게 되어, 백성이 교화되는 것이 마치 풀 위로 바람이 지나가는 것과 같게 될 것이다. 지금 못난 사람을 어진 사람 위에 군림하게 하면 비록 엄한 형벌로도 간악한 행위를 금지시킬 수 없다. 작은 것이 큰 것을 제어할 수 없고 약한 것이 강한 것을 부릴 수 없는 것은 천지의 본성이다. 그러므로 성인은 어진 이를 등용하여 공을 세우고, 못난 군주는 자신의 마음에 부합되는 자만을 등용한다. 따라서 등용하는 사람을 보면 그 나라가 다스려질 것인지 어지러워질 것인지를 분간할 수 있고, 함께 하는 무리를 살펴보면 그 사람이 어진 사람인지 못난 사람인지를 알 수 있다.12

老子曰: 昔者之聖王, 仰取象于天, 俯取度于地, 中取法于
人. 調陰陽之氣, 和四時之節, 察陵陸水澤肥墝高下之宜, 以
立事生財, 除飢寒之患, 辟疾疢之災. 中受人事, 以制禮樂; 行
仁義之道, 以治人倫; 列金木水火土之性, 以立父子之親而成

---

12. 이상의 내용은 대부분 『회남자』 「태족훈」에서 찾아 볼 수 있다.

家；聽五音清濁六律相生之數，以立君臣之義而成國；察四時孟仲季之序，以立長幼之節而成官；列地而州之，分國而治之，立大學以教之. 此治之綱紀也. 得道則舉，失道則廢. 夫物未嘗有張而不弛，盛而不敗者也，唯聖人可盛而不敗. 聖人初作樂也，以歸神杜淫，反其天心. 至其衰也，流而不反，淫而好色，不顧正法，流及後世，至于亡國. 其作書也，以領理百事，愚者以不忘，智者以記事. 及其衰也，爲姦僞以解有罪，以殺不辜. 其作囿也，以成宗廟之具，簡士卒，以戒不虞. 及其衰也，馳騁弋獵以奪民時，以罷民力. 其上賢也，以平教化，正獄訟，賢者在位，能者在職，澤施于下，萬民懷德. 至其衰也，朋黨比周，各推其所與，廢公趣私，外內相舉，姦人在位，賢者隱處. 天地之道，極則反，益則損. 故聖人治弊而改制，事終而更爲；其美在和，其失在權. 聖人之道曰：非修禮義，廉恥不立；民無廉恥，不可以治；不知禮義，法不能正；非崇善廢醜，不嚮禮義；無法，不可以爲治；不知禮義，不可以行法. 法能殺不孝者，不能使人孝，能刑盜者，不能使人廉. 聖王在上，明好惡以示人，經非譽以導之，親〔賢〕而進之，賤不肖而退之，刑錯而不用，禮義修而任賢德也. 故天下之高，以爲三公；一州之高，以爲九卿；一國之高，以爲二十七大夫；一鄉之高，以爲八十一元士. 智過萬人者謂之英，千人者謂之俊，百人者謂之傑，十人者謂之豪. 明于天地之道，通于人情之理，大足以容衆，惠足以懷遠，智足以知權，人英也. 德足以教化，行足以隱義，信足以得衆，明足以照下，人俊也. 行可以爲儀表，智足以決嫌疑，信可以守約，廉可以使分財，作事可法，出言可道，人傑也. 守職不廢, 處義不比, 見難不苟免, 見利不苟得, 人豪也. 英俊豪傑, 各以大小之材處其位, 由本流末, 以重制輕, 上唱下和, 四海之內, 一心同歸, 背貪鄙, 嚮仁義, 其于化民, 若風之靡草. 今使不肖臨賢, 雖嚴刑不能禁其姦. 小不能制大, 弱不能使强, 天地之性也. 故聖人擧賢以立功, 不肖之主擧其所與同. 觀其所擧, 治亂分矣; 察其黨與, 賢不肖可論也.

노자가 말하였다.

예(禮)를 행하는 사람은 인간의 본성을 변형시키고 수식하여, 인간의 자연스러운 감정에 역행하여 인간의 본성을 교정시키고자 한다. 즉 눈은 보고자 하여도 절도로써 눈의 욕구를 금지하고, 마음은 즐기고자 하여도 예로써 마음을 절제한다. 그리하여 날듯이 달려가 빙그르르 돌며, 몸을 굽히고 자세를 낮춰 절하며, 고기는 굳어져도 먹지 않고 술은 말갛게 되어도 마시지 않으며, 밖으로는 형체를 구속하고 안으로는 덕을 단속하며, 남녀간의 음양 화합을 억제하고 생명의 자연스러운 감정을 압박한다. 때문에 종신토록 애달프다. 사람들은 어째서 그 욕망의 원인을 따지지 않고 욕망 자체를 금지하며, 즐거워하게 되는 원인을 따지지 않고 즐기는 것 자체를 막는가? 이것은 마치 들짐승을 길들일 때 담장을 막지 않고서 그 야수성을 금지시키려 하고, 강물을 터놓고서 손으로 틀어막으려는 것과 같다. 그러므로 "문제의 원인을 열어 놓고서 문제를 해결하고자 하면, 죽을 때까지 해결하지 못한다"[13]고 하는 것이다.

---

13. 『노자』 52장에 나오는 말이다.

무릇 예란, 인간의 감정을 고갈시키고 욕망을 막으며 의(義)로써 자기 자신을 제한하는 것이다. 비록 마음은 목에 막힌 것을 토해내고 싶고 형체는 굶주리고 추위에 떨어도 억지로 스스로를 억압한다. 이 때문에 아무도 그 본래 수명을 다 마치지 못한다. 예는 사람들의 욕망 자체를 없게 할 수는 없으나 욕망을 금지할 수 있으며, 음악은 사람들이 즐거움을 쫓는 마음을 없게 할 수는 없으나 즐거움을 막을 수 있다. 무릇 천하 사람들이 형벌을 두려워하여 감히 도둑질하지 못하게 하는 것이, 어찌 도둑질하고 싶은 마음 자체를 없게 하는 것만 하겠는가! 그러므로 쓸모가 없다는 것을 알면 비록 탐욕스러운 자도 모두 사양하게 될 것이나, 쓸모 있다는 것을 알면 청렴한 선비도 양보하게 할 수 없다. 무릇 사람들이 사직을 망치고 자기 자신도 죽임을 당하여 천하의 웃음거리가 되는 것은, 일찍이 욕심 때문이 아닌 것이 없다. 겨울의 부채와 여름의 털옷이 쓸모 없다는 것을 알면, 이런 부채와 털옷은 한낱 먼지에 불과할 뿐이다! 그러므로 끓는 물을 끓는 물로 멈추게 하고자 하면 그 끓는 정도는 더욱 심해진다. 근본을 아는 사람은 단지 아궁이의 불을 들어낼 뿐이다.14

老子曰: 爲禮者, 雕琢人性, 矯拂其情. 目雖欲之禁以度, 心雖樂之節以禮. 趣翔周旋, 屈節卑拜, 肉凝而不食, 酒澂而不飮, 外束其形, 內愁其德, 鉗陰陽之和而迫性命之情, 故終身爲哀. 人何則不本其所以欲, 而禁其所欲; 不原其所以樂, 而防其所樂. 是猶圈獸而不塞其垣, 禁其野心; 決江河之流, 而壅之以手. 故曰'開其兌, 濟其事, 終身不救.' 夫禮者, 遏情閉

---

14. 이상의 내용은 대부분 『회남자』「정신훈」에서 찾아 볼 수 있다.

欲, 以義自防. 雖情心囷嘻, 形性飢渴, 以不得已自强, 故莫能終其天年. 禮者, 非能使人不欲也, 而能止之; 樂者, 非能使人勿樂也, 而能防之. 夫使天下畏刑而不敢盜竊, 豈若使無有盜心哉! 故知其無所用, 雖貪者皆辭之; 不知其所用, 廉者不能讓之. 夫人之所以亡社稷, 身死人手, 爲天下笑者, 未嘗非欲也. 知冬日之扇, 夏日之裘, 無用于己, 萬物變爲塵垢矣! 故揚湯止沸, 沸乃益甚. 知其本者, 去火而已.

노자가 말하였다.

본성을 따라서 행하는 것을 도라 하고, 그 천성을 얻은 것을 덕이라 한다.15 본성을 잃은 후에 인의를 귀하게 여기고, 인의가 세워지자 도덕이 폐해지며, 순박함이 흩어지자 예악이 꾸며지고, 시비가 나타나자 백성이 현혹되며, 구슬과 옥이 귀하게 여겨지자 천하가 다투게 되었다.

무릇 예란 존비와 귀천을 구별하는 것이요, 의란 군신·부자·형제·부부 사이의 인간 관계를 조화시키는 것이다. 말세의 예는 단지 공경하는 태도만을 번갈아 행할 뿐이며, 말세의 의는 단지 베푸는 것만을 덕으로 내세운다. 이에 군신 사이는 서로 비난하고, 혈육 사이에는 원망이 생기게 된다. 그러므로 물이 쌓여 깊은 강이 형성되면 서로 잡아먹는 생물들이 생기고, 흙이 쌓여 깊은 숲이 형성되면 서

---

15. 이 문장과 유사한 형식의 구절을 『중용』에서도 찾아 볼 수 있다: "하늘이 명한 것을 본성이라 하고, 성을 따르는 것을 도라고 한다."〔天命之謂性, 率性之謂道.〕

로 잡아먹는 짐승들이 생기며, 예악이 꾸며지면 사기와 거짓이 생겨난다. 말세의 정치는 백성들의 생명을 기를 재화는 쌓지 않고, 천하 사람들의 순수함과 순박함을 흩뜨려 백성들의 마음을 어지럽힌다. 그리하여 맑은 것을 탁한 것으로 여기게 하고, 성정을 들뜨게 하여 모두들 어지럽고 미혹되게 한다. 이에 신뢰감은 사라지고 사람들은 본성을 상실하며, 법과 의는 서로 배치되고 행위와 이익은 상반되며, 빈부 차이는 점차 멀어지고, 임금과 종복 사이의 구분도 없어지게 된다.

무릇 여유가 있으면 사양하고 부족하면 다툰다. 사양하면 예의가 생겨나고 다투면 난폭함이 일어난다. 그러므로 욕심이 많으면 일은 많아지고, 넉넉함을 구하면 다툼은 그치지 않는다. 그러므로 세상이 다스려지면 소인도 정도(正道)를 지켜 이익으로도 유혹할 수 없으나, 세상이 어지러워지면 군자도 간특한 짓을 행하여 법으로도 멈추게 할 수 없다.16

老子曰: 循性而行謂之道, 得其天性謂之德. 性失然後貴仁義, 仁義立而道德廢, 純樸散而禮樂節, 是非形而百姓眩, 珠玉貴而天下爭. 夫禮者, 所以別尊卑貴賤也, 義者, 所以和君臣父子兄弟夫婦人道之際也. 末世之禮, 恭敬而交爲; 義者, 布施而得. 君臣以相非, 骨肉以生怨也. 故水積則生相食之蟲, 土積則生自肉之狩, 禮樂節則生詐僞. 末世之爲治, 不積于養生之具, 澆天下之醇, 散天下之樸, 滑亂萬民, 以淸爲濁, 性命飛揚, 皆亂以營, 貞信熳爛, 人失其性. 法與義相背, 行與利相

---

16. 이상의 내용은 대부분 『회남자』「제속훈」에서 찾아 볼 수 있다.

反, 貧富之相傾, 人君之與僕虜, 不足以論. 夫有餘則讓; 不足則爭. 讓則禮義生, 爭則暴亂起. 故多欲則事不省, 求贍則爭不止. 故世治則小人守正, 而利不能誘也; 世亂則君子爲姦, 而法不能禁也.

노자가 말하였다.

말세의 군주는, 산과 돌을 뚫어 금과 옥을 찾고 조개를 들추어 진주를 찾으며 동과 철을 녹이니, 이 때문에 만물이 잘 자라지 못한다. 또한 그는 동물의 태를 가르고 교외의 들판을 불지르며 새집을 뒤집어 알을 깨뜨리니, 이 때문에 봉황이 날지 않고 기린이 노닐지 않는다. 뿐만 아니라 그는 나무를 엮어 누대를 만들고, 산림을 태워 사냥을 하며, 연못을 말려 고기를 잡고, 흙 언덕을 쌓아 거처하며, 땅을 파서 우물을 만들고, 냇물을 파서 연못을 만들며, 성을 쌓아 견고하게 하고, 짐승을 사로잡아 기른다. 그 결과 음양의 기운이 서로 어긋나고 사계절이 질서를 잃으며, 우레가 치고 우박과 서리가 해를 끼치며, 만물이 불타고 요절하는 것이 태반이며, 초목은 말라 비틀어지고 강물들은 끊어져 흐르지 않는다.

또한 말세의 군주는 산천과 계곡을 나누어 경계를 만들고, 인구의 많고 적음을 계산하여 세금의 도수를 나누며, 기계를 설치하고 험악한 지형을 이용하여 수비하고, 복장의 색을 제정하고 귀천을 차등하며, 유능한 사람과 못난 사람의 차이를 두어 상벌을 행한다. 그 결과 전쟁이 일어나고 분쟁이 생기며, 무고한 자를 학살하고 죄 없는 자를 주살하는 일이 생겨난다.17

老子曰: 衰世之主, 鑽山石, 挈金玉, 摘礱蜃, 消銅鐵, 而萬物不滋, 刳胎焚郊, 覆巢毁卵, 鳳凰不翔, 麒麟不游, 構木爲臺, 焚林而畋, 竭澤而漁, 積壤而邱處, 掘地而井飮, 濬川而爲池, 築城而爲固, 拘獸以爲畜, 則陰陽繆戾, 四時失序, 雷霆毁折, 雹霜爲害, 萬物焦夭, 處于太牛, 草木夏枯, 三川絶而不流. 分山川溪谷, 使有壤界, 計人衆寡, 使有分數, 設機械險阻以爲備, 制服色, 等異貴賤, 差賢不肖, 行賞罰, 則兵革起而忿爭生, 虐殺不辜, 誅罰無罪, 于是興矣.

노자가 말하였다.

세상이 장차 삶의 터전을 상실하려고 하면 음기가 일어난다. 이때에 군주는 우둔하여 총명치 못하고 도는 폐기되어 행해지지 않으며 덕은 사멸되어 드러나지 않는다. 그리고 군주가 하는 일은 하늘의 이치에 어긋나고 그가 발하는 명령은 사계절에 역행한다. 그러므로 봄가을은 조화의 기운을 위축시키고, 천지는 덕을 거둬들인다. 이때 군주는 임금의 자리에 있어도 불안하고, 대부들은 은둔하여 말하지 않으며, 신하들은 군주의 뜻을 추측하여 영합할 생각만하고,18 혈육 사이를 이간질시켜 자기만 용납되기를 바라며, 간사한 자들은 아첨이나 하고 음모를 꾸미고 교만한 군주를 떠받들면서 그 뜻을 헤아리며,19 세상을 어지럽히는 자들은 이러한 혼란한 상

---

17. 이상의 내용은 대부분 『회남자』 「본경훈」에서 찾아 볼 수 있다.
18. 원문은 '懷常'으로 되어 있으나, 문맥상 '懷當'으로 읽는 것이 보다 타당하다. 『회남자』 「람명훈」에도 '懷當'으로 되어 있다.
19. 원문은 '像其'로 되어 있으나 뜻이 통하지 않는다. 여기서 '其'는 '意'의 오

황을 이용해 자신들의 목적을 달성한다.

그러므로 군주와 신하는 서로 어긋나 친하지 않게 되고 친척들은 소원해져 가까이 하지 않으며, 밭에는 곡식의 싹이 없고 거리에는 여유 있는 걸음이 없으며, 금괴는 쌓이고 쌓여 모서리가 떨어져 나갈 정도이고, 옥20은 자주 쓰여 광채가 나지 않으며, 거북 껍질은 닳아 배가 없어지고,21 시초점(蓍草占)은 날마다 행해지며, 천하는 하나의 집안으로 화합하지 못하고 제후들은 각자 법을 제정하고 풍속을 달리한다. 백성들의 근본을 뽑아 버리고, 다섯 가지 형벌을 사용하여 각박하게 하며, 송곳 끝 같은 사소한 것까지 다투고 백성을 함부로 베어 그 태반을 죽이며, 군대를 동원하여 난리를 일으키고 성을 공격하여 함부로 죽이며, 높은 것을 뒤집고 편안한 것을 위태롭게 만들며, 성 공격용 수레를 크게 만들고 방어용 보루를 높이 쌓으며, 전쟁터로 이르는 죽음의 길을 잘 닦고, 감당하기 힘든 적을 침범하다 백 명 중 한 명 정도만 살아 돌아오게 한다.

그러한 군주의 명성은 진실로 성대하고 남의 나라와 토지를 차지하게 된다. 그러나 엎어져 죽은 시체가 수십 만이고 굶어 죽고 얼어 죽은 노약자가 이루 헤아릴 수 없다. 이후 천하 사람들은 일찍이 자신들의 삶을 편안히 여기거나 풍속을 즐긴 적이 없다. 이에 현명한 성인이 발연히 일어나 도덕을 중심으로 삼고 인의로 보조하니, 가까이 있는 자들은 그 지혜를 드러내고 멀리 있는 자들은 그 덕을 사

자이거나, '其' 다음에 '意'가 첨가되어야 할 것이다. 『회남자』 「람명훈」에는 '像其意'로 되어 있다.

20. 원문은 '璧'으로 되어 있으나 '璧'으로 고쳐 해석한다. 글자 형태가 유사함으로 인한 착오가 있었던 것으로 보인다.

21. 거북점을 자주 쳤다는 것을 의미한다.

모하며, 천하 사람들은 혼연히 한 마음이 되어 자손 대대로 그를 보좌하게 되었다. 성인은 아첨할 단서를 없애버리고 말단적 언변을 그치게 하며, 각박한 법을 제거하고 번잡하고 가혹한 일을 없애버리며, 유언비어의 자취를 막아버리고 패거리 짓는 원인을 틀어막으며, 기교와 기능을 사라지게 하고 대도(大道)를 따르며 형체를 무너뜨리고 총명을 물리치니, 혼연히 크게 통하여 만물은 각기 그 근본으로 귀의한다. 무릇 성인은 때를 생겨나게 할 수는 없으나 때가 이르면 놓치지 않는다. 이 때문에 성인의 도는 중도에 단절되지 않는다.22

老子曰: 世之將喪性命, 猶陰氣之所起也. 主暗昧而不明, 道廢而不行, 德滅而不揚, 舉事戾于天, 發號逆四時, 春秋縮其和, 天地除其德, 人君處位而不安, 大夫隱遁而不言, 群臣推上意而懷常(當), 疏骨肉而自容, 邪人諂而陰謀, 遽載驕主而像其〔意〕, 亂人以成其事. 是故君臣乖而不親, 骨肉疏而不附, 田無立苗, 路無緩步, 金積折廉, 壁(璧)襲無嬴, 殼龜無腹, 著筮日施, 天下不合而爲一家, 諸侯制法各異習俗. 悖拔其根而棄其木, 鑿五刑, 爲刻削, 爭于錐刀之末, 斬刈百姓, 盡其太半, 舉兵爲難, 攻城濫殺, 覆高危安, 大冲車, 高重壘, 除戰隊使陣死路, 犯嚴敵, 百往一反, 名聲苟盛, 兼國有地, 伏尸數十萬, 老弱飢寒而死者, 不可勝計. 自此之後, 天下未嘗得安其性命, 樂其習俗也. 賢聖勃然而起, 持以道德, 輔以仁義. 近者進其智, 遠者懷其德, 天下混而爲一, 子孫相代輔佐, 黜讒佞之端, 息末辯之說, 除刻削之法, 去煩苟之事, 屛流言之迹, 塞

---

22. 이상의 내용은 대부분 『회남자』 「람명훈」에서 찾아 볼 수 있다.

朋黨之門, 消智能, 循大常, 隳枝體, 黜聰明, 大通混冥, 萬物
各復歸其根. 夫聖人非能生時, 時至而不失也, 是以不得中絶.

노자가 말하였다.

풍수(酆水)는 그 깊이가 열 길이나 되나 물이 매우 맑다. 때문에
쇠나 돌이 들어 있으면 밖에서도 그 형체가 보인다. 그 물이 깊지
않아서 그런 것이 아니다. 또한 그 물은 지나치게 맑아 어떤 물고기
나 자라도 그곳에 깃들이지 않는다. 바위 위에는 오곡이 자라지 않
고 민둥산에는 사슴이 노닐지 않는다. 몸을 가릴 곳이 없기 때문이
다. 그러므로 정치를 행할 때, 가혹하게 살피고 철저하게 밝히며 각
박한 관리를 충성스럽게 여기고 세금을 많이 걷어들이는 것을 공으
로 여기는데, 만약 그렇게 한다면 그것은 마치 가죽을 무리하게 넓
히는 것과 같다. 이 같은 정치는 크게 실패하고 크게 찢어질 수밖에
없다. '어리숙하게 다스리면 백성들은 순박해지고, 꼼꼼하게 다스리
면 백성들은 각박해진다.'[23]

老子曰: 酆水之深十仞而不受塵垢, 金石在中, 形見于外,
非不深. 且淸也, 魚鼈蛟龍莫之歸也. 石上不生五穀, 禿山不
游麋鹿, 無所蔭蔽也. 故爲政以苛爲察, 以切爲明, 以刻下爲
忠, 以計多爲功, 如此者, 譬猶廣革者也, 大敗大裂之道也. 其
政悶悶, 其民淳淳, 其政察察, 其民缺缺.

---

23. 『노자』 58장에서 인용하였다.
　　이상의 내용은 대부분 『회남자』 「도응훈」에서 찾아 볼 수 있다.

노자가 말하였다.

"나라를 다스릴 때는 정도로써 하고, 군대를 부릴 때는 계교로써
하라."24 먼저 남이 따라올 수 없는 훌륭한 정치를 행한 이후에 적
에게 이기기를 구하라. 아직 내 나라가 다스려지지 않았는데 어지
러운 남의 나라를 공격한다면, 그것은 불로 불에 응하고, 물로 물에
응하는 것과 같다. 비슷한 동류끼리는 서로 이길 수 없다. 그러므로
'다름'으로써 계교로 삼는다. 계교는 조용함으로 시끄러움으로 삼고,
다스려짐으로 어지러움으로 삼으며, 배부름으로 배고픔으로 삼고,
편안함으로 수고로움으로 삼는다. 계교와 정도가 상응하는 것이 마
치 물과 불, 그리고 나무와 쇠가 상반 상응하는 것과 같다면 어디를
간들 이기지 못하겠는가? 그러므로 덕이 동일하면 다수가 소수를 이
기고, 힘이 대등하면 지혜로운 자가 우둔한 자를 제압하며, 지혜가
동등하면 술수 있는 자가 술수 없는 자를 사로잡게 된다.25

老子曰: 以正治國, 以奇用兵. 先爲不可勝之政, 而後求勝于
敵. 以未治而攻人之亂, 是猶以火應火, 以水應水也. 同莫足以
相治, 故以異爲奇. 奇, 靜爲躁; 奇, 治爲亂; 奇, 飽爲飢; 奇,
逸爲勞. 奇正之相應, 若水火金木之相伐也, 何往而不勝. 故德
均則衆者勝寡, 力敵則智者制愚, 智同則有數者禽無數.

---

24. 『노자』 57장에 나오는 말이다.
25. 이상의 내용은 대부분 『회남자』 「병략훈」에서 찾아 볼 수 있다.

지혜의 샘

동양고전총서 16

문자·文子

초판 제1쇄 인쇄 / 2002년 4월 30일
초판 제1쇄 발행 / 2002년 5월 10일

옮긴이 / 이석명
대표이사 / 이승용
발행처 / (주)홍익출판사

출판등록번호 / 제1-568호
출판등록 / 1987년 12월 1일

주소 / 서울시 마포구 서교동 401-20
전화 / (02) 333-6040·335-5860·323-0421·323-8098
팩스 / (02) 337-0569

e-mail / editor@hongikbooks.com
홈페이지 / www.hongikbooks.com

홍익의 '지혜의 샘, 동양고전총서 50선' 목록

춘추전국시대

국어 國語 미상 / 신지영·이정재(서울대) 옮김
묵자 墨子 묵적 墨翟 지음 / 박재범(고려대) 옮김
열자 列子 열어구 列禦寇 지음 / 김영식(서울대) 옮김
상군서 商君書 상앙 商鞅 지음 / 김영식(서울대) 옮김
공손룡자 公孫龍子 공손룡 公孫龍 지음
순자 荀子 순황 荀況 지음 / 임병권(대전대 교수) 옮김
황제사경 黃帝四經 지은이 미상 / 박원재(고려대) 옮김
사마병법 司馬兵法 사마양저 司馬穰苴 지음 / 이병호(육군사관학교 교수) 옮김
오자병법 吳子兵法 오기 吳起 지음 /(육군사관학교 교수) 김경현 옮김
손빈병법 孫臏兵法 손빈 孫臏 지음 / 이병호(육군사관학교 교수) 옮김
울료자 尉繚子 울료 尉繚 지음 / 김경현(육군사관학교 교수) 옮김
문자 文子 지은이 미상 / 이석명(고려대) 옮김

한위진남북조시대

신어 新語 육가 陸賈 지음
신서 新書 가의 賈誼 지음
춘추번로 春秋繁露 동중서 董仲舒 지음
설원 說苑 유향 劉向 지음 / 안대회(연세대) 옮김
태현 太玄 양웅 楊雄 지음 / 문재곤(고려대) 옮김
인물지 人物志 유소 劉劭 지음 / 이승환(고려대 교수) 옮김
제갈량집 諸葛亮集 제갈량 諸葛亮 지음 / 박동석(육군사관학교 교수) 옮김
완적집 阮籍集 완적 阮籍 지음 / 변성규(한양대 교수) 옮김
혜강집 嵇康集 혜강 嵇康 지음
노자왕필주 老子王弼注 왕필 王弼 지음 / 김학목(건국대) 옮김
박물지 博物志 장화 張華 지음 / 김영식(서울대) 옮김
조론 肇論 승조 僧肇 지음 / 원정근(고려대) 옮김
세설신어 世說新語 유의경 劉義慶 지음
홍명집 弘明集 승우 僧祐 지음 / 이병욱(고려대) 옮김
고승전 高僧傳 혜교 慧皎 지음

수당 시대

삼론현의 三論玄義 길장 吉藏 지음 / 고영섭(동국대 박사) 옮김
화엄원인론 華嚴原人論 종밀 宗密 지음 / 고영섭(동국대 박사) 옮김
육조단경 六祖壇經 혜능 慧能 지음
사통 史通 유지기 劉知幾 지음
한창려집 韓昌黎集 한유 韓愈 지음 / 심경호(고려대 교수) 옮김
이위공병법 李衛公兵法 이정 李靖 지음 / 이현수(육군사관학교 교수) 옮김

송원 시대

주역정씨전 周易程氏傳 정이 程頤 지음 / 김상환 옮김
몽계필담 夢溪筆談 심괄 沈括 지음 / 이현구(성균관대) 옮김
근사록 近思錄 주희 朱熹 여조겸 呂祖謙 엮음 / 이기동(성균관대 교수) 옮김
주희불교문헌집 朱熹佛敎文獻集 주희 朱熹 지음 / 김미영(고려대) 옮김
육구연집 陸九淵集 육구연 陸九淵 지음 / 안영석(영남대) 옮김

명청시대

전습록 傳習錄 왕수인 王守仁 지음 / 송하경(성균관대 교수) 옮김
곤지기 困知記 나흠순 羅欽順 지음 / 최진덕(정신문화연구원 교수) 옮김
분서 焚書 이지 李贄 지음 / 홍승직(순천향대 교수) 옮김
물리소지 物理小識 방이지 方以智 지음
일지록 日知錄 고염무 顧炎武 지음 / 심경호(고려대 교수) 옮김
장자정몽주 張子正蒙注 왕부지 王夫之 지음 / 박경환(고려대) 옮김
명이대방록 明夷待訪錄 황종희 黃宗羲 지음 / 최병철(서일전문대 교수) 옮김
잠서 潛書 당견 唐甄 지음 / 김덕균(성균관대) 옮김
맹자자의소증 孟子字義疏證·원선 原善 대진 戴震 지음 / 임옥균(성균관대) 옮김
인학 仁學 담사동 譚嗣同 지음 / 안병주(성균관대 교수)·이명수(성균관대) 옮김
신유식론 新唯識論 웅십력 熊十力 지음 / 김제란(고려대) 옮김